万绳楠全集

莊葦峰 敬題

魏晋南北朝史论稿

『十四五』安徽省重点出版物规划项目

万绳楠◎著

安徽师范大学出版社
ANHUI NORMAL UNIVERSITY PRESS

·芜湖·

图书在版编目（CIP）数据

魏晋南北朝史论稿 / 万绳楠著. —芜湖 : 安徽师范大学出版社, 2023.10（2024.6重印）
（万绳楠全集）
ISBN 978-7-5676-6313-8

Ⅰ. ①魏⋯ Ⅱ. ①万⋯ Ⅲ. ①中国历史—研究—魏晋南北朝时代 Ⅳ. ①K235.07

中国国家版本馆CIP数据核字（2023）第178389号

安徽省高峰学科安徽师范大学中国史建设项目

魏晋南北朝史论稿

万绳楠◎著

WEIJINNANBEICHAOSHI LUNGAO

封面题字 : 庄华峰　　　　　策划编辑 : 孙新文
责任编辑 : 李慧芳　　　　　责任校对 : 蒋　璐
装帧设计 : 王晴晴　姚　远　责任印制 : 桑国磊
出版发行 : 安徽师范大学出版社
　　　　　芜湖市北京中路2号安徽师范大学赭山校区　　　邮政编码 : 241000
网　　址 : http://www.ahnupress.com/
发 行 部 : 0553-3883578　　　5910327　　　5910310（传真）
印　　刷 : 江苏凤凰数码印务有限公司
版　　次 : 2023年10月第1版
印　　次 : 2024年6月第2次印刷
规　　格 : 700 mm × 1000 mm　1/16
印　　张 : 25.25　　　插页 : 4
字　　数 : 396千字
书　　号 : ISBN 978-7-5676-6313-8
定　　价 : 206.00元

凡发现图书有质量问题, 请与我社联系（联系电话 : 0553-5910315）

万绳楠先生

（1923—1996）

序　言

　　曹操诗，古往今来，没有人为之编年。说实在的话，难度较大。然而，如果不知道曹操写的二十首诗的写作年代，就会对曹操的思想看不清楚。人们常说曹操"性不信天命之事"，在济南禁断淫祀，是一个唯物主义的思想家，可是却为他的游仙诗与诗中所表现追求仙道与神药的思想所困惑。人们常说曹操的游仙诗，是我国古典诗歌中游仙诗之祖，可是却为他不信天命的思想与禁断淫祀的行为所困惑。人们常说曹操的诗歌是现实主义的，但是注释起来，又变成理想主义的了。因此亟待为曹操诗作出笺证，进行编年。

万绳楠先生手迹之一

　　大家都承认建安文学所表现出来的"建安风力"或风骨，标志着我国"文艺复兴"时代的刊临，而曹操是建安风力的开创者，或如鲁迅先生所说，是"改造文章的祖师"。但是如果分开来，认为曹操诗是：理想的诗写理想，现实的诗写现实，游仙的诗写游仙，那就大大地降低了曹操诗的价值，这样的诗，无论如何也不能开创建安一代文学的风力；这样的诗人，无论如何也不能成为改造文章的祖师。

　　曹操诗的价值之高，就在于能把理想主义、浪漫主义与现实主义作高度的结合。有些诗，看起来是理想主义的，其实那种理想完全建立在现实的基础之上。如《对酒》写的，看来是纯理想主义的东西，其实却是当时的政局在陈著、袁武上台后，突现清明的反映。他心目中

万绳楠先生手迹之二

的"太平时"，是当时千家万姓心目中的太平时。非他一人闭门造车，突发奇想。有些诗看来神仙思想很浓，其实是浪漫主义的，而这种浪漫主义往往又与现实主义结合在一起。他一直都没有被仙道思想所俘虏，且叹惜过"痛哉世人"，见欺神仙。他的游仙诗都不是坐在家里想出，而是到过、看过被称为有仙迹之地，生出连想，才偌笔赋诗，诗中必有他当时的感情与志趣。如《游君山》、《华阴山》以及"歌以言志"的《愿登泰华山》、《晨上散关山》，都是这样的作品。还有一些诗，在历史上便是一个谜，没有人解释情楚，如《短歌行·对酒当歌》。

陈寅恪先生常说文与史应当结合起来考察，才能把文章的内容、历史的事实弄清楚。本稿即是采用以史证文和以文证史的方法，阐述曹

万绳楠先生手迹之三

《万绳楠全集》整理工作委员会

治学贵在求真创新

——写在《万绳楠全集》出版之际

卜宪群

2023年是我的老师万绳楠先生诞辰一百周年，母校安徽师范大学历史学院组织整理的《万绳楠全集》（简称《全集》）也即将由安徽师范大学出版社出版。《全集》十卷，近300万字，比较系统地收录了万绳楠先生一生的学术论著。2023年初，负责这项工作的刘道胜院长给我打电话，约我给《全集》写个序。论在先生门下的资历、年龄和学问，我都深感不足以承担这个重任。后与同届师姐陈力通电话，她也认为我应该来写写万先生，因为师兄师姐们大都已经退休，寻找资料不方便，有的则联系不上，而我尚在科研岗位上，对各方面的情况熟悉一些。鉴于此，我也不再推脱了。当然也有另外一层因素，我从安徽师范大学硕士毕业后，学术研究的范围大体不出秦汉魏晋南北朝，随着年龄和阅历的增长，我对先生学问的敬仰之情益发浓厚，对先生在人生理想信念上的追求、在学术上的追求也理解得更通透一些。因此，我便不揣浅陋，以"治学贵在求真创新"为题，谈一点对先生史学研究思想与成就的粗浅看法。

一、治学信奉马克思主义

万绳楠先生是当代著名的魏晋南北朝史学家，在20世纪后半期的魏晋南北朝史学界和中国古代史学界有较大影响。但由于种种原因，关于他的生平事迹、学术经历，大家知道的很有限，对他的学术思想研究得也很不够。我认为，他是一位信奉马克思主义的史学家，这里谈几点看法。

万绳楠先生是一位坚定不移跟党走的史学家。先生1923年11月22日出生于江西南昌县。1929年9月至1935年7月在南昌市滕王阁小学学习，1935年9月至1939年在南昌第二中学学习，1940年至1942年7月在吉安市第十三中学学习，1942年9月至1946年7月在昆明西南联合大学历史系学习，1946年9月至1949年3月在北平清华大学历史研究所学习。在那个风雨如晦的时代，先生不仅饱受社会动荡、外族入侵的苦难，也历经了从小丧失双亲的痛苦。艰苦岁月培育了先生坚强的品格，也培养了他勤奋刻苦、依靠自己努力改变命运的顽强毅力，这是他能够考取西南联大历史系（同时还考取了交通大学电机系和浙江大学土木工程系），后又考取清华大学历史研究所的原因所在。随着解放战争的节节胜利，先生投笔从戎，加入解放军，先是在位于河北正定的华北大学学习（1949年3月至1949年6月），后在解放军南下工作团二分团十四中队（1949年6月至1949年8月）、第十五兵团政治部民运工作队（1949年8月至1950年）、第四十一军政治部宣传部（1950年至1953年）、中南军区文化速成学校与文化师范学校（1953年至1956年）、解放军军委文化师范学校（1956年至1958年）、北京市第五中学（1958年至1960年）工作。1960年，先生从北京来到安徽，先后在安徽大学历史系（1960年至1964年）、合肥师范学院历史系（1964年至1973年）、安徽师范大学历史系（1973年至1996年）工作。[①]从20世纪40年代末到60年代，先生转换这么多的工作岗位，在当时的环境下，岗位转换显然不完全是出自他自己的挑选，而是服从组织需要的结果。作为一名知识分子，万先生的一生是比较坎坷的，特别是"文革"期间，几乎九死一生。由于他在西南联大时是吴晗教过的学生，后又参加过吴晗主编的《中国历史小丛书》的写作，"文革"初期被作为"三家村"在安徽的代表进行批判，下放基层接受教育改造，直到"文革"结束后，先生才彻底平反回到教学科研岗位。虽然经历了常人难以忍受的痛苦，但丝毫没

---

① 以上先生的学习工作经历均根据安徽师范大学档案馆提供的1988年由其本人填写的"干部履历表"编写。

有动摇先生对党的信念、对教育工作的热爱。在1988年保存的"干部履历表"中，有一份先生亲笔书写的"本人总结"，其中写道："自党的十一届三中全会以来，国家生机蓬勃，四化速度加快，人的精神振奋。我决心把'文革'中失去的时间补上来，为四化多做一些工作，因此不辞教学任务重，科研项目多。当党要我同时担任低年级基础课、高年级选修课并招收指导研究生的时候，我愉快地接受下来。在教学和科研上，我永远是年轻的。任务多且重，是党对我的信任，是我有生之年价值之所在。"文中满满的正能量，哪能看得出这是出自一位曾经饱受文革之苦的人之手呢！对党的热爱是万先生的真诚信念，加入党组织是他一生的追求。1984年12月，万先生被接受为中国共产党党员，实现了他多年来的梦想。在"本人总结"中他写道："1984.12，我实现了自己多年来的梦想，被接受为光荣的中国共产党党员。当此改革之年、充满希望之年，我愿本着共产党员奋斗不息的精神，为教育改革更好地培养青年一代，为发展马克思主义的史学，分秒必争。"那时我在系里读研究生，也幸运地参加了先生入党的支部大会，我清楚记得会上先生是含着热泪说出这段话的。政治上的执着追求是万先生工作上异常勤奋的重要原因，体现了一位知识分子对党的真诚热爱。1996年10月3日，安徽师范大学在先生逝世的"讣告"中写道："万绳楠同志早年投身革命，拥护中国共产党的领导，热爱社会主义祖国，为革命和党的教育事业献出了毕生精力。"这个评价完全符合先生一生的实际。

万先生是一位善于运用唯物史观观察分析历史的史学家。新中国成立前，先生分别求学于西南联大历史系和清华大学历史研究所，那时的大学，马克思主义理论是进不了课堂的。我猜想，他系统学习并接受马克思主义理论应当是他进入革命队伍以后的事。从那时开始，先生的研究就彰显出以马克思主义唯物史观为指导的鲜明色彩。

一是坚持人民是推动历史前进的群众史观。人民群众是历史的创造者，是推动历史前进的动力，这是唯物史观的一条基本原理。评价历代统治阶级的统治政策是否具有进步意义，主要是看这些政策是否能够顺应时代和人民的要求，先生的研究贯穿着这一指导思想。根据"干部履历表"中的《万绳楠著述编年》（据字迹判断应当是先生自己所写），新中国成立后先生发表的第一篇论文是1956年的《关于曹操在历史上的地位问题》。这篇文章否定了历来将曹操作为"一个反面典型"的历史观，从曹操对中国古代经济文化发展所起的积极作用上，得出了"他对社会发展所起的促进作用比他所起的破坏作用是要大的，他在历史上的地位是应该肯定的"①观点。这篇短短五千多字的文章，有8处提到"人民"二字（不计算注释），强调曹操的政策符合人民的愿望、解放了人民的思想。这是非常有说服力的看法。关于曹操，先生还写了一系列文章，秉持的都是曹操顺应了历史发展潮流的观点。在《论诸葛亮的"治实"精神》一文中，先生充分肯定了诸葛亮治蜀的政策"符合黄巾起义以来客观存在的要求"②，这个"客观存在的要求"当然就是人民的希望与时代的要求，诸葛亮死后"黎庶追思"，就是人民对他的怀念。在《魏晋南北朝史论稿》中，先生认为淝水之战前东晋"镇之以静"的政策"为宽众息役，发展生产，稳定江东社会经济形势，开拓了一条道路"③，这个看法一反过去认为东晋政府只是门阀士族利益代表的观点。需要看到的是，虽然先生充分肯定曹操、诸葛亮、王导等人的历史作用，但他认为他们只是统治阶级的代表，真正发展生产、推动历史前进的还是广大劳动人民群众。这种从历史进步的群众史观出发分析历史的立场，在先生的论著中随处可以看到。

二是坚持阶级分析方法。阶级分析是观察历史非常重要的一种方法，唯物史观与阶级分析相结合，是把握一定时期社会经济关系和政治关系变动的钥匙。万先生的论著中，始终秉持这一原则，《曹魏政治派别的分野及其升降》就是一篇具有代表性的作品。此文不仅首次揭示了曹操手下存在着汝颍、谯沛两大政治集团的事实，而且揭示了这两大集团的历史渊源

①万绳楠：《关于曹操在历史上的地位问题》，《新史学通讯》1956年第6期。

②万绳楠：《论诸葛亮的"治实"精神》，《安徽师大学报（哲学社会科学版）》1978年第3期。

③万绳楠：《魏晋南北朝史论稿》，安徽教育出版社，1983年，第162页。

和经济基础的不同，指出汝颍集团可溯源于后汉的党锢之祸，而"党锢人物都是后汉形成起来的大田庄主或田庄主的子弟"①，他们是世族地主势力的代表，谯沛集团则代表了庶族地主的利益，他们在镇压黄巾起义的过程中联合起来，但政治集团上的分野又使他们最终分道扬镳。经济关系是阶级关系的基础，汝颍集团在斗争中战胜谯沛集团，是"封建大土地所有制的胜利，屯田制的失败。这是当时历史发展的必然结果"②，先生将两大集团的政治升降和汉魏政治权力的转移最终归结为经济关系的变动，并视为历史发展的必然，是阶级阶层分析方法的科学运用，有很强的说服力。阶级往往是由等级构成的，等级研究是阶级研究的重要内容。在《南朝的阶级分化问题》一文中，先生对南朝士族和寒门中出现的等级分化做了精辟的分析，认为士族的衰落与寒门的兴起体现的是历史进步③，这使我们对南朝出现的诸多关于士族贫富升降的历史现象有了科学认识。经济基础决定上层建筑是唯物史观的基本观点，也是阶级分析方法的基本出发点。在《从南北朝社会经济与政治的差异看南北门阀》一文中，先生提出北方重农、南方重商，经济基础不同，政治形态也不同。"南方士族既然立脚于家庭与商业之上，聚居于都邑，其社会经济基础自然不及北方士族雄厚。这种士族及由此而形成的士族制度，容易腐朽，经不起风浪。"④这就使我们对为什么南朝士族较北朝士族分化衰落得要快找到了一个答案。阶级分析方法是一把利器，但万先生并不盲目运用阶级分析，即使在十分重视阶级斗争的年代，也能够坚持实事求是的精神。在《魏末北镇暴动是阶级斗争还是统治阶级内部的斗争》一文中，先生对北镇暴动即六镇起兵的性质提出了不同看法。先生坚持阶级观点与历史主义相统一的原则，认为暴动由豪强这一阶级发动并左右，不是人民起义，只能是统治阶级内部

---

① 万绳楠：《曹魏政治派别的分野及其升降》，《历史教学》1964年第1期。

② 万绳楠：《曹魏政治派别的分野及其升降》，《历史教学》1964年第1期。

③ 万绳楠：《南朝的阶级分化问题》，《安徽师大学报（哲学社会科学版）》1983年第2期。

④ 万绳楠：《从南北朝社会经济与政治的差异看南北门阀》，《安徽大学学报》1963年第1期。

的斗争。①在《五斗米道与孙恩起兵》一文中，先生本着这一原则，同样否定其起兵是农民起义的性质。先生还专门写了《什么是农民起义？什么人才可以称为农民起义军的领袖？——评〈简明中国通史〉关于农民起义问题的论述》，借对吕振羽《简明中国通史》中关于农民起义问题的评价，系统阐释了他对历史上农民起义问题的看法。

三是坚持辩证唯物主义的联系观。辩证唯物主义重视事物之间的普遍联系，用辩证的、联系的观点把握事物的前后关系、局部与整体的关系，把一定的历史现象放到一定的历史环境之中去考察。万先生在《研究问题要注意事物之间的联系》一文中指出："对于历史上的任何一个问题，都不能作孤立、静止的研究，必须充分掌握资料，注意事物之间的联系。"②先生例举了陈寅恪将华佗的记载与佛经故事联系起来看的事例，指出"他（指陈寅恪）不只是根据我国的史籍，孤立地研究华佗，而是比较中印记载、语音影响，在一个大系统中进行全面研究"③，先生用此来强调联系的方法在史学研究中的重要性。他又例举了自己用联系的方法对曹操《短歌行·对酒》一诗解读的事例，指出"曹操的《短歌行·对酒》是建安元年在许都接待宾客时，主人与宾客在宴会上的酬唱之辞，并非曹操一人所写"④。纵览先生的研究，辩证联系的方法始终贯穿其中，正是这种辩证联系观，使先生能够在同一事物之间、众多事物之间或不同事物之间找出其中的联系，每每使他的文章能够发前人之所未发，给人耳目一新之感。

除了上述之外，唯物史观的社会形态学说在先生的论著中也十分突出。他注重奴隶社会和封建社会不同社会形态下的政治经济文化制度特点研究，秉持封建地主土地所有制说，肯定魏晋南北朝时期各民族政权封建化的历史进步意义，强调政治集团与阶级关系演变背后的经济因素，都是坚持社会形态学说的典型表现。从以上这些可以看到，先生虽然毕业于新

---

① 万绳楠：《魏末北镇暴动是阶级斗争还是统治阶级内部的斗争》，《史学月刊》1964年第9期。

② 万绳楠：《研究问题要注意事物之间的联系》，《文史哲》1987年第1期。

③ 万绳楠：《研究问题要注意事物之间的联系》，《文史哲》1987年第1期。

④ 万绳楠：《研究问题要注意事物之间的联系》，《文史哲》1987年第1期。

中国成立前的大学，但新中国成立后他学习马克思主义，坚持马克思主义，运用马克思主义，完全可以说他毕生追求马克思主义，是一位新中国培养起来的马克思主义史学家。

二、广博的治学领域与突出成就

万绳楠先生的治学领域很广博，涉及魏晋南北朝史研究、宋史研究和区域经济史研究等，尤以魏晋南北朝史研究见长。

（一）魏晋南北朝史多领域的突出成就

20世纪中国古代史在通史、断代史、专门史等各研究领域都取得了很大成绩，其中在断代史研究上，魏晋南北朝史所取得的成绩尤为突出。从20世纪初开始，人们逐步改变了对中国历史上分裂时期的历史或所谓"乱世"历史的一些不全面认识，运用新的历史理论与方法，开启了魏晋南北朝历史的新探索。曹文柱、李传军在《二十世纪魏晋南北朝史研究》一文中，将20世纪中国魏晋南北朝史研究以1949年为限划分为前后两个时期。前一个时期可分为1901—1929年和1930—1949年两个阶段。后一个时期可分为1949—1966年、1966—1978年和1978—2000年三个阶段。[①]万先生在魏晋南北朝史研究上，基本上完整经历了后一个时期的"三个阶段"。厚实的史学功底，敏锐的洞察力，勤奋的治学精神，长期的不懈探索，使他在魏晋南北朝史多个领域取得了十分突出的成就，他所思考的许多问题，在当时也明显具有学术前沿的性质。这里我选取若干领域做一简要介绍。

政治史领域深耕细耘。万先生继承了中国史学向来重视政治史研究的传统特点，又得20世纪上半叶以来中国实证史学派的方法精华，以唯物史观为指导，在魏晋南北朝政治史研究领域取得了突出成就，这是他一生学

---

① 曹文柱、李传军：《二十世纪魏晋南北朝史研究》，《历史研究》2002年第5期。

术成就的主要代表。首先，关于曹操和曹魏政治派别的研究。历史上对曹操的评判大体不离正统史观，史家、政治家根据各自的需要取舍，毁誉参半，缺乏科学的指导。受宋元以后戏曲小说的影响，在普通民众中曹操更成为一个反面典型。先生在《关于曹操在历史上的地位问题》一文中，从汉末黄河流域经济衰败的客观历史出发，认为曹操的屯田、抑制豪强兼并、减轻田租、提倡节俭等经济措施具有积极进步的意义。[①]先生又从曹操在思想文化上的贡献，肯定了他破除汉代以来儒家思想束缚的作用和倡导现实主义文风的意义。因此，先生认为"从曹操总的方面来衡量，曹操在历史上的地位是应该肯定的"[②]。这是新中国成立后率先对曹操历史地位提出肯定的史学家。先生对曹操的研究深入细致，《廓清曹操少年时代的迷雾》一文十分精彩，将曹操少年时代的事迹考证揭示出来，有力说明了曹操少年时品行不好却又能举孝廉入仕的原因，也说明了后来曹操政治思想与政治行为与他少年时的经历有十分紧密的关系。[③]在《曹魏政治派别的分野及其升降》一文中，先生对曹魏内部政治集团的精湛划分及其阶级基础的深刻揭示，可以说是为解剖曹魏政治演变和门阀政治的形成提供了一把崭新的钥匙。[④]其次，关于蜀、吴政治和两晋南北朝政治的研究。在《论诸葛亮的"治实"精神》一文中，先生将诸葛亮治蜀的精神归纳为"治实"，并从哲学、政治军事、自然科学三个方面对诸葛亮的治实精神进行了深入阐释。[⑤]这篇文章发表在"文革"结束后不久，澄清了在诸葛亮问题上被"四人帮"搞乱了的是非，并对诸葛亮这个历史人物，力求作出合乎科学的解释。在《魏晋南北朝史论稿》一书中，先生对孙吴立国江东问题做出了深入考察。先生指出，孙吴政权是靠江东名宗大族的支持建立

---

① 万绳楠：《关于曹操在历史上的地位问题》，《新史学通讯》1956年第6期。

② 万绳楠：《关于曹操在历史上的地位问题》，《新史学通讯》1956年第6期。

③ 万绳楠：《廓清曹操少年时代的迷雾》，《安徽师大学报（哲学社会科学版）》1988年第2期。

④ 万绳楠：《曹魏政治派别的分野及其升降》，《历史教学》1964年第1期。

⑤ 万绳楠：《论诸葛亮的"治实"精神》，《安徽师大学报（哲学社会科学版）》1978年第3期。

起来的，论孙吴的治国之道，必须先明江东经济的发展与大族的产生。孙吴的"限江自保""施德缓刑"以及"外仗顾、陆、朱、张，内近胡综、薛综"等治国方针与政策，是孙吴复客制、世袭领兵制、屯田制等重大政策形成的阶级基础和社会基础。①这是史学界较早全面对孙吴政权立国基础的政治考察，对我们理解孙吴政治与魏、蜀政治的区别有重要启示。在《东晋的镇之以静政策和淝水之战的胜利》一文中，先生将东晋前期的政治总结为"镇之以静"，并在王导、桓温、谢安时期一以贯之，认为这是东晋之所以取得淝水之战胜利的原因。②这个观点一改东晋政权只是偏安江南的旧识，推进了东晋政治史研究的深化。历史的必然性与人的主观能动性是相辅相成的。在《从陈、齐、周三方关系的演变看隋的统一》一文中，先生对为什么由继承北周的隋朝来统一，而不由北齐或者陈朝来统一做了细密周到的分析，指出"可知统一之所以由北不由南，而北又不由北齐而由北周及其继承者隋朝，是因为本来要与北齐结好的南朝，却偏偏走上了联周反齐之路"③。这一观点较以往只重视隋文帝在统一中的作用的观点更加全面。先生的政治史研究不限于魏晋南北朝，如《论隋炀帝》《武则天与进士新阶层》等文章，在隋唐政治史研究上都有新见解。

经济史领域开拓创新。20世纪魏晋南北朝经济史研究主要集中在社会性质问题、土地制度问题、赋税制度问题、户籍制度问题、部门经济与区域经济等问题上。万先生在上述领域中大都有创新性的研究。关于土地制度问题，先生在《魏晋南北朝史论稿》中对曹魏小块土地所有制、屯田制、田庄制三种土地所有制形式进行了比较，认为曹魏以保护自由农为主体的小块土地所有制为主体，但又能使三种土地所有制在一定时期内并存，发挥各自的作用，使汉末受到严重破坏的生产力，得以复苏。④这是曹操在经济政策上强于其他军阀之处所在。田庄经济是魏晋南北朝经济的

① 万绳楠：《魏晋南北朝史论稿》，安徽教育出版社，1983年，第62—71页。

② 万绳楠：《东晋的镇之以静政策和淝水之战的胜利》，《江淮论坛》1980年第4期。

③ 万绳楠：《从陈、齐、周三方关系的演变看隋的统一》，《安徽师大学报（哲学社会科学版）》1985年第4期。

④ 万绳楠：《魏晋南北朝史论稿》，安徽教育出版社，1983年，第26—35页。

重要组成部分，先生在很多论著中都谈到这个问题，比如上述曹魏三种土地所有制比较中，就谈到了曹魏时期的田庄"无疑起着组织生产的作用，有一定的活力，不失为当时一支重要的、仍占主导地位的生产力量"①。田庄经济不是一成不变的，随着时代变化，田庄经济也在发生变化，先生正是用这种发展变化的观点看待田庄经济，并分别写出了《南朝时代江南的田庄制度》和《南朝田庄制度的变革》二文。在前文中，先生对南朝江南田庄兴起的历史背景和南朝江南田庄的特点进行了仔细分析，得出了南朝时代江南的田庄制度，是随着江南的开发与庶族地主、商人的兴起而发展起来的，是建立在家族而非宗族地主对佃客、奴隶的剥削与压迫的基础之上的重要结论。②在后文中，先生指出，南朝的田庄主土地占有形态，和唐朝是一个类型，和汉、魏已自不同。唐朝的庄园制度源自南朝。南朝田庄制度的变革，是中古土地制度的一个重大变化。先生在文中还对南朝大家族（宗族组织）的破坏、田庄中部曲组织的消亡、剥削方式的变化进行了详细论证。③先生的系列研究将南朝江南田庄与之前及同时代其他政权下的田庄制度清楚地区分开来，使我们看到了田庄经济在不同时期的发展变化和历史影响。魏晋南北朝是一个人口大流动大迁徙的时期，人口流动所带来的行政区划变化以及户籍制度的新形态，是影响魏晋南北朝社会经济发展的重要问题。侨郡县是东晋南朝时期安置迁徙流动人口的一项行政措施，它是一个政治问题，更是一个经济问题。在《晋、宋时期安徽侨郡县考》和《江东侨郡县的建立与经济的开发》二文中，先生分别对安徽境内和江东地区的侨郡县进行了详细考证，前文首次对晋、宋时期安徽境内的侨郡县状况，以及北方流民进入安徽和安徽本部人向南流动的大致情况进行了系统梳理④，后文则对江东侨郡县的分布特点以及江东政权对侨

① 万绳楠：《魏晋南北朝史论稿》，安徽教育出版社，1983年，第35页。

② 万绳楠：《南朝时代江南的田庄制度》，《历史教学》1965年第11期。

③ 万绳楠：《南朝田庄制度的变革》，《安徽师大学报（哲学社会科学版）》1980年第2期。

④ 万绳楠：《晋、宋时期安徽侨郡县考》，《安徽师大学报（哲学社会科学版）》1982年第2期。

民的政策进行了全面分析①。侨郡县的设置不仅在政治上稳定了因战乱而造成的流动人口，更重要的是推动了安徽特别是皖南和江东地区的经济开发与文化发展。江东地区尤其是沿江地区经济的开发，与江东政权对待流人的政策不可分。正如先生所指出的那样："论江南经济开发的文章，我所见到的颇为不少，惜乎语焉不详，且不中肯綮，故立论如上。"②从侨郡县的设置及其政策看安徽和江东地区经济开发是一个新的视角，先生的研究走在了当时经济史研究的前列。户籍向来是经济史研究的重要内容，魏晋南北朝的户籍问题因人口迁徙和侨郡县的设置尤其显得复杂化，文献上出现的"白籍""黄籍"究竟何指，"土断"与黄、白籍究竟什么关系，古今史家莫衷一是。先生在《论黄白籍、土断及其有关问题》《江东侨郡县的建立与经济的开发》等文中，对这些问题做了细密考证。先生指出："黄籍是两晋南朝包括士族和庶民在内的编户齐家的统一的户籍。士族的黄籍，注有位宦高卑，庶民无之。士族可凭黄籍上的爵位证明为士族，免去徭役。庶民已在官役的，可以在黄籍上注明何人。白籍则是在特定时期产生的、有特定含义的户籍。它出现在东晋初，为自拔南奔的侨人所持有。他们大都住在侨郡县中。之所以谓之为白籍，是因为夹注有北方原地的籍贯，好作将来回到北方入籍的凭证。持白籍的不交税，不服役。"③由于人口不断南迁给东晋政府带来严重的社会经济问题，因而有了咸和二年（327）土断。这次土断中整理出来的黄籍，称为《晋籍》。它是南方土著人民和以土著为断的北方侨人的统一的户籍，此籍一直沿用到宋元嘉二十七年（450）。咸康、兴宁、义熙年间的阅实编户与依界土断，是咸和二年（327）土断的整顿与补充。侨人一经土断，白籍即换成黄籍。南齐大力进行土断，罢除侨邦，是白籍行将消亡的反映。其最后消亡，可以梁天监元年（502）罢除最后一个侨邦南徐州为标志。此后所谓土断，是土断杂居

---

① 万绳楠：《江东侨郡县的建立与经济的开发》，《中国史研究》1992年第3期。

② 万绳楠：《江东侨郡县的建立与经济的开发》，《中国史研究》1992年第3期。

③ 万绳楠：《论黄白籍、土断及其有关问题》，载《魏晋南北朝史研究》，四川社会科学院出版社，1986年，第286页。

流寓的人户。①先生的这些观点，厘清了复杂多变的东晋南朝政权下户籍变化的线索，辨清了史书上模糊不清的土断、白籍、黄籍等概念，为经济史研究提供了基本的史实基础，可以说是一个重大贡献。先生在经济史上的研究还有西晋的经济制度、北魏的均田制和地主土地所有制以及江南经济开发等诸多问题，彰显出他在经济史研究上的深厚功力。需要指出的是，先生的经济史研究坚持以唯物史观为指导，将地主土地所有制作为观察分析魏晋南北朝经济史的基本出发点，并将经济变化与政治变化相联系，使他的经济史研究充满了时代感。

思想文化史领域视野宽阔。与两汉相比，魏晋南北朝思想文化突破了经学独尊的束缚，呈现出多元化的趋势，域外文化与华夏文明交往交流，开启了文化交融的新时期。20世纪后半期，特别是改革开放以后，魏晋南北朝思想文化史研究呈现出繁盛局面。其中，万先生以其宽阔的学术视野，在魏晋南北朝思想文化史领域独树一帜，取得了突出成就，其研究涉及政治文化、哲学思想、宗教思想、史学思想、艺术与科技、少数民族文化等诸多领域，特别是《魏晋南北朝文化史》一书，是他关于魏晋南北朝思想文化史研究的系统思考。这里我选取若干角度做一介绍。首先，关于文化史研究的理论思考和魏晋南北朝思想文化的整体史观。早在20世纪90年代初，先生在《对文化史研究的思考》一文中就对文化史的概念与研究对象做过界定，指出："现在文化与文明两个概念常被混淆。按照摩尔根所说人类自野蛮时代进入文明时代，以文字的发明为标志，而文字的发明又是文化的开端。可知文化者，乃用文字写下来的各科知识也。"②但是先生认为，文化史又不仅只是各科知识史、有关制度史，而且要把各科知识所达到的深度及所反映的文明程度揭示出来。易言之，即要揭示出黑格尔所说的"时代精神"。③后来他又指出："因此，凡属文化知识领域中的问

① 万绳楠：《论黄白籍、土断及其有关问题》，载《魏晋南北朝史研究》，四川社会科学院出版社，1986年。

② 万绳楠：《对文化史研究的思考》，《文史哲》1993年第3期。

③ 万绳楠：《对文化史研究的思考》，《文史哲》1993年第3期。

题，都应当是文化史所应讨论的问题。如果缺了一个部门或项目，那就不是一部全面的文化史，就无从窥探某个时期或时代文化的全貌、相互作用、发展停滞或萎缩的总原因与具体原因。"①文化史绝不是儒术史，也绝不是哲学史。文学、史学、艺术、自然科学、各派经济思想、政治思想、社会思想、各族文化状况、文化交流……无一不在文化史探讨的范围中。从这个角度出发，先生把职官制度、选举制度、学校制度、哲学思想、政治思想、经济思想、社会组织与社会风俗、文学、艺术、史学、自然科学、道教、佛教以及各族文化状况、中外文化交流等内容，都纳入了他考察的范围，形成了他以制度文化和精神文化为主体的文化史观。关于魏晋南北朝思想文化的历史地位，先生认为，魏晋南北朝时代是各科文化蓬勃发展的时代，把汉朝远远抛在后头。现在已经没有人相信甚么"黑暗时代"的陈旧说法。先生还具体指出了这个时期文化长足发展的原因是专制主义的削弱、儒术独尊地位的跌落、官营王有制度的失败、大家族的解体和个性的解放。其次，深入挖掘时代的思想文化精华。在立足魏晋南北朝思想文化整体史观的基础上，先生对这一时期思想文化及其流派和代表人物等很多问题都有自己深刻独到的见解，是他史学思想极具闪光的一面。在《嵇康新论》一文中，先生将嵇康的思想从所谓"竹林七贤"中其他人的思想分离开来，高度赞扬了嵇康反对封建儒学，富有民主精华的进步思想。②在《略谈玄学的产生、派别与影响》一文和《魏晋南北朝史论稿》第五章第二节，以及《魏晋南北朝文化史》第三章中，先生对魏正始年间何晏、王弼创立的玄学及其意义和派别分野进行了开创性研究。他指出："玄学并非消极的东西。它好比一颗灿烂的明星，进入魏晋时代的思想界天空，放出了奇光异彩。"③但是正始之音并不是只有一种声音，何晏标榜无为，把无和有对立起来，是二元的；王弼标榜无为，把无当本体，把有当派生的东西，是一元的，因此何晏与王弼是玄学内部两种不同的声音。究其原因，

① 万绳楠：《魏晋南北朝文化史·序言》，黄山书社，1989年，第1页。

② 万绳楠：《嵇康新论》，《江淮论坛》1979年第1期。

③ 万绳楠：《略谈玄学的产生、派别与影响》，《孔子研究》1994年第3期。

是他们各自代表了不同政治集团的思想，是当时曹魏政治上两大派别斗争的反映。先生将玄学研究与政治派别分野结合起来分析，是一卓识。尽管玄学在这一时期高调登场，但先生认为魏晋南北朝时期的主流思想仍然是儒学而不是玄学[①]，先生在20世纪50年代得出的这个结论，在后来的魏晋南北朝思想史研究中应该是得到了大多数人的认同。在思想文化史研究中，先生始终高举唯物史观大旗，高扬唯物论思想的积极意义，批判唯心论的消极作用，特别是在对君主专制的批判上毫不留情，是他思想文化史研究上极富战斗性的一面。在宗教思想研究上，先生多有发明。在《"太平道"与"五斗米道"》一文中，先生对《太平经》的性质及其与黄巾起义的关系做了细致辨析，认为它们之间既有联系更有本质区别，不能把《太平经》与作为"异教"的"太平道"混为一谈，而五斗米道从一开始，就是地主阶级的宗教，是地主阶级用来剥削、压迫与愚弄农民的宗教组织，教义上没有任何积极的东西，只有消极的影响。[②]先生的这个思想产生在20世纪60年代初，那个时期对阶级斗争和农民起义高度重视，能够用这样冷静客观的态度对待太平道和五斗米道，是十分可贵的求真精神。先生对道教的研究并不限于这些局部，而是从整体上对魏晋南北朝时期道教的产生与发展做了系统梳理，新意迭出。[③]在佛教研究上，先生不仅对佛教传入中国的过程及其地位的确立有细致考证，而且提出了佛教"异端"思想产生的背景与斗争这一重要问题，明确指出"中国的佛教异端，是在南北朝时代，在北方形成的"，其原因乃是北朝佛教的僵化所致。[④]从思想文化史的视角出发，先生还对魏晋南北朝时期的史学、艺术、文学、风俗、科技以及社会生活与文化交流等诸多内容也有精湛研究，这里不再一一介绍。

---

① 万绳楠：《魏晋南北朝时代的思想主流是什么》，《史学月刊》1957年第8期。

② 万绳楠：《"太平道"与"五斗米道"》，《历史教学》1964年第6期。

③ 参见万绳楠：《魏晋南北朝文化史》第十二章"我国道教的产生与发展"，黄山书社，1989年，第298—325页。

④ 参见万绳楠：《魏晋南北朝史论稿》第十五章"论佛教在南北朝时期的传播"，安徽教育出版社，1983年，第330—350页；万绳楠：《魏晋南北朝文化史》第十三章"佛教的勃兴与弥勒异端的产生"，黄山书社，1989年，第326—348页。

（二）宋史研究的倾力奉献

　　万先生是一个学术旨趣十分广泛的学者，他不仅在魏晋南北朝史领域取得了突出成就，在宋史领域也收获不菲，为宋史研究做出了一定的贡献。先生在宋史领域的贡献主要体现在《文天祥传》和《关于南宋初年的抗金斗争》《关于王安石变法的几点商榷》《宋江打方腊是难以否定的》《诗史奇观——文天祥〈集杜诗〉》等系列文章上，这里重点介绍《文天祥传》。文天祥是南宋后期民族矛盾尖锐时期产生的一位民族英雄，他去世后，事迹广为流传，自古就有不少人为他立传。但如同先生所说的那样，所有的文天祥传都有两个基本缺陷，一是从忠君立论，二是但述事实经过，而又偏重起兵勤王以后的经历。新中国成立以后关于宋代民族英雄的研究明显又偏重于岳飞，对文天祥的研究稍显不足。先生的《文天祥传》就是在这样的背景下从史学传记的角度写作而成的。该传用近30万字、十章（另附事迹编年）的篇幅，详述了文天祥的生平事迹、爱国思想、文学成就、事迹流传等重大问题，首次全面揭示了文天祥的一生经历，考证了很多模糊不清的史事，并对与之有关的宋元历史进行了评论，是传、论、考相结合的典范。《文天祥传》发明甚多。首先，廓清了文天祥籍贯和生平事迹问题。通过详细辩证，先生认为文天祥的籍贯应该是吉州庐陵县富川镇，而不是以往所认为的富田，宋时只有富川而无富田，富田替代富川是元朝以后的事。宋代富川是镇，地位与乡相等，不属于淳化乡，亦不属于顺化乡，将富田归属于淳化乡，是清朝以后的事。[①]籍贯问题虽然很具体，但是研究文天祥必不可少的基本问题。先生还对文天祥中状元时的年龄、某些重要作品的写作年代等问题进行了考证，为进一步研究文天祥奠定了扎实基础。其次，深入挖掘了文天祥的爱国思想。先生认为，文天祥不仅是一个爱国者，而且是一个政治家、思想家，他的爱国思想不是古已有之，而有他的特殊点，这个特殊点就是他的哲学思想和政治

---

① 万绳楠:《文天祥传》,河南人民出版社,1985年,第1—7页。

表现。先生指出："七百年来，都以为文天祥爱国是受儒家思想乃至理学熏陶的结果。殊不知他的爱国思想扎根于他的生气勃勃的唯物思想中，具有强烈的反理学意义。"①与宋代死守祖宗之法不同，文天祥的哲学思想根植于《易》学的唯物辩证思想，特别是他强调自强不息精神对个人和国家的重要意义，正是他一生爱国不息、斗争不息、改革不息的哲学基础。②这个看法虽不无可商榷之处，但却在一定程度上揭示了文天祥为什么能够在社会危机和民族危机深重的南宋后期，坚决为国奋斗不息直至献出生命的根源所在。先生认为，文天祥爱国思想在政治上的表现不只是抗元，更重要的方面"是他不仅要求改革，而且要求改革不息；不仅要求改革宋太祖、太宗制定下来的祖宗之法，而且要求一直改下去，直到实现天下为公"③。先生还具体指出了文天祥主张改革不息"三个具体的、带根本性的问题"④，即地方问题、三省六部问题和用人问题。文天祥的改革思想虽然"近于空想"，不可能在当时的南宋实现，但"应当承认它在我国政治思想发展史上所具有的划时代的意义和里程碑的地位"⑤。改革不息论是文天祥政治思想中也是爱国思想中最本质的东西，也是最重要的内容。不改革便不能抗元，爱国首先就应要求改革。这是我们研究他在抗元中所表现出来的爱国思想时，必须理解的东西。文天祥的抗元是与他"法天不息"的唯物主义思想联系在一起，而非与儒家的忠孝仁义相联系，是为了"生民"的利益，而非与地主阶级、赵家王朝的利益相联系。⑥这些看法都极大丰富了我们对文天祥爱国思想内涵的认识。第三，对宋元之际历史变化的深刻洞察。既往研究文天祥较少考虑宋元之际历史变化的必然性和偶

---

① 万绳楠:《文天祥传》，河南人民出版社，1985年，第266页。

② 参见万绳楠:《文天祥传》第八章第一节"文天祥爱国思想的哲学基础"，河南人民出版社，1985年，第266—275页。

③ 万绳楠:《文天祥传》，河南人民出版社，1985年，第275页。

④ 万绳楠:《文天祥传》，河南人民出版社，1985年，第277页。

⑤ 万绳楠:《文天祥传》，河南人民出版社，1985年，第282页。

⑥ 参见万绳楠:《文天祥传》第八章第三节"文天祥爱国思想在抗元方面的表现"，河南人民出版社，1985年，第282—289页。

然性问题。先生指出，文天祥生活在南宋内忧外患十分深重的年代，"但这个时代并非南宋注定要灭亡、元朝必定要统治全中国的时代，而是黑暗中有光明。这光明就是：只要南宋改革导致社会危机和民族危机的守内虚外之法，就不会是元兵南进，而是宋旗北指"①。但南宋政权并不采纳文天祥的主张，一再错过历史给予的机遇，抱住祖宗之法不放，致使拥有军队七十多万，经济力量远胜于蒙古，且有文天祥这样贤才的南宋，不断屈膝投降，根本原因就是以皇帝为首的最高统治集团的守内虚外的国策，"这个国策培育出来的最高统治集团，对外以妥协投降，对内以镇压人民、削弱地方、排斥贤才、反对任何改革为特征。这个国策不变，统治集团也就不会倒；统治集团不倒，这个国策也就不会变"②。南宋不是必然灭亡，元朝不是必然胜利，文天祥不是愚忠献身。先生对宋元之际历史的深刻洞察，使我们对文天祥抗元斗争直至献出生命的历史意义有了比以往更加深入的认识。第四，确立了文天祥在中国文学史上的地位。先生在传中用一章四节的篇幅论述了文天祥在文学上的成就，指出"文天祥在文学上的成就，比之唐、宋各大名家，毫无逊色"③。文天祥一改南宋文体、诗体破碎、卑弱，朱熹以后鬼头神面之论，"不赞成有意为诗""主张动乎情性"，提出了"自鸣与共鸣之说"，先生认为与自鸣相结合的共鸣论，"是文天祥对文学理论尤其是现实主义文学理论的一大贡献"④。先生还对文天祥的诗歌进行了分期，对其不同时期诗歌的内容与特点进行了细致分析，深刻揭示了文天祥作为"现实主义文学巨匠"，其诗歌具有"振起过一代文风""是我国文学宝库中的无上珍品"的历史地位。⑤先生一生的学术重点不是宋史，但从《文天祥传》中可以看到他不仅对文天祥有深入研究，也对宋代政治史、思想史和文化史有独到的见解。

① 万绳楠：《文天祥传》，河南人民出版社，1985年，第18页。
② 万绳楠：《文天祥传》，河南人民出版社，1985年，第97页。
③ 万绳楠：《文天祥传》，河南人民出版社，1985年，第290页。
④ 万绳楠：《文天祥传》，河南人民出版社，1985年，第291—293页。
⑤ 参见万绳楠：《文天祥传》第九章"文天祥在文学上的成就"，河南人民出版社，1985年，第290—336页。

（三）区域经济史研究的开辟

有学者指出："区域经济的研究是80年代以来学者们着意很多的课题，取得的成就相当可观。"[①]但万先生从20世纪60年代开始就十分关注魏晋南北朝区域经济史的研究，从60年代到90年代，他撰写了《六朝时代江南的开发问题》《南朝时代江南的田庄制度》《南朝田庄制度的变革》《江东侨郡县的建立与经济开发》等一系列论文，对长江中下游区域经济史就有了深入研究。在此基础上，1997年，万先生等著的《中国长江流域开发史》一书出版，该书是原国家教委"八五"社会科学重点科研项目的结项成果，也是国家"九五"重点规划图书。全书用八章50万字的篇幅，从历史纵向角度，全面考察了从石器时代到明清时期长江流域开发的整体历程，是我国第一部全面论述长江流域社会经济与文明发展进程的著作。该书首次对长江流域各历史时期的经济开发与文明发展历程做了系统总结。例如关于石器时代的长江流域，该书指出，与黄河流域一样，长江流域也有它自己的石器时代与人类。论文化并不比黄河流域有任何逊色。该书用丰富的考古资料论证了旧石器时代的长江流域是人类起源的重要地区、新石器时代晚期的良渚文化是长江流域跨入文明门槛的前夜。从青铜器的制作和江西清江吴城出土的刻划文字符号看，"炎帝神农氏时期，南方长江流域当已进入文明时代。其文明程度不会下于轩辕氏所代表的北方文明"[②]，甚至"南方长江流域当比北方更早地进入文明时代"[③]。关于列国时期的长江流域，该书认为这是一个经济、文化突飞猛进的发展时期，楚、吴、越、巴、蜀等国农、工、商业综合发展，但秦的征服，则使整个长江流域的开发，遇到了一次大顿挫。关于秦汉时期的长江流域，该书使用了"曲折性"三个字来概括。秦的落后政策，将长江流域的开发拉向后退，开发无闻。汉初政策调整，长江流域的开发也在继续抬头。两汉长江

---

① 曹文柱、李传军：《二十世纪魏晋南北朝史研究》，《历史研究》2002年第5期。

② 万绳楠、庄华峰、陈梁舟：《中国长江流域开发史》，黄山书社，1997年，第25页。

③ 万绳楠、庄华峰、陈梁舟：《中国长江流域开发史》，黄山书社，1997年，第23页。

流域开发虽在继续，但又不断受到"虎狼之政"的破坏，是"曲折性"的反映。关于魏晋南北朝时期的长江流域，该书用"迅速发展与几度猝然跌落"来概括。吴、魏、蜀时期长江流域的交通运输业、城市与商业、农业发展迅速，西晋由于政治原因，长江流域开发陷于停滞状态。东晋"镇之以静"的政策，以及侨郡县的设置与对待流人的政策，促进了江东社会经济的发展，江南腹地及沿海地区得到开发。南北朝末年至隋，由于侯景之乱和隋的政策原因，长江流域开发又陷于停顿。关于唐五代时期的长江流域，该书用"继续发展与经济中心的逐渐南移"来概括。唐继承了南北朝以来的重要经济制度和隋朝留下的大运河，长江流域整体经济结构与发展水平上了新台阶，天宝以后，经济重心南移。五代十国，长江流域有八国，仍可见到长江流域农、工、商业在唐朝开发的基础上进一步深入发展。关于宋元时期的长江流域，该书认为两宋长江流域又获得了进一步的开发，农业、手工业、交通运输业、商业与城市都有了新的发展，经济形态呈现出新变化，四大发明是在长江流域完成的。但由于两宋在政治上都执行"守内虚外"的政策，这种开发仍旧受到限制。到蒙古入主中原，甚至一度逆转。关于明清时期的长江流域，该书用"经济开发的新发展"和"艰难曲折性"来概括。由于统治政策的调整，明清时期长江流域社会经济有了长足发展，生产力水平的提高，资本主义生产关系的萌芽已在明中后期，出现于长江中下游地区商品经济极为发达的苏、杭一带，并逐渐扩展至其他地区。这是一个新现象。清前期，我国资本主义萌芽继续缓慢发展，在整个长江流域显现得更为突出。然而，由于种种历史条件未能具备，中国资本主义的胎儿始终没有冲出孕育了它的封建社会的母体，滋长壮大，这不能不是中国历史发展进程中的一个极大的令人深以为憾的曲折和不幸。纵览该书，其特点非常鲜明：一是十分重视我国历史上统治阶级的政策与经济发展的关系，将经济发展与政治环境相联系，深刻阐明了上层建筑对经济基础的反作用；二是十分重视经济发展与科技文化发展的关系，该书几乎在论述每个时代经济开发之后，都要论述该时期科技文化发展的状况，可以说该书也是一部长江流域科技文化发展史。总之，通过该书，我们不仅可以认识到长江流域文明发展史在中华文明发展史上的重要地位，把握长江流域经济开发的历史经验教训，也能为今天长江流域的开发提供历史借鉴。

以上总结虽远远不能涵盖先生的全部学术成就，但从中也可以窥见先生广博的学术视野、深刻的问题意识和极具前沿性的探索精神。

三、丰厚的治学思想遗产

万绳楠先生用其一生的心血，给我们留下了300余万字的史学论著，这是一笔宝贵的史学遗产。据我目力所及，对先生史学成就评价、总结和研究的文章目前有周一良《评介三部魏晋南北朝史著作》[①]，朱瑞熙《宋人传记的佳作——评〈文天祥传〉》[②]，彦雨《一部反映出时代精神的新文化史——评万绳楠教授的〈魏晋南北朝文化史〉》[③]，汪姝婕《简评〈中国长江流域开发史〉》[④]，卫丛姗《万绳楠史学成就研究》[⑤]等，这些文章从不同侧面对先生的史学成就进行了评述和研究。还有不少学者和先生的学术观点进行商榷。[⑥]无论是评述还是商榷先生的论著，也无论是赞

---

① 周一良：《评介三部魏晋南北朝史著作》，《北京大学学报(哲学社会科学版)》1985年第2期。

② 朱瑞熙：《宋人传记的佳作——评〈文天祥传〉》，《中州学刊》1986年第3期。

③ 彦雨：《一部反映出时代精神的新文化史——评万绳楠教授的〈魏晋南北朝文化史〉》，《安徽史学》1991年第1期。

④ 汪姝婕：《简评〈中国长江流域开发史〉》，《光明日报》1999年8月13日。

⑤ 卫丛姗：《万绳楠史学成就研究》，鲁东大学硕士学位论文，见"中国知网"，2021年。

⑥ 如曹永年、周增义：《论隋炀帝的"功"与"过"——兼与万绳楠先生商榷》，《史学月刊》1959年第12期；魏福昌：《隋炀帝是不折不扣的暴君——与万绳楠同志商榷》，《史学月刊》1959年第12期；孙醒：《试论文天祥的哲学思想——兼与万绳楠同志商榷》，《河南大学学报(哲学社会科学版)》1989年第1期；王琳祥：《赤壁战地辨析——与万绳楠先生商榷》，《安徽师大学报(哲学社会科学版)》1992年第4期；高华平：《也谈陈寅恪先生"以诗证史、以史说诗"的治学方法——兼与万绳楠先生商榷》，《华中师范大学学报(哲社版)》1992年第6期；张旭华：《梁代无中正说辨析——与万绳楠先生商榷》，《许昌师范学院学报》1993年第3期；等等。

同或不赞同先生的观点，都说明先生的论著产生了十分广泛的学术影响。先生取得的这些学术成就与他的治学思想是不可分割的，在前人研究的基础上，我对先生的治学思想谈三点感想。

（一）吸收三种史学的精华

观察万先生治学方法，明显可以看到三种史学思想对他的影响。首先是受我国传统史学求真致用思想的影响。"多闻阙疑，慎言其余"①，"故疑则传疑，盖其慎也"②。我国传统史学倡导严谨求实的治学态度，在追求史实真相上不遗余力，从不随意揣测，历代史学秉笔直书精神和发达的考据学，就是这种求真思想的具体体现。求真是对事物本来面貌的揭示，对史学研究而言，全面掌握史料是求真的基础。先生十分强调在史学研究上要打好基础，在读书上下功夫。先生指出："说基础知识浅，容易学，这表现出对基础知识缺乏了解。一般来说，基础知识包括三个方面，一是基本理论知识，二是基本专业知识，三是基本技能或基本治学能力。三者缺一，都不能说基础好。"③打好基础的关键是读书，先生说："历史上凡是维护真理的人，没有一个不苦功读书。"④读书要有一定的方法，先生总结出古人读书的方法，指出："批点、注释和校补，是古人成功的读书方法。"每一种方法都有其独特的价值和作用，"我们总是说要读几本基础书，同时要多读其他书，但总是苦于不知怎么读，怎么掌握，如果能分别或同时采用以上三法，我觉得不管哪一类的书，都可读深读透"⑤。仅仅读书还不行，还要做卡片，"卡片一万张，学问涨一丈"是先生的一句名言，就是强调知识积累的重要意义。仅仅有卡片也不行，还要思考，先生说："读书最怕思之不深，览之不博，不然，是会出错误的。"⑥刻苦读书

---

① 何晏注，邢昺疏：《论语注疏》卷二《为政》，北京大学出版社，2000年，第22页。

② [汉]司马迁：《史记》卷十三《三代世表》，中华书局，1982年，第488页。

③ 万绳楠：《基础容易打吗?》，《安徽日报》1962年1月5日。

④ 万绳楠：《"百家争鸣"三题》，《安徽日报》1961年9月27日。

⑤ 万绳楠：《批点、注释和校补》，《安徽日报》1961年11月17日。

⑥ 万绳楠：《白门新考》，《南京史志》1992年第2期。

勤于思考，使先生的论著在很多方面能够发前人之所未发，读过他的论著的人应当感受到，他的许多真知灼见，就是在广博的知识积累和勤奋思考之上而产生的。致用是我国传统史学的又一大特色，是我国传统史家治史的重要追求。我国传统史学的致用思想体现在为现实政治提供借鉴，为社会教化提供是非善恶标准，为文化自信提供精神向导等方面。我国史学的这一优秀传统同样深刻体现在先生身上，他的群众史观思想，就是反映了他的历史研究是为中国共产党领导下的新中国人民服务的。他用唯物史观的基本原理来分析历史人物、历史思潮、历史事件、历史变迁，不仅为史学界，也为社会大众提供了评判历史是非功过的马克思主义观点。他书写的魏晋南北朝政治史、经济史、思想史、文化史、民族史，以及宋史和长江流域开发史等等，为增强文化自信和对中华文明的统一性与多样性认识提供了丰富的精神源泉。其次是受近代实证史学思想的影响。近代实证史学（过去也经常称为近代资产阶级史学）是在吸收传统史学的精华和近代西方史学理论方法基础上产生的，它突破了传统史学方法和视野的局限，开创了中国历史研究的新局面。作为近代实证史学的重要代表人物陈寅恪先生的学生，先生的史学研究明显受到陈寅恪的影响。陈寅恪先生精于史实考证，学术视野宽阔，注重从地域、集团、阶级、文化出发分析历史，"还很重视历史现象的前因后果和历史发展的基本线索，往往能提出一些独到的见解"[1]。先生还将他于1947年至1949年在清华大学历史研究所听陈寅恪先生的讲课笔记整理出来，出版了《陈寅恪魏晋南北朝史讲演录》一书，极大丰富了陈寅恪先生关于魏晋南北朝史研究的系统理论观点，弥补了陈寅恪先生史学思想研究资料缺乏的重大缺憾，这是先生的又一重大史学贡献。先生在史学研究中，明显使用了地域、集团、文化、阶级等理论方法分析魏晋南北朝史中的许多历史问题，如论曹魏时期的政治派别划分及其阶级基础、正始之音与集团斗争、孙吴立国的阶级基础等，都充分运用了这些方法。以诗证史、以史说诗是陈寅恪扩展史料、开拓史学新领

---

[1] 林甘泉：《20世纪的中国历史学》，载《林甘泉文集》，上海辞书出版社，2005年，第353页。

域的重要方法，先生受其影响不仅对魏晋南北朝文学研究情有独钟，而且经常将这一时期的政治经济状况与诗歌产生的背景相联系，对相关问题进行研究，如《木兰诗》和《孔雀东南飞》的写作时间及故事发生背景，以及运用诗歌中描写的景色来论证江南的开发等等。先生还撰写了《曹操诗赋编年笺证》一书，是他继承老师诗史互证传统并运用于史学实践的最好说明。第三是全面接受马克思主义唯物史观。我认为，传统史学和近代实证史学对万先生的史学思想影响虽然很大，但也只限于方法论层面，决定先生史学研究的根本指导思想还是唯物史观，唯物史观的社会形态理论、群众史观、阶级分析方法、辩证联系的方法，我在前述"治学信奉马克思主义"一节中已经有过分析，这里再做一点补充。在《陈寅恪魏晋南北朝史讲演录》的"前言"中，万先生认为，阶级分析和集团分析（实际上也是阶级分析）方法"贯穿在陈老师的全部讲述之中"，并提出了"陈老师不仅是我国近代资产阶级史学的开创者和奠基人，而且是从资产阶级史学过渡到马克思主义史学的桥梁"的观点。①那么先生的阶级分析方法与陈寅恪的阶级分析方法是什么关系呢？我以为先生秉承的是唯物史观的阶级分析方法，与陈寅恪先生的阶级分析有区别。陈寅恪先生在讲述中确实使用了"社会阶级"这个概念来分析魏晋南朝社会的变化，但是很明显，陈寅恪先生使用的"社会阶级"或指文化（主要指儒家文化）背景不同的"豪族"与"寒族"，或指"高门"与"寒门"（士族与庶族），它与唯物史观以一定生产体系中所处的地位不同、对生产资料的占有关系不同、在社会劳动组织中所起作用的不同来划分阶级的标准是不一样的。纵观万先生的研究，他使用的阶级分析方法显然是唯物史观的阶级分析法而不是前者。我的看法是否符合万先生的原意已不可求证，但我想学术界可以研究。

---

① 参见万绳楠整理：《陈寅恪魏晋南北朝史讲演录·前言》，黄山书社，1987年，第2页。

（二）秉持创新思考的精神

治学贵在创新。万先生学术研究的一个突出特点就是始终秉持创新思考的精神，从不人云亦云。在《魏晋南北朝史论稿》的"前言"中他讲到该书的三个宗旨：一是努力运用马克思主义的立场、观点、方法，研究这段历史，力求得到一个接近科学的解释。二是对这段历史中尚未解决的问题，进行探讨。三是各章各节概以论为主，提出个人的看法，力求言之有理、有据。不重复众所熟知的东西，不作如同教材一类的叙述，并保持一个较为完整的系统，以窥全豹，故也不同于论集。这也可以说是体例上的一个"创新"吧。[①]可见先生的这部书，除了理论上他使用了"运用"一词之外，其他都是在追求"个人的看法""不重复众所熟知的东西"，甚至书稿的体例也试图"创新"。在《魏晋南北朝文化史》的"序言"中他说道："不因袭，重新思考，在科学的基础上，写出一个综合性的、能反映出时代精神的新文化史，是我写这本书时，对自己所作的要求。"[②]创新需要一定的方法，先生一生谈治学方法的文章不多，《史学方法新思考》是其中少有的一篇，此文虽然极短，但却是他总结治学方法的一个缩影："要推动历史学向前发展，我感到历史研究的方法，似亦有重新考虑的必要。我深感我们的史学工作者虽然研究各有重点，但无妨去涉猎中外古今的历史；虽然以研究政治经济史为方向，但无妨去学一点文学史、宗教史、思想史。有时候一个问题的解决，有待于运用经、政、文三结合或文、史两结合的方法，以求互相发明。研究问题，列宁是主张全面占有材料，掌握一切媒介的。这确是一个好方法。"[③]有专攻、通古今、跨学科、求关联、文史结合、相互发明与全面占有材料，正是先生治学的基本方法。读过先生论著的人都可以感受到，他的论著从标题到文风都有自己的特点，从标题上看，每级标题的问题意识都极强，从具体问题入手，抽丝

---

① 参见万绳楠：《魏晋南北朝史论稿·前言》，安徽教育出版社，1983年，第1页。

② 万绳楠：《魏晋南北朝文化史·序言》，黄山书社，1989年，第3页。

③ 万绳楠：《史学方法新思考》，《社会科学家》1989年第4期。

剥茧，层层深入；从文风看，语言洗练干净，抓住问题直奔主题，不绕弯子。这种治学精神，使先生的论著以解决历史问题作为基本出发点，以深厚的史学素养和理论素养洞察历史变化，在众多领域取得了很多创新性认识。限于篇幅，我不再一一例举。

（三）充满时代进步的气息

如何处理历史与现实的关系是古往今来史学家都要面临的问题，往往也要对他们的史学研究产生一定的影响。万先生是一位经历了民国时期、新中国建立直至改革开放后的史学家，长期活跃在新中国的史坛和教坛上。在近50年的革命、教学和研究生涯里，他坚持马克思主义立场，立足现实，以辩证唯物主义和历史唯物主义的观点观察分析历史，使他的研究充满着时代进步的气息。首先，对封建君主专制制度的深刻批判。新中国的建立推翻了压在中国人民头上的帝国主义、封建主义、官僚资本主义三座大山，但影响中国两千多年的封建主义思想在人们的脑海中并不容易消除，对封建主义特别是其总代表君主专制制度的批判，是史学界的重要任务。先生的史学论著中，对封建专制制度的揭示和批判是深刻无情的。在《嵇康新论》一文中，先生指出君主专制制度的最大特点就是"宰割天下，以奉其私"，嵇康主张"以天下为公"，反对"割天下以自私"，抨击君权，把这当作是一切祸害的总根，具有民主进步意义的色彩。[1]君主专制还是一切政治动荡的总根源，先生运用马克思主义观点阐释了中国古代君权产生的政治和经济基础，指出我国君主专制制度是建立在自由农的小块土地所有制和地主的土地所有制基础之上的。这个基础很牢固。但君主专制又表现为个人和"行政权力支配社会"。"当皇帝和封建官僚机构是强有力的时候，或者说个人和行政权力能够真正支配社会的时候，国家尚能保持稳定或苟安；但当皇帝昏庸，官僚机构又转动不灵的时候，那就必然要变乱丛生。"[2]西晋的八王之乱不是分封制度造成的，其内在的或最后的原因，

---

① 参见万绳楠：《嵇康新论》，《江淮论坛》1979年第1期。

② 万绳楠：《魏晋南北朝史论稿》，安徽教育出版社，1983年，第121页。

应当从君主专制制度本身去找。①这一论断改变了过去只从分封角度去看八王之乱的窠臼，令人耳目一新。除了嵇康外，先生还高度肯定了魏晋南北朝时期鲍敬言、陶潜反君主专制的思想。先生指出，产生于两晋之交的鲍敬言的无君无司论，是世界上最早的无政府主义论，鲍敬言看出了"有君"是一切祸害的总根源，看清了"君权神授"的谎言，要求把皇帝连同国家机器一起废掉。君主专制是封建政治制度的骨髓，在我国中古时代，产生这样一种有君有司为害，无君无司为利的思想，无疑是封建长夜中出现的一颗明星。先生认为，陶潜所理想的世界，是一个无君长，无官吏的世界。②"《桃花源诗并记》表现的陶潜思想，可用一言以蔽之——反对君主专制主义及其所维护的封建制度。"③其次，对儒家专制思想的尖锐批判。自汉武帝独尊儒术，以纲常思想为核心的封建儒学与天、神相结合，严重束缚了人们的思想。基于这一认识，先生在其论著中对儒家思想阻碍历史的进步予以深刻揭露，对历史上批判儒家思想、突破儒家思想束缚的种种行为给予高度评价。在评价汉代选举制度中的重"德"因素时，先生指出："而所谓德，是和神学结合在一起的、标榜王道三纲来源于天的儒学。这种儒学，是统治阶级加在人们思想上的桎梏，是图抹在选举制度上的神光。"④君为臣纲是儒学理论的核心，是封建专制主义的灵魂。先生高度赞赏嵇康，也正是从他猛烈地反对儒教、在反对"割天下以自私"的斗争中，形成了他"以天下为公"的带有民主性的政治思想角度出发的。先生在《对文化史研究的思考》一文中认为，魏晋南北朝时代是各科文化蓬勃发展的时代，把汉朝远远抛在后头，其中的重要原因就是这个时期专制主义的削弱和儒学独尊地位的跌落。⑤在《魏晋南北朝文化史》"序言"中

---

① 参见万绳楠：《魏晋南北朝史论稿》第六章第四节"八王之乱"，安徽教育出版社，1983年，第119—123页。

② 参见万绳楠：《魏晋南北朝文化史》第三章第三节"反对封建君主专制主义的思想闪光（嵇康、鲍敬言与陶潜）"，黄山书社，1989年，第81—88页。

③ 万绳楠：《魏晋南北朝文化史》，黄山书社，1989年，第87页。

④ 万绳楠：《魏晋南北朝史论稿》，安徽教育出版社，1983年，第23页。

⑤ 万绳楠：《对文化史研究的思考》，《文史哲》1993年第3期。

先生更明确指出：孔孟之道“并不能代表我国的文化传统。不但不能代表，儒家的三纲五常之教一旦被突破，我国文化便将以澎湃之势向前发展。在文化领域，无疑始终存在着以儒术为代表的封建专制文化与进步的、民主的、科学的文化的斗争”①。先生对儒家思想的批判是要区别古代文化遗产中民主性和革命性的东西，是要剔除其封建性的糟粕，吸收其民主性的精华，是要肃清“四人帮”的流毒，扫除两千多年来地主阶级所散布的封建儒学思想的影响，这正是先生史学思想与时代同呼吸的精神所在。需要看到的是，先生所批判的是儒学中的三纲五常、君权神授等腐朽糟粕，并不是一股脑否定儒学的文化价值。比如先生高度肯定各少数民族政权崇尚儒学、学习传播儒家文化的历史价值，如后秦姚兴大力提倡儒学和佛教“对封建文化和佛教文化的传播，是起了作用的。而这却是一个羌人做出的贡献”②。第三，始终站在人民的立场。万先生批判君主专制和儒学中的封建糟粕，目的都是为了人民，这是他群众史观在历史研究中的具体表现。对一种思想、一种政策、一种制度，一个人物、一个集团的评价，就是要看是否有利于人民，有利于历史的进步。先生指出，东汉的外戚尤其是宦官的统治，给人民带来了巨大的灾难，曹操维护和发展小块土地所有制的政策就是有利于人民的，曹操统一北方是有利于人民的，孙吴对待山越的政策是不利于人民的，是应当否定的，西晋士族地主的腐朽统治和军阀混战是人民大流亡的根本原因，各族人民是推动民族融合的力量，氐族人民对祖国历史发展作出了成绩，《孔雀东南飞》充分体现了我国人民运用文学形式反对封建压迫的优良传统，《吴歌》《西曲歌》形象地反映出劳动人民的情操，孝文帝推行汉化政策使黄河流域的人民生活比较安定，凡此等等，在先生的论著中随处可见，是先生一切皆以人民群众为中心的历史观的生动体现。

先生离开我们近三十年了，今天的魏晋南北朝史研究较三十年前无论在史料的扩展、理论方法的更新、研究视角的转化等方面都发生了很大变

---

① 万绳楠：《魏晋南北朝文化史·序言》，黄山书社，1989年，第2页。
② 万绳楠：《魏晋南北朝史论稿》，安徽教育出版社，1983年，第181页。

化，但是我想，以唯物史观作为历史研究的指导思想没有变，实事求是的史学方法没有变，史学为人民服务的经世致用精神没有变。《全集》是先生给我们留下的丰富史学遗产，它一定会、也能够会为新时代中国史学"三大体系"的构建发挥重要作用，也一定会深深慰藉先生的在天之灵。最后，作为先生的学生，我代表各位师姐师兄师弟，向安徽师范大学历史学院表示深深敬意！向安徽师范大学出版社表示深深谢意！向所有为《全集》出版付出辛勤劳动的各位同志及万先生的亲属、向长期以来关心万绳楠先生的各位同志表示衷心的感谢！

（作者系中国社会科学院古代史研究所所长、研究员）

万绳楠先生的学术成就与治学特色

庄华峰

2023年11月是我国著名历史学家万绳楠先生诞辰一百周年，回忆跟随先生攻读历史学硕士学位、有幸忝列门墙至今已有36个年头，翻阅案头珍藏先生的几部经典著作，顿时百感交集。在感慨先生的论著论证严谨、考述精致、新见迭出之余，也感觉学界对于先生学术成就、治学精神和治学方法的研究尚属滞后，至今鲜见有这方面的成果问世。鉴于此，笔者谨就自己所知，对先生的治学道路、学术成就及其治学特色作一论述，以期对后学有所启迪，同时也借此表达我对先生的崇敬和缅怀之情。

一、风雨兼程：万绳楠先生的治学道路

了解万绳楠先生的人都知道，他的一生充满坎坷，尤其是其前半生苦难总是与他如影相随。先生是江西南昌人，1923年11月出生于一个国文教员家庭，兄弟姐妹4人，4岁时母亲离世，12岁时父亲又撒手人寰。两个哥哥在抗日战争初期当了兵，妹妹也迫于生活压力给人家当了童养媳。先生自己则几乎沦为孤儿。悲凄的家庭命运铸就了先生坚毅的品格，正是这种优良的品格使先生在数十年的风雨历程中踔厉奋发，勇毅前行。

先生天资聪颖，七八岁就开始读《论语》《孟子》《中庸》等书，进入小学、中学后，又广泛阅读其他一些经、史、子、集方面的典籍。还阅读

了包括《诗经》《左传》《庄子》《楚辞》等在内的古典文学作品。先生读书有两个习惯，对于一般图书泛泛浏览即可，而对于重要书籍或文章则反复精读，甚至将其背诵下来，由此锻炼出超强的记忆力。他给学生授课，常常征引大量史料来论证自己的观点，他对史籍十分熟悉，往往达到了信手拈来、如数家珍的程度。他说，这都得益于平时的知识积累。他常跟自己的研究生说，他做学问的一条重要经验是"熟读深思"。他说："旧书不厌百回读，熟读深思子自知。"对于一些重要的书，必须反复阅读，最好能把书中精要的部分背诵下来，使其成为自己的东西，这样，在思考问题时，就能够信手拈来，运用自如。

先生在少年时代所经受的这些训练，为其以后的学术研究奠定了扎实的基础。他不止一次这样谆谆告诫学生说："基础材料如果没有弄清楚，就及早微言大义，肯定不会得出科学的结论。"所以他一直主张做学问要从基础工作做起，要靠日积月累，而积累知识的一种有效途径就是要善于做读书卡片。他曾说："卡片一万张，学问涨一丈。"

由于先生基础扎实，加之学习勤奋，他成为学校的尖子生。读初中时，先生因成绩优异被南昌二中将其姓名刻入石碑；高中时，先生的论文获得过政府奖励，被全班同学传读。1942年，由于成绩优异，先生同时被西南联大历史系、交通大学电机系和浙江大学土木工程系录取。由于家庭经济拮据，先生上了三所学校中助学金较为丰厚的西南联大历史系读书。西南联大，这所"抗战"时由清华大学、北京大学和南开大学合并的集北国学者精英的特殊高校，对先生有着极大的吸引力。先生没有想到，他将在这里与吴晗、陈寅恪这两位著名历史学家相遇、相知，更不会想到他们俩为自己种下一生的因果。在本科学习阶段，先生过人的禀赋和治史才华博得陈寅恪的赏识。四年后，先生如愿考取清华大学历史研究所研究生，师从陈寅恪先生治魏晋南北朝史和隋唐史。陈寅恪被后世称为"教授中的教授"，有幸成为陈寅恪先生的关门弟子，对于当时还是一个青葱小伙的先生而言是一件多么幸运的事情。三年的研究生学习，先生打下了坚实的基础，特别是陈寅恪先生的治学方法和治学精神对先生产生了极大影响。

先生曾在其整理的《陈寅恪魏晋南北朝史讲演录》一书"前言"中说：

> 陈老师（按：指陈寅恪）的学问博大精深，兼解十余种语言文字，为国内外所熟知，无待我来讲。我当年感觉最深的是，陈老师治学，能将文、史、哲、古今、中外结合起来研究，互相发明，因而能不断提出新问题，新见解，新发现。而每一个新见解，新发现，都有众多的史料作根据，科学性、说服力很强。因此，陈老师能不断地把史学推向前进。那时我便想如果能把陈老师这种治学方法学到手上，也是得益不浅的，更不消说学问了。①

在课堂上，先生也曾对研究生如是说："我的老师陈寅恪先生有'三不讲'，就是书上有的不讲，别人讲过的不讲，自己讲过的不讲。我想这里的'三不讲'，是不讲而讲，不重复既有，发前人所未发，成自家独创之言。老师的'三不讲'是我的座右铭，无论是讲课还是搞研究，我都力求有新的东西呈现。"可见，对于老师的治学方法，先生是拳拳服膺，并身体力行的。

1948年12月上旬，东北野战军包围了平津一线国民党的50万大军，12月15日，清华园一带已解放。先生受"学运"思潮影响很深，这时，他和无数要求进步的学生一起，穿上军装参加了东北野战军。一向持"独立自由精神"思想的陈寅恪了解到先生这一举动后，大为恼怒，要不是师母唐筼的再三劝说，险些与先生断绝师生关系。我想，先生并非要忤逆老师的尊严，他的所作所为，实质上是在诠释着"我爱我师，我更爱真理"的深刻内涵。

1960年，先生从北京来到安徽，先后执教于安徽大学、合肥师范学院历史系。自此，先生一边给学生讲课，一边研究魏晋南北朝史，每有心得，写成文章，在报刊上发表。此时，先生已在史学界崭露头角。这段时

---

① 万绳楠整理：《陈寅恪魏晋南北朝史讲演录·前言》，黄山书社，1987年，第1页。

间里，他发表了《关于曹操在历史上的地位问题》（《新史学通讯》1956年第6期）、《关于南宋初年的抗金斗争》（《新史学通讯》1956年第9期）、《魏晋南北朝时代的思想主流是什么》（《史学月刊》1957年第8期）、《论隋炀帝》（《史学月刊》1959年第9期）等文章。这些文章多发前人之所未发，彰显出很高的学术造诣和敏锐的学术眼光。如1959年初，学术界曾经掀起过一场为曹操翻案的运动，郭沫若、翦伯赞等历史学家纷纷撰文替曹操翻案。而先生早在1956年就发表了《关于曹操在历史上的地位问题》一文，对曹操在历史上的地位予以肯定，认为他对我国历史所起的推动作用比破坏作用要大。用今天的眼光看先生的观点几乎是"常识"，但在当时确属"惊世骇俗"的见解。先生的观点在史学界引起很大的反响。从1961年到1965年的几年间，先生发表了《从南北朝社会经济与政治的差异看南北门阀》（《安徽大学学报》1963年第1期）、《六朝时代江南的开发问题》（《历史教学》1963年第3期）、《曹魏政治派别的分野及其升降》（《历史教学》1964年第1期）、《"太平道"与"五斗米道"》（《历史教学》1964年第6期）、《魏末北镇暴动是阶级斗争还是统治阶级内部的斗争》（《史学月刊》1964年第9期）、《南朝时代江南的田庄制度》（《历史教学》1965年第11期）等十多篇文章。这些文章视角新颖，考订精审，为学界所重视。李凭先生充分肯定了万先生对学术研究的贡献，指出："他一直远离学术研究的中心，却独立地作出过大量的深入的研究，是值得我们纪念的。"[①]诚哉斯言。

先生从北京来到合肥后，吴晗邀请先生为其主编的《中国历史小丛书》写几本小册子，很快，先生撰写的《文成公主》《冼夫人》《隋末农民战争》等相继而成，在安徽，先生与吴晗的师生关系因此被许多人知晓。恰因如此，先生在"文革"中受到牵连，全国批"三家村"，安徽批万绳楠，先生成为安徽"文革"初期第一个被全省批判的"反动学术权威"。1966年6月3日省内一家大报发文批判先生，指责他是"吴晗的忠实门徒，

---

① 李凭：《曹操形象的变化》，《安徽史学》2011年第2期。

'三家村'的黑闯将"。1971年，先生被下放到淮北利辛县农村。在那里，先生经受了精神与肉体上的双重折磨，罚沉重劳役，险些丧生。

面对如此险恶的环境，先生仍不忘初心，一有闲暇时间，就埋头看书、做学问。虽身处逆境，仍心系天下，忧国忧民，并敢于针砭时弊，彰显出一个正直知识分子敢说真话的赤诚之心。

阳光总在风雨后。随着十年"文革"梦魇的终结，先生获得彻底平反，重新回到他魂牵梦绕的大学校园，随合肥师范学院历史系整体搬回位于芜湖市的安徽师范大学历史系任教，找回了一度失落的书桌和讲坛。当时，先生现身说法告诫他的研究生们："人要有一点奋斗精神。对我来说，被耽误的时间实在是太多了，我要用有生之年，为教育事业多做些有意义的工作。"他在实践中践行着自己的诺言。先生重返校园时虽已年近花甲之年，但他仍然牢记使命，壮心不已，一面教书育人，一面笔耕不息，在学术上更臻新境。自20世纪80年代已降，先生先后发表《东晋的镇之以静政策和淝水之战的胜利》（《江淮论坛》1980年第4、5期）、《安徽在先秦历史上的地位》（《安徽史学》1984年第4期）、《廓清曹操少年时代的迷雾》（《安徽师大学报（哲学社会科学版）》1988年第2期）、《江东侨郡县的建立与经济的开发》（《中国史研究》1992年第3期）、《略谈玄学的产生、派别与影响》（《孔子研究》1994年第3期）、《武则天与进士新阶层》（《中国史研究》1994年第3期）等40多篇文章，这些文章或被转载，或被引用，在学界产生很大反响。同时，在这一阶段，先生还出版了5部著作，即《魏晋南北朝史论稿》（安徽教育出版社，1983年）、《文天祥传》（河南人民出版社，1985年）、《陈寅恪魏晋南北朝史讲演录》（黄山书社，1987年）、《魏晋南北朝文化史》（黄山书社，1989年）、《中国长江流域开发史》（黄山书社，1997年）。5部著作总计150余万字，几乎是每两年推出一部专著，而且在大陆和台湾同时出版。先生治学具有不因陈说、锐意创新的特点，因此他的论著阐幽发覆，多有创见，获得一致好评。如对于《魏晋南北朝史论稿》一书，著名历史学家周一良先生指出："本书读起来确实多少给人以清新之感。"①《魏晋南北朝文化史》出版后，有学者指出："万著以扎实的文献材料、考古材料为基础，提出许多创见"，是"一部反映出时代精神的新文化史"②。《陈寅恪魏晋南北朝史讲演录》一书是陈寅恪1947—1948年在清华大学开设"魏晋南北朝史研究"的课程讲义，由先生根据其听课笔记整理而成。陈寅恪著作甚富，但在其已出版的著述中，尚无系统的断代史之作，本书的出版能补陈书之阙，因而被誉为"稀世之珍"。卞僧慧先生评价道：本书"由万教授精心整理，厥功甚伟，至可珍惜"③。先生也因其非凡的学术成就，成为史学界公认的魏晋南北朝史研究大家，被誉为魏晋南北朝研究领域的"四小名旦"之一。④

1995年底，万先生因积劳成疾住进医院，接受治疗。在病床上，他仍为《今注本廿四史》笔耕不辍。在弥留之际，他还念念不忘自己的导师，他用颤抖的手作七律一首《怀念陈寅恪先师》："忆昔幽燕求学时，清华何幸得良师。南天雪影说三国，满耳蝉声听杜诗。庭户为穿情切切，烛花挑尽夜迟迟。依稀梦笑今犹在，独占春风第一枝。"1996年9月30日，先生带着对教育事业的无限眷恋匆匆地告别了人世。已故北京师范大学著名教授黎虎先生在唁电中说："万绳楠先生学术上正达炉火纯青境界，他还可以做出更多更辉煌的成就。先生的学问和道德堪称楷模。他走了，真是太可惜了！"

万先生一生致力于教学和科研工作，取得了丰硕的研究成果，培养了大批优秀人才，他曾于1984年被评为"安徽省劳动模范"，第二年又获全国"五一劳动奖章"和"全国优秀教育工作者"光荣称号。

---

① 周一良：《评介三部魏晋南北朝史著作》，《北京大学学报（哲学社会科学版）》1985年第2期。

② 彦雨：《一部反映出时代精神的新文化史——评万绳楠教授的〈魏晋南北朝文化史〉》，《安徽史学》1991年第1期。

③ 卞僧慧：《陈寅恪先生年谱长编（初稿）》，中华书局，2010年，第245页。

④ 在魏晋南北朝史研究领域，有"四大名旦""四小名旦"之称誉，前者指唐长孺、周一良、王仲荦、何兹全，后者指田余庆、韩国磐、高敏、万绳楠。参见刁培俊、韩能跃：《探索中国古史的深层底蕴——高敏先生访谈录》，《史学月刊》2004年第2期。

二、孤明独发：万绳楠先生的学术成就

万先生从事史学研究近50载，一直致力于中国古代史的教学与研究，发表论文80多篇，出版著作多部，为我国的史学发展做出了突出贡献。先生精于魏晋南北朝史研究，同时在中国古代史其他领域也取得了丰硕的成果。综合起来看，先生的学术成就主要表现在以下几个方面：

（一）魏晋南北朝史研究成就

万先生在魏晋南北朝史研究领域著作等身，成就卓然，限于篇幅，难以悉数呈现，这里仅就其最具代表性的成果略作评述。

1.曹魏政治派别研究。六十多年前，陈寅恪先生在《书世说新语文学类钟会撰四本论始毕条后》一文中说："魏为东汉内廷阉宦阶级之代表，晋则外廷士大夫阶级之代表，故魏、晋之兴亡递嬗乃东汉晚年两统治阶级之竞争胜败问题。"[①]陈寅恪用他的阶级分析学说，阐述汉晋之际的政治变迁，指出"作为一个阶级来说，儒家豪族是与寒族出身的曹氏对立的"[②]，具体到曹操本人的作为而言，就是"寒族出身的曹氏"与"儒家豪族人物如袁绍之辈相竞争"。陈寅恪的阶级分析方法很有影响，对后续相关研究具有发凡起例的意义。万先生师承陈寅恪的研究方法，把曹魏政治派别的研究向前推进了一步。他在1964年发表的《魏晋政治派别及其升降》一文中指出，曹操统治集团中有两个以地区相结合的派别，即"汝颍集团"和"谯沛集团"。汝颍集团标榜儒学，主要担任文职。谯沛集团则以武风见称，主要担任武职。在汝颍与谯沛两集团之间，有尖锐矛盾，这种矛盾到曹操晚年就逐步明晰化。高平陵事件成为曹魏政权转移的转折点，最终以

---

① 陈寅恪：《书世说新语文学类钟会撰四本论始毕条后》，《金明馆丛稿初编》，生活·读书·新知三联书店，2001年，第48页。

② 万绳楠整理：《陈寅恪魏晋南北朝史讲演录》，黄山书社，1987年，第13页。

司马师为代表的汝颍集团取得了胜利，"亡魏成晋"之势已成。①先生对政治派别研究范式的学术推进，具有重要意义。时至今日，"汝颍集团"和"谯沛集团"的概念仍被学界屡屡援引和强调。

万先生对陈寅恪阶级升降、政治集团学说的拓展主要表现在两个方面。一是在研究的时段上，陈寅恪的研究侧重分析曹魏后期曹、马之争的性质，而对曹魏中前期的政治问题则未涉及，而先生则主要论述曹魏中前期的政治史，通过对汝颍、谯沛这两个政治集团的考述，弥补了陈寅恪东汉末年士大夫和宦官斗争一直持续到西晋初年这一假说在时间链条上所缺失的一环。二是陈寅恪主要以社会阶层、文化熏习来区分曹、马两党，而先生则引入了地域这一分析维度，强调汝颍、谯沛两个政治集团的地域特征，同时揭示了汝颍多任文职、谯沛多为武人这一文武分途的特征。②

2.南朝田庄制度研究。史学界历来把汉、魏、两晋及南北朝时代的田庄主土地占有形态，看作是同一个类型。万先生则认为南朝田庄主的土地占有形态与唐朝是一个类型，和汉、魏已有不同。他认为，南朝田庄主土地占有形态的变化主要表现在以下三个方面：一是汉魏田庄主是聚族而居的，社会经济的基本单位是一个个名宗大族。直到东晋和北朝，北方仍然是"百室合户，千丁共籍"。而南方大家族在南朝已经分崩离析，个体家庭已经成为社会经济的基本单位。二是南朝在个体家庭所有制基础上形成起来的田庄或庄园，没有部曲家兵，只有农奴。凡是南朝史料中所见的部曲，都是国家的兵。南朝部曲家兵随着宗族组织的解散而解散，是一个自然的普遍的现象。三是南朝田庄是地主阶级个体家庭的庄园，它实行农业、手工业和商业等多种经营，雇佣和租佃都已在南朝出现。这是一种进步。③先生指出，南朝田庄制度的变革，是中古土地制度的一个重大变

---

① 万绳楠：《曹魏政治派别的分野及其升降》，《历史教学》1964年第1期；万绳楠：《魏晋南北朝史论稿》，安徽教育出版社，1983年，第78—92页。

② 参见仇鹿鸣：《魏晋之际的政治权力与家族网络》，上海古籍出版社，2015年，第3页。

③ 万绳楠：《魏晋南北朝史论稿》，安徽教育出版社，1983年，第208—217页。

化。①先生的这些观点发人之所未发，得到学界的充分肯定。有学者指出：
"《论稿》关于南朝田庄制度的变革之说，是近几年来，在土地制度研究
上作了一次值得重视的探讨。这可能影响到对南北朝以及隋唐社会历史的
认识。"②先生所撰《南朝田庄制度的变革》一文也被1981年版《中国历史
学年鉴》作为重点文章予以推介。③

3.东晋黄白籍研究。一直以来，学界对于东晋土断后黄、白籍的关系
问题都存有不同的看法，有的学者认为户籍的黄白之分即士庶之别，更多
的学者又认为土断是改黄籍为白籍。万先生不同意这些看法。他认为，黄
籍是两晋南朝包括士族和庶民在内的编户齐家的统一的户籍，白籍则是在
特定时期产生的、旨在安置侨民的临时户籍。由此可知白籍是"侨籍"。
持白籍的不交税，不服役。而咸和二年（327）土断整理出来的"晋籍"
是黄籍，是征发税收徭役的依据。持白籍的侨人，一经土断，白籍就变成
了黄籍，编入当地闾伍之中，按照规定纳税服役。那么，史学界为何普遍
认为土断是改黄籍为白籍呢？先生认为这种颠倒来自胡三省。胡三省在
《资治通鉴》中，为成帝咸康七年（341）的令文"实编户，王公已下皆正
土断白籍"做注时误解其意，以为此令意为土断后将南迁的王公庶人著之
白籍，学者据此便认为土断是将黄籍改为白籍了。先生认为此令的重点在
于"实"字，即查验编户的户籍是否皆为黄籍。这说明胡三省对黄、白籍
并未研究过。④

万先生关于黄白籍的论说不仅博得国内史学界的首肯，还蜚声海外，
受到国外史学界的关注。1980年5月，先生接受了美国华盛顿大学历史学

---

① 万绳楠：《南朝田庄制度的变革》，《安徽师大学报（哲学社会科学版）》1980年
第2期。

② 卞恩才：《一部勇于创新的断代史专著——读〈魏晋南北朝史论稿〉》，《安徽史学》
1984年第3期。

③《中国历史学年鉴》，人民出版社，1981年，第30—31页。

④ 万绳楠：《论黄白籍、土断及其有关问题》，载《魏晋南北朝史研究》，四川社会科学
院出版社，1986年；万绳楠：《魏晋南北朝史论稿》，安徽教育出版社，1983年，第157—
161页。

博士孔为廉的慕名专访，先生如数家珍地解答了孔博士提出的东晋南朝的土断与黄、白籍的关系问题。孔博士指出，日本和中国学者对此问题有不同的意见，日本学者认为黄、白籍为贵贱之别；中国学者认为侨人包括贵族在内，经过土断，纳入白籍。万先生根据自己深入的研究，认为白籍为侨籍，黄籍为土著户籍，土断变侨民为土著，变白籍为黄籍，变不纳税服役户为纳税服役户，并回答了以往中日学者何以出错的原因。孔博士十分信服地接受了先生的学术观点，激动地说："万先生的回答不仅为我本人，而且也为我的美国同行解决了一个历史疑难问题，我不虚此行！"

4.魏晋南北朝民族问题研究。魏晋南北朝时期的民族大融合给中国历史带来长久而深远的变化，并直接为隋唐大一统和经济文化的高度繁荣奠定了基础。恰因如此，大凡治魏晋南北朝史者，都会关注这一时期的民族问题。万先生也不例外。他在这方面的成果主要体现在其力作《魏晋南北朝史论稿》中。该书凡十六章，涉及民族问题的有五章（第七章、第九章、第十二章、第十三章、第十四章），足见先生对民族问题用力之勤。在论及"五胡十六国"历史时，先生强调，各民族要求和平、友好、融合，是一种历史发展趋势。尽管历史有曲折，不过这种曲折不是倒退，而是历史的更高一级的循环。基于这样的认知，先生考察了五胡各国政权的政策。他一方面阐明早期有像匈奴刘氏、羯胡石氏那样采取依靠"国人"武力，背离民族融合大势的举措，同时又指出前燕鲜卑慕容氏凭借汉人和魏晋旧法，消除民族之间的冲突与隔阂，顺应了民族融合的发展趋势。先生指出，在民族问题上，苻坚一反西晋以来民族压迫的弊政，采取了"魏降和戎之术"，这一政策，是永嘉以来，在民族融合的道路上，迈出的极可贵的一步。苻坚的政治眼光，较西晋以来各族统治者为远。在论及淝水战后后秦等政权时，先生也多从它们在民族融合方面所发挥的作用这个角度讨论。在论及"淝水战后北方各族的斗争、进步与融合"问题时，先生这样写道："淝水战后，是北方分裂得最细但也是各少数民族与汉族接触最频繁的时代。透过这一时期各族斗争纷纭复杂的现象，我们可以看到，在北魏统一北方之前，进入中原的各族，都在这一时期与汉族融合。"因此可以说："这一百三十六年（指304年到439年）是北方各个少数民族获得进步之年，与汉族自然同化之年，各族大融合之年，我国这个多民族的国家获得发展之年。"①著名历史学家周一良先生对万先生的这一看法予以肯定，指出："作者这样的估计是不为过分的。"②

5. 魏晋南北朝南方经济发展研究。万先生充分肯定魏晋南北朝四百年历史的进步性，其中包括充分认识到这一时期生产力的发展，特别是南方经济的开发和社会的进步，这一认识集中体现在其代表作《魏晋南北朝史论稿》和相关论文中，并在学界产生了很大的反响。

万先生对于此时期南方经济开发的研究，有一个鲜明的特色，即注意揭示政治、经济政策对于经济发展的影响。如先生在论述江左政权对待侨民的政策时指出："建置在丹阳江乘县与毗陵丹徒、武进二县即建置在自今南京东至无锡沿江一线所有的侨郡县中的侨民，在咸和二年第一次土断前，凭所持白籍与政策规定，都曾免除税役多则十一年，少则以太宁元年（323）计算也有五年。这对江东自建康以东至无锡一线侨郡县的开发，无疑是有益的。"③在讨论南朝经济政策的变化与江南的开发问题时，先生坚持"促进江南普遍获得开发的重大因素，是南朝田庄制度的变革，经济政策的变化，生产关系的改造"④的基本判断，指出"占山格"的颁布，第一次以法律的形式肯定了山林川泽的私人占有，是汉末以来南方大土地所有制的一个重大发展；以"三调"为形式的财产税（赀税）的出现，对无财产或少财产的人来说，减轻了负担，提高了他们从事生产的积极性；而营造工人"皆资雇借"，不再是征发而来，是役法上的一个重大进步，这对农业和民间手工业的发展，大有好处。⑤先生同时指出，江东政治的发展，与六朝江南经济开发次第，是相适应的。这表明一点，那就是政治与

---

① 万绳楠：《魏晋南北朝史论稿》，安徽教育出版社，1983年，第188页。

② 周一良：《评介三部魏晋南北朝史著作》，《北京大学学报（哲学社会科学版）》1985年第2期。

③ 万绳楠：《江东侨郡县的建立与经济的开发》，《中国史研究》1992年第3期。

④ 万绳楠：《魏晋南北朝史论稿》，安徽教育出版社，1983年，第223页。

⑤ 万绳楠：《魏晋南北朝史论稿》，安徽教育出版社，1983年，第218—227页。

经济是不可分割的关系。①

6.对于魏晋南北朝文化若干问题的思考。万先生对于魏晋南北朝文化的研究，用力甚勤，除了出版《魏晋南北朝文化史》一书外，还发表了系列论文，直接推动了此时期文化史的研究。"不因袭，重新思考"是先生研究魏晋南北朝文化的立足点，因而他在许多地方都提出了不少持之有据、言之成理的新论点，这是十分难得的，仅举几例说明。

先生认为孔孟之道并不能代表中国的传统文化。指出"儒家的三纲五常之教一旦被突破，我国文化便将以澎湃之势向前发展"。"在文化领域，无疑始终存在着以儒术为代表的封建专制文化与进步的、民主的、科学的文化的斗争。进步思想家嵇康以反对儒家纲常的罪名被杀；科学家祖冲之将岁差应用于历法，被指责为'违天背经'。"所以他认为研究文化史的重要任务之一，便是揭露这两种文化之间的斗争，阐发进步文化所蕴藏的生命力与发展的曲折性。②这样的论点对于我们深入研究魏晋南北朝文化史无疑具有启发意义。

先生提出了"正始之音"不同一性之说。对于魏晋玄学的分派问题，学界往往将曹魏时期何晏、王弼这两个玄学创始者的言论不加区别地都称之为"正始之音"。而先生则认为何晏和王弼虽然都祖述《老》《庄》，都标榜"无""无为"，但他们所论有本质上的区别。何晏讲圣人无情，认为无和有是相互排斥的，无和有是二元；而王弼则讲圣人有情，认为无和有不是对立的关系，无和有是一元（无生有）。因此，"正始之音应当说是两种声音，不是一种"。先生同时指出，何晏在政治上属于谯沛集团，而王弼的言论所反映的则是以司马氏为首的汝颖集团的要求。值得一提的是，先生不是孤立的研究何、王二人的玄学思想，而是把他们思想的重大差异同"九品中正制"和"四本论"联系起来加以考察，从而说明汝颖和谯沛两大集团在正始时期进入决斗之时，玄学的产生绝不是偶然的。先生把玄

① 万绳楠：《六朝时代江南的开发问题》，《历史教学》1963年第3期。
② 万绳楠：《魏晋南北朝文化史·序言》，黄山书社，1989年，第3页。

学思想与当时的政治风云结合起来考察，使研究得到了深化。①

先生还提出了佛教异端之说。认为"中国的佛教异端是在南北朝时代，在北方出现的。高举'新佛出世，除去旧魔'旗帜的法庆起义，揆其实质，即佛教异端的起义"。唐长孺先生在《魏晋南北朝史论拾遗》一书中，也曾提出弥勒信仰为佛教异端的看法。②在佛教异端上，万先生与唐先生同时提出同一个结论，不过万先生讨论的问题更多，他分析了佛教异端产生的佛经依据，又论述了佛教异端产生在北方而不是南方的原因。③这是研究佛教史的一项重要成果。

他如，曹魏时期的外朝台阁制度与选举制度、五斗米道与太平道的关系、"苍天已死，黄天当立，岁在甲子，天下大吉"口号的含义等问题，先生都进行了探讨，提出了颇具洞见的观点。

（二）宋史研究成就

万先生对宋史研究倾心倾力，除了发表《关于南宋初年的抗金斗争》（《新史学通讯》1956年第9期）、《关于王安石变法的几点商榷》（《安徽日报》1962年1月6日）、《宋江打方腊是难以否定的》（《光明日报》1978年12月5日）、《诗史奇观——文天祥〈集杜诗〉》（《中华魂》1996年第5期）等多篇论文外，还于1985年推出了他的精心之作《文天祥传》。本书是作为史学传记来写的，通过文天祥的一生活动，把历史上一个兼具哲学家、政治家、文学家的民族英雄的形象，呈现在读者眼前，并借此对南宋晚期的历史，作些必要的清理工作。综观全书，有这样几个特色：一是叙述全面，内容丰赡。此前有关文天祥的著作，其篇幅都相对较小，最多的也不过13万字。而先生的著作则洋洋洒洒，有近30万字的篇幅。该书对文天祥的生平事迹，尤其是对他的政治、哲学思想和文学成就，作了富有创见的论述，不仅是文天祥传中最为丰富详实之一种，也是宋元之交的一

---

① 万绳楠：《魏晋南北朝史论稿》，安徽教育出版社，1983年，第88—89页。

② 唐长孺：《魏晋南北朝史论拾遗》，中华书局，1983年，第203页。

③ 万绳楠：《魏晋南北朝文化史》，黄山书社，1989年，第346页。

部信史或实录。二是做到传、论、考相结合。书中对以往被忽略的问题，如文天祥的哲学思想、政治思想、文学成就以及具体事迹的思想基础等，进行了论述。对以往记载有出入的问题，如文天祥究竟是哪里人，多少岁中状元，某些作品写于何时等，作了考证。对以往记载较为混乱的问题，如南宋太皇太后谢氏投降的经过，利用各种史料，进行了梳理。对事迹本身，则力求言之有据。凡此，都做到史论结合。三是提出了一些新看法。如先生认为，文天祥是在南宋内忧既迫、外患又深的年代里成长起来的。但这个时代并非南宋注定要灭亡、元朝必定要统治全中国的时代，而是黑暗中有光明。只要南宋政府改革导致社会危机和民族危机的守内虚外之法，就不会是元兵南进，而是宋旗北指。先生进一步指出，如果只看到蒙古兵南犯时所取得的局部胜利及其不可一世的嚣张气焰，那就会得出元朝必胜，南宋必亡的错误结论。而如果既能看到蒙古胜利中也有困难，也看到南宋只要"一念振刷，犹能转弱为强"，那就不仅可以理解南宋本来不会灭亡的道理，而且还可以理解文天祥所进行的斗争其意义之重大。①又如在论及文天祥的诗歌成就时，先生指出，文天祥的诗文，尽洗南宋卑弱、破碎、凡陋、装腔作势的文体与诗体，揭开了我国文学史的新的一页。②先生还强调，不应当忘记"他在南宋文坛上，振起过一代文风；不应当忘记他是我国古典作家中，现实主义文学巨匠之一"③。这样的新见解，都发前人所未发，言前人所未言，颇有学术价值。书中类似的新观点还能举出许多。著名宋史研究专家朱瑞熙先生对该书给予了高度评价，指出"与同类著作相比，万绳楠同志的著作别开生面，具有一些新的特色"，是"宋人传记的佳作"。④

---

① 万绳楠：《文天祥传》，河南人民出版社，1985年，第18页。
② 万绳楠：《文天祥传》，河南人民出版社，1985年，第346页。
③ 万绳楠：《文天祥传》，河南人民出版社，1985年，第336页。
④ 朱瑞熙：《宋人传记的佳作——评〈文天祥传〉》，《中州学刊》1986年第3期。

（三）长江流域经济开发研究

万先生的《中国长江流域开发史》一书于1997年出版，该书是原国家教委"八五"社会科学重点科研项目的结项成果，也是国家"九五"重点规划图书。全书按朝代对荆、扬、益三州的农业、工业、商业、科学技术、城市经济以及户口、赋税、生态环境等方面进行了有益探索，是我国第一部全面系统阐述长江流域开发的开创性力作，具有很高的理论意义和学术价值。该书体大思精，屡有创获。例如，对于秦始皇修驰道，学界认为其有利于商业往来，万先生在查阅《史记》后认为这与始皇封禅书"尚农除末"不符，指出"商人都被赶到南方戍守五岭去了，秦朝根本无商业（除末）。从裴骃《集解》中，我们又发现秦驰道为'天子道'，封闭式，只有始皇封禅的车子才能通行"[①]。它如关于唐朝雇佃、雇借、和市、赀税与南朝的关系的论述、关于五代时期长江流域诸国的政策与开发的关系的论述、关于宋代长江下游圩田开发与生态环境关系的论述，以及关于明清长江流域赋役制度的论述等，也都不囿于传统的观点，提出了具有较高学术价值的新见解。还值得一提的是，先生还着力揭示经济开发与文化兴盛之间的互动关系，如老庄哲学及楚辞的出现之于战国经济的发展，南方文人的涌现之于唐宋经济的开发，明清长江流域的开发与科学技术的兴盛等，都有独到分析，给人耳目一新的感觉与启迪。该书出版后，学界给予了高度评价。有学者指出，该书"是国内外第一部全面、系统研究长江流域经济开发的学术力作"，其特点有四：一、史论结合，析理深邃；二、不囿陈说，推陈出新；三、充分利用考古资料；四、注意经济开发与文化发展之间的相互关系。[②]

---

① 万绳楠、庄华峰、陈梁舟：《中国长江流域开发史·序言》，黄山书社，1997年，第2页。

② 汪姝婕：《简评〈中国长江流域开发史〉》，《光明日报》1999年8月13日。

（四）学术普及工作

让学术走向大众，用通俗易懂的方式向人民传播优秀的历史文化，这是当代哲学社会科学界专家学者的神圣使命。在这方面，万先生为我们树立了榜样。先生不是一位象牙塔里的专业研究者，只会写高头讲章和专业论文，而是在从事学术研究的同时，十分关注学术普及工作，写了许多深入浅出、通俗易懂的图书与文章，为历史学走向大众做出了较大贡献。这也彰显了先生"经世致用"的治学理念。

20世纪五六十年代，由于当时以青少年为主要阅读对象的历史知识普及性优秀读物很少，于是以吴晗为首的一批学者组织编写了《中国历史小丛书》，万先生受邀为小丛书撰写了《文天祥》《文成公主》《隋末农民战争》几本小册子；20世纪80年代初，吴晗主编的"中国历史小丛书"恢复出版时，先生又为丛书撰写了《冼夫人》。1981年先生又出版《安徽史话》（合著）一书。先生撰写的这几册书虽是"史话"体例，具有普及推广的性质，却不乏学术性和思想性，加上文风活泼，内容生动，所以备受读者青睐。时至今日，几十年过去了，这几本小书并未过时，仍是值得一读的优秀通俗读物。

我们注意到，万先生撰写的通俗性文章，大多是其学术研究的拓展和延伸，并用通俗化的方式将其呈现出来。比如，《鲍敬言：横迈时空的预言家》一文，先生写了东晋时期鲍敬言与葛洪在栖霞山上的几次争论，其中的一次论辩先生是这样描述的："鲍、葛二人攀上了栖霞山巅。山巅风光吸引了鲍敬言，他游目四望，发出了一声慨叹：'江山谁作主，花鸟自迎春。'葛洪眼光一闪，似乎抓到了机会，应声道：'江山君为主，临民有百官。'鲍敬言也不看葛洪，只是一连摇头道：'不行，不行，不行。有君不如无君，有司不如无司……''无君无臣，天下岂不是要大乱？''不会的，先生。'鲍敬言眼里出现了异彩。'上古之世，无君无臣，民自为主，穿井而饮，耕田而食，日出而作，日入而息……势利不萌，祸乱不作，干戈不用，城池不设……但闻天下大治，不闻天下大乱。'葛洪闻言含笑道：

'老弟才高八斗，出口成章。上古之世，无君无臣，民自为主，祸乱不作，诚如弟言。但当今之世，却不可无君无臣，道理何在？老弟自明。'鲍敬言笑道：'晚生并未说现在就要把君臣废掉，但君臣必废，时间或迟或早而已。'葛洪正色道：'天不变，道亦不变。君臣之道，现在不会废，将来也不会废。'鲍敬言哂道：'先生又说天道了。晚生读百家之言，察阴阳之变，以为天地之间，但有阴阳二气。二气化生万物，决定万物的属性。万物各依其性，各附所安，乐阳则云飞，好阴则川处，无尊无卑。若论天道明阳，反足可证天地之间，本无君臣上下。君臣现在虽然存在，可以预言，将来必归于无有。一旦君臣都被取消，太平世界立可出现。''老弟思路何至于此！这是叛逆思想，太危险了！'葛洪叹惜道。'哈！哈！哈！哈！哈！'鲍敬言站在山头，向着苍穹大笑。"①又如，在《萧墙祸——侯景之乱》一文中，先生这样描写江南的繁荣景象："秦淮河的北边有大市场一百多个。连接秦淮河南北两岸的浮桥——朱雀桁，每天天明通桁，过桥的人熙熙攘攘。商人挑着与推着商品，付了过桥税，也就可以把他们的商品运到秦淮河北岸的大小市场中去卖掉。市场里有官员，对每个商人的商品进行估价与征税。商税是梁朝朝廷的大宗收入。江南腹地经济也有起色。永嘉（今浙江温州市）成了闽中与会稽郡（今浙江绍兴市）海上交通的要埠与货物集散的中心。抚河流域的临川（今江西抚州市）成了一个新的粮仓，家家有剩余……江南变得很美。文学家写道：'暮春三月，江南草长，杂花生树，群莺乱飞。'年轻的姑娘们唱道：'朝日照北林，春花锦绣色。谁能不春思，独在机中织？'照这样下去，经济还会有发展，江南还会变得更美。可是，梁武帝老了，八十五岁了，活在世上的日子不多了，他的儿孙正在酝酿着一场争夺皇位的斗争。侯景之乱，成了这场斗争的导火索。自侯景乱起，在南方，历史的车轮突然逆转。"②在这里，先生

---

① 万绳楠：《鲍敬言：横迈时空的预言家》，载范炯主编：《伟人的困惑：古中国思想者卷》，辽宁人民出版社，1992年，第145—146页。

② 万绳楠：《萧墙祸——侯景之乱》，载范振国等撰：《历史的顿挫：古中国的悲剧·事变卷》，中州古籍出版社，1989年，第81—82页。

用准确简洁、引人入胜的文字，把从来是枯燥难读、只为业内人士独自享用的"史学"，变成通俗的"讲历史"，将点滴菁华烩成众多人可以分享的精神食粮，其意义自不待言。

值得一提的是，万先生在安徽区域历史的普及方面也做出了不俗的成绩。从20世纪80年代以降，先生先后发表了《"江左第一"的音乐家桓伊》（《艺谭》1981年第3期）、《睢、涣之间出文章》（《安徽日报通讯》1981年8月）、《夏朝的建立与安徽》（《安徽师大报》1981年12月16日）、《安徽是商朝的发祥地》（《安徽师大报》1982年2月22日）、《淮夷——安徽古代的重要民族》（《安徽师大报》1982年4月8日）、《安徽是相对论的故乡》（《安徽师大报》1982年6月3日）、《秦末起义与安徽》（《安徽师大报》1982年9月6日）等二十多篇文章。先生的这些文章深入浅出，兼具趣味性和叙事性，既具有深厚的学术底蕴，又充实丰富了相关问题，同时也为宣传安徽，增强安徽文化软实力做出了贡献。

三、沾溉学林：万绳楠先生的治学特色

万先生近50载甘之如饴地奉献着自己的学术智慧，积累了丰厚的治史思想和治学方法，沾被后学良多，厥功甚伟。其治学特色，概而言之，约有五端。

（一）注重运用阶级分析方法

万先生在魏晋南北朝史研究中十分注重阶级的分析，如对于孙恩起兵，先生引用《晋书》卷六十四《会稽文孝王道子传附子元显传》所记，指出司马元显"又发东土诸郡免奴为客者，号曰'乐属'，移置京师，以充兵役"，结果"东土嚣然，人不堪命，天下苦之矣，既而孙恩乘衅作乱"。对照《晋书》卷七十七《何充传》所记庾翼曾"悉发江、荆二州编户奴以充兵役，士、庶嗷然"，先生认为，司马元显征发东土诸郡免奴为"客"者当兵，这样便大大地影响到了士庶地主的利益。"所谓'东土嚣

然'与骚动，十分明白，是士庶地主的不满，与庚翼发奴为兵，引起'士、庶嗷然'正同。"所以，先生得出结论说：（孙恩起兵）"不是农民起义，而是一次五斗米道上层士族地主利用宗教发动的、维护本身利益的反晋暴动。就阶级属性来说，是东晋淝水战后，统治阶级内部斗争的继续与扩大。"①

在讨论六镇起兵的性质时，先生也从对领导人的阶级分析出发，提出自己新的看法。他指出，"分析六镇起兵性质时，必须分析镇人中的阶级性"。他认为破六韩拔陵的起兵，"应看到它是由地位降低了的镇民发动的，且有铁勒部人参加，有起义的意义"。而后期葛荣的斗争，性质有了变化，"葛荣部下将领概非镇兵，而全是北镇上层人物"。先生认为，"六镇降户自转到葛荣手上，斗争性质便转化成为统治阶级内部的斗争，转化成为北镇鲜卑化军人集团反对洛阳汉化集团的斗争，转化成为鲜卑化和汉化乃至鲜卑人和汉人的斗争"②。先生的这些论点是值得肯定的。

（二）娴熟运用文史互证的方法

陈寅恪先生在治学方法上，为世人所称道的，是他考察问题时，从文、史、哲多种视角，博综古今、触类旁通的思考，和由此而总结的"以史证诗、以诗证史"的方法。万先生继承了陈先生的治学方法，文史结合，文史兼擅。这在当代史学工作者中是不多见的。他的许多论文，以及《曹操诗赋编年笺证》等专著，都是文史结合的产物。如曹操的《短歌行·对酒》自问世以来，仁者见仁，智者见智，褒贬不一，先生经过研究提出了此诗并非曹操一人所作的新见解，其理由有三：一是诗中"对酒当歌，人生几何，譬如朝露，去日苦多"诸句，与"老骥伏枥，志在千里，烈士暮年，壮心不已"等语相比，情调极不协调，并非一人所写；二是有些诗句如"越陌度阡，枉用相存"，令人费解。曹操在这里是在对谁讲话呢？是承蒙谁的错爱（"枉用相存"）呢？三是全诗连贯不起来，如"何

---

① 万绳楠：《魏晋南北朝史论稿》，安徽教育出版社，1983年，第204—207页。

② 万绳楠：《魏晋南北朝史论稿》，安徽教育出版社，1983年，第294页。

以解忧，惟有杜康"，一下子转到"青青子衿，悠悠我心"，显得很突兀。带着这些问题，先生查阅《后汉书》《三国志》发现，曹操底下的众多名人（共28人）都是在建安初年来到许都的，再联系春秋战国以来，接待宾客要唱诗的事实，先生得出结论：曹操的《短歌行·对酒》是建安元年（196）在许都接待宾客时，主人与宾客在宴会上的酬唱之辞，并非曹操一人所写。[①]经先生如此一解读，此诗便豁然贯通了。而这种解读却是从文史结合中得来，即把此诗放到一个更大的系统中考察得来。

万先生在考证《木兰诗》《孔雀东南飞》的写作时间以及故事发生背景时，同样使用了文史互证的方法，他从社会经济发展状况入手，研究出《孔雀东南飞》创作于建安五年（200）到建安十三年（208）的九年中[②]，《木兰诗》则创作于太和二十年（496）到正始四年（507）的十二年中[③]。这样的结论是颇具说服力的。

（三）坚持用联系的观点研究问题

万先生认为，研究历史上的任何一个问题，都不能作孤立、静止的研究，因为任何事物都不能孤立存在，都与其他事物存在或多或少的联系，因此，必须充分掌握资料，注意事物之间的联系。[④]正是基于这样的认识，先生一直坚持用联系的观点探讨问题。如南北朝晚期，为什么由继承北周的隋朝来统一，而不由北齐或者陈朝来完成统一任务，先生对此进行了有益的探讨。先生认为，以往学界研究隋时南北的统一问题，强调的仅仅是隋文帝个人的作用，而忽视了对陈、齐、周三方复杂的外交、军事等关系及其演变过程的分析。为此先生从当时陈、齐、周三方力量的对比入手进行探讨，指出："吕梁覆车后的南北形势是：陈朝只占有长江以南的土地，军队主力被全部歼灭；北周占有的土地则北抵突厥，南抵长江，实力远远

---

① 万绳楠：《研究问题要注意事物之间的联系》，《文史哲》1987年第1期。
② 万绳楠：《魏晋南北朝文化史》，黄山书社，1989年，第152—154页。
③ 万绳楠：《魏晋南北朝文化史》，黄山书社，1989年，第187—189页。
④ 万绳楠：《研究问题要注意事物之间的联系》，《文史哲》1987年第1期。

超过陈朝……北周只要再作一两次重大攻击，就完全可以灭掉陈朝，统一无须等待隋朝。"然而为何北周没有统一呢？先生指出："这是由于北方突厥的兴起，从周武帝起，便采取了先安定北疆而后灭陈的政策。……隋文帝在突厥问题基本得到解决，北疆基本稳定之后，出兵很容易地便灭掉了陈朝，实现了南北统一。可隋的统一，基础却是在北周时期奠定的。"①这样的分析与联系，颇具启发意义。

对于"八王之乱"，人们都说是西晋的分封制造成的。先生不同意此说法，认为西晋的分封是"以郡为国"，与东汉、东晋、南朝的封国制度，实质上并无区别，与西周、西汉的分封，则大不相同。他引用干宝在《晋纪总论》中所记及梁武帝的说法指出，"八王之乱，原因在于西晋的封建专制机器转动不灵，在于晋惠帝是'庸主'"。"如果仅仅从'分封'二字立论，我们就必然要犯片面性的错误"②。先生这种对事物进行具体分析，辩证地加以考察，发现其间的内在联系的研究方法，是值得肯定的。

（四）注重开展调查研究

我们知道，社会调查在史料学上占着十分重要的地位，从事社会调查，可以使文献的史料得到进一步的补充和印证。在史学研究中，万先生很注意开展调查研究工作。如20世纪六七十年代，学界在研究农民战争过程中，有学者开展了对方腊研究的学术争鸣，引起了学术界的关注。为了进一步弄清楚方腊起义的真实情况，先生等受北京文物出版社委托，于1975年初带领4名学生深入到皖南、浙西一带考察与方腊有关的历史资料。此时，先生已年过半百，他与几位二十几岁的小伙子一道跋山涉水，在歙县、绩溪、祁门、齐云山、屯溪以及浙江的淳安一带民间四处寻找方氏族谱。"纸上得来终觉浅，绝知此事要躬行。"经过近一年的不懈努力，三下徽州，历尽千辛万苦，终于找到了不少散落在各地的方氏谱牒以及碑刻材

---

① 万绳楠：《从陈、齐、周三方关系的演变看隋的统一》，《安徽师大学报（哲学社会科学版）》1985年第4期。

② 万绳楠：《研究历史要尽量避免片面性》，《光明日报》1984年5月9日。

料，这些资料大多是第一次面世，是学术界未曾注意或利用的，弥足珍贵。先生通过对这些第一手资料的研究，最后得出"方腊是安徽歙县人"的结论，推翻了历史上认为"方腊是浙江人"一说，具有重要的史料价值。这一成果很快便在当时的《红旗》杂志上发表，后又出版了《方腊起义研究》一书（安徽人民出版社，1980年），同时还发表了《关于方腊的出身和早期革命活动》［《安徽师大学报（哲学社会科学版）》1975年第3期］、《方腊是雇工出身的农民起义领袖》（《光明日报》1975年12月4日）等文章，对于深入研究方腊起义，促进学术争鸣，是有裨益的。

（五）强调开展跨学科研究

近年来，跨学科研究成为学术界关注的热点。实际上任何一项学术研究单靠本学科的知识都是无法完成的，研究者一定程度上都要借助于其他学科的知识和方法，历史研究自然不能例外。对此，万先生早在20世纪80年代就提出了开展跨学科研究的主张：

> 研究历史，知识要广一点才好，中外历史、文史哲都应当去涉猎，去掌握。研究东方文明，不联系农业与家族社会是不行的。研究孙恩、卢循起兵，不了解道教是不行的。研究玄学中的派别斗争，不分析曹魏末年政治上的派别之争是不行的，如此等等。只有纵横相连，才能左右逢源，得心应手。[①]

他又指出："我深感我们的史学工作者虽然研究各有重点，但无妨去涉猎中外古今的历史；虽然以研究政治经济史为方向，但无妨去学一点文学史、宗教史、思想史。有时候一个问题的解决，有待于运用经、政、文三结合或文、史两结合的方法，以求互相发明。"[②]作为一个历史学家，先生闳博淹通，能娴熟地将哲学、文学、政治学、经济学等学科的研究方法

---

① 万绳楠：《研究问题要注意事物之间的联系》，《文史哲》1987年第1期。
② 万绳楠：《史学方法新思考》，《社会科学家》1989年第4期。

运用于历史研究当中，从而在跨学科研究方面为我们树立了典范。

先生之风，山高水长。万先生作为当代著名的历史学家，其在史学研究领域的卓越成就，绝非本文所能尽述。我们回顾先生近50年走过的治学道路不难发现，先生非凡的学术成就固然缘于其过人的禀赋，但最主要的还是得益于其心无旁骛、奋发进取的品格，得益于其独立思考、勇于创新的精神。他留下的数百万言学术论著，以及他的治学精神和治学方法，对后学而言是一笔宝贵的精神财富，我们应继承好先生躬耕一生不舍昼夜的学人精神，专心致志，踔厉奋发，努力多出成果，出好成果，这应是今天纪念先生应有的题中之义。

（作者系安徽师范大学历史学院二级教授、博士生导师）

整理说明

一、为保存和反映万绳楠先生的学术研究成果及其对中国古代史研究的重要贡献，兹整理编辑出版《万绳楠全集》。

二、全集分卷收录万绳楠先生所撰写的专著、论文、科普文章、小说等文字。由于作者写作时间近50年，中经战乱及运动影响，部分早期文章未能查到原文，只好暂付阙如，待将来查考后再作补遗。

三、全集编排原则为：专著、整本小说，仍作整体收入，不打乱原书；论文及科普文章，大体依所撰内容时代编排，并经编委会讨论后命名为《中国古代史论集（一）》《中国古代史论集（二）》；至于其他书信、诗歌、序跋等文字今后将另编补遗之卷以彰学术成就。

四、全集整理编辑已发表过的著作、论文等，正文部分以保存作者著述原貌为原则，即有关撰著形式、行文风格及用词习惯等均尽量尊重原作，仅对错讹之处进行修改。

五、全集注释体例在遵循著述原貌的基础上，分作夹注与页下注两类。在核查文献史料原文后，尽量写明版本、卷帙、页码等信息，以便读者阅读、查考。所核文献均取用万绳楠先生去世以前版本，以存其真。

六、为尽可能准确反映万绳楠先生的学术思想，全集整理编辑过程中，尽量对所收论著与可见到的作者原稿相核校，或与已出版、发表后作者亲笔修改之处相修正，凡此改动之处，限于体例，不再逐一作出校改说明。

七、尽管编者已尽力核校全集文字，但囿于学识、水平及条件所限，其中仍难免出现讹误之处，责任理应由编者承担，并欢迎各位读者来信指正，以便将来修订重版。

编　者

2023 年 10 月

前　言

　　魏晋南北朝史是复杂的，而当时人写的著述，很多都在唐宋时期佚失。因此遗留的问题较多。数十年来，我在教学之暇，从事这段历史的研究工作，写成了这部论稿，取得的成果是微不足道的。此稿宗旨有三：

　　一、运用马克思主义的立场、观点、方法，研究这段历史，力求得到一个接近科学的解释。

　　二、对这段历史中尚未解决的问题，进行探讨。

　　三、各章各节以论为主，提出个人的看法，力求言之有理、有据。不重复众所熟知的内容，不作如同教材一类的叙述，并保持一个较为完整的系统，以窥全豹，故也不同于论集。这也可以说是体例上的一个"创新"吧。

　　此书出版，如能对魏晋南北朝史的研究和著述的繁荣起到一些积极作用，那将是我的愿望。

目　录

第一章 "黄天太平"和"羽化飞天"

对汉末和三国历史影响最大的是黄巾大起义。论汉末和三国的历史，宜从黄巾大起义开始。

黄巾大起义是我国农民阶级第一次利用宗教发动的大起义。黄巾利用的宗教，《资治通鉴》谓之"太平道"。论黄巾大起义，又不能不先论太平道。

早于太平道出现的，有五斗米道。五斗米道是我国道教的正统派别，其性质究竟如何，不仅关系到对汉中张鲁政权以及李特、张昌、孙恩等起兵的认识，而且关系到对我国道教源流和本质的认识。因此须一并论述。

第一节 东汉神学的异端

张角与《太平清领书》 黄巾首领张角是太平道的创立者和大起义的组织者、发动者。关于农民利用宗教发动起义，恩格斯在《德国农民战争》中说，斗争"根本是为着十分明确的物质的阶级利益而进行的"，之所以披上宗教外衣，"容易用时代条件来加以解释"。中世纪是"一切按照神学中通行的原则来处理"的时代，"神学在知识活动的整个领域中"有"无上权威"。这个时代条件，决定了"一切革命的社会政治理论大体上必然同时就是神学异端"。太平道正是东汉神学的异端。

我国在东汉章帝召集的白虎观会议上把儒学神学化，完成了神人合一的过程。统治阶级利用黄老，把黄帝、老子变成神，把黄老学说变成神学，并使之与"圣人"、孔教结合起来。桓帝曾"祠黄、老于濯龙宫"①，又"立老子庙于苦县之赖乡，画孔子象（像）于壁"②，"遣中常侍左悺之苦县，祠老子"③，东方特有的与儒学相结合的黄老神学和黄老神权统治，被树立起来了。

东汉桓灵时期，有个向栩，"恒读老子，状如学道，又似狂生，好被发，著绛绡头"。他"有弟子，名为颜渊、子贡、季路、冉有之辈"。黄巾起义时，他对东汉统治者说：只要北向"读孝经"，黄巾就会消灭④。从此人身上，可见儒学与黄老神学结合之紧密。

在皇帝的提倡下，那时的黄老神学在知识活动的整个领域中具有无上的权威。黄巾的太平道便是作为这种神学的异端出现的，是一种性质完全不同的宗教。

据《后汉书·襄楷传》，东汉顺帝时，琅邪人宫崇到洛阳，"诣阙上其师于吉于曲阳泉水上所得神书百七十卷，皆缥白素，朱介，青首，朱目，号太平清领书。……后张角颇有其书焉"。《太平清领书》究竟是什么样的书呢？张角与此书又究竟存在着什么样的关系呢？

《后汉书·襄楷传》说《太平清领书》本是宫崇诣阙上给顺帝的神书，"其言以阴阳五行为家，而多巫觋杂语"，"亦有兴国广嗣之术"，但顺帝不欣赏。后来，曾经得到著名党锢人物陈蕃赏识的襄楷，又于延熹九年，再次上书给桓帝，推荐此书。到黄巾起义快要爆发的时候，灵帝"以楷书为然"。这可说明此书本是东汉地主阶级有识之士假托神灵，挽救统治危机（所谓"兴国"）的改良主义著作。把此书当作黄巾起义的革命纲领是错

① [南朝宋]范晔撰，[唐]李贤等注：《后汉书》卷七《孝桓帝纪》，中华书局，1973年，第317页。

② [晋]陈寿撰，[南朝宋]裴松之注：《三国志》卷十六《魏书·仓慈传》，中华书局，1964年，第514页。

③ [南朝宋]范晔撰，[唐]李贤等注：《后汉书》卷七《孝桓帝纪》，中华书局，1973年，第313页。

④ [南朝宋]范晔撰，[唐]李贤等注：《后汉书》卷八十一《独行·向栩传》，中华书局，1973年，第2693—2694页。

误的。但说此书与黄巾起义毫无关系，也不正确。列宁在《黑格尔"逻辑学"一书摘要》中阐述了黑格尔关于扬弃的观点，扬弃=结束=保持（同时保存）。如同知识领域中其他一切继承有扬弃也有吸收（结束同时保存）一样，"颇有其书"的张角，从《太平清领书》的神秘主义中，吸收了比较积极的东西，扬弃了反动的东西，形成了自己的一套理论。黄巾太平道的种种说法，无一不来自《太平清领书》而又无一不经过张角的改造。下面逐一分析。

释"黄天太平"。"太平"，根据《太平清领书》的解释，"太者，大也，乃言其积大行如天。……平者，乃言其治太平均，凡事悉理，无复奸私也；平者，比若地居下，主执平也。……平者，正也"①。据《太平经钞》癸部说："太者，大也；大者，天也；天能复育万物，其功最大。平者，地也；地平，然能养育万物。"由此可知太即大，即天，亦即复育万物之意；平即地，即正，亦即养育万物之意。简言之，"太平"二字，即《太平清领书》中屡屡提到的天地、生养、道德的代名词。

《太平清领书》说"天贪人生，地贪人养，人贪人施"②。帝王应"以真道服人"③。《太平经钞》癸部说，书中曾把帝王之治分成道、德、仁、义、礼、文、武、辨、法九类，认为最好的是道治和德治。又把"饮食与男女相须"作为"二大急"、把衣服作为"半急"提出④。道治和德治的中心，就是解决饮食、男女和衣服的问题。其根据即所谓"天贪人生，地贪人养，人贪人施"。

《太平清领书》认为财产是一种"无根"的、"亦不上著于天，亦不下著于地"的、"中和之有"的浮财⑤。所谓浮财是把土地排除在外。根据"中和之有"的理论，书中认为财产是"浮而往来，职当主周穷救急也"；

① [汉]于吉著，王明编：《太平经合校》卷四十八，中华书局，1960年，第148页。
② [汉]于吉著，王明编：《太平经合校》卷一百二十二，中华书局，1960年，第570页。
③ [汉]于吉著，王明编：《太平经合校》卷三十二，中华书局，1960年，第32页。
④ [汉]于吉著，王明编：《太平经合校》卷三十六，中华书局，1960年，第44页。
⑤ [汉]于吉著，王明编：《太平经合校》卷六十七，中华书局，1960年，第246页。

并认为"强取人物",是"与中和为仇,其罪当死"①。特别反对夺取土地,认为"非其土地,不可强种,种之不生"②。这就把解决人民衣食问题,限制在由统治阶级恩施(所谓"人贪人施")一些浮财周穷救急的范围之内。书中也提出了某家某人财产很多,只不过是"但遇得其聚处",本非其有的说法。所谓"比若仓中之鼠,常独足食,此大仓之粟,本非独鼠有也"③。另外,还提出了神仙"皆食天仓,衣司农",虽有"阳尊阴卑"的分别,但"粗细靡物、金银、彩帛、珠玉之宝,各令平均"的天平思想④。这是为劝说统治阶级周穷救急制造理论和神道的根据。

由上可见,《太平清领书》所谓"太平",所谓"其治太平均",就是由统治阶级拿出一些东西,解决一下财产过分不均的问题,"生养"处于饥寒交迫中的穷苦农民,缓和行将爆发的阶级搏斗。而其目的,则在"乐使王者安坐而长游"⑤。这种思想是最明显的社会改良思想,只不过以神道说教的面目出现,使人一时难以捉摸罢了。

《吴志·孙坚传》说张角"自称黄天太平"。"黄天太平"是太平道的最高教义,也是黄巾起义的政治纲领。"太平"二字,显然来自《太平清领书》,但意义已有所不同。它不是《太平清领书》本来意义上的、代表地主阶级利益的"其治太平均",而是"农民和平民的要求之直接表现,并且几乎总是和起义结合着的"⑥神学异端。

《太平清领书》所谓"其治太平均",说的是汉朝帝王的道治和德治。张角则把"太平"和"黄天"联系在一起。张角自称"天公将军",并号其弟张宝为"地公将军",张梁为"人公将军"。他所说的太平,所特标的天公、地公,与人公的"公"字,从现象上看,与《太平清领书》中的"太平均"、"天主生,地主养,人主成"、天上"粗细靡物、金银、彩帛、

---

① [汉]于吉著,王明编:《太平经合校》卷六十七,中华书局,1960年,第246、243页。
② [汉]于吉著,王明编:《太平经合校》卷五十五,中华书局,1960年,第210页。
③ [汉]于吉著,王明编:《太平经合校》卷六十七,中华书局,1960年,第247页。
④ [汉]于吉著,王明编:《太平经合校》卷一百十二,中华书局,1960年,第579页。
⑤ [汉]于吉著,王明编:《太平经合校》卷四十七,中华书局,1960年,第133页。
⑥ 恩格斯:《德国农民战争》,人民出版社,1975年,第36页。

珠玉之宝，各令平均"，似乎没有分别。但从阶级本质上看，它代表的却是个体农民"平分一切财富的心理，是原始的农民'共产主义'的心理"①。《太平清领书》所谓"周穷救急"是改良的办法，张角则把"平分一切财富"，寄托给了农民的革命斗争，寄托给了"黄天"。

均产是一种空想。"黄天太平"只能是乌托邦。但正如列宁在《两种乌托邦》中所说，这种农民的乌托邦，"反映了农民群众斗争的愿望"，"在经济学的形式上是错误的，而在历史上却是正确的"。

释"苍天已死，黄天当立。岁在甲子，天下大吉"。按五行说，木运（色尚苍）之后为火运（色尚赤，汉以火德王），火运之后为土运（色尚黄）。《太平清领书》则认为木是关键的东西。如："木行大惊骇无气，则土得王起"②。"木绝元气，土得王"③。反之，"木王则土不得生"④都把木和土联系起来。此书又认为"厌木"就是"衰火"⑤，把木和火合在一起。张角的"苍天已死，黄天当立"，从宗教的意义上来说，是指木（苍）已绝（亦即火已灭），土（黄）当立，从政治的意义上来说，是指"汉行已尽，黄家当立"⑥。汉以火德王，色尚赤。张角不提"赤天已死"，而提"苍天已死"，正是受了《太平清领书》中关于木的说法的影响。不过，不直指"赤天"，可以惑乱敌人的视听。

需要指出的是，《太平清领书》所要求的，是"木王则土不得生"，是保"苍天"，保汉家。而张角则把它颠倒过来，变成了"木绝元气，土得王"。变成了"汉行已尽，黄家当立"，黄巾要坐天下。

又《太平清领书》说："凡物生者，皆以甲为首，子为本，故以上甲

① 斯大林著，中共中央马克思、恩格斯、列宁、斯大林著作编译局译：《斯大林全集》（第十三卷），人民出版社，1956年，第105页。

② [汉]于吉著，王明编：《太平经合校》卷六十五，中华书局，1960年，第227页。

③ [汉]于吉著，王明编：《太平经合校》卷六十九，中华书局，1960年，第270页。

④ [汉]于吉著，王明编：《太平经合校》卷六十五，中华书局，1960年，第225页。

⑤ [汉]于吉著，王明编：《太平经合校》卷六十五，中华书局，1960年，第225页。

⑥ [晋]陈寿撰，[南朝宋]裴松之注：《三国志》卷一《魏书·武帝纪》，中华书局，1964年，第10页。

子序出之也。"① "今甲子，天正也。"②《太平清领书》的作者这样推崇"甲子"，万万没有想到这竟成了张角选定甲子年起义的依据。甲子既有这样大的宗教意义，且甲子年（灵帝中平元年）就要来临，很现实，定在甲子年起义，在张角看来，无疑是最合适的。它有利于发动具有宗教感情的农民群众。

"苍天已死，黄天当立，岁在甲子，天下大吉"，这个口号着重的是"甲子"二字。起义前夕，在"京城寺门及州郡官府"，都出现了以白土书写的"甲子"字③，就足以说明它的着重点所在。在这个口号中没有"太平"二字，它只是个动员农民在甲子年起来推翻汉朝的口号，不是起义的纲领。

"黄天太平"着重的是"太平"二字。在这个口号中，没有把"甲子"二字写进去。它才是作为起义的纲领，太平道的教义，被张角提出来的。

现有的历史书中，把"苍天已死，黄天当立。岁在甲子，天下大吉"当成黄巾的革命纲领是错误的。把"黄天太平"当成"苍天已死，黄天当立。岁在甲子，天下大吉"的简称，也是错误的。这两个口号不仅着重点不同，意义不同，来源也不同。"黄天太平"见于《吴志·孙坚传》。"苍天已死，黄天当立。岁在甲子，天下大吉"，则见于《后汉书·皇甫嵩传》。无所谓谁是谁的简称或全称。

释"大贤良师"和"三十六方"。据《太平清领书》，"师"的意义有二：一为助人成道，一为疗人疾病。《太平清领书》说："夫人乃得生于父母，得成道德于师，得荣尊于君。"④又说："欲除疾病而大开道者，取决于丹书吞字也。"⑤除了"丹书吞字"（符水），还有一种"天上神谶语"

---

① [汉]于吉著，王明编：《太平经合校》卷三十九，中华书局，1960年，第66页。

② [汉]于吉著，王明编：《太平经合校》卷一百一十九，中华书局，1960年，第676页。

③ [南朝宋]范晔撰，[唐]李贤等注：《后汉书》卷七十一《皇甫嵩传》，中华书局，1973年，第2299页。

④ [汉]于吉著，王明编：《太平经合校》卷四十七，中华书局，1960年，第136页。

⑤ [汉]于吉著，王明编：《太平经合校》卷一百八，中华书局，1960年，第512页。

（咒说），"以言愈病"，无有不愈，为"良师帝王所宜用"①。原因在"大医失经脉，不通死生重事，故使要道在人口中，此救急之术也"②。助人成道，疗人疾病，是良师的两大职责。大贤良师是师中本领最好的。书中常见"大贤""中贤""小贤""良师"字眼，"得称大师"的，在于他通晓神书，"解天下天下文也"。《太平清领书》中的大贤良师，本是为帝王服务的人，这从书中说的"得荣尊于君""帝王所宜用""太医失经脉"等语，即可知之。张角则把他改变为面向农民了。张角也并非迷信到单用符水、咒说去治病，《后汉书·皇甫嵩传》说张角疗病，"病者颇愈，百姓信向之"，表明张角不仅是起义的领导人，而且是深通医道，在东汉季叶大疫之年，具有妙手回春本领的民间医生。正是通过疗人疾病这种实际工作，太平道才深入民心，张角也才成了广大农民群众所信向的"大贤良师"。

张角一面替农民治病，一面宣传"黄天太平"的理想，不仅自己这样做，而且"遣弟子八人使于四方，以善道教化"。十余年间，把青、徐、幽、冀、荆、扬、兖、豫八州数十万群众组织到了太平道中来。"遂置三十六方"，"大方万余人，小方六七千，各立渠帅"大起义的组织准备完成了。据《太平清领书》：天上"一师四辅，……从属三万六千人，部领三十六万，人民则十百千万亿倍也"。张角的三十六方，大方万余人，小方六七千，合计正好是三十多万人。《后汉书·灵帝纪》中平元年记黄巾起义，直书"其部师有三十六万，皆著黄巾，同日反叛"。《吴志·孙坚传》记黄巾起义，亦直书"三十六万，一旦俱发"。可知"三十六方"这种组织，也是根据《太平清领书》来的。不过此书讲的是天上神仙组织，张角则用去组织农民。他的三十六方，是军事部署，又是宗教部署，二者相结合，因此更巩固。

"方"在《太平清领书》中，含有"其治即方且大正"③的意思。《后

---

① [汉]于吉著，王明编：《太平经合校》卷五十，中华书局，1960年，第181页。

② [汉]于吉著，王明编：《太平经合校》卷五十，中华书局，1960年，第182页。

③ [汉]于吉著，王明编：《太平经合校》卷三十九，中华书局，1960年，第69页。

汉书·皇甫嵩传》说"方，犹将军号也"，并不确切。

从上面所述，可知太平道是张角利用《太平清领书》中的某些东西，加以改造，从而创立起来的、性质区别于统治阶级黄老神学的农民的异教。《资治通鉴》说张角"奉事黄老，以妖术教授，号太平道"。汉桓帝、《太平清领书》的作者和张角，都奉事黄老，而张角"以妖术教授"，创立太平道，正表明太平道是当时黄老神学的异端。凭借这种异端妖术，张角用"黄天太平"四个字，把农民和平民的要求集中地反映出来，用"三十六方"把隶属于豪强地主、为宗法所束缚的徒附以及各地流民组织起来，在甲子年，擂响了讨伐"苍天"的战鼓。

"黄天太平"的局限性　太平道作为神学的异端，对黄巾起义的发动，起过积极的影响。但它毕竟是宗教，有它的局限性。在黄巾的军事斗争过程中，我们看到这样一种情形：起义前，有计划地宣传黄天太平，组成三十六方，确定起义日期，这无疑是太平道和黄天太平的纲领起了作用；可起义发动后，黄巾的行动就没有计划了，这也是黄天太平的纲领起了作用，终于导致黄巾起义的失败。黄巾起义的计划性，人们谈得很多，无计划性没有人谈过，而这却关系到对神学异端、黄天太平以至平均主义的认识。

黄巾军事行动的无计划性，表现在无统一的指挥上。大则三十六方如此，小则各方各郡甚至一个郡中的黄巾，也是如此。很多书上都说张角统一指挥各方黄巾，向洛阳进击。这不符合事实。实际上各方黄巾都是在自己所在的地区攻城夺池，"燔烧官府，劫掠聚邑"。例如：张角直接指挥的巨鹿郡黄巾，直到卢植兵临巨鹿，未离开过此郡。战斗打得最激烈的广宗县（今河北广宗），在郡治（今河北平乡）西北；下曲阳县（今河北晋县西），远在郡治之北。张角兄弟始终钉在这里，连郡治也未进入，何谈洛阳。波才颍川黄巾与皇甫嵩等军鏖战之地——长社（今河南长葛西），属于颍川郡，在郡治阳翟（今河南禹县）之东。南阳黄巾十多万人，始终未离宛城（今河南南阳）。汝南、陈国、东郡黄巾，也始终钉在本郡。翻遍史书，也找不到共同向洛阳进兵的迹象。由此可知，张角并无主攻洛阳的计划。战争到底怎样打，张角并未通盘考虑过，因此就不能不是盲目的，无计划的。正是由于战争的盲目性和无计划性，黄巾都在本郡打来打去，无主攻方向，使东汉赢得了调集兵力，进行反扑的时间。

这是从战争的全局来看。再看各方、各郡的黄巾，无论在邻郡还是在同一个郡中，彼此似乎毫无关系，遇到危急，互不相救，无一不是各自为战。打得虽然顽强，由于无统一调度，不是协同作战，最后不免被敌人一个个吃掉。汉政府看到了各支黄巾都钉在本郡，对它威胁最大的，无过于张角亲自指挥的巨鹿黄巾和离洛阳最近的波才的颍川黄巾，于是起用皇甫嵩为左中郎将，朱儁为右中郎将，卢植为北中郎将，集中重兵，首先攻打这两地的黄巾。颍川黄巾遭到皇甫嵩的袭击，损失数万，邻近颍川的汝南、陈国、东郡和南阳四郡的黄巾，没有派出一兵一卒去支援。颍川黄巾失败后，皇甫嵩、朱儁又接着去打汝南、陈国两郡的黄巾，东郡黄巾渠帅卜已，也没有派出一兵一卒前去支援。这两地黄巾失败后，仓亭（今河南南乐西南）一战，卜已被俘。南阳黄巾也在孤立、困守的情况下失败。

再说巨鹿黄巾。张角坚守广宗，卢植连攻不克，灵帝改派董卓，又在下曲阳被张角打得大败。张角病死后，巨鹿黄巾分由其弟张宝、张梁率领。张梁守广宗，张宝守下曲阳。这时，灵帝改派皇甫嵩来打广宗，张梁八万多人战败牺牲。当战争正在进行的时候，拥有十余万战士而且就在本郡下曲阳的张宝，未去支援张梁。这两支黄巾加在一起，有二十万之多，如果能乘着皇甫嵩兵临广宗城下，内应外合，完全可以打败皇甫嵩。同在一郡，且是兄弟，打仗互不相关，临死不救，没有什么比这更能说明黄巾的分割性、盲目性了。后来张宝打得虽很顽强，但也逃不脱失败的命运。

军阀徐州牧陶谦说过，"妖寇类众，殊不畏死，父兄歼殪，子弟群起，治屯连兵，至今为患"[1]。这如实地说出了黄巾英勇斗争的精神。可各支黄巾都是无计划作战，虽然英勇，也不能有所作为。

上述说明了黄巾起义的两重性：起义前的有计划性、统一性，起义后

---

[1] ［晋］陈寿撰，［南朝宋］裴松之注：《三国志》卷八《魏书·陶谦传》，中华书局，1964年，第250页。

的盲目性、分割性。为什么黄巾的军事斗争表现出两重性质呢？这就是黄天太平的局限性。

张角费了很大的精力，创立太平道，提出农民和平民的均产要求，组织农民进行起义。但是这种"均产""太平"，是受原始的农民"共产主义"的心理支配的，所以在起义过程中，只是"所在燔烧官府，劫掠聚邑"，连"劫富济贫"的水平也未达到。而正因为各方、各郡、各县的黄巾，都热衷于在本地"燔烧官府，劫掠聚邑"，把它看作"太平均"，看作"黄天太平"，也就不可能有统一的有计划的行动，不可能互相声援、互相支持。平均主义在经济学的形式上本来就是错误的，它虽然能够起到发动农民起义的作用，却不可能引导农民走向胜利。更何况黄巾的平均主义，还极原始，还隐蔽在宗教的外衣中。

从后期白波黄巾和青、徐黄巾的复起（188年）与演变中，我们更能看到黄天太平式的农民的平均主义，敌不过统治阶级的封建主义。后期声势最大的是青州黄巾，拥"三十万众"，初平三年，竟全部投降了曹操。汉末有个很有名的军阀叫杨奉，他是什么人呢？皇甫郦说："杨奉，白波帅耳。"[1]原来他是白波黄巾的首领。《后汉书·献帝纪》还记献帝东奔，"杨奉、董承引白波帅胡才、李乐、韩暹及匈奴左贤王去卑率师奉迎"。胡才等人是接受了军阀、原白波帅杨奉的慰谕而来奉迎献帝的。

《德意志意识形态》中说："统治阶级的思想在每一个时代都是占统治地位的思想。"在黄巾将士的思想中，既有平均主义，也有统治阶级所极力鼓吹、长期散布的封建主义，而平均主义的作用是暂时的、微弱的，封建主义的作用却是长远的、强大的。在184年黄巾的军事斗争中，"黄天太平"思想，曾把斗争推向高潮；但在188年黄巾复起以后的斗争中，封建思想对黄巾起义最终起了作用。这特别表现在领导层中某些人物身上。青州、白波黄巾的投降，表明了平均主义（黄天太平）到头来胜不过封建主义，暴露了"黄天太平"的局限性，因而起义只能以失败告终。

---

① [晋]陈寿撰，[南朝宋]裴松之注：《三国志》卷六《魏书·李傕郭汜传》裴松之注引《献帝起居注》，中华书局，1964年，第185页。

第二节　道教的正统派别五斗米道和张鲁汉中政权

《后汉书·刘焉传》说：张鲁的祖父张陵，"顺帝时客于蜀，学道鹤鸣山（《三国志·魏书·张鲁传》作鹄鸣山）中，造作符书，以惑百姓。受其道者，辄出米五斗，故谓之米贼"。说明五斗米道早在东汉顺帝时，已由张陵创立。

《名山记》说张陵"所治处"，在蜀郡江原县的青城山①。释彦悰《唐护法沙门法琳别传下》说张陵曾"构二十四治馆"，"二十三所在蜀地"。说明蜀郡是五斗米道早期的大本营。

创立五斗米道的张陵，《真诰》和《上元宝经》都说他"本大儒"。《后汉书·刘焉传》说："沛人张鲁母（张衡妻）有姿色，兼挟鬼道，往来焉家，遂任鲁以为督义司马。"又说："鲁部曲多在巴土。"张陵为大儒，其孙张鲁拥有部曲，又充当益州牧刘焉的督义司马，则张家三代（陵、衡、鲁）都是大地主，便是无可怀疑的了。五斗米道是由地主阶级人物创立的，也是无可怀疑的。

五斗米道教义的实质　张陵有两个称号，《华阳国志》卷二《汉中志》说张陵"自称太清玄元"（张角自称"黄天太平"），《宏明集》卷八释玄光《辩惑论》说张陵"妄称天师"（张角被称为"大贤良师"）。葛洪《抱朴子·内篇·金丹》说："复有太清神丹，其法出于元君。元君者老子之师也。《太清观天经》有九篇云。"又说："元君者大神仙之人也，能役使鬼神风雨，骖驾九龙十二白虎，天下众仙皆隶焉。"葛洪说的"太清元君"就是《华阳国志》说的"自称太清玄元"的张陵。张陵自称太清玄元，是把自己摆到"老子之师"的地位，所以是"大神仙之人"，"天下众仙皆隶焉"。而"天师"只有老子之师太清玄元才足以当之，天师也就是老子之

---

①《太平御览》卷六百七十四《道部》十六《理所》引《名山记》："益州西南青城山一名青城郡山，形似城。其山有崖舍，赤壁，张天师所治处。南连峨眉山。"《华阳国志》卷三《蜀志》记载青城山在蜀郡江原县。青城山疑即鹤鸣山。

师、太清玄元。道教之所以又名"天师道"，其来由于此。

这两个称号说明张陵把自己当作了黄、老之师，众仙之主；说明五斗米道的出现，是东汉统治阶级黄老神学的宗教化。五斗米道产生在太平道之前，从这点来说，太平道也可以说是五斗米道的异教或异端了。

五斗米道早期的教义，可用《魏书·释老志》中的两句话"上云羽化飞天，次称消灾灭祸"来概括。

消灾灭祸是五斗米道的低级教义。

五斗米道认为疾病灾难，是由人们本身的罪过招致魑魅作祟造成。要消灾灭祸，就要释罪。怎样才能释罪呢？第一步是通过静室思过，鬼吏请祷，交米五斗，把自己变成受道者；第二步是通过"男女合气"，进而把自己变成五斗米道的"种民"。

《三国志·魏书·张鲁传》注引《典略》说五斗米道释罪的办法是："加施静室，使病者处其中思过。"又使人为"鬼吏"，"主为病者请祷"。请祷之法："书病人姓名，说服罪之意，作三通。"一通上之于天，一通埋之于地，一通沉之于水，谓之"三官手书"。《少室山房笔丛》尝说："道陵教法：凡祈祷服罪之人，以三符授之，一著山上，一地下，一水中。"可知"三官手书"出自张陵。这一套搞完了，由"病者家出米五斗以为常"。出米五斗，是五斗米道名称的由来。按张陵之法，病者既经静室思过，鬼吏请祷，交米五斗，病者也就变成"受道者"。故《张鲁传》说"从受道者出五斗米"。病者出米五斗和受道者出五斗米，是一回事。

这里，我们要注意李膺在《蜀记》中所说："受其道者，输米、肉、布、绢、器物、纸笔、荐席、五彩。后生邪浊，增立（或作复立）米民。"说明受道者所交之物甚多，非止五斗米而已。如此众多之物，也绝非一次所能交纳。受道者（米民）既然要交这么多东西，那么，米民越多，对五斗米道越有利。所以"后生邪浊，增立米民"。

考《魏书·释老志》记北魏寇谦之清整道教，有"除去三张伪法租米钱税及男女合气之术"的话。据此可知，五斗米道所谓五斗米也好，其他钱物也好，是一种"租米钱税"。既是租税，李膺提到的东西那么多，提到"后生邪浊,增立米民",便不奇怪了。这是道教史上著名人物寇谦之承认的事实。《文心雕龙》的作者刘勰曾指责五斗米道上层人物"爵非通侯,而轻立民户(即立米民),瑞无虎竹,而滥求租税"①。释玄光也曾指责五斗米道上层"制民课输,欺巧之极"②。诸葛亮曾写信给张鲁说"灵仙养命,犹节松霞",而张鲁却"享身嗜味,奚能尚道"③。证据如此之多,租税无从否定。

五斗米道之有"租米钱税",实际上暴露了五斗米道上层人物与下层米民的关系,是一种阶级关系。东汉魏晋时期的大地主聚族而居,宗主奉道,宗族中的徒附、部曲也就连带一起奉道。三张和他们的部曲的关系,既是地主和农民的关系,又是天师、师君和米民的关系。汉末李虎及其宗族五百余家,曾托庇于汉中张鲁政权之下,共奉五斗米道,西晋五斗米道大地主范长生,曾"率千余家依青城山"④。剥掉五斗米道道费的外衣,便可看出五斗米等物,实质上是农民每年向地主交纳的租税,是阶级剥削。

五斗米道既有阶级剥削,也就必然会有阶级压迫。像"造赤章,用持杀人"⑤,即杀米民,便是一种阶级压迫。

第二步,要真正释罪,还得通过"男女合气",把自己变成五斗米道的"种民"。"男女合气之术",也是寇谦之承认了的"三张伪法"。关于"合气释罪",北周甄鸾《笑道论·道士合气三十五》引《真人内朝律》说:"真人日礼,男女至朔望日,先斋三日,入私房,诣师所,立功德,阴阳并进,日夜六时。此诸猥杂,不可闻说。"释玄光《辩惑论》"合气释罪三逆"条注说:"至甲子,诏冥醮录男女媒合,尊卑无别。""解厨篡门不仁之极三"条注又说,合气之后,披赠以"道姑、道男冠、女官、道父、道母、神君、种民"之名。成为"种民",一切灾祸都不会降临到你

① [梁]僧祐:《弘明集》卷八《灭惑论》,四部丛刊景明本。
② [梁]僧祐:《弘明集》卷八《辩惑论》,四部丛刊景明本。
③ [三国]诸葛亮:《诸葛武侯文集》卷一《与张鲁书》,清正谊堂全书本。
④ [唐]房玄龄等:《晋书》卷一百二十《李流载记》,中华书局,1974年,第3030页。
⑤ [梁]僧祐:《弘明集》卷八《辩惑论》,四部丛刊景明本。

头上了。完全是荒诞胡言。

至于"上云羽化飞天",据《魏书·释老志》,"白日升天"或"长生世上",是秦皇、汉武所"甘心不息"的。而这,也正是张陵学道立教的张本,正是五斗米道的高级教义。

所谓羽化飞天或长生世上,也就是成仙。五斗米道成仙有两种途径:一种是肉体成仙,即羽化飞天或长生世上,成为天仙或地仙;一种是灵魂成仙,即通过"尸解"成仙,叫"尸解仙"。肉体成仙只有五斗米道上层人物才能享受,下层米民则只能通过尸解,灵魂成仙。

肉体成仙靠服食丹药及"御妇人法"。

服食饵药,秦汉方士早已行之,不过五斗米道不是到蓬莱去寻找不死之药,而是到有"正神在其山中"的名山,如蜀郡青城山,通过自己的"精思",去"合作"什么不死的仙丹。在《抱朴子·内篇·金丹》中。葛洪说到有一种"太清神丹,其法出于元君",即出于自称"太清玄元"的张陵。《魏书·释老志》说寇谦之"少修张鲁之术,服食饵药,历年无效",可见张鲁也是个不死仙丹的追求者,只不过不在山中,而在汉中官衙内。"张鲁之术",即张陵之术。

炼丹还有一个副产品,阴长生《自叙》说:"黄白已成,货财千亿。"葛洪《抱朴子·内篇·金丹》说:"为神丹既成,不但长生,又可以作黄金。"这真是一举两得。

"御妇人法"方士也早已行之。曹丕《典论》论却俭等事曾说:"甘始、左元放、东郭延年、行容成御妇人法,并为丞相所录问。"此法在五斗米道看来,是关乎成仙的大事。《抱朴子·内篇·微旨》说:"或曰:闻房中之事,能尽其道者,可单行致神仙,并可以移灾解罪,转祸为福,居官高迁,商贾倍利。"又说:"黄帝以千二百女升天",能尽其道,"御女多多益善"。五斗米道既把"合气释罪"写入教义中,上层就必然会有御妇人法。后来五斗米道上层人物公然蓄养妓妾,如孙恩、卢循之所为,便是这种御妇人法的发展。男女合气可以释罪,而懂得御妇人法,不仅可以移灾解罪,而且可以致高官,获暴利,成神仙。再没有什么可以比这更能说明五斗米道的腐朽性了。

五斗米道上层人物靠炼丹和御妇人法得到肉体成仙，下层种民要想成仙，则只有靠尸解。二者有上下、阶级之分。但真能成为尸解仙的，也并不多。《太平经》提到过尸解，说"尸解之人，百万之人乃出一人耳"。要想成为尸解仙，便须死心塌地奉道，为"天大神所保信"①，即须做驯服的工具，获得师君青睐。

《太平御览》卷六百六十四《道部·尸解》引《登真隐诀》说："尸解者，当死之时，或刀兵水火，痛楚之切，不异世人也。既死之后，其神方得迁逝，形不能去尔。"引裴君说："尸解之仙，不得御华盖，乘飞龙，登太极，游九宫也。"种民通过如此痛楚的刀、兵、水、火之解，死后灵魂才能成小仙，而且还不是每一个种民死后都有资格成小仙，还要看是否虔诚奉道。这种愚昧说法，对当时的种民乃至一般农民，确实产生了极大的影响。这种影响，在晋末孙恩起兵中，反映得十分突出。

从受道到做种民，尸解成仙，羽化飞天，可以看出五斗米道只是一种神仙教；从租米钱税到立法杀人，又可看出五斗米道是地主阶级加在农民身上的又一种桎梏。它不仅麻痹农民的反抗意识，而且可满足大地主的贪欲和升天梦想，作用远远超过它的前身黄老神学。

不过，这里要说明：说五斗米道是地主阶级的宗教，并不是说凡具有五斗米道性质的起兵，都不是农民起义。历史上，农民利用宗教形式包括五斗米道在内进行的起义很多，要作具体的分析。不过即使是起义，也必须指出五斗米道的消极影响。

关于张修和张鲁 汉末五斗米道起兵见于史书的，有巴郡的张修和汉中的张鲁。《后汉书·灵帝纪》注引《刘艾记》说："时巴郡巫人张修疗病，愈者雇以米五斗，号为五斗米师。"同书《刘焉传》说"（张）鲁部曲多在巴土"。说明张修、张鲁二人将五斗米道传到了巴郡。张修曾在巴郡起兵，被称为"米贼"，后来投降了益州牧刘焉，成为刘焉的别部司马。张鲁则被刘焉用为督义司马。

---

① ［汉］于吉著，王明编：《太平经合校》卷一百十四，中华书局，1960年，第596页。

献帝初平二年,刘焉派这两司马去打汉中太守苏固,把苏固杀了,这两司马又在汉中传教,把五斗米道带到了汉中郡内。建安元年,张鲁袭杀张修,尽并其众。刘焉死后,其子刘璋继为益州牧,"以鲁不顺,尽杀鲁母家室。鲁遂据汉中"。东汉朝廷以张鲁为"镇民中郎将,领汉宁太守"①。

如果说张修在巴郡起兵,尚有米民起义的意义,则张鲁以益州督义司马的身份,杀张修,据汉中,出任东汉镇民中郎将,汉中太守,便谈不上有一点点农民起义的性质。在汉中,张鲁得到了朴胡、杜濩等人的支持。朴胡为巴七姓夷王之一,杜濩是賨邑侯,他们都是"巴賨夷帅"。后来,曹操兵临汉中,张鲁以为"宝货仓库,国家之有,遂封藏而去",依于杜、朴。曹操以张鲁"本有善意,遣人慰喻,鲁尽将家出"②拜张鲁为"镇南将军,封襄平侯。又封其五子皆列侯","以巴夷王杜濩、朴胡、袁约为三巴(巴东、巴西、巴郡)太守"③,且都被封为侯,张鲁汉中政权始终是一个地方性的封建政权,张鲁本人是汉末军阀之一,不是十分明白的吗?

这样一个连张鲁本人也认为"宝货仓库,国家之有"的封建政权,却长期被当作"农民政权"而得不到澄清。他们的根据主要有这样四条:

一是"其供通限出五斗米"④。五斗米的性质如何?是不是仅仅出米五斗?前面已经辩证。张鲁义舍里的米和肉,仓库里"国家之有"的宝货,从五斗米道来说,是道税;从汉中政权来说,是国税。

二是张鲁"置义米肉,悬于义舍,行路者量腹取足"⑤。按《典略》明言张鲁"教使作义舍,以米肉置其中,以止行人",而《三国志·张鲁传》又说"流寓寄在其地者不敢不奉"五斗米道。这正如李膺《蜀记》所

---

① [晋]陈寿撰,[南朝宋]裴松之注:《三国志》卷八《魏书·张鲁传》,中华书局,1964年,第263页。

② [晋]陈寿撰,[南朝宋]裴松之注:《三国志》卷八《魏书·张鲁传》,中华书局,1964年,第265页。

③ [东晋]常璩:《华阳国志》卷二《汉中志》,四部丛刊景明钞本。

④ [东晋]常璩:《华阳国志》卷二《汉中志》,四部丛刊景明钞本。

⑤ [晋]陈寿撰,[南朝宋]裴松之注:《三国志》卷八《魏书·张鲁传》,中华书局,1964年,第263页。

说，是为了"增立米民"。"义米肉"本来就是"租米钱税"，置义舍以止行人，增立米民，目的正在于扩大租米钱税的来源。《太平经钞》辛部曾言："天设官舍邮亭，得而居之，……欲得人力者行人。"据此可知张鲁设义舍有宗教的依据。"欲得人力"四字，道破了义舍的伪善性。

三是"犯法者三原然后乃行刑"。五斗米道内部之有刑法，本身就表明它有阶级的区别。至于怎样行刑，那只是形式问题。隋文帝不是也曾制定过一条"决死罪者，三奏而后行刑"[①]的法律吗？

四是"以祭酒为治"，不设长吏。张鲁政权是一个政教合一的封建政权，官名用什么，只是个名称的问题，祭酒实质上也就是长吏。我们应重实不重名，"祭酒"二字不能改变张鲁政权的实质。

张鲁政权能在汉中维持三十年之久，主要在于"汉川之民，户出十万，财富土沃，四面险固"[②]，为张鲁剥削米民，维持政权，提供了条件。其次是巴賨夷帅杜濩、朴胡等人的支持。

张鲁政权比之于东汉外戚、宦官的饿狼饥虎政治，要好一些，但这不是性质的改变。张鲁不能和张角并列。

---

① ［唐］魏徵、令狐德棻：《隋书》卷二《高祖纪下》，中华书局，1973年，第41页。
② ［晋］陈寿撰，［南朝宋］裴松之注：《三国志》卷八《魏书·张鲁传》，中华书局，1964年，第264页。

第二章　建安时期北方的变革

黄巾起义后，北方形势有很大的变化。政治上，被仲长统、刘陶形容为"饿狼饥虎"的东汉暴政被冲垮了，原来抑压在下层的庶族地主，纷纷兴起，国家被"名豪大侠"分裂成了碎块；经济上，东汉刚刚形成的田庄制度，遭到了沉重打击，"土业无主，皆为公田"的现象很普遍，农民占地耕种形成了新的自由农阶层；思想文化上，神权统治动摇了，人或人谋的作用，被强调到了高度。在这种形势下，政策是重要的，谁能顺应这种形势，制定相应的政策，谁就能在逐鹿战中获得胜利，谁仍然死守东汉的政策，谁就必定要失败。

第一节　曹操对职官和选举制度的改革

职官制度的改革，戚、宦干政和州牧逞兵的终止　我国尚书台阁由内廷转至外朝，或者说尚书省正式建成，始于曹。

东汉外戚、宦官干政的形成，有官制和用人的双重原因。仲长统在《昌言·法诫》中说："光武皇帝惕数世之失权，忿强臣之窃命，矫枉过直，政不任下。虽置三公，事归台阁（尚书）。自此以来，三公之职，备员而已。"东汉五曹尚书和二仆射、一令已有"八座"之称①，可尚书在

---

① ［唐］房玄龄等：《晋书》卷二十四《职官志》，中华书局，1974年，第731页。

汉，为九卿中管内廷事务的少府的属官，地位不高，要直接管理台阁尚书的事务，不是每一个皇帝都能办到的。光武帝既然不给三公以职权，职权便为皇帝的亲近所夺取。《后汉书·仲长统传》记载，中叶以后，"权移外戚之家，宠被近习之竖"，戚、宦又"亲其党类，用其私人，内充京师，外布列郡"。仲长统主张改革官制，他说："未若置丞相自总之。若委三公，则宜分任责成。"

东汉外戚、宦官操纵了军政大权。《后汉书·百官志一》说，和帝"以舅窦宪为车骑将军，征匈奴，位在公下；还复有功，迁大将军，位在公上"。安帝时，帝舅邓骘、耿宝均曾为大将军。"顺帝即位，又以皇后父、兄、弟（梁氏）相继为大将军，如三公焉。"大将军掌征伐大权，位如三公，三公有职无权，而大将军却有职有权。

《后汉书·百官志三》说，九卿中的少府，属官除尚书、侍中等官之外，尚有"宦者"所居之官：千石的中常侍，六百石的小黄门、黄门令、中黄门冗从仆射、掖庭令、永巷令、御府令、祠祀令、钩盾令，四百石的黄门等署长，比百石的中黄门等。这些官与皇帝亲近，职权很大。如中常侍，"掌侍左右，从入内宫，赞导内众事，顾问应对给事"。小黄门，"掌侍左右，受尚书事。上在内宫，关通中外及中宫已下众事"。尚书奏事于皇帝，要通过小黄门，而中常侍又是皇帝的"顾问"，皇帝权力便为中官所摄取，比位同三公的大将军，更高一着。

大将军有兵权，中官也有兵权。他们掌握了宫廷卫士以至北军五校。《后汉书·宦者传·曹节传》记载曹节曾"持节将中黄门虎贲、羽林千人北迎灵帝"。同书《窦武传》记载灵帝即位之初，窦武欲杀黄门常侍，黄门令（主省中诸宦者）王甫又"将虎贲、羽林、厩驺、都侯剑戟士合千余人，出屯朱雀门"。窦武虽然召会到了北军五校数千人，可"营府素畏服中官"，这数千人临阵倒戈，窦武反被宦官杀掉。东汉中常侍等中官的职位，给了他们干政的机会，在外戚、宦官斗争中，且占上风。

除外戚、宦官干政外，灵帝时，"天下渐乱，豪杰各据有州郡，而刘焉、刘虞并自九卿出为益州、幽州牧，其任渐重矣"①。这种州牧之职在于"镇安方夏"，一州军政大权，集于一人，于是又出现了州牧逞兵军阀割据的局面。

曹操对东汉的官制进行了改革，建立了以丞相为首的外朝的台阁制，消除了中央权移外戚、宦官，地方权移州牧的弊端。

《宋书·百官志上》说：建安十三年，"复置丞相"，以曹操为之。这正是仲长统的主张。协助丞相办事的官吏极少，"魏武为丞相以来，置左右二长史而已"。丞相之下，从《魏志》来考察，有东曹、西曹（后省）、法曹等曹。东曹典选，等同东汉的尚书吏部曹、选部尚书。丞相之下各曹的设置，是列曹尚书由内廷转到外朝、由少府手上转到丞相手上的开端。这是职官制度上的一个重要改革。建安十六年，魏国初建，始置尚书、侍中、六卿，而丞相之职未废。曹操以魏公兼丞相，尚书是丞相的属官。后来曹丕虽废丞相，但尚书台阁转到外朝，已成定局，不能再复汉旧了。"尚书省"真正成立，应当说是在曹操的时候。

军权亦归丞相。曹操设置了两种军职，掌握内外诸军。一种是中领军和中护军，"皆掌禁兵"②，《晋书·职官志》称中领军为"魏官"，"建安四年，魏武丞相府自置"，可知中领、中护都是丞相的属官。它们分掌禁兵，有效地防止了东汉内廷事变的重演。另一种是四征将军（征东、征西、征南、征北），皆掌征伐。《宋书·百官志上》说："鱼豢曰：四征，魏武帝置，秩二千石。"而"汉旧诸征与偏裨杂号同"，曹操提高了偏裨杂号将军的地位，分统四个方面的征伐大权，直隶于丞相。从此，大将军官号虽在，等同虚设。

至于中常侍，名称虽然犹存，但一点权力也没有了。魏文帝时，"置散骑，合于中常侍，谓之散骑常侍"③，只"掌规谏，不典事"④，至晋不

---

① [梁]沈约：《宋书》卷四十《百官志下》，中华书局，1974年，第1256页。

② [晋]陈寿撰，[南朝宋]裴松之注：《三国志》卷九《魏书·韩浩史涣传》，中华书局，1964年，第269页。

③ [梁]沈约：《宋书》卷四十《百官志下》，中华书局，1974年，第1244页。

④ [唐]房玄龄等：《晋书》卷二十四《职官志》，中华书局，1974年，第733页。

改。曹魏无中常侍官，只有散骑常侍，而这种官无事可做，只是个光荣的头衔。

魏文帝以后，丞相或废或置，但宦官始终不干预外朝台阁事务。整个魏晋南北朝时期，极少见中官为患，原由不能不追溯到曹操对官制的改革。只是大将军的职权在曹操死后有变化，这留待后论。

"唯才是举"的用人政策和政治局面的改善　官制变了，还有一个用人问题。用人不当，像东汉那样，"使饿狼守庖厨，饥虎牧牢豚"，政治局面仍不可能改善。曹操在用人上，采取了"唯才是举"的方针（建安十五年令），这样明确地提出"唯才是举"，在历史上是罕见的。

曹操是不是真正"唯才是举"呢？以往的讨论，颇不一致。我觉得要了解曹操的用人政策，必须联系东汉的统治思想和用人政策来考察。东汉乡举里选重德，而所谓德，是和神学结合在一起的、标榜王道三纲来源于天的儒学。这种儒学，是统治阶级加在人们思想上的桎梏，是涂抹在选举制度上的神光。汉末仲长统在《昌言》中，曾对"父为子纲"进行抨击，其中说到选举，"父母与人以官位爵禄，而才实不可，可违而不许也"。用人如果重纲常，要选出真有才能的人，是困难的，重德不过是用人唯亲的代名词罢了。仲长统看到的尚止是"才实不可"，桓灵时期的民谣更看到连重德也是空话，"举秀才，不知书，察孝廉，父别居，寒素清白浊如泥，高第良将怯如鸡"之谚，把东汉官场腐败的情况，描绘得淋漓尽致。用人到了必须改革的时候了，曹操的"唯才是举"政策于是产生。

曹操的"唯才是举"政策可以称道之处，是相信"天地间，人为贵"，是对人才思之、求之如渴。"山不厌高，海不厌深，周公吐哺，天下归心"的诗句，反映了他这种思想感情。既要求才，便不能像东汉那样重孝、廉、仁、义，那是求不到什么人才的。他在建安十五年的求贤令中，所说的"若必廉士而后可用，则齐桓何以霸世？"在建安二十二年的求贤令中，所说的"或不仁不孝，而有治国用兵之术，其各举所知，勿有所遗"，正是对东汉的选举弊政而发。

方针是重要的，"唯才是举"的方针提出来以后，要说仍旧重德，是很难使人理解的，曹操前期用人，主要是通过荀彧的推荐，我们不妨来看一下曹操、荀彧和荀攸引进的人物，是德的结合，还是才的结合？

《三国志·魏书·荀彧传》记荀彧对曹操说过，"公明达不拘，唯才所宜"，可见荀彧十分了解曹操的用人方针。荀彧此人，南阳何颙谓之有"王佐才"，曹操用他，正是因为他有王佐才。曹操说过，荀彧"吾之子房（张良）也"，故"军国事皆与彧筹"，司马懿高度称赞荀彧的才能，以为"吾自耳目所从闻见，逮百数十年间，贤才未有及荀令君者也"[1]，这表明曹操与荀彧的结合，完全是才的结合，非德的结合。再看荀彧引进的人物，《彧别传》讲荀彧"前后所举者，命世大才"。一语道破荀彧引荐人物，完全根据"唯才是举"的方针。列举了"邦邑则荀攸、钟繇、陈群，海内则司马宣王（司马懿），及引致当世知名郗虑、华歆、王朗、荀悦、杜袭、辛毗、赵俨之俦，终为卿相以十数人"，他们都是以才应选。《彧别传》特别提到戏志才、郭嘉等人，说荀彧"取士不以一揆，戏志才、郭嘉等有负俗之讥，杜畿简傲少文"（"负俗之讥"，"简傲少文"，即缺儒家之德），但荀彧"皆以智策举之"，即以才举之，且"终各显名"。

在荀彧所举的人物中，如荀攸，《三国志·魏书·荀攸传》称他"前后凡画奇策十二"。曹操说他"外愚内智，外怯内勇，外弱内强，不伐善，无施劳，智可及，愚不可及"。其智（傅子所谓荀军师之智）不在荀彧之下。郭嘉，曹操说他"见时事，兵事，过绝于人"[2]。可见曹操、荀彧和他们的结合，是才的结合，非德的结合。

后期即在设置丞相之后，曹操把选举权交给了东曹，方针不变。崔琰曾为东曹掾，《三国志·魏书·崔琰传》注引《先贤行状》，说"魏氏初载，委授铨衡"于崔琰，崔琰"总齐清议，十有余年，文、武群才多所明拔。朝廷归高，天下称平"。崔琰所选用的人物，无论文官、武吏，首先

---

① [晋]陈寿撰，[南朝宋]裴松之注：《三国志》卷十《魏书·荀彧传》注引《彧别传》，中华书局，1964年，第318页。

② [晋]陈寿撰，[南朝宋]裴松之注：《三国志》卷十四《郭嘉传》注引《傅子》，中华书局，1964年，第436页。

是据才。所谓"群才多所明拔"便是证明。

重才便不根据出身历史。《三国志·魏书·武帝纪》所说曹操拔于禁，乐进"于行阵之间，取张辽、徐晃"于亡虏之内……其余拔出细微，登为牧守者，不可胜数"，是个很好的说明。

不讲孝、廉、仁、义、出身历史，岂不要乱天下？曹操不是这样看的。他说："吾任天下之智力，以道御之，无所不可。"①傅玄说："魏武好法术，而天下贵刑名。"②曹操说："吾在军中持法是也。"③以道御之，也就是以法御之或持法。这就确保了天下之智力为操所用。曹操所反对的是"阿党比周"。他说过：

> 阿党比周，先圣所疾也。闻冀州俗，父子异部，更相毁誉。昔直不疑无兄，世人谓之盗嫂；第五伯鱼三娶孤女，谓之挝妇翁；王凤擅权，谷永比之申伯；王商忠义，张匡谓之左道：此皆以白为黑，欺天罔君者也。吾欲整齐风俗，四者不除，吾以为羞。④

四者指结党营私，互相攻击，无中生有，颠倒黑白，他认为这才是乱天下的东西，需要铲除。他杀孔融，曾经遭到阻力，杀后也有人议论。因为在人们看来，孔融是儒家仁义道德的代表。曹操却以为孔融"乱俗"⑤，是一个"浮华交会之徒"⑥，乱俗必杀，浮华交会必破。诸葛亮很懂得曹

---

① [晋]陈寿撰，[南朝宋]裴松之注：《三国志》卷一《魏书·武帝纪》，中华书局，1964年，第26页。

② [唐]房玄龄等：《晋书》卷四十七《傅玄传》，中华书局，1974年，第1317页。

③ [梁]萧统：《六臣注文选》卷六十《吊魏武帝文序》，四部丛刊景宋本。

④ [晋]陈寿撰，[南朝宋]裴松之注：《三国志》卷一《魏书·武帝纪》，中华书局，1964年，第27页。

⑤ [晋]陈寿撰，[南朝宋]裴松之注：《三国志》卷十二《魏书·崔琰传》注引《魏氏春秋》，中华书局，1964年，第373页。

⑥ [南朝宋]范晔撰，[唐]李贤等注：《后汉书》卷七十《孔融传》，中华书局，1973年，第2273页。

操为什么一定要杀孔融，他说过"来敏乱郡，过于孔文举"①的话，孔融被杀，就是因为他好浮华交会，乱俗，乱群，乱无下。这种人虽称仁义道德，其实有害。至于孔融是否有才，那是个次要问题了。

曹操在用人上，把才放到第一位，"以道（法）御之"，揆其实质，也就是人治与法治的结合。人为贵，任之以智力，御之以法术，既重人治，又重法治，而不是只重一个方面，这就是曹操的政治思想。这是我国封建时代比较好的政治思想。曹操把这种思想运用到政治上，大大地改善了在外戚、宦官干政下，用人唯亲、政治黑暗的局面。

但要看到曹操的"唯才是举"，方式仍是推荐。方针是重要的，方式也是重要的。方式不变，"唯才是举"的方针便不可能长久维持。

第二节　曹魏三种土地所有制的比较

在社会经济方面，曹操胜似其他军阀之处，就是他看到了社会现实问题，实行了一些符合客观要求的政策。而最重要的是维护和发展小块土地所有制的政策，非屯田政策。以下试就曹魏三种土地所有制——小块土地所有制、屯田制、田庄制作一比较。

小块土地所有制　马克思在《路易·波拿巴的雾月十八日》中说："小块土地所有制按其本性说来是全能的和无数的官僚立足的基地。"曹操维护和发展小块土地所有制的主观目的，在于"强兵足食"，以争天下，但这个政策，正符合黄巾起义后自由农涌现的客观现实，因此取得了成效。

我们知道黄巾起义后，许多豪强地主纷纷逃亡。《三国志·魏书·荀彧传》说荀彧"独将宗族至冀州"。同书《管宁传》说"中平之际，黄巾陆梁"，管宁"避时难，乘桴越海"，逃到辽东。同书《曹休传》说曹休"因天下乱，宗族各散去乡里"，父亲又死，遂"独与一客担丧假葬，携将

---

① ［梁］沈约：《宋书》卷六十二《王微传》，中华书局，1974年，第1665页。

老母，渡江至吴"。有些豪强，如谯国许褚，虽曾"聚少年及宗族数千家，共坚壁以御寇"①，但遭到汝南葛陂黄巾一万多人的猛烈攻打，不得不也率众投奔曹操。原来豪强是"连栋数百，膏田满野，奴婢千群，徒附万计"②，黄巾起义后，变成"民人分散，土业无主，皆为公田"③。大批依附农民和奴婢挣脱了大地主的控制，豪强大地主的土地所有制遭到了破坏。拿人口来说，三国时期北方的人口，比东汉时少得多。到魏明帝时，杜恕尚有魏户口"不如往昔一州之民"④的话；陈群也有"人民至少，比汉文、景之时，不过一大郡"⑤的话。按东汉顺帝永和五年，南阳户有五十余万，汝南户有四十万，合九十余万。三国分立，由于封建统治者的屠杀和军阀混战，据《文献通考·户口考一》记载，魏只有户六十六万三千四百二十三，蜀有户二十万（章武元年），吴有户五十二万（赤乌二年）。魏、蜀两国户数加到一起，才八十多万，比汉永和五年南阳和汝南两个郡的户数还要少。但是，拿自由农来说，三国时期北方的自由农显然比东汉要多。东汉桓、灵之时，是"地广而不得耕，民众而无所食"⑥；"田野空，朝廷空，仓库空"⑦；三辅左右及凉幽州内附近郡，悉不垦发。这是因为在东汉，许多五口之家的自耕农民，不是依附化、奴婢化，便是流民化，而豪强地主夺地虽广，却很少用去生产，很大一部分土地，被作为

① [晋]陈寿撰，[南朝宋]裴松之注：《三国志》卷十八《魏书·许褚传》，中华书局，1964年，第542页。

② [南朝宋]范晔撰，[唐]李贤等注：《后汉书》卷四十九《仲长统传》，中华书局，1973年，第1648页。

③ [晋]陈寿撰，[南朝宋]裴松之注：《三国志》卷十五《魏书·司马朗传》，中华书局，1964年，第467—468页。

④ [晋]陈寿撰，[南朝宋]裴松之注：《三国志》卷十六《魏书·杜恕传》，中华书局，1964年，第499页。

⑤ [晋]陈寿撰，[南朝宋]裴松之注：《三国志》卷二十二《魏书·陈群传》，中华书局，1964年，第636页。

⑥ [南朝宋]范晔撰，[唐]李贤等注：《后汉书》卷五十七《刘陶传》，中华书局，1973年，第1847页。

⑦ [南朝宋]范晔撰，[唐]李贤等注：《后汉书》卷六十六《陈蕃传》，中华书局，1973年，第2162页。

"林苑"、"菀苑"、猎场，任其荒芜。黄巾起义后，情况不同了。如三辅左右，三国时许多流亡农民回到了关中，"大乱之后，土业无主"，归民占地开垦。卫觊写信给荀彧，说到关中人民流入荆州的，有以"十余万家"之多，后来纷纷归来，占地生产劳动。其中虽有地主，但更多的是农民。从而在三辅左右，新出现了众多的自由农。再如并州，在曹操统一北方之初，就号称"百姓布野，勤劝农桑"[①]。并州是黄巾军活动的地区之一，也是黑山军的主要分布区，地主田庄受到的打击是沉重的，土业无主的现象很普遍。黄巾、黑山军虽然失败了，但人还在，这些无主土地就为众多的"百姓"所占有，形成"百姓布野"的景象。这众多百姓，主要也是自由农。

曹操顺应此形势，采取了维护和发展自由农生产的政策。需要注意的是既有统一的政策，又有因地制宜的政策。

建安九年，曹操平定河北，发布了有名的抑兼并令。令中规定，"其收田租亩四升，户出绢二匹，绵二斤而已，他不得擅兴发。郡国守相明检察之，无令强民有所隐藏而弱民兼赋也"。这是为保护自由农生产而发布的统一的政策，非行之于河北一地。

所谓"其收田租亩四升，户出绢二匹，绵二斤"，是由来已久。《三国志·魏书·何夔传》说：曹操"始制新科，下州郡，又收租税绵绢"。《资治通鉴》系此事于建安五年官渡战前。同书《赵俨传》又记袁绍南进，曹操亟需绵绢，阳安郡都尉"急录户调"。而时间也在建安五年袁、曹二军相持于官渡之时。这就可知田租户调新科，并非在建安九年下达，亦非通行于河北一地，而是随着所占地区的扩大而扩大，在北方普遍推行。

在这个制度下，官吏无免税特权。据《三国志·魏书·曹洪传》注引《魏略》："初，太祖为司空时，以己率下，每岁发调，使本县平资。于时谯令平洪资财与公家等，太祖曰：'我家资那得如子廉（曹洪）耶！'"可见连曹操也要纳税。在这个制度下，负担比较均平。田租多少，根据亩数

---

① [晋]陈寿撰，[南朝宋]裴松之注：《三国志》卷十五《魏书·梁习传》，中华书局，1964年，第469页。

多少。户调要平资，表明不是每户一律调绢二匹，绵二斤，而是资多之家多出，资少之家少出。按徐坚《初学记》卷二十七《宝器部》引《晋故事》说道："书为公赋，九品相通，皆输入于官，自如旧制。"从"自如旧制"四字看来，西晋公赋的九品相通的办法，显然是曹魏的旧制。户调在曹魏分成九等，绢二匹、绵二斤是一个平均定额。

按田亩多少收租之制，东汉已经实行。但以九品相通为内容的户调之制，却是曹操首创。此制替代了旧制算赋、口赋，是我国赋税制度史上的一个重要变革。

单是制定统一的税收政策，尚不足以促进自由农生产的发展。而曹魏的自由农生产，在各州都很兴旺发达，这就要看到曹操"唯才是举"的方针选用的地方官吏，因地制宜，采取的措施。为明自由农生产的广泛性与重要性，特分地区述之如下：

冀州。王修为魏郡太守，"为治，抑强扶弱，明赏罚，百姓称之"[1]。这是继续贯彻曹操平定河北后，保护河北自由农生产的政策。魏明帝时，杜恕说过：冀州"户口最多，田多垦辟"[2]。反映了冀州编户之多，自由农生产有长足的发展。

并州。并州既有"胡狄在界，张雄跋扈"，又有"兵家拥众，作为寇害"。曹操平并州，以梁习为并州刺史。梁习治并，号称"单于恭顺，名王稽颡，部曲服事供职，同于编户"，"边境肃清"[3]。并州的"百姓布野，勤劝农桑"，虽是黄巾和黑山军斗争的结果，但曹操的政策和梁习的抑制胡狄名王、兵家豪强的措施，无疑起了作用。

洛阳。自董卓挟持献帝西迁，"洛阳人民单尽"。钟繇为司隶校尉，"徙关中民，又招纳亡叛以充之。数年间民户稍实"。曹操征关中，"得以

① [晋]陈寿撰，[南朝宋]裴松之注：《三国志》卷十一《魏书·王修传》，中华书局，1964年，第347页。

② [晋]陈寿撰，[南朝宋]裴松之注：《三国志》卷十六《魏书·杜恕传》，中华书局，1964年，第499页。

③ [晋]陈寿撰，[南朝宋]裴松之注：《三国志》卷十五《魏书·梁习传》，中华书局，1964年，第469页。

为资"①。

河东。杜畿为河东太守，杀了"河东之望"卫固、范先等人，"崇宽惠，与民无为"，"渐课民畜牸牛、草马，下逮鸡豚犬豕，皆有章程。百姓劝农，家家丰实"。曹操西征，"军食一仰河东"②。这里的自由农生产，发展得更明显。

关中。卫觊镇关中，看到关中诸将竞相招怀归民以为部曲，建议置使者监卖食盐，"以其直益市犁牛"供给归民。并建议"使司隶校尉留治关中以为之主"，控制诸将。这个建议得到采纳。从此，归民竞还，"勤耕积粟"③。到颜斐为京兆太守时，京兆的"开明丰富"，竟成了"雍州十郡最"④，完全改变了东汉三辅左右悉不垦发的现象。其中便有自由农的功绩。

《晋书·食货志》说："当黄初中，四方郡守垦田又加，以故国用不匮。"郡守不管屯田。所谓"四方郡守垦田又加"，是明指自由农和地主田庄生产又有发展。这可反证曹操时期自由农生产的广泛性和重要性。

从以上所述，可以看到曹操是很注意发展自由农生产的。他北征、西征，都曾依靠小块土地所有者为他提供绵绢和粮食。他打击豪强，正是为了保护小块土地所有制；而他维护和发展小块土地所有制及其生产事业，又正是为了取得租、调。以自由农为主体的小块土地所有者，是曹操时期存在的一支广大的生产队伍。

民屯制度（附论士家屯田）　《三国志·魏书·武帝纪》说：建安元年，曹操"用枣祗、韩浩等议，始兴屯田"。按《毛玠传》说毛玠曾建议

---

①［晋］陈寿撰，［南朝宋］裴松之注：《三国志》卷十二《魏书·钟繇传》，中华书局，1964年，第393页。

②［晋］陈寿撰，［南朝宋］裴松之注：《三国志》卷十六《魏书·杜畿传》，中华书局，1964年，第496页。

③［晋］陈寿撰，［南朝宋］裴松之注：《三国志》卷二十一《魏书·卫觊传》，中华书局，1964年，第610页。

④［晋］陈寿撰，［南朝宋］裴松之注：《三国志》卷十六《魏书·仓慈传》注引《魏略·颜斐传》，中华书局，1964年，第513页。

曹操奉天子以令不臣，并"修耕植，畜军资"。《资治通鉴》系毛玠建议于初平三年。《晋书·食货志》又说初平三年，"魏武既破黄巾，……羽林监颍川枣祗建置屯田议"。然则，建安元年的兴屯田，为初平三年毛玠、枣祗二人建议的具体化。首次出任典农中郎将，主持屯田的，则是任峻。

《武帝纪》注引《魏书》说建安元年，曹操"乃募民屯许下，得谷百万斛。于是州郡例置田官，所在积谷"。从此，各州各郡出现了三种农民队伍，自由农、"屯田客"（"曲农部民"）和新旧徒附。

许多书上都强调屯田制，实际上屯田有很大的局限性。《三国志·魏书·国渊传》说：屯田是"相土处民，计民置吏"。同书《袁涣传》又说，"募民屯田，民不乐多逃亡"。所以曹操不得不规定"乐之者乃取，不欲者勿强"。如果把屯田客与自由农相比较，屯田客人数显然要少得多，其重要性显然在自由农之后。事实上当时比较大的屯田（民屯）区只有两个，一即许昌区，二为淮南区。淮南的"开募屯田"，始于绥集都尉仓慈[1]。后来刘馥为扬州刺史，又在淮南兴水利，"广屯田"[2]，淮南民屯遂具规模。其他地方，如前述冀州、并州等地，能看到的，只是小块土地所有制的发展。

曹操置典农中郎将，主管屯田。郡县则置典农校尉、典农都尉。《贾逵传》有都尉"不属郡"的话，表明典农官吏自成一个系统，与地方无关。屯田民被称为"典农部民"，又表明农民一经应募屯田，便不再是郡县中的编户齐民，而隶属典农官吏了。自典农中郎将以下，形成一整套军事性质的组织，虽曰民屯，实具军事性质。

典农部民的负担，据《任峻传》注引《魏书》，本为"计牛（计所持官牛多少）输谷"，任峻"执分田之术"，曹操接受下来。所谓"分田之术"，即《晋书·慕容皝载记》封裕所谓："魏晋虽道消之时，犹削百姓不

---

[1] ［晋］陈寿撰，［南朝宋］裴松之注：《三国志》卷十六《魏书·仓慈传》，中华书局，1964年，第512页。

[2] ［晋］陈寿撰，［南朝宋］裴松之注：《三国志》卷十五《魏书·刘馥传》，中华书局，1964年，第463页。

至于十七八，持官牛者官得六分，百姓得四分；私牛而官田者，与官中分。"分田者分谷也。从封裕说的百姓如持私牛，与官中分来看，屯田客是有家属的，他们是作为户而非作为个人存在于典农部所拥有的"官田"即国有土地之上，生产以户为单位进行。

典农部民或屯田客的地位非常低下。《晋书·外戚传·王恂传》记有"魏氏给公卿以下租牛、客户，数各有差"的话，可知屯田客户是可以用来送人的。屯田制度本是一种封建国有性质并带军事性质的土地制度。屯田客户对国家的依附性，由于带上军事性质，显得特别严重，它们犹同农奴户，只是属于封建国家而不属于豪强地主罢了。所以在曹操的时候，在屯田农民中，便爆发过襄陵校尉杜松部民炅母、陈仓屯田客吕并的起义。对曹魏屯田制度，如果只看到它一开始具有的积极因素，而忽视它一开始具有的消极因素，那就很难理解它为什么到魏末便消亡。

曹魏时期还有一种"士家"。关于曹魏的士家制度，近人多有论述，这里要说的是士家的屯田问题。

士家原不屯田，《三国志·魏书·高柔传》说，在合肥逃亡的征士鼓吹宋金，"有母、妻妾及二弟皆给官"。表明士出征，家属则服官役。后来屯田了，时间比民屯要晚得多。据《三国志·魏书·王朗传》注引《魏名臣奏》：魏文帝践阼之初，王朗曾建议"宜因年之大丰，遂寄军政于农事，吏士大小，并勤稼穑，止则成井里于广野，动则成校队于六军，省其暴徭，赡其衣食"。可知用士家屯田，要到曹丕称帝之后，而不会在其前。值得注意的是曹魏把对屯田客户的剥削方式即"分田之术"，用到了剥削士家上。《晋书·傅玄传》所说"旧兵持官牛者，官得六分，士得四分；自持私牛者，与官中分，施行来久"，即可上溯到曹魏。傅玄所谓兵、士，指兵家、士家，不是指出征之士。因为"私牛"只有士家才有。出征之士营田受廪，无所谓"自持私牛"。征士离开家在外地"且耕且守"，是集体生产，为"带甲""随宜"性质，与士家屯田有别。二者不能混为一谈。

管理屯田客户的典农组织，具有军事性，而对屯田客户的剥削形式，又被照搬到了屯田士家身上，这就使得客户与士家之间，距离缩短以至消失。曹魏后期变许昌民屯为淮北士家屯田，变屯田客为出征淮南之士，所以极为容易，原因在此。这个问题，留待后论。

关于田庄经济　曹魏时期，保持强大势力的豪强地主，各地都有。例如：冀州，曹操说过，冀州"豪强擅恣，亲戚兼并"。魏郡审配，"族大兵强"①。青州，在袁谭治下，豪强"安居族党"②。我们还可以看到外逃的地主，不仅死死控制住自己的宗族，而且还招徕百姓，在外重新开辟、经营田庄。例如右北平人田畴，"率举宗族他附从数百人"入徐无山中，"百姓归之，数年间，至五千余家"。田畴为这个新田庄，制定了"相杀伤犯盗诤讼之法"和"婚姻嫁娶之礼"，并"兴举学校讲授之业"，俨然成为一个独立王国。

田庄制度到底是一种什么样的制度？对生产究竟有无好处？从理论上说，田庄经济在汉魏时期，仍然处在发展阶段，是有活力的。活动在汉末桓帝时期的涿郡人崔寔，写过一篇《四民月令》，这篇月令不是凭空想出的，而是北方田庄生产情况及经验的反映。参之以正史传记，我们可以判断曹魏时期田庄经济的性质。

关于族。"族大兵强"，"安居族党"，"独将宗族"，"率举宗族"，在魏国史料中常见。《四民月令》描绘的田庄，正旦、冬至祭祖；三月"振赡穷乏，务施九族，自亲者始"；九月"存问九族孤寡老病不能自存者"；十月纠合宗人举葬"同宗有贫窭久丧不堪葬者，……以亲疏贫富为差"；十二月"请召宗族、婚姻宾旅，讲好和礼，以笃恩纪"。田庄中的宗族活动虽不一定全如崔寔所述，但要知道：一、宗族确为当时社会的基本单位，一个田庄基本上就是由一个宗族组成，所以住则"安居族党"，行则携带宗族。二、宗族中的各个家庭有"亲疏贫富"的不同，即阶级的不同，各家生活是分开的，这又显示了宗族的松散性。"振赡""存问""举葬""讲好和礼，以笃恩纪"，正是为了巩固宗族组织。

---

① [宋]司马光：《资治通鉴》卷六十三《汉纪五十五》，四部丛刊景宋刻本。

② [晋]陈寿撰，[南朝宋]裴松之注：《三国志》卷六《魏书·袁绍传》注引《九州春秋》，中华书局，1964年，第196页。

关于所有制。《四民月令》写到每年十二月，田庄"休农息役，惠必下浃，遂合耦田器，养耕牛，选任田者，以俟农事之起"。这不仅反映了土地为宗族所共有，而且反映了耕种以宗族为单位，集体进行。所选的"任田者"，为族中直接指挥农业生产的人。一年一选，田庄中有"农人"，即仲长统说的"徒附"。他们是生产者，与宗族的主人同宗。手工业也用命令，如"命女工趣织布，典馈酿春酒""令蚕妾治蚕室"。生产用命令，就不是一家一户各自进行，而是整个宗族作为一个统一体，由族长调度。这种生产方式是与宗族为社会的基本单位相适应的。从历史的渊源来说，是原始社会氏族制度在我国阶级社会中的遗迹，只不过已有阶级的区别罢了。

关于经济活动。每一个田庄都有自己的农、工、商业。《四民月令》写到的逐月的种植、手工与采集情况，是田庄经济活动的反映与经验的总结。从农业手工业来看，田庄似乎自给自足，各自成为一个自然经济单位。可是，如果把月令中写的二、三、四、五、七、八、十、十一共八个月的农作物和手工产品（粟、麦、豆、麻、布、帛等物）的买卖，与仲长统在《昌言·理乱》中所说"豪人"既"膏田满野"，又"船车贾贩，周于四方"，联系起来看，就知田庄并非完全闭锁，商品经济在田庄制度下，并非完全萎缩。消极的东西是宗族共有、徒附无经济权无自由。

从上面三点来看，田庄无疑起着组织生产的作用，有一定的活力，不失为当时一支重要的、仍占主导地位的生产力量，不能片面认为它只对生产起消极的影响。即以田畴的徐无山庄而论，《田畴传》说田畴的宗族、附从和归附于他的五千多家，耕种徐无山的深险平地，数年间，"至道不拾遗，北边翕然服其威信"。可知这个田庄在生产上，曾起过积极的作用。

问题在于对拥有支配权力的田庄主或豪强地主的兼并，能否限制。如果听任其破坏自由农的生产，变自由农为徒附、奴婢、流民；听任其广占土地，耕不了辟作菀苑、猎场，那就必然会给社会生产力带来破坏。曹操的可称道之处是，抑制豪强兼并比较坚决，使三种土地所有制：地主、自由农和国家土地所有制，在一定时期内，能够并存，发挥各自的作用，使汉末受到严重破坏的生产力，得以复苏。

这三种土地所有制，毫无疑问，地主土地所有制是封建社会土地所有制的基本形态，后两种总是处于次要的辅助的地位。而后两者中，又以国有性质的屯田为次要。

第三节　北方的统一——"非惟天时，抑亦人谋。"

诸葛亮在隆中论到曹操"遂能克绍以弱为强"的时候说："非惟天时，抑亦人谋也。"曹操自云："性不信天命之事。"曹操之所以能成为北方逐鹿战的最终胜利者，也是"人谋"起了作用。所谓人谋，即物质条件的创造和军事策略的运用。第二节论述的政治、经济政策，为曹操统一北方，提供了政治与经济基础，本节论述北方的统一，在策略的运用，主观能动性的发挥，于战争中所起的重要作用。

曹丕《典论·自叙》："四海既困中平之政，兼恶卓之凶逆，家家思乱，人人自危。"山东牧守，以讨伐董卓为名，大兴"义兵"。各地"名豪大侠，富室强宗"，乘时而起，"飘扬云会，万里相赴"。这时候的曹操，尚名微而众寡。到献帝初平三年，王允、吕布杀董卓，关中扰乱，曹操始领兖州牧，而实力仍旧有限。就在这一年，他运用政治诱降，得青州黄巾三十万，既壮大了军事实力，又取得了"兴立屯田"的"资业"①。比之于只知屠杀黄巾的军阀，曹操高了一着。

兴平二年，献帝自关中东奔，沮授劝袁绍迎献帝居邺，"挟天子而令诸侯"。眼光短浅的袁绍，拒不接受沮授的良策。次年（建安元年）曹操便到洛阳，把献帝接到许昌，这在政治上造成了"奉天子以令不臣"（毛玠语），据高临下，奉顺讨逆的优势。那时军阀并起，可"率乏粮谷，无终岁之计，饥则寇略，饱则弃余"。这些军阀全想不到经济政策的重要。曹操却适时制定了对自由农的政策，并在建安初大兴屯田，充实了自己的

---

① [晋]陈寿撰，[南朝宋]裴松之注：《三国志》卷十六《魏书·任峻传》注引《魏武故事》，中华书局，1964年，第490页。

经济力量。政治上挟天子以令诸侯，经济上修耕植、蓄军资，这两着棋很重要，但还不能决定全盘胜局，还要靠战争中策略的运用。

建安之初，张绣据南阳，刘表据荆州，刘焉据益州，吕布据下邳，袁术据寿春，公孙瓒据幽州，袁绍据冀州，关中将帅以十数，其中韩遂、马超最强。曹操首先击破了张绣，解除了南边近距离的威胁。建安二年，袁绍与公孙瓒相攻不懈，荀彧说曹操东取吕布，曹操顾虑西边关中军阀乘机出关。荀彧说：关中将帅"莫能相一"，害怕的是自身难保，可以"遣使连和"，虽不能"久安"，但在打吕布时，他们必不会出动[①]。曹操遂于建安三年进兵攻取下邳，杀了吕布，解除了东方最大的威胁。四年，袁绍攻杀公孙瓒，兼有幽州。袁术病死于淮南，刘备杀徐州刺史车胄，举兵屯沛，又形成东边一个隐患。五年，曹操东击刘备，诸将都说与曹操争天下的是袁绍，袁绍已经兴师动众，准备南进。如果袁绍乘着打刘备来进攻，那就太危险了。曹操却看准了"袁绍虽有大志，而见事迟，必不动也"[②]，进军一举击走刘备。

胡三省在《资治通鉴》中有一段评语："绍攻公孙瓒，而操乘间东取吕布。操击刘备，而绍不能袭许，此其所以败也。"（建安二年，春正月）袁、曹二人军事眼光的优劣，从这两件事情上，已见分晓。接着便是官渡之战，这是曹操统一北方的关键之战，"非惟天时，抑亦人谋"在此战中展现得更加清晰。

袁绍是有很多弱点的，例如他在北方纵容豪强。郭嘉说："汉末政失于宽，绍以宽济宽。"[③]郭嘉所谓"宽"，指的是宽于世族豪强。袁绍在河北，放任"豪强擅恣，亲戚兼并"，是汉末政治在河北的继续。这就造成了他与黄巾起义后北方出现的众多自由农之间的尖锐的矛盾。袁绍兵多，

---

① [晋]陈寿撰，[南朝宋]裴松之注：《三国志》卷十《魏书·荀彧传》，中华书局，1964年，第313—314页。

② [晋]陈寿撰，[南朝宋]裴松之注：《三国志》卷一《魏书·武帝纪》，中华书局，1964年，第18页。

③ [晋]陈寿撰，[南朝宋]裴松之注：《三国志》卷十四《魏书·郭嘉传》，中华书局，1964年，第434页。

但大都是"放兵捕索"而来；袁绍粮多，但大都是"掳掠田野"而来①。根基非常不稳。沮授鉴于新破公孙瓒，用兵连年，"百姓疲弊，仓庾无积，赋役方殷"，曾劝袁绍"务农逸民"②。田丰也曾劝袁绍"以久持之"，"外结英雄，内修农战"，然后"乘虚迭出"③。可人谋对袁绍不起作用，他只相信冀州大族"专而无谋"的审配等人。审配等力劝袁绍进攻曹操，以为以袁绍之"神武，跨河朔之强众，以伐曹氏，譬若复手"，今不时取，后难图也"④。就在建安五年曹操击破刘备不久，袁绍"简精卒十万，骑万匹"，南攻曹操。

袁绍虽有很多弱点，而且是带根本性的弱点，但毕竟地广人众。他已占有冀、青、幽、并四州之地，兵多将广，要打败他，战略战术的运用，极端重要。在官渡之战的过程中，我们可以看到曹操和他的谋士充分发挥自己的主观能动性，做到了如曹操在《十一家注孙子》中所说："兵无常势，水无常形，临敌变化，不可先传也。故料敌在心，察机在目也。"

袁绍进军至黎阳，派大将颜良攻刘延于白马（县名，属兖州东郡），曹操用荀攸计，带兵西到延津，装着要渡黄河攻袁军后路的样子。袁绍分兵西应，曹操急引军奔赴白马，斩了颜良，解了白马之围。袁绍领兵渡河，追赶曹操到延津之南。袁军前锋文丑率五六千骑先到，曹操用白马的辎重引诱文丑的军队，文丑军众"分趣辎重"，曹操纵兵击之，又斩了文丑。颜良、文丑是袁绍的名将，这两战的胜利，鼓舞了曹军的士气，挫折了袁军的斗志。

曹操还军官渡（后汉时，属司隶河南尹中牟县），袁绍进至武阳关。

---

① [晋]陈寿撰，[南朝宋]裴松之注：《三国志》卷六《魏书·袁绍传》注引《九州春秋》，中华书局，1964年，第196页。

② [晋]陈寿撰，[南朝宋]裴松之注：《三国志》卷六《魏书·袁绍传》注引《献帝传》，中华书局，1964年，第196页。

③ [晋]陈寿撰，[南朝宋]裴松之注：《三国志》卷六《魏书·袁绍传》，中华书局，1964年，第200页。

④ [晋]陈寿撰，[南朝宋]裴松之注：《三国志》卷六《魏书·袁绍传》注引《献帝传》，中华书局，1964年，第196页。

沮授看到"北兵数众而果劲不及南，南谷虚少而货财不及北；南利在于急战，北利在于缓搏"，又劝袁绍"宜徐持久，旷以日月"①。这是切合袁、曹两军实际情况的战略。可袁绍不听，领兵进逼官渡，打了几仗，不能取胜。许攸又劝袁绍以部分兵力与曹操相持于官渡，自率大军从他道直捣许昌，迎献帝。这是以奇兵"出空击虚，避其所守，击其不意"的战术，可袁绍又不从。曹操利在急战，却苦于未得破敌之术。既与袁绍相拒连月，"众少粮尽，士卒疲乏"②，写信给荀彧，想还许昌。荀彧以为如果还军，必为袁绍所乘，军退不得。这时，许攸来投奔曹操进计烧乌巢屯袁绍辎重，袁绍在乌巢的粮谷辎重有万余车，为袁军生命所寄。沮授曾劝袁绍派出蒋奇一军，以断曹操之钞，袁绍就是不肯。曹操得到许攸提供的情报，立即抓住，选精锐步骑五千人，"皆用袁军旗帜，衔枚缚马口，夜从间道出，人抱束薪"，直趋乌巢"围屯，大放火"③。袁绍辎重万余车化为灰烬，淳于琼等人被杀死。大将高览、张郃等听到淳于琼被杀，粮草被烧，率众投降曹操。曹操指挥军队急攻袁军，袁军大溃，袁绍与袁谭等单骑渡河北走。

官渡战役的胜利，是人谋的胜利，战略战术的胜利。袁绍也有人替他出主意，沮授、田丰都是当时不可多得的人才，可袁绍不能用。虽有大军十万，粮草万车，又有什么用场呢？

官渡战役之后，北方统一于曹操已成定局，可战争并未结束。建安七年，袁绍呕血而死，郭嘉看出了袁绍的两个儿子青州袁谭、翼州袁尚互不相容，谋臣亦分裂为二，向曹操建议："不如南向荆州，若征刘表者，以

①［晋］陈寿撰，［南朝宋］裴松之注：《三国志》卷六《魏书·袁绍传》，中华书局，1964年，第199页。

②［晋］陈寿撰，［南朝宋］裴松之注：《三国志》卷一《魏书·武帝纪》，中华书局，1964年，第21页。

③［晋］陈寿撰，［南朝宋］裴松之注：《三国志》卷一《魏书·武帝纪》注引《曹瞒传》，中华书局，1964年，第21页。

待其变；变成而后击之，可一举定也。"①曹操用其计，带兵佯作南进，才到荆州西北，袁谭、袁尚果然打了起来。袁谭战败，居然表示愿向曹操投降。曹操利用袁谭、袁尚的矛盾，于建安九年，破袁尚于邺城。十年，攻杀袁谭。十一年，又平定了袁绍的外甥并州高干，至此，北方大部分土地都为曹操所占。

曹操的下一个目标，是东北的乌桓（乌丸）。汉末，乌丸蹋顿总摄三部，据辽河东西，力量较强，"幽冀吏人奔乌桓者十余万户"。袁尚认为乌丸是一个大可依靠的力量，他借袁绍曾与蹋顿"和亲"，"矫制"赐蹋顿等以单于印绶，逃奔蹋顿，"欲凭其兵力，复图中国"②。对曹操来说，乌丸成了一个必打的对象。

建安十二年，曹操北征乌丸，诸将怕刘表乘机从后面打过来，郭嘉看准了刘表是一个"坐谈客"③，不足为虑。刘表确是一个坐谈客，曹操远征乌丸，他坐着不动，只是高谈阔论而已。那时是夏季，多水雨，泞滞不通，曹军得徐无山田畴为向导，由徐无山到达白狼堆，离蹋顿、袁尚所居的柳城不远，蹋顿、袁尚急忙引兵至白狼。曹操纵兵鏖战，斩蹋顿，走袁尚。袁尚奔到辽东，辽东太守公孙康斩送其头于曹操。至此，除西北外，北方统一。

时已秋季，曹操在辽东写下了"东临碣石，以观沧海"的诗篇，抒发他进行统一战争的抱负。

建安十三年，曹操南进，败于乌林，在统一的道路上，遭到了一个挫折。此后将进攻矛头指向西北。建安十六年西征，把关中大小军阀，包括韩遂、马超在内，一举消灭、击溃在渭水南岸。曹操本来以为"关中长远，若贼各依险阻，征之，不一二年，不可定也"。可关中大小军阀听到

①［晋］陈寿撰，［南朝宋］裴松之注：《三国志》卷十四《魏书·郭嘉传》，中华书局，1964年，第434页。

②［晋］陈寿撰，［南朝宋］裴松之注：《三国志》卷九十《乌桓传》，中华书局，1964年，第2984页。

③［晋］陈寿撰，［南朝宋］裴松之注：《三国志》卷十四《魏书·郭嘉传》，中华书局，1964年，第434页。

曹操来打，纷纷前来迎战，曹操非常高兴，他看准了"其众虽多，莫相归服，军无适主"①，只能作为礼物，一齐馈赠给自己。

建安二十年，曹操消灭了汉中军阀张鲁。后来汉中被刘备夺取。

曹操在《让县自明本志令》中说："设使国家无有孤，不知当几人称帝，几人称王？"曹操对北方的统一，是有功绩的。人民饱经军阀战乱，要求安定统一，要求发展生产，这是一个客观形势。而在当时的军阀中，只有曹操能注意客观形势的要求，能发挥人谋的作用，统一北方的业绩，由此才落到曹操身上。

第四节 建安文学的现实主义精神

汉末黄巾大起义改造了许多事物，其中一项是对文学的改造。自汉武帝尊崇儒术，以纲常思想为核心的封建儒学，与天、神相结合，严重地束缚了人们的思想。除了司马迁、司马相如、枚乘等少数几个作家以外，很难在两汉四百多年中，找到几个有创造性成就的文学家。民间文学如诗歌，在两汉也寥寥可数。像古诗十九首，是突破儒学迷雾，喷射光芒的仅有的几颗明星。184年，黄巾起义的战鼓，把人们从儒学的迷梦中唤醒，不再相信《白虎通》那一套圣人"与神通精"之辞。"人"被发现了，超过了"天"。读了曹操的"性不信天命之事"，仲长统的"人事为本，天道为末"，诸葛亮的"造化在乎手，生死在乎人"，谁都会感到建安时期思想界在大变。以迷信化的儒学为指导思想的汉代文学界，也不能不跟着发生变化。建安时期的文学，在内容和形式上都出现了飞跃。最重要的成就，表现在五言诗歌上。

钟嵘《诗品》卷上序言曾用这样的话评价建安五言诗歌："自王、杨、枚、马之徒词赋竞爽，而吟咏靡闻。从李都尉迄班婕妤，将百年间，有妇人焉，一人而已。诗人之风，顿已缺丧。东京二百载中，惟有班固咏史，

---

① [晋]陈寿撰，[南朝宋]裴松之注：《三国志》卷一《魏书·武帝纪》，中华书局，1964年，第35页。

质木无文。降及建安，曹公父子，笃好斯文，平原兄弟，郁为文栋，刘桢、王粲，为其羽翼，次有攀龙附凤，自致于属车者，盖将百计。彬彬之盛，大备于时矣！"

钟嵘认为建安文学长于"风力"。在曹丕的《典论·论文》中有一段话："文以气为主，气之清浊有体，不可力强而致。譬诸音乐，曲度虽均，节奏同检。至于引气不齐，巧拙有素，虽在父兄，不能以移子弟。"曹丕所谓"文以气为主"，正是钟嵘所谓"建安风力"的集中表现。曹丕在给吴质的一封信中，提到陈琳"章表殊健，微为繁富"；刘桢"有逸气，但未遒耳。至其五言诗，妙绝当时"；阮瑀"书记翩翩，致足乐也"；王粲长于辞赋，"惜其体弱，不足起其文，至于所善，古人无以远过也"[1]。这都是从气或者风力立论。建安诸家无不讲究气。虽然或健或逸，或者翩翩，或者体弱不足起其文，但有一个共同的特点，如鲁迅先生说的，"清峻，通脱"。

曹丕所谓气，钟嵘所谓风力，从钟嵘对曹植和刘桢的五言诗的评论中，可以看得更加清楚。钟嵘说曹植的五言诗"骨气奇高，词彩华茂，情兼雅怨，体被文质，粲溢今古，卓尔不群"。刘桢的五言诗"仗气爱奇，动多振绝，真骨凌霜，高风跨俗。但气过其文，雕润恨少。然自陈思已下，桢称独步"。建安诗文情文并茂，骨气与词彩兼胜，所以弥见风力，较诸质木无文的班固的《咏史》，唯爱雕润辞藻的汉赋，优胜多了。

建安风力从何而来？一言以蔽之：来自建安文学的现实主义精神。汉末农民战争改造了汉代文风，许多人从儒学思想中解脱出来，从无病呻吟、内容贫乏、徒知雕饰文字的辞藻堆中走了出来，运用五言诗和小型赋的形式，描写社会现状，抒发个人抱负，因而显得骨气奇高，动多振绝。我国古典文学到建安时期之所以能获得飞跃发展，根本原因在此。

建安时期描写社会现状的诗歌很多，曹操的《蒿里行》，曹植的《送应氏诗二首》，王粲的《七哀诗三首》，蔡琰的《悲愤诗》，都是这一类诗

---

[1] ［晋］陈寿撰，［南朝宋］裴松之注：《三国志》卷二十一《魏书·王粲传》注引《魏略》，中华书局，1964年，第608页。

歌的名篇。

曹操在《蒿里行》诗中，把"铠甲生虮虱，万姓以死亡。白骨露于野，千里无鸡鸣"，同关东军阀袁绍、袁术等兴兵讨董卓，"军合力不齐，踌躇而雁行。势利使人争，嗣还自相戕"，联系在一起。这不仅写出了人民的苦难，而且指出了政治原因。曹植、王粲、蔡琰也是如此。曹植的《送应氏诗二首》，写洛阳和洛阳一带"垣墙皆顿擗，荆棘上参天。不见旧耆老，但睹新少年。侧足无行径，荒畴不复田。游子久不归，不识陌与阡。中野何萧条，千里无人烟"，是与董卓以来军阀的罪恶，"宫室尽烧焚"联系在一起的。王粲的《七哀诗三首》，把"出门无所见，白骨蔽平原。路有饥妇人，抱子弃草间。顾闻号泣声，挥涕独不还。'未知身死处，何能两相完'"的悲惨景象，同李傕、郭汜混战于关中，"西京乱无象，豺虎方遘患"，联系在一起。

蔡琰（文姬）是蔡邕的女儿，据《后汉书·列女传》记载，献帝兴平年间，"天下丧乱，文姬为胡骑所获，没于匈奴左贤王，在胡中十二年，生二子"。后被曹操迎回。她感伤乱离，作《悲愤诗》二章。诗中写了"汉季失权柄，董卓乱天常"以来，人民遭受的苦难，军阀犯下的罪恶。如她写董卓兵："来兵皆胡羌。猎野围城邑，所向悉破亡。斩截无孑遗，尸骸相撑拒。马边悬男头，马后载妇女。长驱西入关，……所略有万计"[1]；写从南匈奴归来，"既至家人尽，又复无中外，城郭为山林，庭宇生荆艾。白骨不知谁，纵横莫覆盖。出门无人声，豺狼号且吠。茕茕对孤景，怛咤糜肝肺"[2]。现实主义精神洋溢纸上。蔡琰实为建安诗人中的女杰，远非钟嵘极力称赞的班婕妤所能比拟。

建安时期抒情的诗歌也很多，内容也是多方面的。或抒发对统一战争的抱负，如曹操的《观沧海》；或抒发求贤如渴的思想感情，如曹操的

---

[1] ［南朝宋］范晔撰，［唐］李贤等注：《后汉书》卷八十四《列女传·陈留董祀妻传》，中华书局，1973年，第2801页。

[2] ［南朝宋］范晔撰，［唐］李贤等注：《后汉书》卷八十四《列女传·陈留董祀妻传》，中华书局，1973年，第2802页。

《短歌行》；或抒发老当益壮的志趣，如曹操的《龟虽寿》；或抒发对亲人、对友人的真挚情怀，个人的情操，如曹植的《赠白马王彪》，刘桢的《赠徐干》《赠从弟》。这也是现实主义的作品，不过比描写社会现状的诗歌，包含了更多的浪漫主义色彩。其中名句，"山不厌高，海不厌深。周公吐哺，天下归心"（《短歌行》）；"老骥伏枥，志在千里。烈士暮年，壮心不已"（《龟虽寿》）；"苍蝇间黑白，谗巧令亲疏。……丈夫志四海，万里犹比邻。恩爱苟不亏，在远分日亲"（《赠白马王彪》）；"凤凰集南岳，徘徊孤竹根。于心有不厌，奋翅凌紫氛"（《赠从弟》）。今日读之，仍感生气盎然。

辞赋在建安时期，也进入了一个新的发展阶段。一篇辞赋，文字不多，但写情，情见其挚；状物，物见其真，字句如行云流水，读过汉赋，再读建安小型赋，耳目为之一新。曹丕在《典论·论文》中曾称赞王粲的《初征》《登楼》《槐赋》《征思》，徐干的《玄猿》《漏卮》《团扇》《橘赋》，"虽张（衡）、蔡（邕）不过也"。

论建安文学，除了上述那些有姓名的文人作品之外，民间文学也有飞跃发展。当时，出现了我国第一首五言长篇叙事诗《古诗无名人为焦仲卿妻作并序》（《孔雀东南飞》），现实意义和文学价值极高，是闪闪发光的现实主义文学奇珍。

刘兰芝是作者歌颂的一个对封建纲常具有反抗性、叛逆性的女性。自班固、班昭兄妹分别写出《白虎通》和《女诫》以来，妇女成了纲常的奴隶。刘兰芝"鸡鸣入机织，夜夜不得息"，而焦母还"嫌迟"，还恶声恶语。刘兰芝"不堪驱使"，进行了反抗。这不是反抗焦母一人，而是反抗焦母所代表的封建纲常伦理。诗中借用焦母的话，"此妇无礼节，举动自专由。吾意久怀忿，汝岂得自由？"反衬出了刘兰芝的一贯反抗精神。诗中借用刘兰芝的话，"妾不堪驱使，徒留无所施。便可白公姥，及时相遣归"；"仍更被驱遣，何言复来还？"又表现出了刘兰芝与压迫她的焦母毅然断绝的坚决意志。她是自己主动要求回家的，非焦母主动。结局"举身赴青池"也不是消极的，而是高度赞扬刘兰芝对兄长之命、太守之势的蔑视，对焦仲卿爱情的矢志不移。

关于刘兰芝的故事及《孔雀东南飞》的长诗产生于何时，论者颇多，疑点集中在序言"建安中"三字上。这里谈谈我的认识。

建安中，庐江丧乱弥甚，可是从《孔雀东南飞》全诗来看，没有一字说到建安时期庐江的丧乱。诗中写了刘兰芝母亲的话："十三教汝织，十四能裁衣，十五弹箜篌，十六知礼仪"；写了刘兰芝结婚二三年还家后，庐江太守为其子第五郎迎娶她的盛况，由此可见刘兰芝的成长和最后被迫殉情，是在一个和平年代里。这是不是与庐江的情况不符呢？《后汉书·献帝纪》记载，建安二年，"是岁饥，江淮间民相食"。《三国志·魏书·刘馥传》记载，建安四年，"庐江梅乾、雷绪、陈兰等聚众数万，在江淮间，郡县残破"。《三国志·吴书·孙权传》记载，建安十八年，"自庐江、九江、蕲春、广陵户十余万，皆东渡江，江西遂虚"。从这些记载来看，建安四年以前和十八年以后，庐江是不安宁的。问题在于中间一段时间，庐江是否和平。《三国志·魏书·刘馥传》说得明白，建安五年，曹操与袁绍相持于官渡，命刘馥为扬州刺史，建立州治于合肥，"数年中，恩化大行，百姓乐其政，流民越江山而归者以万数。于是聚诸生立学校，广屯田，兴治芍陂及茹陂、七门、吴塘诸堨，以溉稻田，官民有畜"。建安十三年，刘馥死于扬州刺史任内。自建安五年到十三年共九年，是庐江相对安定的时期。刘兰芝的故事，完全可能在这一时期产生，诗中所述和平景象，不是与庐江的情况不符，而是相符。至于《孔雀东南飞》的写出，据诗序"时伤之，为诗云耳"的话，可知距刘兰芝殉情时间并不长。建安共有二十五年，此诗完全可能在建安中写出。怀疑者往往从五言诗的发展角度，认为此诗不可能产生于汉末建安中。其实西汉便有五言诗，为钟嵘所称道的班婕妤的《怨诗》即为五言。东汉民间五言诗歌已有发展，古诗十九首大都为东汉的民歌。汉末是文人辈出的时代，文章获得改造的时代，现实主义文学胜利的时代，此时产生现实主义的名篇《孔雀东南飞》，不是不可能，而是完全可能。

关于此诗是否产生于庐江？今安徽怀宁县西北有小市港，又名小吏港，据《怀宁县志》，"小吏港者，以汉庐江郡小吏焦仲卿得名。汉庐江郡治小吏港，隶皖。今县境跨舒、皖之交"。小吏港是因《孔雀东南飞》而得名。庐江民间熟知刘兰芝的故事，诗又是民歌，此诗只能产生于庐江民间，具体说来，即产生于曾经作为庐江郡治的小吏港，而不可能产生于庐江以外并不了解此故事的地方。

建安文学的成就，是建安诸子和民间诗人的共同成就。之所以能有这种成就，就在于建安诗人能够摆脱封建儒学的束缚，紧扣时代的脉搏，把现实主义精神贯注到文学中。

第三章　论诸葛亮的"治实"精神

第一节　"治实不治名"

《三国志·蜀志·诸葛亮传》注引《袁子》，说诸葛亮"治实不治名"。这句话概括了诸葛亮一生活动中最根本的东西。可惜千百年来，很少有人注意到。

诸葛亮不仅是一个政治家、军事家，而且是一个具有古代唯物论和辩证法思想的哲学家。和汉代"天人合一""神人合一"的客观唯心主义相反，诸葛亮在《阴符经序》中声称"造化在乎手，生死在乎人"，十分强调人的作用。诸葛亮非常重视"多见多闻"，以为"多见为智，多闻为神"。为了求得对事物有一个比较正确的认识，他要求做到"万物当其目，众音佐其耳"[①]。这正是他的唯物主义精神。

尤其值得注意的是他的辩证法思想。他反对只知其一，不知其二，要求全面地观察问题。他曾感到法正的思想有片面性，在《致法正书》中，指出法正"知其一，未知其二"[②]。他认为"仰高者不可忽其下，瞻前者

---

① 《诸葛忠武侯兵法》卷三《便宜十六策·视听第三》，清刻诸葛武侯全书本。
② [晋]陈寿撰，[南朝宋]裴松之注：《三国志》卷三十五《蜀书·诸葛亮传》注引，中华书局，1964年，第917页。

不可忽其后"①，"视微之几，听细之大"②，高下、前后、隐显、大小两方面是有关联的，都要留意，决不可只顾一方面，决不可以为是细微东西，轻易忽略过去。他还认识到事物的两个方面并不相等，有轻重、先后之分。在《便宜十六策·治乱第十二》中，他说到要使政治由乱到治，应当"先理纲，后理纪；先理令，后理罚；先理近，后理远；先理内，后理外；先理本，后理末；先理强，后理弱；先理大，后理小；先理身，后理人"，抓住主要方面，次要方面也就好解决了。"理纲则纪张，理令则罚行，理近则远安，理内则外端，理本则末通，理强则弱伸，理大则小行，理上则下正，理身则人敬"，主次二者不可倒置。

熟悉历史的，都知道诸葛亮以丞相身份，自校簿书。评论者往往说这是诸葛亮的"事务主义"的表现。下这种评论，表明未深究诸葛亮的思想。殊不知诸葛亮既兼顾事物的两个方面，又分主次、前后、轻重、缓急。大事像"外结好孙权，内修政理"，他抓得很紧，小事像自校簿书，他也不忽略。他知道大小之间是相通的，治实不能忽视小事。关于自校簿书，丞相府主簿杨颙曾用"坐而论道谓之王公""邴吉不问横道死人而忧牛喘""陈平不肯知钱谷之数"③等话劝过他。但在他看来，这些是治名不治实。丞相府的簿书能反映国家各个方面的情况，诸葛亮要治理好蜀国，怎能不翻？

在治实上，诸葛亮还有一个可贵的地方，他懂得一个人的所见所闻毕竟有限，提出了"集众思，广忠益"（集思广益）的思想。集思广益是诸葛亮的一句带有民主性的名言。他说他在隆中，初交崔州平，"屡闻得失"，后交徐元直，"勤见启诲"。并且用了"处兹不惑"的话，称赞徐庶（元直）做到了"集众思广忠益"④。在益州，他把"集众思，广忠益"当

①《诸葛忠武侯兵法》卷三《便宜十六策·思虑第十五》，清刻诸葛武侯全书本。
②《诸葛忠武侯兵法》卷三《便宜十六策·视听第三》，清刻诸葛武侯全书本。
③［晋］陈寿撰，［南朝宋］裴松之注：《三国志》卷四十五《蜀书·杨戏传》注引《襄阳记》，中华书局，1964年，第1083页。
④［晋］陈寿撰，［南朝宋］裴松之注：《三国志》卷三十九《蜀书·董和传》，中华书局，1964年，第979—980页。

作丞相参署的办事方针。他要求做到"听察采纳众下之言，谋及庶士"①。他称赞董和参署七年，对他"每言必尽"，"事有不至，至于十反，来相启告"。称赞胡济对他"数有谏止"。他说他和崔州平、徐庶、董和、胡济四人"终始好合，亦足以明其不疑于直言也"②。因为这四个人能使他"少过"③，也就是能使他的思想比较符合客观实际，少犯过错。人们还曾称道他"闻恶必改，而不矜过"④。他是封建社会中一个少有的懂得"集众思"的好处，具有民主精神的人。集思广益的目的，正是为了求实，治实。从他所说的在隆中、在益州都力求做到集思广益，可知他的求实、治实精神是一贯的。

这就可以解开早在隆中的时候，诸葛亮对形势的分析，为什么那样准确之谜了。他在隆中之所以能熟知北方曹操、江东孙权、荆州刘表、益州刘璋、汉中张鲁的情况，之所以能预见到"鼎足之势"可以争取实现，之所以能提出跨有荆、益，"外结好孙权，内修政理"等一系列制胜方针与政策，是因为他始终一贯地"治实不治名"，研究问题，分析问题，集思广益。那个时候，能看到天下将要三分的，只有诸葛亮一人。

第二节　诸葛亮治蜀

"内修政理"　内修政理是诸葛亮治蜀的一个中心问题，其基本方针即"治实不治名"。

益州本是"沃野千里，天府之土"。左思《蜀都赋》写到那时的蜀中是："沟洫脉散，疆里绮错。黍稷油油，粳稻莫莫"；"阛阓之里，伎巧之

---

① 《诸葛忠武侯兵法》卷三《便宜十六策·视听第三》，清刻诸葛武侯全书本。

② ［晋］陈寿撰，［南朝宋］裴松之注：《三国志》卷三十九《蜀书·董和传》，中华书局，1964年，第979页。

③ ［晋］陈寿撰，［南朝宋］裴松之注：《三国志》卷三十九《蜀书·董和传》，中华书局，1964年，第980页。

④ ［晋］陈寿撰，［南朝宋］裴松之注：《三国志》卷三十五《蜀书·诸葛亮传》》附《董厥传》注引《汉晋春秋》，中华书局，1964年，第933页。

家。百室离房，机杼相和"，何况又有盐井、铁山。在这个基础上，商业也发展了，成都西市，被称为"万商之渊""罗肆巨千"。可农民、手工工人所创造的财富，都落入了"三蜀之豪"的腰包。三蜀之豪有自己的田庄、徒附、部曲、奴婢。诸葛亮说李严罢免，犹有"奴婢宾客百数十人"。李严之子李丰以中郎参军居府，"方之气类，犹为上家"①。这些上家恣情剥削与压迫农民，引发了农民起义。灵帝中平五年，益州马相起兵于绵竹，自号"黄巾"，杀刺史郗俭，进攻巴郡、犍为，有众数万人，马相自称天子②。

汉末政失于宽，刘焉、刘璋父子和袁绍一样，在益州"以宽济宽"，"德政不举，威刑不肃"，宽容三蜀豪强。这种政策，使"蜀土人士，专权自恣"③，更有所发展。马相虽然失败，阶级斗争并未缓和。蜀中人民"思为乱者十户而八"④。诸葛亮看到了蜀中"致弊，实由于此"⑤。

蜀中情况可用一个"乱"字来概括。诸葛亮在内修政理上，针对蜀中情况，制定了一整套由乱到治的方针。这就是《便宜十六策·治乱第十二》提到的方针，而最重要的是"先理强，后理弱"一条。理强，即打击蜀土人士的专权自恣，消除"思为乱者，十户而八"的危险局面；理弱，即扶植自由农，发展生产。之所以要"先理强，后理弱"，是因为强民专权自恣的问题不解决，弱民的安宁、生产问题也就无法解决。这条方针是根据蜀中阶级斗争的形势提出来的，是"治实"在内修政理上的集中表现。

---

① [晋]陈寿撰，[南朝宋]裴松之注：《三国志》卷四十《蜀书·李严传》注引诸葛亮《与李丰教》，中华书局，1964年，第1001页。

② [南朝宋]范晔撰，[唐]李贤等注：《后汉书》卷八《灵帝纪》，中华书局，1973年，第356页。

③ [晋]陈寿撰，[南朝宋]裴松之注：《三国志》卷三十五《蜀书·诸葛亮传》注引《蜀记》，中华书局，1964年，第917页。

④ [晋]陈寿撰，[南朝宋]裴松之注：《三国志》卷三十七《蜀书·法正传》，中华书局，1964年，第959页。

⑤ [晋]陈寿撰，[南朝宋]裴松之注：《三国志》卷三十五《蜀书·诸葛亮传》注引《蜀记》，中华书局，1964年，第917页。

先谈理强。理强又有两个方面，一是对专权自恣的强民，采用"威之以法"，"限之以爵"①的政策；二是制定用人标准，起用有"才策功干"，"忧公如家"之士。前者为法治，后者为人治。在三国时期，能把这两个方面结合起来的，只有曹操和诸葛亮。而这两个人又各有特点。

《晋书·刑法志》说曹魏"承用秦汉旧律"，曹操虽曾立"甲子科"，但只是"犯钦左右趾者易以斗械""依律论者听得科半，使从半减"而已。《三国志·蜀书·伊籍传》说伊籍"与诸葛亮、法正、刘巴、李严共造《蜀科》"。现在《蜀科》看不到了，但可想见有它本身的特点。从实际情况来看，《张裔传》记载张裔常称道诸葛亮"赏不遗远，罚不阿近，爵不可以无功取，刑不可以贵势免，此贤愚之所以佥忘其身者也"。陈寿在《三国志·蜀书·诸葛亮传》中写的评语又说："犯法怠慢者虽亲必罚，服罪输情者虽重必释。……刑政虽峻而无怨者，以其用心平而劝戒明也。"这表明诸葛亮把"威之以法"和"服罪输情"结合到了一起。用法无私，服罪可释，所以法虽峻而无怨，贤愚"佥忘其身。"例子是有的，如李严被废为民，徙梓潼郡，诸葛亮在与其子李丰教中明言：若能"思负一意"，则"否可复通，逝可复还"②。把"服罪输情虽重必释"，用到刑法上去，这在法制史上是首创。它将带动法制的一系列改革。本人服罪输情既可免罪，子女、家族连坐之制，势必革除。在《蜀书》中，看不到诸葛亮当政时期还有什么连坐。李严犯罪，李丰仍旧官至朱提太守。诸葛亮的法制思想无疑含有某些民主性的东西。魏晋时期，人们纷纷称道诸葛亮能用刑，为秦汉以来所未有③，原因也在这里。

在人治上，最可注意的，是他提出过七条用人标准或者说七个考核办法。据《诸葛亮集》卷四《将苑·知人性》载："一曰间之以是非而观其

①［晋］陈寿撰，［南朝宋］裴松之注：《三国志》卷三十五《蜀书·诸葛亮传》注引《蜀记》，中华书局，1964年，第917页。

②［晋］陈寿撰，［南朝宋］裴松之注：《三国志》卷四十《蜀书·李严传》注引，中华书局，1964年，第1001页。

③［晋］陈寿撰，［南朝宋］裴松之注：《三国志》卷四十《蜀书·李严传》注引习凿齿语，中华书局，1964年，第1001页。

志，二曰穷之以辞辩而观其变，三曰咨之以计谋而观其识。四曰告之以祸难而观其勇，五曰醉之以酒而观其性，六曰临之以利而观其廉，七曰期之以事而观其信。"他看到人的"美恶既殊，情貌不一"，但能坚持这七条，就能透过现象看到本质。就不致错用坏人、庸才。

此外，要看到诸葛亮用人，是既"限之以爵"，又"尽时人之器用"[1]。限之以爵，用张裔的话说，是"爵不可以无功取"。这就限制了权势之门做官的权利，革除了东汉凭出身世族可袭封爵的制度。爵不可以无功取，是符合上述七条标准的。真正的贤才，不受限之以爵的约束。例如杨洪、何祗，《三国志·蜀书·杨洪传》说杨洪（犍为武阳人）本是李严的功曹，因为"忠清款亮，忧公如家"，李严还没有到犍为去做太守，杨洪便已被起用为蜀郡太守了；何祗本是杨洪的门下书佐，因为"有才策功干"，几年便做了广汉太守，而杨洪还是蜀郡太守。

又《三国志·蜀书·杨洪传》注提到广汉王离，"亦以才干显，为督军从事，推法平当，稍迁代（何）祗为犍为太守，治有美绩"。同书《杨戏传》马盛衡、马承伯赞注提到阆中姚伷，被诸葛亮辟为掾属，"并进文武之士"，称赞他说，"今姚掾并存刚柔，以广文武之用，可谓博雅矣"。

这也符合七条标准。或谓诸葛亮排斥益州人物，上引却都是益州人物。《三国志·蜀书·杨洪传》明言"西土咸服诸葛亮能尽时人之器用"，说诸葛亮排斥西土人物的，对此话似未深思。诸葛亮用人只是凭七条标准，别无其他标准。

诸葛亮用这种理强的办法，在政治上确实收到了由乱到治的效果，蜀中号称"吏不容奸，人怀自厉，道不拾遗，强不侵弱，风化肃然"[2]。

再谈理弱。在诸葛亮看来，不先理强，就不能使"强不侵弱"，"理强则弱伸"，只有先理强，才能收到理弱的效果。诸葛亮是怎样理弱的呢？

①［晋］陈寿撰，［南朝宋］裴松之注：《三国志》卷四十一《蜀书·杨洪传》，中华书局，1964年，第1014页。

②［晋］陈寿撰，［南朝宋］裴松之注：《三国志》卷三十五《蜀书·诸葛亮传》臣寿等言，中华书局，1964年，第930页。

他抓住了"为政以安民为本"。《三国志·蜀书·蒋琬传》说诸葛亮称赞蒋琬，"其为政以安民为本，不以修饰为先"。这正是诸葛亮自己的政策。他"务农殖谷，闭关息民"[1]，"以闭境勤农，育养民物，并治甲兵"[2]。这里所谓"民"，指的是那些负担赋役的"弱民"，即有户籍的自由农户。诸葛亮在《便宜十六策·治人第六》中还说过："唯劝农业，无夺其时，唯薄赋敛，无尽民财。如此，富国安家，不亦宜乎？"这是诸葛亮"理弱"的方针。诸葛亮使张裔"为司金中郎将，典作农战之器"[3]，发征丁一千二百人主护都江堰，是与理弱相配合的措施。

诸葛亮的"先理强，后理弱"的方针政策，使蜀国的政治权力，多少能如恩格斯在《反杜林论》中所说，"按照合乎规律的经济发展的精神和方向去起作用"。蜀中封建经济的发展因此较快。《诸葛亮传》注引《袁子》，说诸葛亮治蜀，"田畴辟，仓廪实，器械利，蓄积饶"。蜀末号称"男女布野，农谷栖亩"[4]。这改变了"民贫国虚，决敌之资，惟仰锦耳"[5]的面貌。

诸葛亮在《论诸子》中说得好，"老子长于养性，不可以临危难；商鞅长于理法，不可以从教化；……此任长之术者也"。所谓"任长"，表明他吸收了各家所长，形成了他自己的一套治国之道。而他的这套治国之道，集中表现在他的治实精神与用人标准上。唯其如此，所以陈寿等人说诸葛亮死后，"黎庶追思，以为口实，至今梁、益之民，咨述亮者，言犹

---

① ［晋］陈寿撰，［南朝宋］裴松之注：《三国志》卷三十三《蜀书·后主传》建兴二年，中华书局，1964年，第894页。

② ［晋］陈寿撰，［南朝宋］裴松之注：《三国志》卷四十二《蜀书·杜微传》诸葛亮与杜微书，中华书局，1964年，第1019页。

③ ［晋］陈寿撰，［南朝宋］裴松之注：《三国志》卷四十一《蜀书·张裔传》，中华书局，1964年，第1011页。

④ ［晋］陈寿撰，［南朝宋］裴松之注：《三国志》卷四十四《蜀书·蒋琬传》，中华书局，1964年，第1060页。

⑤ ［三国］诸葛亮：《诸葛亮集》卷二《教》，中华书局，1975年，第62页。

在耳"①。

"南抚夷越" 东汉以来，民族关系一直很紧张，与南中夷族②的关系也不例外。马谡对诸葛亮说过："南中恃其险远，不服久矣，虽今日破之，明日复反耳。"③刘备死于白帝城，夷人益州（滇）大姓雍闿便乘机起兵，牂柯（夜郎）太守朱褒以郡叛应雍闿，越巂（邛都）夷人高定亦反，民族问题不容诸葛亮不去解决。

目前，对诸葛亮民族政策的看法，仍存在分歧。是因忽略了诸葛亮治蜀的基本方针，是"治实不治名"，分歧之来，实由于此。《诸葛亮集》卷四有《东夷》《南蛮》《西戎》《北狄》等篇，表明诸葛亮注意到民族问题的研究。他的民族政策，同样建立在治实的基础之上。在南征之前，他发布了《南征教》："用兵之道，攻心为上，攻城为下，心战为上，兵战为下。"此教一反东汉对少数民族的力服（屠杀）政策为心服政策，集中地体现了诸葛亮在民族问题上的治实精神。力服（屠杀）不能解决问题而只能激化民族矛盾，这已为东汉的民族史所证明。

《三国志·蜀书·马谡传》说这条方针是建兴三年出兵前夕，马谡提出来的。而《玉海》谓建兴元年诸葛亮因将南征，制《南征教》，张澍以为《玉海》"当有据"④。事实上对南越主"抚"，是隆中对策的既定方针。

这条方针既在进兵南中时，又在南中既定后贯彻执行。诸葛亮顺利地

① ［晋］陈寿撰，［南朝宋］裴松之注：《三国志》卷三十五《蜀书·诸葛亮传》臣寿等言，中华书局，1964年，第931页。

② 在《后汉书·西南夷传》中，"夷汉"常连称，表明夷人已有和汉人杂居者。哀牢（永昌）"土地沃美，宜五谷蚕桑，知染采文绣"，出产濮竹、铜、铁等物，生产很发达。汉末夷人中已有大姓，且有居官"富及累世"的。夜郎（牂柯）尹珍官至荆州刺史。《蜀志·吕凯传》说邛都（越巂）夷王高定有"部曲"，诸葛亮《南征表》说高定"杀人为盟"，《华阳国志·南中志》又说夷人有"生口"，表明汉末夷人已进入奴隶制阶段。只有"无君长"，随畜迁徙无常的巂、昆明诸落，仍处在原始社会阶段。

③ ［晋］陈寿撰，［南朝宋］裴松之注：《三国志》卷三十九《蜀书·马谡传》注引《襄阳记》，中华书局，1964年，第983页。

④ ［三国］诸葛亮：《诸葛亮集》卷二《南征教》案语，中华书局，1975年，第62页。

进至滇池，不在兵战，而在"七虏七赦"[1]为"夷汉所服"的孟获。此事古人已有疑之者，今人抑或疑之。若联系诸葛亮的治实精神和攻心之策，我想便可释然了。南中既定，诸葛亮采取了"皆即其渠帅而用之"的政策。当时有人以为宜留"外人"，诸葛亮指出："若留外人，则当留兵，兵留则无所食，一不易也；加夷新伤破，父兄死丧，留外人而无兵者，必成祸患，二不易也；又夷累有废杀之罪，自嫌衅重，若留外人，终不相信，三不易也。"这"三不易"最重要的是第三条，再次体现了诸葛亮的攻心为上的思想。由于用其渠帅，不留外人，从而在南中取得了"夷汉粗安"[2]的效果。

"攻心"政策是延续的。我们知道诸葛亮曾为昆明画"国谱"，"先画天地、日月、君长、城府，次画神龙（昆明祖之）、龙生夷及牛马羊，后画部主吏乘马幡盖巡行安恤，又画牵牛负酒赍金宝诣之之象以赐夷"，同时"又与瑞锦、铁券"[3]。从所画的内容和给与瑞锦、铁券来看，虽有要求夷人服从蜀汉君长、城府统治的目的，但更重要的目的是要求夷人与汉族永世友好，汉不侵夷，夷不犯汉。"夷人甚重之"，每刺史、校尉到临，"赍以呈诣，动亦如之"。表明此后夷汉两族友好关系有了新发展。

凡此皆可表明诸葛亮在民族问题上的治实精神。从历史的角度来看，诸葛亮南抚夷越，是继汉武帝通西南夷以后，夷汉两族关系发展的一个里程碑。

第三节　与吴、魏关系的治实精神

吴蜀联盟　吴蜀联盟是诸葛亮根据"孙权据有江东，已历三世，国险而民附，贤能为之用，此可以与为援而不可图也"[4]的隆中对策制定下来

---

① ［东晋］常璩：《华阳国志》卷四《南中志》，四部丛刊景明钞本。

② ［晋］陈寿撰，［南朝宋］裴松之注：《三国志》卷三十五《蜀书·诸葛亮传》注引《汉晋春秋》，中华书局，1964年，第921页。

③ ［东晋］常璩：《华阳国志》卷四《南中志》总论及"永昌郡"条，四部丛刊景明钞本。

④ ［晋］陈寿撰，［南朝宋］裴松之注：《三国志》卷三十五《蜀书·诸葛亮传》，中华书局，1964年，第912页。

的策略。吴蜀联盟经历过建立、破坏、保持三个阶段，而在每一个阶段中，都体现了诸葛亮的治实精神。

建立阶段。联盟是双方的事，一方不情愿，就结不成联盟。诸葛亮在隆中提出"外结好孙权"的策略，有一个没有解决的问题，他是不是知道孙权愿意结盟？如果不知道，何以贸然提出这个策略？按《三国志·吴书·鲁肃传》说到鲁肃曾劝孙权与刘备"结盟好"，曹操进兵荆州，鲁肃会刘备于当阳长阪，"固劝备与权并力"，又对诸葛亮说："我子瑜（诸葛瑾）友也。"即共定交。裴松之云："刘备与权并力共拒中国，皆肃之本谋，又语诸葛亮曰：我子瑜友也，则亮已亟闻肃言矣。"很清楚，诸葛亮早就知道为孙权所信任的鲁肃主张孙、刘结盟。之所以知道，是因为有"同产"兄诸葛瑾在江东，"与鲁肃等并见宾待"[1]。对于孙权，他也看准了既不能"以吴、越之众与中国抗衡"，又不愿"案兵束甲，北面而事"曹操。"外托服从之名，而内怀犹豫之计"[2]。从这一情况出发，他料定孙、刘联盟必成。

另一个问题是，对孙、刘来说，联盟必须获得成果，而后始可真正结成。诸葛亮看到"曹操之众，远来疲弊"，追赶刘备，轻骑又"一日一夜行三百余里"，已成"强弩之末"；"北方之人，不习水战"；"荆州之民附操者，逼兵势耳，非心服也"。看到孙权"国险而民附，贤能为之用"；刘备尚有"水军精甲万人，刘琦合江夏战士亦不下万人"；如果孙、刘能"协规同力，破操军必矣"[3]。这是从敌我双方情况出发所作的正确估量。当时孙权方面周瑜也看到曹操"以疲病之卒，御狐疑之众，众数虽多（曹

---

① ［晋］陈寿撰，［南朝宋］裴松之注：《三国志》卷五十二《吴书·诸葛瑾传》及注引《江表传》，中华书局，1964年，第1231页。

② ［晋］陈寿撰，［南朝宋］裴松之注：《三国志》卷三十五《蜀书·诸葛亮传》，中华书局，1964年，第915页。

③ ［晋］陈寿撰，［南朝宋］裴松之注：《三国志》卷三十五《蜀书·诸葛亮传》，中华书局，1964年，第915页。

军十五六万，所得刘表之众七八万），甚未足畏"①。鲁肃也看到孙、刘"共治曹操"，"如其克谐，天下可定"②。周瑜、鲁肃的看法，可以反证诸葛亮估计的正确性。事实表明接着而来的乌林之战，是曹操的失败，孙、刘联盟的胜利。经过乌林之战的考验，孙刘联盟奠定下来。

破坏阶段。乌林之战后，刘备占领荆、益二州，三国鼎立之势形成。其后，孙权乘关羽北打襄、樊，袭占荆州，孙、刘联盟遭到破坏。刘备伐吴，败于夷陵。对夷陵之战，诸葛亮讲过这样的话："法孝直若在，则能制主上，令不东行，就复东行，必不倾危矣。"③表明他是不赞成刘备出兵的。"跨有荆、益"，是诸葛亮的隆中决策。吴占荆州，刘备伐吴，他不赞成，所谓"天下有变"，分荆、益两路出师北伐，岂不落空？他既知法正都能使刘备"必不倾危"，自己如果随同刘备出征，再占荆州，又有何难？如此说来，诸葛亮岂非拘泥于吴蜀联盟，不知变通，失算，失策？据我所知，也许问题太尖锐，史学界尚无人回答这个问题。涉及者也只是偶尔带过，不讲清楚。这个问题关系到对诸葛亮的评价，尤其关系到对诸葛亮治实精神的认识，究竟应如何看待呢④？

我们还是请诸葛亮自己来回答。孙权称号，蜀国"议者咸以为交之无益而名体弗顺，宜显明正义，绝其盟好"。诸葛亮说了一段话，"今若加显

---

① [晋]陈寿撰，[南朝宋]裴松之注：《三国志》卷五十四《吴书·周瑜传》注引《江表传》，中华书局，1964年，第1262页。

② [晋]陈寿撰，[南朝宋]裴松之注：《三国志》卷五十四《吴书·鲁肃传》，中华书局，1964年，第1269页。

③ [晋]陈寿撰，[南朝宋]裴松之注：《三国志》卷三十七《蜀书·法正传》，中华书局，1964年，第962页。

④《三国志·吴书·周瑜传》载，孙、刘联盟与曹操"遇于赤壁，时曹公军众已有疾病，初一交战，公军败，退引次江北，瑜等在南岸"。说明赤壁之战为遭遇战。《程普传》："与周瑜为左右督，破曹公于乌林。"《宋书·乐志四》有吴人的《伐乌林曲》。说明真正的战争是在乌林打的。《水经注》卷十四"江水左径乌林南"注："黄盖败魏武于乌林，即是处也。"又"左径百人山南"注："右径赤壁山北，昔周瑜与黄盖诈魏武大军所起也。"此赤壁山在武昌郡（吴置）武昌县。《周瑜传》注引《江表传》记黄盖烧船，"中江举帆，……去北军二里余，同时发火，火烈风猛，往船如箭"，与《水经注》所言一致。黄盖是上溯，不是横断，所以《江表传》有"去北军二里余"的话。

绝，仇我必深，便当移兵东（戍），与之角力，须并其土，乃议中原。彼贤才尚多，将相缉穆，未可一朝定也。顿兵相持，坐而须老，使北贼得计，非算之上者"①。这是说，与吴不开战则已，一开战便不可终止。你想停，他不想停，必须打到最后，并其土地，才可停下来。而吴国贤才尚多，将相尚和，要并土地，谈何容易。开战势必变成顿兵相持，坐而到老。而这正是曹魏求之不得的。根据这段话来看诸葛亮之所以不赞成刘备伐吴，就可以明白：原因在于他看到了即使刘备胜利，重占荆州，吴国必不肯甘休，一定要继续打下去，而灭吴是不可能的，结果必定是顿兵相持，好了曹魏。权衡利害，还是以不同孙吴开战，保持吴蜀联盟为上策。换言之，他不支持刘备伐吴，正是因为他能治实，"弘思远益"，知道刘备伐吴，害多利少，全非拘泥于吴蜀联盟，不知变通。说刘备重占荆州后，可以再修盟好，撤兵回蜀，只是"一厢情愿"的设想而已。殊不知"竟长江所极，据而有之"②，是孙吴的既定方针，孙、刘打起来，必如诸葛亮所说，难解难休，最终必为曹魏所乘。

保持阶段。明白了破坏阶段诸葛亮的看法，也就可以明白秭归蹉跌后，诸葛亮对吴的政策了。刘备一死，诸葛亮鉴于后主幼弱，恐孙权"有异计"，立即派邓芝"修好于权。权果狐疑，不时见芝"。邓芝晓以利害：魏若奉辞伐吴，蜀再顺流而进，江南之地，将非吴有。孙权醒悟，"遂自绝魏，与蜀连和，遣张温报聘于蜀。蜀复令芝重往"③，吴蜀联盟于是重建。其后又曾续派费祎、陈震前往。孙权尝与陈震"升坛歃盟"④，说明经过诸葛亮的努力，在秭归蹉跌以后的岁月里，联盟确立不移。

① [晋]陈寿撰，[南朝宋]裴松之注：《三国志》卷三十五《蜀书·诸葛亮传》注引《汉晋春秋》，中华书局，1964年，第924页。

② [晋]陈寿撰，[南朝宋]裴松之注：《三国志》卷五十四《吴书·鲁肃传》中华书局，1964年，第1268页。

③ [晋]陈寿撰，[南朝宋]裴松之注：《三国志》卷四十五《蜀书·邓芝传》，中华书局，1964年，第1072页。

④ [晋]陈寿撰，[南朝宋]裴松之注：《三国志》卷三十九《蜀书·陈震传》，中华书局，1964年，第985页。

吴蜀联盟的确立，对蜀来说，至少有两大好处。一为诸葛亮"内修政理"创造了良好的外部条件；二为诸葛亮北伐，解除了"东顾之忧"，使曹魏"河南之众，不得尽西"[①]。《三国志·吴志·诸葛恪传》记诸葛恪曾言："近见家叔父表陈与贼争竞之计，未尝不喟然叹息也。"他的话可以帮助我们了解诸葛亮北伐，对孙吴何以毫无顾虑。

北伐曹魏 对于诸葛亮北伐，自陈寿以来，议论纷纭。归纳起来，问题有二：一是诸葛亮北伐的原因问题，即该不该北伐的问题。认为北伐不可能成功的人，对诸葛亮的兴师北伐也是否定的，以为徒自劳民伤财而已。二是应变将略，是不是非诸葛亮所长？对这两个问题的评论，出发点都是诸葛亮北伐无功。

按诸葛亮曾上表后主，谈到他北伐的原因。他说："今南方已定，兵甲已足，当奖率三军，北定中原……还于旧都。"[②]这是他的"职分"（《前出师表》），也就是早在隆中，便已和刘备定好的方针。又说刘备虑"王业不偏安"，故托他"以讨贼"。他特别指出我弱"敌强"这个冷酷的现实，唯其如此，所以决不能"以长计取胜"，不能"以一州之地与贼持久"。持久只能是坐待灭亡，"惟坐待亡，熟与伐之"[③]。这又是从"治实"出发得出的正确结论。

了解了诸葛亮北伐的原因，也就可以了解诸葛亮北伐的方针了。正因为他看清了敌强我弱的新形势，北伐是基于"唯坐待亡，孰与伐之"，所以他对北伐采取了持重的方针，反对冒险。《三国志·蜀书·魏延传》说魏延"每随亮出，辄欲请兵万人，与亮异道会于潼关，如韩信故事，亮制而不许"。注引《魏略》还说魏延请精兵五千，出褒中，一举而定咸阳以西，诸葛亮以为"此县危，不如安从坦道，可以平取陇右，十全必克而无虞"。评论者每以诸葛亮不从魏延之计为恨，以为应变将略非诸葛亮所长。

① ［晋］陈寿撰，［南朝宋］裴松之注：《三国志》卷三十五《蜀书·诸葛亮传》注引《汉晋春秋》，中华书局，1964年，第925页。

② ［晋］陈寿撰，［南朝宋］裴松之注：《三国志》卷三十五《蜀书·诸葛亮传》注引《汉晋春秋》，中华书局，1964年，第920页。

③ 张俨默记《后出师表》，或云为伪作，但多少能反映诸葛亮的想法。

殊不知诸葛亮鉴于蜀魏力量对比，务求持重，制而不许是对的。魏延之计，脱离敌我双方的实际情况，从之必败。

诸葛亮在隆中，原定从荆、益两路出师北伐，现在是一路，是不是无成功之望呢？几乎所有的评论都说不能成功。考虑到伐吴将变成顿兵相持，有利曹魏，荆州诸葛亮是不想去再占了。两路出师固然好，然而一路出师并非一定不能成功。诸葛亮说过，"益州险塞，沃野千里，天府之土，高祖因之，以成帝业"①。单从益州出兵，争得天下，刘邦已有例在前。问题在于如何制胜敌人。从诸葛亮的北伐中，我们可以看到诸葛亮从实战的需要出发，努力钻研军事科学，作出了许多重大的发明创造，可知他在力谋战胜对方。这个问题常被治史者所忽视。我们不是唯武装论者，但马克思主义者从不否认军事科学的作用。诸葛亮在军事科学上的创造发明，也并非未起过作用。以八阵图的发明为例，诸葛亮曾说："八阵既成，自今行师，庶不覆败！"②此语表现了诸葛亮的自信心，他并不认为北伐不能成功。再看唐人杜牧之在《孙子注》中说的话："今夔州州前诸葛武侯以石纵横八行为方阵，奇正之出，皆生于此。""司马懿以四十万步骑不敢决战，盖知其能也。"将杜牧之的话与诸葛亮本人的话相印证，就可知"八阵既成"，诸葛亮已立于不败之地。

诸葛亮在攻防武器和运输工具上的发明，也非同小可。除了众所熟知的"一弩十矢俱发"的"连弩"（"元戎"）外，还有"十折矛""刚铠"③等。《宋书·殷孝祖传》记载诸葛亮穿戴的"箭袖铠帽"，"二十五石弩射不能入"，这项发明在历史上绝无仅有。木牛、流马则是为解决高山运粮问题在前线的发明。《三国志·蜀书·诸葛亮传》载，木牛"载一岁粮（十石），日行二十里，而人不大劳"，"载多而行少，宜可大用，不可小使"。流马是木牛的改进，用一个人推，载八石。到流马发明，基本解

---

① [晋]陈寿撰，[南朝宋]裴松之注：《三国志》卷三十五《蜀书·诸葛亮传》注引《汉晋春秋》，中华书局，1964年，第912页。

② [北魏]郦道元：《水经注》卷三十三"江水又东径诸葛图垒南"条，明万历四十三年李长庚刻本。

③ [宋]李昉等：《太平御览》卷三百五十三，四部丛刊三编景宋本。

决了粮运不继问题。

这就可以解释为什么兵力只有"十万"的诸葛亮总是采取攻势，而拥重兵"三十余万"[①]的司马懿，总是采取守势了。尤有进者，连坐在洛阳的魏明帝也担心前方吃败仗，在出兵前，就严令司马懿只准守，不许攻。两军对阵，司马懿假惺惺派人到洛阳，要求明帝允许他出战，明帝竟大为震惊，特派老臣辛毗，"持节以制"司马懿。每当司马懿喧嚷要出战诸葛亮时，辛毗就持节站在营门口，不许他乱动。有一次，因为贾诩、魏平等诸将讥笑司马懿"畏蜀如虎，奈天下笑何"，咸请出战，司马懿不得已试了一下，"使张郃攻无当监何平于南围，自案中道向亮"。战争的结果是，诸葛亮"获甲首三千级，玄铠五千领，角弩三千一百张"，司马懿苦笑"还保营"中[②]。照这样打下去，只要一百次，司马懿三十余万众便被消灭干净。可惜建兴十二年，诸葛亮病卒于军。

治实思想，渗透在诸葛亮的政治、民族、外交、军事政策中。研究诸葛亮，只有从他的治实精神出发，才能得出正确的估价。

---

①［晋］陈寿撰，［南朝宋］裴松之注：《三国志》卷三十五《蜀书·诸葛亮传》注引郭冲五事，中华书局，1964年，第926页。

②［晋］陈寿撰，［南朝宋］裴松之注：《三国志》卷三十五《蜀书·诸葛亮传》注引《汉晋春秋》，中华书局，1964年，第925—926页。

第四章　孙吴的治国之道

第一节　孙吴立国江东的基础

孙吴政权是靠江东名宗大族的支持建立起来的，论孙吴的治国之道，必须先明江东经济的发展与大族的产生。

江东经历东汉近两百年的开发，首先我们可以看到江东乃至江南的户口增加了，也就是说劳动人手增多了。会稽郡西汉有户二十二万三千零三十八，口一百零三万二千六百零四。东汉析会稽为会稽、吴郡二郡，会稽有户十二万三千零九十，口四十八万一千一百九十六；吴郡有户十六万四千一百六十四，口七十万零七百八十二①。合计有户二十八万七千二百五十四，口一百一十八万一千九百七十八。东汉比西汉要多六万四千余户，十四万九千余口。丹阳郡西汉有户十万七千五百四十，口四十万五千一百七十；东汉有户十三万六千五百一十八，口六十三万零五百四十五②。东汉比西汉要多二万八千余户，二十二万五千余口。不要认为增加的数字不大，会稽和吴郡增加的户数比西汉整个长沙郡的户数（四万三千四百二

---

①　分见［汉］班固撰，［唐］颜师古注：《汉书》卷二十八上《地理志第八上》；［南朝宋］范晔撰，［唐］李贤等注：《后汉书·郡国志四》。

②　分见［汉］班固撰，［唐］颜师古注：《汉书》卷二十八上《地理志第八上》；［南朝宋］范晔撰，［唐］李贤等注：《后汉书·郡国志四》。

十）还要多，仅略低于西汉豫章郡户数（六万七千四百六十二）。丹阳郡增加的户数与西汉桂阳郡的户数（二万八千一百一十九）略等，比西汉零陵郡的户数（二万一千零九十二）要多很多。就口数的增加来看，东汉会稽、吴郡增加的口数，略低于西汉桂阳郡的口数（十五万六千四百八十八），而多于西汉零陵郡的口数（十三万九千三百七十八）；丹阳郡增加的口数比西汉零陵、武陵二郡的口数加到一起（二十二万五千一百三十六）还要多。人户的南流到汉末更有发展，建安十八年，自庐江、九江、蕲春、广陵一次"东渡江"的民户，达到"十余万户"。这对江东的开发，无疑有重要的作用。

我们看左思《吴都赋》对吴郡经济的发展是怎样描写的。左思借东吴王孙之口，说吴郡"其四野，则畛畷无数，膏腴兼倍。原隰殊品，窊隆异等。象耕鸟耘，此之自与。稻秀菰穗，于是乎在。煮海为盐，采山铸钱。国税再熟之稻，乡贡八蚕之绵"。处处是膏田，处处是牛耕，稻一年能再熟，蚕一年能八熟，表明吴郡的开发至东汉末年，已经具有相当的广度与深度。左思是不是在美化呢？他自己说过：为赋，他反对"藻饰""无征"。"侈言无验，虽丽非经"。他赋三都，"其山川城邑则稽之地图，其鸟兽草木则验之方志，风谣歌舞各附其俗，魁梧长者莫非其旧"。这就是说，他的三都赋是实录。"美物者贵依其本，赞事者宜本其实，匪本匪实，览者奚信？"[①]这是他作三都赋的态度。因此《吴都赋》所写完全可信。

商品经济也在起步。《三国志·吴书·孙休传》说吴国"州郡吏民及诸营兵"，"皆浮船长江，贾作上下"。《抱朴子·吴失》说吴国多到"商贩千艘"，几乎漫江都是商船。据《三国志·吴书·吕蒙传》载，正是由于平日长江上下商船商贩太多，吕蒙偷袭荆州，"使白衣摇橹，作商贾人服，昼夜兼行"，才瞒过了关羽所置江边屯候的耳目。城市商业以吴郡吴县为例，左思《吴都赋》说这里"开市朝而普纳，横阛阓而流溢，混品物而同廛，并都、鄙而为一。仕女伫眙，工贾骈坒"。早朝开市，普纳杂货，货

---

① ［梁］萧统：《六臣注文选》卷四左太冲《三都赋序》，四部丛刊景宋本。

物像川流那样，盈溢于市廛。这么多货物，或来自都中，或来自边鄙。仕女伫立看货，工、商挨次卖货，可见其繁盛景象。

江东名宗大族正是在江东农、工、商业发展的基础上形成的。《吴都赋》说强宗"乘时射利，财丰巨万。竞其区宇，则并疆（田亩）兼巷（里闾）；矜其宴居，则珠服玉馔"。我们知道东汉"豪人货殖，馆舍布于州郡，田亩连于方国"[①]，这种现象原来出现在北方，到汉末，在南方江东地区也出现了。

江东名宗大族有哪一些？吴郡：《世说新语·赏誉》注引《吴录士林》说："吴郡有顾、陆、朱、张为四姓，三国之间，四姓盛焉。"《六臣注文选·乐府下》陆机《吴趋行》又说："属城咸有士，吴邑最为多。八族未足侈，四姓实名家。"则吴郡所属城邑，几乎都出现了强宗。最多的是吴县。吴县除了名家顾、陆、朱、张四姓外，尚有八族。八族，据注引张勃《吴录》，为陈、桓、吕、窦、公孙、司马、徐、傅。会稽：《世说新语·赏誉下》说晋时"会稽孔沉、魏颙、虞球、虞存、谢奉，并是四族之俊，于时之杰"。孔、魏、虞、谢是会稽四族。《吴都赋》有所谓"虞、魏之昆"，则这四族也在汉末形成。今检《吴志》，吴郡顾雍的曾祖父顾奉，为汉颍川太守。陆逊的祖父陆纡为汉城门校尉，父陆骏为汉九江都尉。陆绩之父陆康，汉末为庐江太守。陆氏"世江东大族"[②]。顾、陆二族兴起较早，有"陆忠、顾厚"之誉。朱、张的兴起则较晚。张温之父张允虽"以轻财重士，名显州郡"[③]，然孙权时始为东曹掾。朱氏以武勇称，朱桓、朱据先辈的名称都不显。这二族有"张文，朱武"之谓。由此可以了解为什么吴郡四姓中，只有顾雍、陆逊曾为孙吴丞相。至如会稽四族中，则只有虞翻因"好学有高气"，著名于孙吴。这四族兴起亦较晚。

---

① [宋]范晔撰，[唐]李贤等注：《后汉书》卷四十九《仲长统传》，中华书局，1973年，第1651页。

② [晋]陈寿撰，[南朝宋]裴松之注：《三国志》卷五十八《吴书·陆逊传》，中华书局，1964年，第1343页。

③ [晋]陈寿撰，[南朝宋]裴松之注：《三国志》卷五十七《吴书·张温传》，中华书局，1964年，第1329页。

江东大族不仅有经济力量，而且有军事力量。邓艾说过："吴名宗大族，皆有部曲，阻兵仗势，足以建命。"①《吴都赋》也说："其居则有高门鼎贵，魁岸豪杰，虞、魏之昆，顾、陆之裔，……陈兵而归，兰锜内设。"江东大族之有部曲，不仅由来已久，而且很普遍，无论有名无名，各地大族都有。《三国志·吴书·孙策传》注引《吴历》记载张纮曾向孙策献计："若投丹杨（阳），收兵吴会，则荆、扬可一。"注引《江表传》记载孙策说袁术"家有旧恩（部曲）在东（孙策为吴郡富春人）"，若"投本土召募，可得三万兵"。后来孙策渡江，击走扬州刺史刘繇，进入曲阿，发布文告于各县，收"故乡（吴土）部曲"，"旬日之间，四面云集，得见兵二万余人，马千余匹。威震江东，形势转盛"。可知江东（吴会）大族不仅名族如虞、魏、顾、陆，而且"未足侈"者如富春孙氏，在汉末，都已有了部曲。孙策据有江东，便靠拥有部曲的江东大族的支持。孙盛说过：孙策虽据有江东，但"势一则禄祚可终，情乖则祸乱尘起"②。拥有部曲的江东大族如果一致支持孙氏，那孙氏的禄祚是可延续下去的，如果情乖，孙氏天下就难保了。孙策临死，嘱咐孙权"举贤任能，各尽其心，以保江东"③。这是孙权面临的大问题。

第二节　孙吴治国方针与政策

"限江自保"和"施德缓刑"　　孙吴治国，出发点是大族的利益和孙氏的禄祚，大族势一，则孙氏禄祚可终。方针是"限江自保"和"施德缓刑"。

建安二十四年，孙权袭取荆州，两年后，又取得夷陵之捷，江东孙氏

---

①［晋］陈寿撰，［南朝宋］裴松之注：《三国志》卷二十八《魏书·邓艾传》，中华书局，1964年，第777页。

②［晋］陈寿撰，［南朝宋］裴松之注：《三国志》卷四十六《吴书·孙策传》，中华书局，1964年，第1113页。

③［晋］陈寿撰，［南朝宋］裴松之注：《三国志》卷四十六《吴书·孙策传》，中华书局，1964年，第1109页。

势力至此发展到了顶峰。此后也打过魏国，但不能前进一步。为什么？胡三省看到了一个现象，他在《资治通鉴》魏明帝太和五年十月注中说："孙权自量其国之力，不足以毙魏，不过时于疆场之间，设诈用奇，以诱敌人之来而陷之耳，非如孔明真有用蜀以争天下之心也。"孙权对魏作战，确实只限于设诈用奇，并无争天下之心，但原因则非自量其国力不足。诸葛亮曾用"限江自保"①四字，来概括孙吴对魏的政策。在吴魏战场上之所以出现胡三省说的现象，正是因为孙吴的国策之一，"限江自保"。而这个国策的制定，原因不在国力，而在江东名宗大族反对把他们的人力（部曲）、物力消耗在北取中原的战场上。他们所要求的是一种能支持、保障并壮大他们的经济利益的政治。

对魏是限江自保，对内呢？大族要求"施德缓刑"。而限江自保正是施德缓刑的条件。张昭代表江东大族说过话，他以为"法令太稠，刑罚微重，宜有所损益"。孙权问丞相顾雍，顾雍与张昭同议。于是"议狱轻刑"②。这之后，陆逊便"陈便宜，劝以施德缓刑"③。孙权按照"施德缓刑"的精神订定了"吴科"。"施德缓刑"四个字从而成了孙吴的施政方针。所谓"施德缓刑"，是对大族而言，非对农民而言。孙权时，有过两个触犯江东大族利益的案件，很足以说明问题。

一是暨艳、张温案。暨艳为尚书，掌握选举权，整顿吏治，"弹射百僚，核选三署，率皆贬高就下，降损数等，其守故者十未能一。其居位贪鄙，志节污卑者，皆以为军吏，置营府以处之"④。以"清浊太明，善恶

---

①［晋］陈寿撰，［南朝宋］裴松之注：《三国志》卷三十五《蜀书·诸葛亮传》注引《汉晋春秋》，中华书局，1964年，第924页。

②［晋］陈寿撰，［南朝宋］裴松之注：《三国志》卷五十二《吴书·顾雍传》，中华书局，1964年，第1226页。

③［晋］陈寿撰，［南朝宋］裴松之注：《三国志》卷四十七《吴书·孙权传》，中华书局，1964年，第1133页。

④［晋］陈寿撰，［南朝宋］裴松之注：《三国志》卷五十七《吴书·张温传》及注引《会稽典录》，中华书局，1964年，第1330—1331页。

太分"①闻名的张温，与暨艳"更相表里"②，这触犯了江东大族的利益，二人因此罹祸。

二是吕壹案。吕壹、秦博为中书，典校诸官府及州部文书，"造作权酷障管之利，举罪纠奸，纤介必闻"③，连顾雍等也被举纠。孙权于是收吕壹付廷尉。

从这两个案件可以看到孙权始终是被江东大族牵着鼻子走的。江东大族要发展他们的政治、经济势力，施德缓刑，对他们来说，是不可缺少的东西。

孙权死后，江东政局动荡不安，这只要联系孙吴的施政方针，便可看得一清二楚。以诸葛恪事件为例，孙亮时，诸葛恪秉政，邀姜维大举伐魏，可大臣都不同意，"同辞谏恪"，诸葛恪"著论谕众"，坚持北进有理。他"违众出军，大发州郡二十万众，百姓骚动"。诸葛恪围攻新城不下，"将军朱异有所是非"，诸葛恪竟"立夺其兵"。而朱异是吴郡朱桓之子，摄领的是朱桓的部曲。诸葛恪一回到建业，孙峻就"因民之多怨，众之所嫌，构恪欲为变"④，与孙亮合谋把他杀了。诸葛恪被杀，是因为他违反了"限江自保"和"施德缓刑"的方针，触犯了江东大族的利益。只是假手于孙亮、孙峻而已。

"外仗顾、陆、朱、张，内近胡综、薛综" 看孙吴的用人政策，不能从周瑜、鲁肃去看，这些人是孙策遗留给孙权的。陆凯说过孙权"外仗顾、陆、朱、张，内近胡综、薛综"⑤。而主要是外仗顾、陆、朱、张，

①［晋］陈寿撰，［南朝宋］裴松之注：《三国志》卷五十七《吴书·张温传》及注引《会稽典录》，中华书局，1964年，第1331页。

②［晋］陈寿撰，［南朝宋］裴松之注：《三国志》卷五十七《吴书·张温传》及注引《会稽典录》，中华书局，1964年，第1334页。

③［晋］陈寿撰，［南朝宋］裴松之注：《三国志》卷五十二《吴书·顾雍传》，中华书局，1964年，第1226页。

④［晋］陈寿撰，［南朝宋］裴松之注：《三国志》卷六十四《吴书·诸葛恪传》，中华书局，1964年，第1438页。

⑤［晋］陈寿撰，［南朝宋］裴松之注：《三国志》卷六十一《吴书·陆凯传》，中华书局，1964年，第1406页。

即仕吴郡四姓。胡、薛二人，不能与顾、陆、朱、张四姓相比拟。所谓"内近"，不过是胡曾造文诰、策命邻国符略，薛曾居师傅之位罢了。

孙吴官场是吴郡四姓的天下，尤其是顾、陆二姓，高官辈出。顾雍官至丞相平尚书事。《三国志·吴书·顾雍传》附《顾邵传》载，长子顾邵，"与舅陆绩齐名，而陆逊、张敦、卜静等皆亚"于他。孙权妻之以孙策之女，年二十七，即"起家为豫章太守"。同书附《顾谭传》载，顾邵之子顾谭，"弱冠与诸葛恪等为太子四友"。薛综为选曹尚书，"固让谭"。祖父顾雍死才数月，便"拜太常，代雍平尚书事"。同书附《顾承传》载，顾雍的另一个孙子顾承，嘉禾中，"与舅陆瑁俱以礼征"，官至"京下督"。陆逊继顾雍为丞相，《三国志·吴书·陆逊传》载，其子陆抗为"大司马、荆州牧"。族子陆凯，孙皓时为左丞相。《三国志·吴书·陆凯传》载，陆凯之子陆祎，"初为黄门侍郎，出领部曲，拜偏将军"，后为"太子中庶子，右国史"。陆逊之弟陆瑁，嘉禾元年，公车征拜议郎、选曹尚书。其子陆喜又为选曹尚书。陆氏中尚有陆绩，为郁林太守，加偏将军。长子陆宏为会稽南部都尉，次子陆叡又为长水校尉。顾、陆二姓，以丞相顾雍、陆逊为首，是孙吴政权的两大支柱。

由此可以了解葛洪为什么说吴末"官人以党强者为右"[1]了。孙吴虽无"九品官人法"，实开九品官人法之先声。这是由孙吴的立国基础——"江东大族"决定，由孙吴的施政方针——"施德缓刑"决定。

孙吴的复客制　复客及复客的来源。"客"即大地主的"客户"或佃客，"复"为免除他们的一切负担，实际为免除大地主的负担。孙权曾著令："故将军周瑜、程普，其有人客，皆不得问。"[2]法令不准过问人客是少有的，它基于施德缓刑。孙吴还常用复客来赏赐文武官吏，例如吕蒙之子吕霸袭爵为吕蒙守冢，孙权"与守冢（复客）三百家，复田五十顷"[3]。

---

① [晋]葛洪：《抱朴子》外篇卷三十四《吴失》，四部丛刊景明本。

② [晋]陈寿撰，[南朝宋]裴松之注：《三国志》卷五十四《吴书·周瑜传》，中华书局，1964年，第1264页。

③ [晋]陈寿撰，[南朝宋]裴松之注：《三国志》卷五十四《吴书·吕蒙传》，中华书局，1964年，第1280页。

潘璋之妻住在建业，孙权赏赐给她"田宅，复客五十家"①。江东复客是从哪里来的呢？除了穷乏、贫窭作为"农人"广泛存在于江东田庄中的名宗大族的宗人或族人以外，还有三种人。《三国志·吴书·陈表传》记述孙权曾经答应给陈表"复人"二百家，要他从会稽新安县所获的山越人户中拿取。这是一种。孙权"以芜湖民二百户、田二百顷，给（蒋）钦妻子"②；陈表要求"料正户羸民以补"复人。这又是一种，称为"正户"，即郡县中的自由农户，如给蒋钦妻子的芜湖民二百户。把郡县正户用来赏给官吏为复客，这在魏、蜀二国尚不曾见，它助长了名宗大族对农民土地与人身的兼并。此外，屯田户也拿来送人，如《三国志·吴书·吕蒙传》所载："别赐寻阳屯田六百户"。

孙吴的复客制，开西晋荫亲属制佃客皆无课役的先声。

世袭领兵制的由来及其性质　周瑜之子周胤以罪徙庐陵郡，诸葛瑾、步骘联名上疏请"还兵复爵"③。鲁肃死后，子鲁淑嗣。鲁淑死，子鲁睦又"袭爵，领兵"④。蒋钦死，子蒋壹领兵。蒋登战死无子，由弟蒋休领兵。周泰死，由弟周承"领兵袭侯"⑤。孙吴兵是世袭的，无子，弟也可以袭封领兵，这就是世袭领兵制。

孙吴的世袭领兵制是在"吴名宗大族皆有部曲"的基础上产生的。孙吴的将领大多数是名宗大族，孙吴靠他们率领部曲打仗。像朱桓，出于以

---

①［晋］陈寿撰，［南朝宋］裴松之注：《三国志》卷五十五《吴书·潘璋传》，中华书局，1964年，第1300页。

②［晋］陈寿撰，［南朝宋］裴松之注：《三国志》卷五十二《吴书·蒋钦传》，中华书局，1964年，第1287页。

③［晋］陈寿撰，［南朝宋］裴松之注：《三国志》卷五十四《吴书·周瑜传》，中华书局，1964年，第1266页。

④［晋］陈寿撰，［南朝宋］裴松之注：《三国志》卷五十四《吴书·鲁肃传》，中华书局，1964年，第1273页。

⑤［晋］陈寿撰，［南朝宋］裴松之注：《三国志》卷五十五《吴书·周泰传》，中华书局，1964年，第1288页。

勇武著称的吴郡朱氏，"部曲万口，妻子尽识之"①，他打仗用的兵就是自己的部曲，在他死后，兵当然由他的儿子朱异袭领。孙权"施德缓刑"，把大族将领的世袭领兵权，扩大到了所有将领的手中，从而形成世袭领兵制度。

兵既然由将领世袭，反转来就成了将领的部曲、私属。《三国志·吴书·韩当传》说韩当之子韩综，"载父丧将母、家属、部曲男女数千人奔魏"，说明无论兵从何来，一经成了将领的部下卒，便变成将领的部曲家兵，由将领世袭，随将领行动。

在世袭领兵制下，部曲作为私属，越来越多。像朱桓竟有万口，韩综也有数千。在世袭领兵制下，部曲都是携带家小的，都作为户而存在，非作为个人而存在。《三国志·吴书·朱桓传》所谓部曲妻子，《三国志·吴书·韩当传》所谓部曲男女，便是证明。部曲之子，世袭为部曲。在身份地位上，与名宗大族的徒附或复客无所区别。汉魏的家兵部曲，本来就由田庄中的徒附充当，部曲户也就是佃客户。朱桓、韩当两传只说到他们的部曲，未说到他们的复客，即是因为部曲户和复客户二者在用途上虽有所分别，但实质上是二而一的东西。

孙吴屯田制与曹魏屯田制的区别　明白了世袭领兵制，也就可以了解孙吴屯田制的性质了。黄武中，"所在少谷"，陆逊"表令诸将增广农亩"②，即兴兵屯。赤乌中，诸郡曾"出部伍，新都都尉陈表、吴郡都尉顾承各率所领人会佃毗陵，男女各数万口"③，此即兵屯。吴有典农校尉、典农都尉，但所辖不同于曹魏。像毗陵，在吴为典农校尉所治④，管辖的

---

① [晋]陈寿撰，[南朝宋]裴松之注：《三国志》卷五十六《吴书·朱桓传》，中华书局，1964年，第1315页。

② [晋]陈寿撰，[南朝宋]裴松之注：《三国志》卷四十七《吴书·孙权传》黄武五年，中华书局，1964年，第1132页。

③ [晋]陈寿撰，[南朝宋]裴松之注：《三国志》卷五十二《吴书·诸葛瑾传》注引《吴书》，中华书局，1964年，第1236页。

④ [唐]房玄龄等：《晋书》卷十五《地理志下》"毗陵郡"条，中华书局，1974年，第460页。

是部伍屯田，而曹魏典农校尉所管为民屯。由此可以推断《宋书·州郡志一》所说：湖熟，"吴省为典农校尉"；于湖，"本吴督农校尉治"，也都是部伍屯田，即兵屯。

毗陵屯田携带家属，所以有男有女。但屯田兵户（部曲户）是私有，这就决定了孙吴屯田与曹魏屯田性质上的不同。

曹魏民屯，民是携带家属的，这种民为国家拥有的屯田客或典农部民。曹魏士家屯田，士也是携带家属的，但士家为国家拥有的兵户或兵家。曹魏征士屯田，征士不带家属，且这种征士出自士家，为国兵，非私兵。国有性是这三种屯田的共同特性。

孙吴的屯田主要是用私家部曲去屯国有的土地，这是矛盾的。这种屯田，短时期可以，时间一长，便维持不下去。《三国志·吴书·孙休传》永安二年三月诏说道："州郡吏民及诸营兵"多"浮船长江，贾作上下"，以致"良田渐废，见谷日少"。所谓"诸营兵"，也就是私家部曲。部曲的所有者不愿意用他们去屯垦国有的土地，而宁愿用他们"浮船长江，贾作上下"以增殖自己的财富，把部曲从农业上转到商业上。兵屯由此很难维持。

孙吴也有朝廷掌握的"吏家"或"吏、士之家"。《三国志·吴书·孙休传》永安元年诏说："诸吏家有五人，三人兼重为役，父兄在都，子弟给郡县。吏既出限米，军出又从，至于家事，无经护者。"境况很惨。对他们，孙权从来不施德缓刑。孙休规定"其有五人，三人为役，听其父兄所欲留，为留一人。除其米限，军出不从"。根据孙休此令，可知孙吴吏家是要生产的，不然，所谓"出限米"，就无从说起。打仗军出，原来吏须从行，这样的吏家与士家没有多大区别。孙休改为"军出不从"，但地位仍与士家等同。《三国志·吴书·华覈传》有所谓"吏、士之家"，吏、士二字在魏晋史料中常连称，即是因为吏、士二者地位相仿。只不过使用不同。吏家为地方官府提供劳役。

第三节 山越问题

释"山越" 山越至今仍被认为是一个民族。虽然有人说它不是民族，但缺乏证据，没有解决问题。

山越是江南和岭南山区各族人民的总称。当时长江中下游、珠江流域及东海、南海诸岛，是孙吴的控制区。在这个广大的区域中，生活着许多民族。汉末三国时期，见于史籍的南方孙吴统治区的民族，除汉族外，还有槃瓠蛮、僚族。只要住在山区，无论汉、蛮、僚，都被称为"山越"。

"越"本国名。《吴越春秋》说少康封其庶子于越。《左传》宣公八年注："越国，今会稽山阴县也。"后来演化成为泛指江南、岭南之地。《史记·秦始皇本纪》二十五年说："王翦遂定荆江南地，降越君，置会稽。"《淮南子·人间训》说秦始皇使尉屠睢用兵于越。"为五军，一军塞镡城之岭，一军守九嶷之塞，一军处番禺之都，一军守南野之界，一军结余干之水。"这把江南、岭南都当作越地了。而越地居民也就统统被称为越人。

《史记》中有南越、东越，《汉书》中作南粤、东粤，是"越"又作"粤"，百越也即百粤。越和粤本无区分，后世才将越和粤分开，各有所指。由此可见"越"是由国名而演为地名的。"越民"这个词实际包含了江南、岭南广大地区各族人民在内，因此不能把"越人"看作是一个单一的民族，单一的社会形态、社会组织。山越，胡三省说得对，不过是"越民依阻山险而居者"[1]。山越这个名称之所以在汉末三国时期被突出起来，一是由于山间地理条件特殊，形成山区居民特有的风俗习惯；二是由于孙吴建国江东，山间居民未附，屡次兴兵进讨，常用"山越"之名。

关于孙吴时期山越分布的地区，《三国会要·方域上·附录》说："其地略如恪传所言之四郡，惟钟离牧传并言建安。"四郡指吴郡、会稽、新都、鄱阳。实际远不止此四郡。为明山越的含义和孙吴的山越问题，根据

---

[1] ［宋］司马光编著，［元］胡三省音注:《资治通鉴》卷六十二献帝建安三年注，中华书局，1976年，第2009页。

《三国志·吴书》分述如下：

丹阳郡、新都郡（建安十三年，孙权分丹阳郡立）。《孙策传》注引《江表传》有"丹阳、宣城、泾、陵阳、始安、黟、歙诸险县大帅祖郎、焦已及吴郡乌程严白虎等"。《陆逊传》有"丹阳贼帅费栈"。《程普传》有"宣城、泾、安吴、陵阳、春谷诸贼"。《凌统传》有永平、长平"山贼"。《徐盛传》有"临城、南阿山贼"。《贺齐传》有歙、黔山民。《朱治传》称严白虎为"山贼"。可知他们都是山越。

吴郡。《周鲂传》有"钱塘大帅彭式"。《全琮传》有"丹阳、吴会山民"。

吴兴郡（宝鼎元年分丹阳、吴二郡置）。上引《江表传》有乌程严白虎。又《凌统传》有余杭"山越"。《孙皓传》有"永安山贼施但等"。《朱治传》有故鄣山越。

会稽郡、东阳郡（原会稽西部）建安郡（原会稽南部）。《陆逊传》有"会稽山贼大帅潘临"。《贺齐传》有剡县、太末、侯官、南平山越。《陈表传》有新安山越。《钟离牧传》有建安山越。

鄱阳郡。《陆逊传》有"鄱阳贼帅尤突"。《孙权传》建安八年有鄱阳乐安"山寇"。《贺齐传》有余汗、上饶、建平（上饶分出）山民。

豫章郡、临川郡（太平二年分豫章东部都尉置）。《孙策传》有"豫章上缭宗民万余家"，注引《江表传》有海昏、上缭"诸宗帅"。《周鲂传》有"贼帅董嗣负阻劫钞，豫章临川并受其害"之言。

庐陵郡。《吕岱传》有"庐陵贼李桓、路合"，亦为山越。

长沙郡、衡阳郡（太平二年分长沙西部都尉置）。《张昭传》附《张承传》有"出为长沙西部都尉，讨平山寇，得精兵万五千人"之言。《黄盖传》有"长沙益阳县为山贼所攻"之言。益阳后划入衡阳郡。

始安郡（甘露元年分零陵南部都尉置）。《孙策传》注引《江表传》有始安大帅。《贺齐传》有始安山民。

桂阳郡。《贺齐传》有南平山民，南平属桂阳郡。

交州。《薛综传》谓朱符为交州刺史之时，"山贼并出，攻州突郡"。

据上可知山越分布地区，扬州有丹阳、新都、会稽、吴郡、吴兴、东阳、建安、鄱阳、豫章、临川、庐陵等郡，荆州有长沙、衡阳、始安、桂阳等郡，交州亦有山越。范围东及于海，西达湘水，北抵长江，南到交州，山区无不为"山越"所居。显而易见，"山越"是泛指江南、岭南山区各族居民而言。直到隋唐，仍可见"山越"之名。《隋书》卷二十四《苏孝慈传》便有"桂林山越相聚为乱"之言。隋桂林县属始安郡。分布既然这么广，"贼帅"既然这么多，孙权及其继承者之感头痛，可想而知。山越问题是孙吴的一个严重问题。

既然山越是越地各族人民依山阻险而居者，岭南如桂林的山民亦称山越，所以，就不能说山越处于何种社会形态中。就某一地区而论，像乌程人严白虎，既被称为"吴人"[1]，又被称为山越人，而且是"强宗骁帅"[2]"强族"[3]。之所以说他是吴人，因为他本吴郡人；之所以说他是山越人，因为他依山阻险；之所以说他是强宗骁帅，因为他有宗部或部曲。须知吴郡顾、陆、朱、张四姓，也是越人，强宗，拥有宗部或部曲，之所以不称山越人，是因为他们不依山阻险。在民族、阶级、宗族组织上，严白虎与顾、陆、朱、张四姓，并无不同。

山越的社会形态既不可一概视为落后，经济情况也就不可一概视为原始。《孙策传》注引《江表传》说道：豫章太守华歆，因为豫章"郡素少谷"，要刘偕到海昏县（属豫章郡管辖）的上缭，请求山越"诸宗帅共出三万斛米"，刘偕"得数千斛"而还。这表明海昏上缭山越地区农业生产的水平，并不次于早已立为郡治的豫章地区。

那么，山越是不是没有一点共同之处呢？也不是的。就山越屡世居住山区而言，他们同有山区的风俗习惯。像丹阳郡的山越，《三国志·吴

---

① [晋]陈寿撰，[南朝宋]裴松之注：《三国志》卷四十六《吴书·孙策传》，中华书局，1964年，第1104页。

② [晋]陈寿撰，[南朝宋]裴松之注：《三国志》卷四十六《吴书·孙策传》注引《江表传》，中华书局，1964年，第1111页。

③ [晋]陈寿撰，[南朝宋]裴松之注：《三国志》卷五十六《吴书·吕范传》，中华书局，1964年，第1310页。

书·诸葛恪传》说丹阳"周旋数千里，山谷万重，其幽邃民人未尝入城邑，对长吏，皆仗兵野逸，白首于林莽。……俗好武习战，高尚气力"。好武习战，便是山谷深处居民的共同习俗。但这只是习俗而已，不能因为山越有这种共同的习俗，把山区居民的社会形态、社会组织、经济状况等也看成同一个东西。江东大族，无不"兰锜内设"，陈兵习武。吴郡朱氏有"朱武"之称，与山越习俗相通。不过他们是平地的越民，早已"入城邑，对长吏"，且曾做官长罢了。

尚较落后的只是居住在江、湘与岭南地区山间，被称为山越的槃瓠蛮人、俚人。

孙吴对山越的政策　《三国志·吴书·孙权传》说："扬、越蛮夷多未平集，内难未弭"，因此对魏"卑辞上书"，对蜀维持盟好，把力量用来对付所谓"内难"，即对付"扬、越蛮夷"。这里"越"与"扬"一样是地名。扬、越蛮夷包括被称为山越的江南岭南山间各族居民。孙吴怎样对付山越呢？

首先要明白孙吴处理山越问题，根据施政总方针——对江东大族和文武官吏"施德缓刑"，原则是满足大族和官吏的经济与军事要求。具体政策是《陆逊传》所说："强者为兵，羸者补户"，手段是"禽尽"。

在孙吴的世袭领兵制下，所谓"为兵"，是为大族、将领当家兵部曲。陆逊的部曲原来不多，他通过"讨治"会稽山越大帅潘临，以其人为兵，部曲达到"二千余人"；再通过讨伐费栈，"得精卒数万人"。这数万人不一定全为他个人所得。诸葛恪讨丹阳山越，得山越十万人，他"自领万人，余分给诸将"[1]。在孙吴的复客制下，所谓"补户"是靠不住的，这种户可以用作复客赏赐给官吏。何况为兵是强者，补户是弱者。

为了达到"强者为兵，羸者补户"的目的，孙吴采用了"禽尽"山越的军事政策。《诸葛恪传》说孙吴开始镇压山越，仅得外县"平民"，"其余深远，莫能禽尽"。为了"禽尽"山越，孙吴派诸葛恪大举进攻丹阳山

---

[1]　［晋］陈寿撰，［南朝宋］裴松之注：《三国志》卷六十四《吴书·诸葛恪传》，中华书局，1964年，第1431—1432页。

区。诸葛恪把平民集中起来"屯居",隔断他们与山中居民的联系,扫数刈除山越所种庄稼,迫使山民出山觅食,然后用军队把他们一个不剩地捉起来,总计达十万人之多。孙权曾满口称赞他"献戎十万"。《贺齐传》说贺齐在建安等地镇压洪明、洪进等部山越人民,"凡讨治斩首六千级,名帅尽禽,复立县邑,料出兵万人"。名宗大族欲壑难填,"禽尽"政策由此产生。

在"禽尽"山越,补兵、补户的方针下,孙吴对山越展开了全面进攻。贺齐在建安"禽尽"山越名帅,料出兵万余人之后,又到黟、歙、豫章、鄱阳、丹阳等地攻打山越。在豫章东部镇压彭材、李玉、王海等所部山越,"拣其精健为兵,次为县户"。在鄱阳、丹阳与陆逊一起镇压山越,"料得精兵八千人",全琮在丹阳、吴会镇压山越,领东安太守,"得精兵万余人"[①]。钟离牧在建安、鄱阳、新都三郡镇压山民,迫使"贼帅黄乱、常俱等出其部伍,以充兵役"[②]。陈表在新安镇压山越,孙权答应赏赐给他的二百家"复人"。原是作为"僮仆",叫他从山越中拿取,可他不愿意叫他们做复人,"皆料取以充部伍"。其实这种部伍仍是他的私属。他在新安三年,"得兵万余人"[③]。张承在长沙镇压山越,"得精兵万五千人"[④]。吕岱镇压庐陵、会稽远至南海的山越人民,"得恶民以供赋役"[⑤]。这种全面进攻,很可以帮助我们了解孙吴为什么对曹魏采取"限江自保"政策。限江自保,正是为了进攻山越,把山越人民作为礼物,向大族将领"施德"。

---

① [晋]陈寿撰,[南朝宋]裴松之注:《三国志》卷六十《吴书·全琮传》,中华书局,1964年,第1381页。

② [晋]陈寿撰,[南朝宋]裴松之注:《三国志》卷六十《吴书·钟离牧传》,中华书局,1964年,第1393页。

③ [晋]陈寿撰,[南朝宋]裴松之注:《三国志》卷五十五《吴书·陈表传》,中华书局,1964年,第1290页。

④ [晋]陈寿撰,[南朝宋]裴松之注:《三国志》卷五十二《吴书·张昭传》附《子承传》,中华书局,1964年,第1224页。

⑤ [晋]陈寿撰,[南朝宋]裴松之注:《三国志》卷六十《吴书·吕岱传》,中华书局,1964年,第1385页。

当部曲，当复客，当僮仆，补县户，供成役，这就是孙吴统治者在"施德缓刑"方针下，为山越安排的出路。山越并不满意这种出路，从未停止过反抗。《三国志·吴书·朱桓传》说"丹阳、鄱阳山贼蜂起，攻没城郭，杀略长吏，处处屯聚"。直到吴末，还有永安山越施但等"聚众数千人"①起义，一直打到建业，众达万余人。已被江东统治阶级控制在手上的山区居民又怎样呢?《三国志·吴书·周鲂传》说道："鄱阳之民，实多愚劲，帅之赴役，未即应人，倡之为变，闻声响抃。今虽降首，盘节未解，山栖草藏，乱心犹存。"

孙吴对山越的政策，无疑是很反动的，当时就有人反对。会稽太守淳于式曾经上表，说陆逊"枉取民人，愁扰所在"。连陆逊自己也不得不承认淳于式"意欲养民"，称道淳于式是"佳吏"②。"枉取"是从大族的利益出发，"养民"是从山越的利益出发。而孙吴采取了前者。评价孙吴对山越的政策，应当否定。客观如何，那是另外一个问题。

---

① [晋] 陈寿撰，[南朝宋] 裴松之注:《三国志》卷四十八《吴书·孙皓传》，中华书局，1964年，第1166页。

② [晋] 陈寿撰，[南朝宋] 裴松之注:《三国志》卷五十八《吴书·陆逊传》，中华书局，1964年，第1344页。

第五章　曹魏政局的变化与西晋的统一

第一节　曹操时期的政治派别——汝颍集团和谯沛集团

　　第二章说过曹操用人士庶并重，反对只根据家世、儒学用人，不论其是世族还是庶族出身，有儒学还是无儒学、少儒学，着重的是"治国用兵之术"的才能。他代表了整个地主阶级的利益，政治基础比较广泛。

　　但是，曹操用人，不能不受到历史条件和地区条件的限制，世家出身与早期活动地区决定他选拔人才不能不来自汝颍地区和家乡谯沛地区。他也不能不依靠这一带"名豪大侠，富室强族"的支持。随着时间的迁流，在曹操统治集团中，明显地出现了两个以地区相结合的派别。一为以汝颍地区士大夫为首的世族地主集团，包括依附于他们的一些庶族地主，可名之为"汝颍集团"；一为以谯沛地区人物为首的新的官僚地主集团，包括依附于他们的一些世族地主，可名之为"谯沛集团"。后秦姚兴说："古人有言：关东出相，关西出将，三秦饶俊异，汝颍多奇士。"说明了汝颍地区的人物在魏晋统治者心目中的地位。曹操也说过类似的话，《三国志·魏书·郭嘉传》记载："颍川戏志才，筹画士也。太祖（曹操）甚器之，早卒。太祖与荀彧书曰：自志才亡后，莫可与计事者。汝颍固多奇士，谁可以继之？"在曹操底下著名的官吏中，荀彧、荀攸、钟繇、陈群、荀悦、杜袭、辛毗、赵俨、戏志才、郭嘉等，均为颍川郡人。其中荀彧在当时的士大夫心目中，地位极高，他既是汝颍集团的中心人物，又是当时士大夫的领袖。在曹操底下，以他为核心，形成了强大的汝颍集团。

《三国志·魏书·徐宣传》说："太祖崩洛阳，群臣入殿中发哀。或言：'易诸城守，用谯沛人。'宣厉声曰：'今者远近一统，人怀效节，何必谯沛而沮宿卫者心。'"可见"谯沛人"在曹氏政权中，也自成一个系统，并有其特殊的地位。以领兵将领来说，曹操时期统兵征讨与宿卫大将，大都是谯郡人或沛国人。当时最重要的军职是四征将军、中领军和中护军。今检《魏书》，在曹操的时候，担任过四征将军的有夏侯渊、曹仁与张辽①。担任过位同四征将军或高于四征将军的有夏侯惇（大将军、督军）、曹洪（都护将军）。统兵征战独当一面的大权，几乎均操在谯沛人之手。"中领军"与"中护军"是曹操所设的宿卫最高军职，担任过中护军的有韩浩，担任过中领军的有史涣、曹休、曹真。著名的勇将谯人许褚为"武卫中郎将"，后迁"中坚将军"②，领兵宿卫。史涣为沛国人③，曹休、曹真、许褚均为谯人。宿卫的最高与最重要的职务无疑也都在谯沛人手中。韩浩虽然不是谯沛人，但久从夏侯惇，为谯沛一党。连在宿卫士兵中，谯沛人也有突出的地位。《三国志·魏书·许褚传》说："诸从褚侠客皆以为虎士。"即原来从许褚"坚壁以御寇"的"少年及宗族"。这些征讨与宿卫的大将，大都是曹操的戚族，他们共同结成了一个强大的集团。梁萧子显说："魏氏基于用武，夏侯诸曹，并以戚族而为将相。夫股肱为义，既有常然，肺腑之重，兼存宗寄。丰沛之间，贵人满市，功臣所出，多在南阳。夫贞干所以成务，非虚言也。"④这话也可以佐证谯沛集团在曹操政

① 夏侯渊为征西将军，曹仁曾为行安西将军、行骁骑将军、行征南将军、征南将军，张辽为征东将军，各见《三国志·魏书》本传。

② [晋]陈寿撰，[南朝宋]裴松之注：《三国志》卷十八《魏书·许褚传》，中华书局，1964年，第543页。

③ [晋]陈寿撰，[南朝宋]裴松之注：《三国志》卷九《魏书·夏侯惇传》有"沛国史涣"之言，中华书局，1964年，第269页。

④ [梁]萧子显：《南齐书》卷三十八《萧景先萧赤斧传论》，中华书局，1972年，第674页。

权中的地位。

汝颍集团的形成，可溯源于后汉"党锢之祸"。后汉主持清议，抨击朝政，反对宦官的领袖人物陈蕃与李膺，一为汝南平舆人，一为颍川襄城人。其余属于党锢或虽不在党锢之列，而实系同党人物，如杜密（颍川）、范滂（汝南）、蔡衍（汝南）、陈翔（汝南）、贾彪（颍川）、荀淑（颍川）、韩诏（颍川）、钟皓（颍川）、陈实（颍川）、许劭（汝南）等，也都是汝、颍地方人。在宦官大兴党狱的时候，当时士大夫除了以"八俊""八顾""八及""八厨"等名称共同联合起来，向宦官作斗争外，另亦根据籍贯，进行联合。《后汉书·党锢传论》说："又张俭乡人朱并承望中常侍侯览意旨，上书告俭与同乡二十四人别相署号，共为部党。"同卷《范滂传》说："滂后事释南归，始发京师，汝南、南阳士大夫迎之者数千两（辆）。"依据地方关系结合成为一派、一系，这在封建社会统治阶级中是常见的事。党锢人物大都是后汉起来的世族，汉末黄巾起义对各地世家大族打击很大。在镇压黄巾的过程中，各地军阀与世家大族结合起来，其中属于汝颍地区的世家大族投靠了曹操。曹操也依靠了这些世家大族。汝颍人物之所以能同曹操结合，主要有以下几个原因：第一，曹操是汝颍黄巾的镇压者，据《三国志·魏书·武帝纪》，曹操在光和末年"拜骑都尉，讨颍川贼，迁为济南相"。建安元年，汝南、颍川黄巾何仪、刘辟、黄邵、何曼等并起，众各数万，曹操复"进军讨破之"。建安五年，刘辟又在许昌（属颍川郡）起兵，曹操"使曹仁击破之"。对汝颍世族地主来说，曹操无疑是一个"功臣"；第二，后汉各地大田庄主是有利害矛盾的，他们各自拥戴一个军阀进行斗争，像关陇大族拥董卓，后又奉李傕、郭汜，冀州大族拥袁绍。而曹操原在汝颍地区镇压黄巾，后来又迎献帝于许昌，就地区来说，汝颍人物所欲拥戴的对象，舍曹操莫属；第三，后汉党锢人物（以汝颍世族地主为首）实际上是一些地主阶级的改良派，曹操的政治思想，本质上亦属于改良派，所以在改革汉朝政治上的想法是一致的。曹操是一个早就被汝颍世族地主所赏识的人物，著名的汝南月旦评的主持者许劭曾称他为"治世之能臣，乱世之奸雄"。颍川李膺之子李瓒认为"天下英雄无过曹操"，要他的儿子舍张邈、袁绍，而"归曹氏"①。荀彧以为曹操在度、谋、武、德四方面都胜过袁绍。这样的一个人物，无疑是他们理想的政治代表。

曹操既成为汝颍世族地主所欲依恃的一个对象，而曹操欲在军阀混战中取胜，亦必须取得这一地区世族田庄主的支持，二者由此结合了起来。关于曹操起兵得力于汝颍之处，魏文帝在黄初二年所颁布的复颍川郡一年田租诏中，说得很明白："颍川，先帝所由起兵征伐也。官渡之役，四方瓦解，远近顾望，而此郡守义，丁壮荷戈，老弱负粮。昔汉祖以秦中为国本，光武恃河内为王基，今朕复于此登坛受禅，天以此郡翼成大魏。"②可见汝颍在曹氏政权形成中起过重要作用。曹操之居于颍川郡的许昌，正是汝颍一带以荀彧、荀攸为中心的旧世族地主以及其他地主与曹操结合的一个标志。

也许要问，后汉党人既与宦官对立，曹操祖父、父亲都是宦官，李膺、荀彧都是党人后代，他们怎么能结合到一起呢？曹操的祖父曹腾、父亲曹嵩都是大官僚，曹操出身于世族而非庶族，在阶级上与李膺、荀彧等人并无不同。至于宦官和党人的关系，后汉也并非所有宦官与党人都处在敌对的地位。赵翼说得好，据《廿二史札记·宦官亦有贤者》载："后汉宦官之贪恶肆横，固已十人而九，然其中亦间有清慎自守者，不可一概抹煞也。"赵翼所举的人有郑众、蔡伦、孙程、良贺、曹腾等，他们与朝官党人并不敌对。像曹腾还曾进用"海内名人，陈留虞放、边韶、南阳延固、张温、弘农张奂，颍川棠谿典等"③。可知曹家与朝官党人原来的关

---

① [南朝宋]范晔撰，[唐]李贤等注：《后汉书》卷六十七《党锢传·李膺传》，中华书局，1973年，第2197页。

② [晋]陈寿撰，[南朝宋]裴松之注：《三国志》卷二《魏书·文帝纪》注引《魏书》，中华书局，1964年，第77页。

③ [南朝宋]范晔撰，[唐]李贤等注：《后汉书》卷七十八《宦者传·曹腾传》，中华书局，1973年，第2519页。

系就较好。曹操之父曹嵩被认为"质性敦慎，所在忠孝"[①]，与朝官党人亦无矛盾。曹操本人是一个军阀，虽然是"赘阉遗丑"，但并不妨碍他与汝颍世族地主的结合。

汝颍集团是以门第与儒学相结合的政治集团。荀氏、钟氏、陈氏都是颍川的著姓名儒。如颍川陈氏，陈群之祖陈寔死时，"海内赴者"达三万余人，二子陈纪、陈湛"齐德同行"，与其父"并著高名，时号三君"[②]。陈群即陈纪之子。颍川钟氏，钟繇是钟皓的曾孙，钟皓"博学诗律，教授门生千有余人"，曾被李膺叹为"至德可师"[③]。钟繇少举孝廉，当时被认为"功高德茂"[④]。为荀彧所引进，隶属于这一集团的人物，籍贯虽不属汝、颍，但也大都出自高门、儒门。如河内司马懿，自高祖司马钧以来，屡世大官。司马懿之父司马防以守礼法闻名于世。司马懿本人"博学洽闻，伏膺儒教"[⑤]。门第、儒学都不在陈、钟等人之下。

至于谯沛集团也有出身于世族的，但更多的是镇压黄巾起义的新官僚。如曹仁的祖父曹褒，"颍川太守。父炽，侍中、长水校尉"[⑥]，是世族地主。夏侯惇、曹洪、许褚，其父、祖之名，均不见史传，是庶族地主。不过他们的子孙屡迁大官，在镇压黄巾起义以及相继而起的军阀混战中，登上了历史舞台，向世族发展。

在汝颍集团中，旧世族占主导地位；在谯沛集团中，新官僚占主导地位。汝颍集团标榜儒学，主要担任文职。谯沛集团则以武风见称，主要担

---

① [晋]陈寿撰，[南朝宋]裴松之注：《三国志》卷一《魏书·武帝纪》注引《续汉书》，中华书局，1964年，第2页。

② [南朝宋]范晔撰，[唐]李贤等注：《后汉书》卷六十二《陈实传》及附《陈纪传》，中华书局，1973年，第2067、2069页。

③ [晋]陈寿撰，[南朝宋]裴松之注：《三国志》卷十三《魏书·钟繇传》，中华书局，1964年，第391—392页。

④ [晋]陈寿撰，[南朝宋]裴松之注：《三国志》卷十三《魏书·钟繇传》，中华书局，1964年，第399页。

⑤ [唐]房玄龄等：《晋书》卷一《宣帝纪》，中华书局，1974年，第1页。

⑥ [晋]陈寿撰，[南朝宋]裴松之注：《三国志》卷九《魏书·曹仁传》注引《魏书》，中华书局，1964年，第274页。

任武职。在曹操时期，这两个集团的结合，是建立在共同镇压农民起义的基础上的，其实这两个集团在经济、政治上有着十分明显的利害冲突。像曹操屯田，实行军事编制，典农部民掌握在担任武职的谯沛集团人物手中，便是汝颍文官集团不能甘心的。这种矛盾到曹操晚年逐渐明朗化。后来曹魏时期统治集团中的政治斗争，也以这两个集团为中心展开，并决定了曹魏的兴衰。

第二节　曹魏政治的变化和政权的转移

曹丕的为王和汝颍集团权力的上升　曹操时期，担任"卿相"的多是汝颍集团人物，担任将军的多是谯沛集团人物，前面已经说过，可谓平分秋色。但从曹丕称帝时起，以汝颍集团为代表的旧的世族地主权力在上升中，以谯沛集团为代表的新的官僚权力则在不断下降中。这种升降，以曹操晚年王位继承问题表现最为突出。这两个集团矛盾的爆发，由此开始。

曹操晚年，在王位继承问题上，在曹丕、曹植、曹彰之间，发生了剧烈的斗争。曹丕虽为曹操长子，但地位一直是不稳定的。曹操开始欲传位于曹冲[1]，曹冲死后，又因曹植"以才异见称"，几次欲传位于曹植。当时支持曹植的主要人物为丁仪和丁廙。二丁均为沛国人[2]。既然上自曹操，下至二丁，都有立曹植之意，便很自然地使曹丕与宗室、谯沛人之间，形成一道鸿沟。曹丕世子地位既定之后，邺都发生了沛人魏讽谋反的事件[3]，使曹丕对谯沛人不由更生疑惧。当曹操在洛阳死去的时候，群臣又请易诸

---

① ［晋］陈寿撰，［南朝宋］裴松之注：《三国志》卷二十《魏书·邓哀王冲传》，中华书局，1964年，第580页。

② 二丁事迹见《三国志·魏书·陈思王植传》注引《魏略》《王粲传》。另外《曹植传》注引《魏略》尚有一个杨修，被认为是曹植一党，但杨修曾"以所得王髦剑奉太子"，实持两端。

③ ［晋］陈寿撰，［南朝宋］裴松之注：《三国志》卷一《魏书·武帝纪》，中华书局，1964年，第52页。

城守，用谯沛人，遭到徐宣的反对，曹丕十分高兴，以"社稷之臣"①称徐宣。说明曹丕对谯沛人是十分戒备的。后来曹彰又从长安来问"先王玺绶"②，更使曹丕对谯沛人感到厌恶。曹丕很自然倾向于标榜儒教宗法、长子继承的汝颍集团人物，而汝颍集团人物也乘机极力笼络曹丕。

在荀彧、荀攸死后，陈群成为汝颍集团的中心人物。据《三国志·魏书·陈群传》，曹丕对陈群深表"敬器"，"待以交友之礼"。与陈群同号"四友"的司马懿、吴质、朱铄，亦为曹丕"所信重"③。曹丕对汝颍集团另一重要人物钟繇，也深相结纳，在东宫时，曾赐以"五熟釜"④，并为之书铭，表示敬意。曹操一死，曹丕继为魏王，便马上任命陈群为吏部尚书。及代汉，又命陈群领中领军，继为镇军大将军，领中护军，录尚书事。黄初五年，任命司马懿为抚军大将军，加给事中，录尚书事，"内镇百姓，外供军资"⑤。在西汉时期出现过的大司马大将军领尚书事或录尚书事一职，在曹丕时期重新出现了。曹丕用陈群为镇军大将军，录尚书事；用司马懿为抚军大将军，录尚书事，并加他官，这就使军政大权都落入汝颍集团之手。曹丕为王，使曹魏统治集团中两大政治派别的力量对比发生了深刻的变化。原来与军权无干的汝颍集团人物，不仅可以录尚书事干政，而且可以大将军干军。谯沛集团在政权中的地位大为削弱，对武装力量的垄断局面到此结束。

九品官人法和才性、儒道同异的争论 九品官人法。曹丕为王之初，陈群利用曹丕对他的信任，创立了九品官人法（九品中正制）。这实际上是一种进一步巩固世族、儒门的地位，排斥庶族和新官僚的制度。此法州

---

① [晋]陈寿撰，[南朝宋]裴松之注：《三国志》卷二十二《魏书·徐宣传》，中华书局，1964年，第646页。

② [晋]陈寿撰，[南朝宋]裴松之注：《三国志》卷十五《魏书·贾逵传》，中华书局，1964年，第481页。

③ [唐]房玄龄等：《晋书》卷一《宣帝纪》，中华书局，1974年，第2页。

④ [晋]陈寿撰，[南朝宋]裴松之注：《三国志》卷十三《魏书·钟繇传》，中华书局，1964年，第394页。

⑤ [唐]房玄龄等：《晋书》卷一《宣帝纪》，中华书局，1974年，第4页。

郡皆设中正，专管选举，所选人物定为九品（九等），吏部授官就根据中正所定等级。中正当然不可能违背世族的意志，中正的意志就是世族的意志。世族垄断了选举，这在选举上是一个倒退。《文献通考·选举考一》指出：

> （两汉）乡举里选者，采毁誉于众多之论，而九品中正者，寄雌黄于一人之口……评论者自是一人，擢用者自是一人。评论所不许，则司擢用者不敢违其言；擢用或非其人，则司评论者本不任其咎。体统脉络，各不相关。故徇私之弊无由惩革，又必限以九品，专以一人，其法太拘，其意太狭，其迹太露。故趋势者不遐举贤，……畏祸者不敢疾恶，……快恩仇者得以自恣……

此制标准如何，虽不可知，但至迟到魏明帝时，在用人上已经是重"性行"而非重才了，门望、儒学成了选举标准，与曹操唯才是举完全不同了。如《三国志·魏书·卢毓传》记载：明帝"举中书郎"，给吏部尚书卢毓一个诏令，内中曾指出："选举莫取有名，名如画地作饼，不可啖也。"可是卢毓则认为："名不足以致异人，而可以得常士。常士畏教慕善，然后有名。非所当疾也。"他在选举上，还是"先举性行而后言才"。所谓"先举性行"，即先选举因为"畏教慕善"而获得好名望的人。"畏教慕善"当然是那些标榜儒家名教的人物，是以儒学传家的世族。先举性行而后言才的进一步发展，就必然是根据门第世系擢用官吏。《三国志·魏书·夏侯尚传》附《夏侯玄传》载，齐王曹芳正始初年，司马懿问夏侯玄以时事，夏侯玄谈到选举，有这样的话："自州郡中正品度官才之来，有年载矣，缅缅纷纷，未闻整齐。……若令中正但考行伦辈，伦辈当行，均斯可官矣。"表明那时已经有人主张据"伦辈"亦即据门第世系选举了。这样，不仅庶族遭到排斥，连新起的官僚地主，因为不是屡代高官、屡代儒门，在选举上也就遭到了歧视。这种选举制度，当时争论虽"未见整齐"，但以汝颖集团为代表的世族儒门政治势力正在上升，九品中正制对他们政治地位的巩固特别重要，争论再多，也是不肯轻易废弃的。

才性《四本论》。与选举问题紧密相连，魏末在才性问题上发生过一场激烈的论战。这场论战也是以汝颍集团人物为代表的世族儒门与以谯沛集团为代表的庶族新官僚之间的一次斗争。《世说新语·文学》"钟会撰《四本论》始毕"条注引《魏志》说："会论才性同异传于世，四本者，言才性同、才性异、才性合、才性离也。尚书傅嘏论同，中书令李丰论异，侍郎钟会论合，屯骑校尉王广论离，文多不载。"这些言论没有流传下来，现在只有《艺文类聚》卷二十一所引魏晋时人袁准①的一段《才性论》。此论有"性言其质，才名其用"之谓。即是说，才性为一元，性是才的内涵，才是性的外见。这就是傅嘏的"才性同"，性行就是才，性行好就是才好。李丰的"才性异"，与傅嘏是针锋相对的。才性异是说才性为二元、二物，有性行并不就是有才。钟会的"才性合"，可用标榜选举"先举性行而后言才"的卢毓的话来解释。《三国志·魏书·卢毓传》记载卢毓对李丰说过："才所以为善也，故大才成大善，小才成小善，今称之有才而不能为善，是才不中器也。""不中器"也就是才与性不合。才性合论者，承认才性二者非一物，但可以而且应该合到一起（中器）。大才应成大善，小才应成小善。有才而不能为善，实际上是不才、无才。反过来说，能成大善、小善的，便是有大才、小才。这种说法，本质上与傅嘏的才性同没有什么区别。王广的"才性离"，是与钟会针锋相对的。"才性离"是说才性二者本来就是对立的、分离的，不能合二而一。

傅嘏是傅介子之后，祖父傅睿为代郡太守，伯父傅巽，魏文帝时为侍中尚书，父傅充为黄门侍郎。傅嘏本人由陈群引进，是司马氏死党。钟会为钟繇之子。二人都出身于世族儒门。他们标榜"才性同""才性合"，是为九品中正制制造理论根据。既然性行和才是一个东西（才性同），性行和才可以合二为一（才性合），那么，选举根据性行儒教、门第伦辈，就是天经地义的了。

---

① 袁准：袁涣之子。

李丰后来被认为"私心在（夏侯）玄"①，其子李韬"以选尚公主"②，是夏侯玄之党，政治上属于谯沛集团，终于与夏侯玄一起为司马师所杀。王广为王凌之子。据《三国志·魏书·王凌传》载，王凌是"淮南三叛"之一，自称"固忠于魏之社稷者"，欲"兴曹氏"，在政治上也属于谯沛集团。他们标榜"才性异""才性离"，正是反对九品中正制的选举标准及其理论根据。

正始之音。与此同时，在哲学上，发生了儒道高低、同异的争论。《世说新语·文学》注引何晏《道德论》说："自儒者论，以老子非圣人，绝礼弃学。晏说与圣人同，著论行于世也。"《三国志·魏书·钟会传》注引何劭《王弼传》又说："何晏以为圣人无喜怒哀乐，其论甚精。"儒道、孔老的结合，这本来在汉代就已经形成。汉桓帝于苦县立老子庙，画孔子像于壁，就清楚地说明了这一点。当然在孔、老的高低异同上，不是无争论的。"自儒者论"（即自服膺儒教的世族论），并不把绝礼弃学的老子当圣人。何晏说老子"与圣人同"，是在抬高老子的地位。在何晏的心目中，孔丘之所以能称为"圣人"，是因为无喜怒哀乐怨。喜怒哀乐怨都是"有"，何晏认为"无"和"有"是相互排斥的。如果不是纯粹的无，而有喜怒哀乐怨这种有，就不成其为"圣人"。他正是在这一点上，才承认"圣人"与老子同等。他心目中的真正圣人是老、庄，而不是孔丘。

何晏标榜无为，但把无和有对立起来，认为是圣人就无喜怒哀乐怨这种有，引申下去，就有败坏性行、名教（这也是有）的危险。所以主张才性同的傅嘏斥责他"言远而情近，好辩而无诚，所谓利口覆邦国之人也"③。何晏是何进之孙，曹操纳其母为妾。何晏之妻为金乡公主。何晏在政治上属于谯沛集团。他的言论反映的正是谯沛集团新官僚的利益。

① [晋]陈寿撰，[南朝宋]裴松之注：《三国志》卷九《魏书·夏侯尚传》附《夏侯玄传》，中华书局，1964年，第299页。

② [晋]陈寿撰，[南朝宋]裴松之注：《三国志》卷九《魏书·夏侯尚传》附《夏侯玄传》及注引《魏略》，中华书局，1964年，第301页。

③ [晋]陈寿撰，[南朝宋]裴松之注：《三国志》卷二十三《魏书·傅嘏传》注引《傅子》，中华书局，1964年，第624页。

　　与何晏同时的王弼，也标榜无为，但说法与何晏有质的区别。何劭《王弼传》说何晏以为圣人无喜怒哀乐怨，"弼与不同，以为圣人茂于人者神明也，同于人者五情也，神明茂故能体冲和以通无，五情同故不能无哀乐以应物。然则圣人之情，应物而无累于物者也。今以其无累，便谓不复应物，失之多矣"。王弼所谓圣人"茂于神明"，"体冲和以通无"，也就是他在另一场合说的"圣人体无"①。易言之，即是说孔丘本来就是把"无"当作本体，不待老庄而然。而"无"产生"有"，这就是五情，喜怒哀乐怨。无和有不是对立的关系，而是原始本体和派生物的关系，是第一性和第二性的关系。圣人不可能像何晏说的那样，无喜怒哀乐怨。只是因为圣人能体无，故能不为五情所累而已。王弼标榜无为，把无当本体，把有当派生的东西，说圣人茂于神明，又同于五情，引申下去，就必然会得出性行、名教是"无"这个本体的产物，"体无"就必须服从名教的结论。王弼的言论所反映的正是以汝颍集团为代表的旧的世族儒门的要求。他为世族儒门圆满地解决了有无关系问题。王弼与王粲同出于一族。王粲的曾祖父王龚、祖父王畅，"皆为三公"。王弼的祖父王凯是王粲的族兄，何劭《王弼传》说王弼"为傅嘏所知"，"与钟会善"，而为曹爽所嗤。他在政治派别上属于汝颍集团是十分明白的。

　　体无就不能有五情，无与有是二元，这是何晏之说；体无就必然会有五情，无与有是一元，无生有，这是王弼之说。二说在哲学上，在伦理学上有重大差别。性和情是连在一起的，九品中正制重的是性行，联系到九品中正制，联系到所谓才性同、异、合、离的"四本论"，就可以明白，何晏和王弼之间的争论，正是当时曹魏政治上两大派别斗争的反映。何、王言论被称为"正始之音"，何、王被称为玄学的创始者。正始时期正是汝颍和谯沛、旧士族和新官僚两大集团进入决斗之时，玄学产生于正始，也就不是偶然的了。何、王思想本有区别，不能因为他们都讲"无"，就把他们的思想看作一个东西。

---

　　①［南朝宋］刘义庆：《世说新语》卷二《文学》，四部丛刊景明袁氏嘉趣堂本。

第三节 "亡魏成晋"和三国一统

高平陵事件 曹魏政权统治阶级内部矛盾十分尖锐，齐王正始年间发生的高平陵事件为曹魏政权转移的转折点。

在封建专制制度下，单靠创立某种制度和相应的理论，并不能使某一政治集团取得彻底的胜利。要最后取胜于对方，往往要以发动军事政变来完成，把政权完全掌握在自己手上。高平陵事件便具有这种性质。

自陈群死后，司马懿以文、明二帝对他的信任，取得了政治和军事上的重要地位。司马懿屡世高门，"伏膺儒教"。陈群一死，旧世族就转过来捧他，以向谯沛集团作斗争。支持他的重要人物有颍川钟毓、钟会兄弟，陈泰（陈群之子）、荀顗（荀彧第六子）以及陈群引进的北地傅嘏等人。这表明司马懿所依仗的世族核心人物，都是属于汝颍集团的。这些人物在司马懿死后，继续支持司马师、司马昭兄弟。这个时期的谯沛集团人物，在统治集团内部上有以曹爽、夏侯玄为首的何晏、邓飏、丁谧、毕轨、李胜、桓范、李丰、张辑等官僚，外有王凌、令狐愚、毌丘俭、文钦、诸葛诞等将领[1]。魏明帝时，夏侯玄、诸葛诞、邓飏等"共相题表"[2]，表明那时他们已经结合起来。齐王正始年间，曹爽与司马懿之间的斗争，是这两个集团的一次大决斗，也是决定这两个集团的升降，决定魏、晋存亡兴废的一次关键性的决斗。胜利者是司马懿。

曹爽为曹真之子。曹真本姓秦，其父秦邵救过曹操，曹操收养他为

---

① 丁谧为沛人，桓范、文钦为曹爽乡里。毕轨之子尚公主，张辑为齐王曹芳的岳父，令狐愚为王凌之甥，毌丘俭"与夏侯玄、李丰等厚善"，诸葛诞"与玄、飏等至亲"。从他们的籍贯、出身、与诸曹夏侯的关系或政治态度来看，都是谯沛集团人物。何、邓、丁、毕、李（胜）、桓等人事迹俱见《三国志·魏书·曹爽传》注引《魏略》。李丰、张辑事迹见《三国志·魏书·夏侯尚传》附《夏侯玄传》，王凌、毌丘俭、诸葛诞事迹均见《三国志·魏书》本传，文钦的事迹附于《毌丘俭传》。

② ［晋］陈寿撰，［南朝宋］裴松之注：《三国志》卷二十八《魏书·诸葛诞传》注引《世语》，中华书局，1964年，第769页。

子，改姓曹[1]。可见曹真是从庶族起家的大官僚。曹爽与司马懿同受明帝遗诏辅助齐王。曹爽担任了大将军，假节钺，都督中外诸军事，录尚书事。以新官僚为主体的谯沛集团人物，都把希望寄托在曹爽身上，支持他对旧世族发动反击。于是曹爽向齐王建议，免去了司马懿侍中、持节都督中外诸军、录尚书事的职务，迁之为太傅，叫他坐而论道；军事上则用自己的弟弟曹羲担任中领军，曹训担任武卫将军，尽据禁兵；政治上用何晏、邓飏、丁谧为尚书，何晏"典选举"，目的是把原为旧世族所操纵的选举权拿过来，为谯沛集团掌握。针对谯沛集团的挑战，司马懿一面"称疾困笃，示以羸形"，一面积极准备，以图一举扑灭谯沛集团势力。齐王正始元年（249年，此年改元嘉平），司马懿乘曹爽兄弟陪同齐王谒高平陵（明帝陵，在洛阳南，离洛阳九十里）的机会，占领武库，将兵勒据洛水浮桥，发动了策划已久的军事政变。司马懿取得胜利以后，不久将曹爽兄弟、何晏、邓飏、丁谧、毕轨、李胜、桓范等谯沛集团人物一网打尽，"夷三族"[2]。这就是高平陵事件。从此朝政完全为世族所掌握。司马懿死于嘉平三年。四年，其子司马师迁大将军，加侍中，持节都督中外诸军，录尚书事。高贵乡公正元元年，司马师杀夏侯玄、李丰、张辑等人，至此谯沛集团在中央的势力完全丧失。

魏文帝黄初二年，"置都督诸州军事，或领刺史"[3]，地方掌握了兵权。当时地方兵权几乎全在谯沛人手上。魏末的"淮南三叛"，就是谯沛集团的地方势力。第一次叛变，为自称"忠于魏之社稷"的征东将军、都督扬州诸军事的王凌及其甥兖州刺史令狐愚等，在曹爽死后不久发动，后为司马师所镇压。第二次叛变，为镇东、都督扬州的毌丘俭及扬州刺史文钦在夏侯玄等死后不久发动。毌丘俭与夏侯玄、李丰等关系"厚善"，文

---

①［晋］陈寿撰，［南朝宋］裴松之注：《三国志》卷九《魏书·曹真传》注引《魏略》，中华书局，1964年，第281页。

②［晋］陈寿撰，［南朝宋］裴松之注：《三国志》卷九《魏书·曹真传》附《曹爽传》，中华书局，1964年，第288页。

③［梁］沈约：《宋书》卷三十九《百官志上》，中华书局，1974年，第1225页。

钦为曹爽的同乡①。这次叛变也为司马师、钟会、傅嘏等所镇压。正元二年，司马师死，大将军等职位由其弟司马昭承袭。甘露元年，与夏侯玄、邓飏等相善，曾"共相题表"的征东大将军诸葛诞发动第三次叛变，为司马昭、钟会等所镇压。到此年止，谯沛集团内外势力均被剪除。

淮南三叛为什么失败？毌丘俭起兵时宣布司马师的十一条罪状中有两条，一条是："三方之守，一朝阙废，多选精兵，以自营卫。五营领兵，阙而不补。多载器杖，充聚本营。"另一条是："多休守兵，以占高第，以空虚四表，欲擅强势，以逞奸心。募取屯田，加其复赏。阻兵安忍，坏乱旧法。"②说明那时地方军事力量已为司马氏所削弱，三次叛变终于为司马氏所平。

260年，司马昭杀死高贵乡公曹髦，立元帝曹奂，皇帝成了世族的傀儡，"亡魏成晋"之势已成。

关于蜀、吴二国的灭亡 世族在取得对谯沛集团的彻底胜利后，开始了对蜀国和吴国的用兵。

魏末，魏、蜀、吴的三角关系已有变化。蜀自诸葛亮死后，基本政策是"保国治民，敬守社稷"③。魏对西翼已无顾虑，为患者是东翼的孙吴。所以邓艾说"今三隅已定，事在淮南"。他建议"可省许昌左右诸稻田（即省许昌民屯），并水东下，令淮北屯二万人，淮南三万人。十二分休，常有四万人，且田且守。……六七年间，可积三千万斛于淮上。此则十万之众五年食也。以此乘吴，无往而不克"④。司马懿采纳了他的建议，正始二年，开始实行。魏在"北临淮水，自钟离以南，横石以西，尽沘水

---

① ［晋］陈寿撰，［南朝宋］裴松之注：《三国志》卷二十八《魏书·毌丘俭传》，中华书局，1964年，第763页。

② ［晋］陈寿撰，［南朝宋］裴松之注：《三国志》卷二十八《魏书·毌丘俭传》注引毌丘俭、文钦等表，中华书局，1964年，第764页。

③ ［晋］陈寿撰，［南朝宋］裴松之注：《三国志》卷四十四《蜀书·姜维传》注引《汉晋春秋》，中华书局，1964年，第1064页。

④ ［晋］陈寿撰，［南朝宋］裴松之注：《三国志》卷二十八《魏书·邓艾传》，中华书局，1964年，第775—776页。

（浿水）四百余里"的淮南之地，"五里置一营，营六十人，且佃且守"。
同时在淮北"上引河流，下通淮颍，大治诸陂"，把淮南、淮北连接起
来①。两淮屯田究竟有多少人？《三国志·魏书·诸葛诞传》有"敛淮南及
淮北郡县屯田口十余万官兵"的话，可知远不止邓艾说的淮南二万，淮北
三万。邓艾是指原许昌区的屯田客而言。这支民屯队伍被转化成了兵屯。
《三国志·魏书·毌丘俭传》又有"淮南将士家皆在北"的话，则《三国
志·魏书·诸葛诞传》说的两淮屯田十余万官兵，在淮北者为士家，在淮
南者为单身军人，即"征士"。同为兵屯而二者有别。

　　淮南、淮北屯田，大大加强了魏在两淮的地位，至此，魏东西两翼
稳固。

　　先取蜀，后取吴的战略方针，是司马昭确定下来的。他说过：取吴
"作战船，通水道，当用千余万功，此十万人百数十日事也"，不如先取
蜀，"三年之后，因巴蜀顺流之势"②，再去取吴。

　　关于蜀、吴灭亡原因，古今往往从强弱立论，其实魏用来取蜀兵力，
据《晋书·文帝纪》，为十八万，比司马懿用来对付诸葛亮的兵力少一半。
晋用来取吴的兵力，据《晋书·武帝纪》，"东西凡二十余万"，而吴亡时，
吴国有"兵二十三万"，"舟船五千余艘"③，与晋旗鼓相当。可见主要原
因不在强弱。

　　如果把三国末年魏、蜀、吴的政治情况作一比较，就立刻可以看到，
蜀政、吴政不如魏政。魏国虽然经历过长期的政治动荡，但司马懿父子自
据权柄，颇能注意政策。张悌说过，"淮南三叛而腹心不扰，曹髦之死，
四方不动"，原因在司马懿父子能"除其烦苛而布其平惠，为之谋主而救
其疾，民心归之"已久，"本根"已固④。蜀国呢？同一个张悌看到了"今

---

　　①［唐］房玄龄等：《晋书》卷二十六《食货志》，中华书局，1974年，第785页。

　　②［唐］房玄龄等：《晋书》卷二《文帝纪》景元三年，中华书局，1974年，第38页。

　　③［晋］陈寿撰，［南朝宋］裴松之注：《三国志》卷四十八《吴书·孙皓传》注引《晋阳
秋》，中华书局，1964年，第1177页。

　　④［晋］陈寿撰，［南朝宋］裴松之注：《三国志》卷四十八《吴书·孙皓传》天纪四年注引
《襄阳记》，中华书局，1964年，第1175页。

蜀阉宦（黄皓）专朝，国无政令，而玩戎黩武，民劳卒弊，竞于外利，不修守备"。司马昭伐蜀，他估计"彼强弱不同，智算亦胜，因危而伐，殆其克乎"①这是比较了魏、蜀在安危、强弱、智算等方面的不同情况后，得出的正确判断。蜀国政治不行了，致使邓艾得从阴平景谷道而入，后主匆忙投降。这是263年发生的事。

279年冬，晋兴师伐吴，主力是王濬的水军。王濬战船几乎没有遇到什么抵抗，便到了石头城下。孙皓自己承认：吴国之亡，"非粮不足，非城不固，兵将背战耳"②。

吴国军民之所以背战，是因为吴末政治腐朽到了极点。吴国的灭亡，可以追溯到孙权的施德缓刑方针。在这条方针下，吴末名宗大族的政治经济势力，膨胀到了极点。《抱朴子·吴失》说：吴末江东大族，"僮仆成军……牛羊掩原隰，田池布千里"，"金玉满堂，妓妾溢房，商贩千艘，腐谷万庾"。他们集中了全吴最大的财富。政治完全为大族及其亲属、党人所把持。《抱朴子·吴失》还说"贡举以厚货者在前，官人以党强者为右"，因此，"浮华者登，朋党者进"，"一民十吏，何以堪命？"③孙吴的灭亡自然不是偶然的了。

---

① ［晋］陈寿撰，［南朝宋］裴松之注：《三国志》卷四十八《吴书·孙皓传》天纪四年注引《襄阳记》，中华书局，1964年，第1175页。

② ［晋］陈寿撰，［南朝宋］裴松之注：《三国志》卷四十八《吴书·孙皓传》天纪四年注引《江表传》，中华书局，1964年，第1176页。

③ ［晋］陈寿撰，［南朝宋］裴松之注：《三国志》卷六十一《吴书·陆凯传》，中华书局，1964年，第1406—1407页。

第六章　世族统治下的西晋

本章论述280年统一后的西晋的经济、政治与文化思想。

第一节　西晋的经济制度和选举、职官制度

西晋是一个世族政权。这种政权在东汉时便已产生，不过遭到黄巾起义的沉重打击，没有获得充分的发展。到三国分立时，世族逐渐恢复了元气，终于出现了一个全由世族控制的西晋王朝。西晋的一切措施，都围绕着巩固世族统治、发展世族势力这样一个中心。

占田、课田和户调之式　西晋的占田、课田和户调之式，是一个讨论得最多而又没有取得一致的问题。

据《晋书·食货志》，晋武帝在平吴之后，推行了一种新的经济制度。其言云：

> 又制户调之式：丁男之户，岁输绢三匹，绵三斤。女及次丁男为户者半输。……男子一人占田七十亩，女子三十亩。其外，丁男课田五十亩，丁女二十亩，次丁男半之，女则不课。男年十六已上至六十为正丁。十五已下至十三、六十一已上至六十五为次丁。十二已下、六十六已上为老小，不事。

对这段话，历来解说纷纭。争论的焦点，在占田和课田上。下面，谈谈我个人的看法。

占田。西晋规定"男子一人占田七十亩，女子三十亩"。这里说的是男子和女子，不是丁或次丁男、女。一户之内可能有几个丁、次丁、老小男女，他们都可以按男子一人七十亩，女子一人三十亩占田。问题来了，一户怎么能占这么多田呢？又怎么种得过来呢？对此，我以为：一、晋初全国人口犹少，无人耕种的土地仍多，西晋完全可以按这样的规定去占田。据《文献通考·户口考》载：魏景元四年灭蜀后，与蜀通计是九十四万三千四百二十三户，五百三十七万二千八百九十一口。《吴书·孙皓传》天纪四年注引《晋阳秋》载：吴亡时，吴有五十二万三千户，二百三十万口。加在一起，晋初全国的户数是一百四十六万六千四百二十三，口数是七百六十七万二千八百九十一。户不及一百五十万，口不及七百七十万。而据《文献通考·田赋考》载：西汉定垦田平帝元始二年达八百二十七万多顷，东汉顺帝建康元年垦由达六百八十九万多顷，以七百万人口和七百万顷可垦田计算，晋初全国每一个人约可占田一顷。公布男子一人占田七十亩，女子三十亩的法令，是无困难的，是完全可行的。二、西晋的占田法是纸面上的、虚的东西。占田非由国家分配土地，而是叫农民自己去占有，能不能占到，究竟占了多少，西晋政府是不管的。当时人李重曾有"人之田宅既无定限"[1]之言，说明了西晋占田法的虚假性。

课田。《晋书·食货志》说："其外，丁男课田五十亩，丁女二十亩，次丁男半之，女则不课。"这段话是在叙述了占田法之后说的，所谓"其外"，不是说在占田外，再加什么田，而是说在占田法之外，还有一种课田法。按《晋书·傅玄传》，记傅玄于泰始四年（269年，下距平吴尚有十一年）上疏说道：

> 近魏初课田，不务多其顷亩，但务修其功力，故白田收至十余

---

[1] ［唐］房玄龄等：《晋书》卷四十六《李重传》，中华书局，1974年，第1311页。

斛，水田收数十斛。自顷以来，日增田顷亩之课，而田兵益甚，功不能修理，至亩数斛已还，或不足以偿种。非与曩时异天地，横遇灾害也，其病正在于务多顷亩而功不修耳。

据此可以明白：课田早已有之。课田的含义是：或务修其功力，而不务多其顷亩，如魏初；或务多其顷亩，而不务修其功力，如晋初。这二者都与课税有关。后者远不如前者优良。西晋的"丁男课田五十亩，丁女二十亩，次丁男半之，女则不课"的课田法，是平吴以后，在太康年间制定的。这显然是接受了傅玄的意见，把课田法从务多其顷亩，转到固定亩数，务修其功力上。占田是虚的，课田是实的。国家并不问你占到多少亩，但却要求你务修功力多少亩，从中取税。

课田与户调之式。那么，西晋的赋税又是怎样征收的呢？《初学记·宝器部》引《晋故事》说："凡民丁课田，夫五十亩，收租四斛，绢三匹，绵三斤。"接着说"凡属诸侯"，国家减其郡县内（西晋以郡为国）租谷和绢以增，以奉诸侯的问题。"其余，租及旧调绢二户三匹，绵三斤，书为公赋，九品相通，皆输入于官，自如旧制。"这里所谓"公赋"，包括租和调；输法，"九品相通，皆输入于官"。这是通行于全国的办法。"九品"，是九个贫富不同的户等，"九品相通"，是说公赋包括租和调按九个户等，分别征收。户等不同，所纳租调数额也不相同。所谓"租四斛，绢三匹，绵三斤"，只是丁男之户（也有九等）所纳租调的一个平均指标、平均数额而已。《晋书·食货志》说丁女及次丁男为户者半输，也是一个平均指标，非谓不管户等，每户一律征收此数。用丁男、丁女、次丁男为户者所应纳的平均数额，分别来乘以郡县丁男、丁女、次丁男的户数，即某郡、某县所应征收的租、调总额。然则，所谓租四斛，便非丁税，而为丁男之户应纳的平均租额。《晋故事》的话，一则意味着西晋一户以一丁计[①]，所以《晋书·食货志》中的"户调之式"，丁男之户绢三匹，绵三斤，在

---

① 翦伯赞已有此见解，见《中国历史纲要》第一册。

《晋故事》中，变成了"夫"调之式。二则意味着西晋课田，是为了征收租和调，而非单为征租。所以《晋书·食货志》中绢三匹，绵三斤，被《晋故事》摆到了"凡民丁课田，夫五十亩"之下。三则意味着租和调的征收，均以户（丁男、丁女或次丁男之户）为单位，九品相通，输入于官。丁男之户的平均数标是租四斛，绢三匹，绵三斤；次丁男为户者，平均指标是此数的一半。九品相通之法，曹魏已经用过，故《晋故事》有"自如旧制"的话。但魏时只用在户调绢、绵上，西晋则扩大用到了田赋上。《文献通考·田赋考二》说：

> 按两汉之制，三十而税一者，田赋也；二十始傅人出一算者，户口之赋也。今晋法如此，则似合二赋而为一。然男子一人占田七十亩，丁男课田五十亩，则无无田之户矣，此户调所以可行欤？

《文献通考》是说晋改变了履亩而税的制度，把田赋和户口之赋合了起来，变成了户调。认为这种均田制下，"户户授田"，无无田之户，"不必履亩论税，只逐户赋之，则田税在其中"，是一致的。应该说这是马端临的一个卓识。后赵户调准此。

官品占田法和荫亲属制　《晋书·食货志》说，"其官品第一至于第九，各以贵贱占田。品第一者占五十顷"，以下依次递减五顷，至第九品为十顷。"而又各以品之高卑荫其亲属，多者及九族，少者三世"。这就是西晋官品占田法和荫亲属制。

西晋占田，无论官占或民占，都无限制。太康年间，太中大夫恬和曾要求"使王公已下，制奴婢限数及禁百姓卖田宅"，李重驳斥，"人之田宅既无定限，则奴婢不宜偏制其数"[1]。表明占田限额，从未实行。世族地主如王戎，"广收八方园田水碓，周遍天下"[2]，便是明证。地主兼并，农民卖田宅之风，在西晋是盛行的。即就所谓官品占田而言，九品小吏可以

---

① ［唐］房玄龄等：《晋书》卷四十六《李重传》，中华书局，1974年，第1311页。

② ［唐］房玄龄等：《晋书》卷四十三《王戎传》，中华书局，1974年，第1234页。

占到十顷（一千亩），而一个男性农民，却只能占田七十亩。表明官吏与农民占田，只是在法令上的规定。法令既然规定九品官可以占田千亩，便只要一当九品官，即可放手去抢占土地。这个法令有利于品级低的官吏，是十分明显的。官吏无论占田多少，根据"荫亲属"的规定，所有官吏和他们的亲属可免除一切课、役，"多者及九族，少者三世"，却是实在的。

按东汉及魏晋的田庄主都是聚族而居的。这在汉末崔寔所写《四民月令》中，反映得比较清晰。例如所谓"请召宗族婚姻宾旅，讲好和礼"，"同宗有贫窭久丧不堪葬者，则纠合宗人共与举之"，"振赡穷乏，务施九族"，等等，都反映出田庄中存在着宗族、同宗、宗人以至于九族。而在宗族中，"农人"（佃客）占了大多数。西晋既然规定官吏可依品级荫其亲属，多者及九族，那么，被世族所奴役的宗族中的全部佃户，就当然皆无课役了。东晋之初，"都下人多为诸王公贵人左右、佃客、典计、衣食客之类，皆无课役"[①]，这是西晋之法。佃客皆无课役，就等于取消做官的田庄主人对国家的所有负担，就等于鼓励他们放手去网罗宗族，兼并土地，发展势力。

据《晋书·食货志》记载，西晋还规定各级官吏，"又得荫人以为衣食客及佃客，品第六已上，得衣食客三人，……其应有佃客者，官品第一、第二者，佃客无过五十户"，这是与官吏无亲属关系的，即非官吏族人的衣食客、佃客。《晋书·外戚传·王恂传》说"武帝践位，诏禁募客"，即是这种客。这一点与荫亲属制要分清楚，否则，就会造成混淆。

这里谈谈庶族地主的问题。

庶族地主和世族地主同属于一个阶级，在西晋九品中正制下，庶族地主虽然做官困难，但也并非不能做官。例如：孙秀，初"为琅邪郡吏，求品于乡议，（王）戎从弟衍将不许，戎劝品之"[②]。陈敏，东海王司马越的军谘祭酒华谭谓之为"仓部令史，七弟顽凡，六品下才"[③]。此二人原来

---

① [唐]魏徵、令狐德棻：《隋书》卷二十四《食货志》，中华书局，1973年，第674页。

② [唐]房玄龄等：《晋书》卷四十三《王戎传》，中华书局，1974年，第1235页。

③ [唐]房玄龄等：《晋书》卷一百《陈敏传》，中华书局，1974年，第2617页。

都是庶族，可后来都做了官。西晋官场的情况是"世胄蹑高位，英俊沉下僚"。高官由世族垄断，庶族地主可做小官。像孙秀、陈敏那样被品于中正，获得官品，纵使列于下品，沉于下僚，只要一有品级，就能享受官品占田法和荫亲属制的优待，取得免课、免役的特权。纵然庶族地主不做官，因为西晋合田赋、户赋而为一，通行户税，虽然是九品相通，但这也有利于百室合户的大地主。

那么，西晋的田赋制度是不是一点积极作用也未起过呢？不是的。平吴之初，土广人稀，由于法令规定每一个男女都可以占田，每家农户都按九品相通之法，交纳租、调，并相应地规定了固定数量的、含有务修其功力意义的课田法，开始实行，毕竟起到了课督耕种，"赋税平均，人咸安其业而乐其事"[1]的作用。所以，生产有一定发展，人口也有所增加。据《文献通考·户口考一》载：户数由不及一百五十万，上升到二百四十五万九千八百零四，口数由不及七百七十万，上升到一千六百一十六万三千八百六十三。

但占田、课田以及官吏荫亲属制的本质，决定了这种作用只能是短暂的。伴随着生产力的提高，"豪强兼并"在发展，世族地主在这种制度下，建立起他们的天堂。而农民则由"孤贫失业"[2]，转向流亡，或投靠本宗地主。西晋的统治，也由盛转衰。

选举制度和职官制度　与官吏占田和荫亲属制相适应，西晋的选举法——九品官人法和职官制度，较之曹魏，有所不同。二者产生了更有利于巩固世族政治地位的变化。

九品官人法在曹魏，已由"先举性行而后言才"，向但问"伦辈"演进。但当时还不太可能完全排斥曹操的重才，在重性行和伦辈还是重才能上，从理论到现状，都有过激烈的争论，优势在重性行、重伦辈方面。这是因为以司马氏为代表的世族已在政治上占据了统治地位。但虽然如此，魏时选举还是存在着两种矛盾的。一是品（性行）和状（才能）的矛盾。

---

[1] ［唐］房玄龄等：《晋书》卷二十六《食货志》，中华书局，1974年，第791页。

[2] ［唐］房玄龄等：《晋书》卷四十六《刘颂传》，中华书局，1974年，第1294页。

在九品中正制下，选举依据"品状"。品即卢毓所谓"性行"，分为九等。状是"状才能"，亦即卢毓所谓"才"。原则是"先举性行而后言才"，品和状是分开的，叫"立品设状"。"以品（性行）取人，或非才能之所长，以状（才）取人，则为本品之所限"①。状（才能）也并不一定就能得其实，魏时有"案品状则实才未必当"②的话。就是状得其实，因为原则是"先举性行而后言才"，品（性行等第）既定下来了，才就是再高，也为品限制住了。这叫"品状相妨"③。一是吏部与中正的矛盾。《通典·选举二》记载，在九品中正制下，"吏部不能审定核天下人才士庶，故委中正铨第等级，凭之授受，谓免乖戾"。这就造成了夏侯玄所谓："中正干铨衡之机于下，而执机柄者有所委仗于上，上下交侵，以生纷错"④的现象。

夏侯玄说："自州郡中正品度官才之来，有年载矣，缅缅纷纷，未闻整齐。"⑤世族统治下的西晋，就要来一次"整齐"了。《通典·选举二》说："晋依魏氏九品之制，内官吏部尚书司徒左长史，外官州有大中正，郡国有小中正，皆掌选举。若吏部选用，必下中正，征其人居及父、祖官名。"所谓"若吏部选用，必下中正"，即段灼所说"九品访人，唯问中正"，选举权从此完全落入中正手中，吏部只有使用权。吏部与中正的矛盾解决了。所谓"征其人居及父、祖官名"，也就是说，中正选举但据"人居及父、祖官名"，亦即据伦辈、门第。我们从段灼的话："故据上品者，非公侯之子孙，则当涂之昆弟也"⑥，刘毅的话："上品无寒门，下品无势族"⑦，左思的话："世胄蹑高位，英俊沉下僚"，完全可以理解伦辈、

---

① ［唐］房玄龄等：《晋书》卷四十五《刘毅传》，中华书局，1974年，第1276页。

② ［晋］陈寿撰，［南朝宋］裴松之注：《三国志》卷二十一《魏书·傅嘏传》，中华书局，1964年，第623页。

③ ［唐］房玄龄等：《晋书》卷四十五《刘毅传》，中华书局，1974年，第1276页。

④ ［晋］陈寿撰，［南朝宋］裴松之注：《三国志》卷九《魏书·夏侯尚传》附《夏侯玄传》，中华书局，1964年，第295页。

⑤ ［晋］陈寿撰，［南朝宋］裴松之注：《三国志》卷九《魏书·夏侯尚传》附《夏侯玄传》，中华书局，1964年，第295页。

⑥ ［唐］房玄龄等：《晋书》卷四十八《段灼传》，中华书局，1974年，第1347页。

⑦ ［唐］房玄龄等：《晋书》卷四十五《刘毅传》，中华书局，1974年，第1274页。

门第成了西晋选举的唯一标准。刘毅说："今品不状才能之所宜，而以九等为例。"①即不要状，而只要品了。而所谓品，也不再是根据什么"性行"，变成了"计官资以定品格"②。品的高低也就是门第的高低。门第高，高之，荣之，门第低，下之，辱之。所谓中正"高下任意，荣辱在手"，不是无标准，标准就是门第、官资。品状相妨，性行与才能相妨的矛盾，也解决了。

下举两例，以见世族对高官的垄断。

太原王氏。从《魏志》及《晋书》有关传记来考察，太原王氏是东汉末年兴起的世族。东汉有王柔，官至北中郎将，弟王泽官至太原郡太守。王泽之子王昶，魏正始时，官至征南大将军、司空，封侯。王昶之子王浑，"入晋累居方位"，有平吴之功。王浑三子：王济（王武子）为河南尹、太仆，王深为冀州刺史，王谌为汝南太守。王谌之子王承，为东海内史。王承之子王述，为尚书令、卫将军。王述之子王坦之，为北中郎将、徐、兖二州刺史……

琅邪王氏。从《晋书》有关传记来考察，也是东汉兴起的世族。王仁，为青州刺史。王仁之子王融，"府辟不就"。王融之子王祥、王览，入晋为高官。王祥"拜太保，进爵为公"，王览官至光禄大夫。王览有六子，长子王裁为抚军长史，王裁之子王导，为东晋名相。王导子孙累世大官。

把西晋的官品占田法与荫亲属制和西晋的九品中正制联系起来看，就可知西晋选举"征其人居及父、祖官名"，"计官资以定品格"，不仅保证了世族屡代可以做大官的政治权利，而且保证了世族屡代可以享受官品占田和荫亲属制所规定的权利，九族包括族中全部衣食客、典计、佃客，都可以免除课役。而这种特权所带来的世族经济势力的急速膨胀，又使九品中正制变为牢不可去。

与西晋九品中正制有连带关系的，是职官制度。西晋设官分职，考虑的也是世族的利益。西晋职官制度有一个很大的特点，是机构多，官属

---

① [唐]房玄龄等：《晋书》卷四十五《刘毅传》，中华书局，1974年，第1276页。
② [元]马端临：《文献通考》卷二十八《选举考一》，中华书局，1986年，第266页。

多，兼职多，"望空署名"者多，"机事之失，十恒八九"①。且看：

中央官吏：

《晋书·职官志》说：晋武帝即位之初，"以安平王（司马）孚为太宰，郑冲为太傅，王祥为太保，义阳王（司马）望为太尉，何曾为司徒，荀顗为司空，石苞为大司马，陈骞为大将军，凡八公同时并置"。"所谓八公同辰，攀云附翼者也。"而八公"皆萧然自放，机尔无为，名称摽著，上议以正朝廷者，则蒙虚谈之名"②，等同虚设。这种无事可做的官，属官却不少。"晋初凡位从公以上，置长史、西阁、东阁祭酒、西曹、东曹掾、户曹、仓曹、贼曹属各一人"，而"凡诸曹皆置御属、令史、学干，御属职录事也"③。保卫诸"公"的，有"武贲二十人"④。这都是不必要的机构和不必要的人员。八公之置，只是为了尊崇世族中门望特高的人而已。

八公外，"晋初又置左右光禄大夫，而光禄大夫如故"⑤。置"庶子四人，职比散骑常侍、中书监令"，置"舍人，十六人，职如散骑、中书侍郎"⑥。这都是重复职务，是有意增置，以处世族的。

尚书列曹由魏明帝时期的二十五曹，增为三十五曹，而职务不仅未见增加，反有减少之嫌。例如，魏世只有南主客，晋世却分为左主客、右主客、北主客、南主客。魏世只有民曹、中兵、外兵，晋世却分为左民、右民、左中兵、右中兵、左外兵、右外兵。魏世有考功，晋无。至于九寺（九卿寺），东汉以后尚书诸曹分掌众务，九寺（卿）殆为具职，可西晋未见并省一寺。

地方官吏和武官：

《晋书·傅玄传》附《子咸传》说：咸宁之初，傅咸上言：

① ［梁］萧统：《六臣注文选》卷四十九干宝《晋纪总论》，四部丛刊景宋本。
② ［梁］萧统：《六臣注文选》卷四十九干宝《晋纪总论》，四部丛刊景宋本。
③ ［梁］沈约：《宋书》卷三十九《百官志上》，中华书局，1974年，第1222页。
④ ［唐］房玄龄等：《晋书》卷二十四《职官志》，中华书局，1974年，第726页。
⑤ ［梁］沈约：《宋书》卷三十九《百官志上》，中华书局，1974年，第1230页。
⑥ ［梁］沈约：《宋书》卷四十《百官志下》，中华书局，1974年，第1254页。

旧都督有四，今并监军乃盈于十。夏禹敷土分为九州，今之刺史几向一倍。户口比汉十分之一，而置郡县更多。空校牙门，无益宿卫，而虚立军府，动有百数。五等诸侯，复坐置官属。……以为当今之急，先并官省事，静事息役，上下用心，惟农是务也。

傅咸看出了机构多、官属多的弊端，故要求省官并事。西晋也曾"议省郡县半吏以赴农功"，可荀勖却以为"省吏不如省官，省官不如省事，省事不如清心"①。干宝《晋纪总论》还说到西晋"秉钧当轴之士，身兼官以十数，大极其尊，小录其要，机事之失，十恒八九"。像王祥既拜太保，又被"加置七官之职"②。他做太保，本来就"萧然自放"，再加七官，这七官也都变成萧然自放了。

机构多，官属多，兼职多，表明西晋这个封建国家，是一部转动不灵的机器。《晋纪总论》在评论西晋官场风气时，说道：

进仕者以苟得为贵，而鄙居正；当官者以望空为高，而笑勤恪。……刘颂屡言治道，傅咸每纠邪正，皆谓之俗吏，其倚仗虚旷，依阿无心者，皆名重海内。……由是毁誉乱于善恶之实。情愿奔于货欲之涂，选者为人择官，官者为身择利。……悠悠风尘，皆奔竞之士，列官千百，无让贤之举。

反映了西晋列官千百，官风腐败的现实。

西晋的选举制和职官制是互相联系的。职官制要革新，就必须革新中正依门资为官场输送官员之制；而要革新选举制，又必须革新官制，这在西晋是办不到的。

---

① [唐]房玄龄等：《晋书》卷三十九《荀勖传》，中华书局，1974年，第1154—1155页。
② [唐]房玄龄等：《晋书》卷三十三《王祥传》，中华书局，1974年，第988页。

第二节　"竹林七贤"的分道扬镳,西晋玄学的主流及其实质

西晋统治阶级的思想（所谓玄学），导源于王弼。其基本内容为儒道同、名教与自然同。而所谓儒道同，名教与自然同，其主旨又在把儒家名教说成道或自然（宇宙精神）的产物，在宣扬儒学的核心名教思想，宣扬礼法。

玄学起于"魏正始中，何晏、王弼等祖述老庄，立论以为：'天地万物皆以无为本'"[1]。但那时玄学家讲的东西，并非一个样。依据政治派别的不同，玄学本身也分成派别。何晏、王弼虽然都祖述老庄，但一个讲圣人无情，一个讲圣人有情；一个讲无和有是二元，一个讲是一元，有出于无；一个讲儒道异，一个讲儒道同。这种不同，来源于政治上存在着谯沛和汝颖两个集团。凡把儒和道、名教和自然、性和才对立起来的，都是谯沛集团人物，这种人物无不遭到世族的镇压。

论魏晋玄学，除何晏、王弼外，必论"竹林七贤"。竹林七贤（嵇康、阮籍、阮咸、刘伶、王戎、山涛、向秀）稍后于何、王，他们是魏末晋初时期的人。这七个人实际分成三派。要了解西晋玄学的主流或本质，必须把这三派不同的政治态度，不同的思想和不同的命运搞清楚。

嵇康，反对世族统治的儒道对立派。"虞预《晋书》曰：'康家本姓奚，会稽人，先自会稽迁于谯之铚县，改为嵇氏。'"[2]可见嵇康出身不高，是谯沛人。《嵇氏谱》说："嵇康妻，（沛穆王曹）林子之女也。"可见嵇康与曹氏宗室有亲戚关系。"《世语》曰：'毋丘俭反，康有力，且欲起兵应之。'"[3]可见嵇康在政治上与谯沛集团有千丝万缕的联系。但是，他

---

① [唐]房玄龄等：《晋书》卷四十三《王衍传》,中华书局,1974年,第1236页。

② [晋]陈寿撰,[南朝宋]裴松之注：《三国志》卷二十一《魏书·王粲传》附《嵇康传》注引,中华书局,1964年,第605页。

③ [晋]陈寿撰,[南朝宋]裴松之注：《三国志》卷二十一《魏书·王粲传》附《嵇康传》注引,中华书局,1964年,第607页。

的斗争和在斗争中形成起来的思想，超出了政治党派斗争范围，远为何晏所不及。

王弼一派的玄学家把儒家名教说成是茫茫宇宙中的一种绝对精神（道、无或"自然"），是冥冥之中的昊天上帝的绝对命令。嵇康从两个方面同他们进行了斗争。一方面，是在本源问题上，宇宙中究竟有没有派生万事万物的绝对精神？嵇康在《养生论》中说到形和神的关系，"形恃神以立，神须形以存"，即为相依关系，不是相生关系。在《声无哀乐论》中说道："天地之间"客观存在的"声音"是无哀乐的，与有哀乐的人的主观感情（"心"）是"二物"。这二物"殊途异轨，不相经纬"。在《明胆论》中又说"见物之明"和"决断之胆"，是"异气"的，"殊用"的，"不能相生"。这都是二元论的观点。嵇康是用二元论来反对从天上掉下来的儒学。他在《难张辽叔自然好学论》中说"仁义""廉让"，"非自然之所出"，这就是他强调二元论的目的。然而用二元论来反对唯心的一元论，力量是软弱的，他没有停止在二元论的观点上，在斗争中最终变成了一个唯物论者。一是他认为万事万物，出于一种正在运动着的"元气"。他在《明胆论》中说："元气陶铄，众生禀焉。"在《太师箴》中说："浩浩太素，阳曜阴凝，二仪陶化，人伦肇兴。"在《声无哀乐论》中说："夫天地合德，万物贵生，寒暑代往，五行以成。故章为五色，发为五音。"很明白，他认为万事万物的产生，是由于元气的陶铄，由于二仪的陶化，由于天地的合德，寒暑的代往，即由于物质的运动，而不是由于什么"无"，什么"道"。这是唯物论的一元论。二是他认为"推类辨物，当先求之自然之理（客观存在的规律）。理已定，然后借古义以明之"，反对把"古义""前言"即圣人说教摆在第一位。这是强调客观实际的唯物论的认识论。凡此皆为从儒学的哲学基础上来打击儒学，撕破儒学的神圣外衣。

另一方面，是对儒学本身发起了直接的、正面的、猛烈的攻击。嵇康的反儒思想，集中地表现在他的《难张辽叔自然好学论》中。此文先从儒教的来源上，揭露了儒教的实质。他说儒教是"至人不存，大道凌迟"以后才有的，即是在历史上产生的。"仁义""名分""六经"等，都是统治者"造立"的。统治者"造立仁义","制其名分",目的在禁锢人们的思想（"以婴其心"）。捆住人们的手脚（"以检其外"），以便于他们"开荣利之途"。他还痛斥了世族的"六经为太阳，不学为长夜"的说教，在《难张辽叔自然好学论》中提出了自己完全相反的认识：

> 今若以明堂为丙舍，以讽诵为鬼语，以六经为芜秽，以仁义为臭腐，睹文籍则目瞧，修揖让则变伛，袭章服则转筋，谭礼典则齿龋，于是兼而弃之，与万物为更始，……则向之不学，未必为长夜，六经未必为太阳也。

嵇康反对儒学、儒教，是根、茎、枝、叶一齐反对，但非无重点。在另一篇文章《太师箴》中，他对"凭尊恃势"的人物，特别是对封建君主，提出了挑战。他认为仁、礼、刑、教都是这些人为了以天下"私其亲"，而被"造立"出来的，他们只知道"宰割天下，以奉其私"。尤其是君主，"昔为天下，今为一身"，如果"君位益侈"，祸害势必益烈。而今"丧乱弘多"，"祸蒙山丘"，总根源就在君位之侈，在君主被抬到了神圣地位，拥有宰割天下的最大权力。这是反对"君君，臣臣"，反对君为臣纲，而这正是儒学理论的核心，正是封建专制主义的灵魂。所谓仁、义等，不管讲得多么好听，都是为封建专制主义服务的。嵇康之所以要全面地反对儒学、儒教，原因便在这里。

嵇康在猛烈地反对儒教、反对"割天下以自私"的斗争中，形成了他自己的带有民主性的政治思想——"以天下为公"。怎样才能以天下为公呢？在封建社会中，答案只能到远古去找。在《难张辽叔自然好学论》中，嵇康提道："洪荒之世，大朴未亏，君无文于上，民无竞于下，物全理顺，莫不自得。"在《惟上古尧舜》一诗中，提道"二人功德齐均，不以天下私亲，高尚简朴兹顺，宁济四海蒸民"，这表现了他对原始共产主义的向往。嵇康的理想在《答难养生论》中说得很明白，即"穆然以无事为业，坦尔以天下为公"。这当然是不可能实现的幻想，但从他反对专制的角度来看,从他所处的时代来看,无疑有它的强烈的进步意义。

嵇康不是没有彷徨苦闷的时候,《卜疑》的写出,表现了这一点。但到最后还是坚持下来了,著名的《与山巨源绝交书》是他的宣言书,也是他的绝命书。山涛是竹林七贤之一。政治上站在世族一边。山涛为选曹郎,举嵇康自代,嵇康听到这个消息,立即写信与山涛绝交。信中写到他不出来做官,有"甚不可者二":一是"每非汤、武而薄周、孔,在人间不止此事,会显世教所不容";二是"刚肠疾恶,轻肆直言,遇事便发"。这封绝交信,等于宣告:他是坚定地反对儒教的,要把反对儒教的斗争进行到底,绝不与世族儒门妥协、合作。以司马昭为首的世族地主,本来还对嵇康抱有某种奢望,听到他"答书拒绝,因自说不堪流俗,而非薄汤、武"①,十分恼怒,不久就借故把他杀害了。他可以说是至死也没有放弃自己的观点,改变自己的立场的人。嵇康没有提出废君,这种思想要到鲍敬言的言论中才出现。

阮籍,偏向世族的中间派。阮籍虽然"以庄周为模则"②,不拘礼俗,并写过《大人先生传》,把"惟法是修,惟礼是克,手执圭璧,足履绳墨"的"君子"讥笑为"裈中群虱"。但又在《乐论》中说:"刑教一体,礼乐外内也。刑弛则教不独行,礼废则乐无所立。尊卑有分,上下有等,谓之礼;人安其生,情意无哀,谓之乐。……礼乐正而天下平。"这表明他虽然认为儒道有别,但又认为二者并不矛盾;虽然讥笑惟法是修、惟礼是克的儒家君子,但又声言刑教、礼乐都不能不要。他是脚踩两只船,重心在儒。

阮籍是阮瑀之子,阮瑀"少受学于蔡邕"③,可知是儒门出身。在政

---

①[晋]陈寿撰,[南朝宋]裴松之注:《三国志》卷二十一《魏书·王粲传》附《嵇康传》注引《魏氏春秋》,中华书局,1964年,第606页。

②[晋]陈寿撰,[南朝宋]裴松之注:《三国志》卷二十一《魏书·王粲传》附《阮籍传》,中华书局,1964年,第604页。

③[晋]陈寿撰,[南朝宋]裴松之注:《三国志》卷二十一《魏书·王粲传》附《阮瑀传》,中华书局,1964年,第600页。

治上，阮籍虽然"纵酒昏酣，遗落世事"，"口不论人过"①，可是实际上偏向司马氏，偏向世族。魏陈留王曹奂景元元年，加司马昭九锡之礼，司马昭假意让九锡，"公卿将劝进，使籍为辞。……辞甚清壮，为时所重"②。可知阮籍对司马氏是有功的。何曾劝司马昭杀阮籍，司马昭不仅不杀，且"常保持之"，遭逢与嵇康完全不同。这完全可以从阮籍的政治思想和政治态度得到说明。阮咸、刘伶与阮籍持同一立场。这一派因为内心矛盾大，苦闷多，在生活上表现为纵酒任情，刘伶的《酒德颂》颇具代表性。西晋的清谈家、贵游子弟纵酒任情源自阮籍，但性质不同。

王戎，儒道同派，西晋世族的代言人。《晋书·阮籍传》附《阮瞻传》说："（瞻）见司徒王戎，戎问曰：'圣人贵名教，老庄明自然，其旨同异？'瞻曰：'将无同。'"认为老庄明自然（精神本体），孔孟贵名教（君君臣臣父父子子），旨意没有什么不同，正是两晋统治阶级玄学家"清谈"的基本内容。所谓"将无同"，并不是半斤八两，而正是阐明本末关系。《通典》卷八十所载晋康帝奔丧诏说得明白："孝慈起于自然，忠孝发于天成。"这就是说，名教起于自然，或发之自天（道）。道（自然、天、无）是本体，儒家名教由这个本体产生，或者说是这个本体的体现。因此，儒与道，名教与自然"将无同"。《世说新语·伤逝第十七》又说："王戎丧儿万子，山简往省之，王悲不自胜。简曰：'孩抱中物，何至于此？'王曰：'圣人忘情，最下不及情，情之所钟，正在我辈。'简服其言，更为之恸。"所谓"圣人忘情"，也就是王弼说的"圣人体无"，"应物而不累于物"。这与圣人贵名教、老庄明自然"将无同"，出于同一个思想体系。王戎的思想来自王弼。

王戎可谓魏晋玄学家的真正代表。自魏末何晏、嵇康等人相继被杀，阮籍妥协，儒道对立派不复存在，所有玄学家或清谈家一律都和王戎一样，讲儒道同，名教与自然同，圣人既体无又有情了。这正是世族地主所

---

① ［晋］陈寿撰，［南朝宋］裴松之注：《三国志》卷二十一《魏书·王粲传》附《阮籍传》注引《魏氏春秋》，中华书局，1964年，第605页。

② ［唐］房玄龄等：《晋书》卷四十九《阮籍传》，中华书局，1974年，第1360—1361页。

需要的东西。拿王戎来说，他本人就出身于琅邪临沂的名族，祖父王雄为幽州刺史，父王浑为凉州刺史，贞陵亭侯，自己是个"广收八方园田水碓"，"积实聚钱不知纪极"的官僚大地主。

下面，我们再把著名的玄学家郭象的思想略加分析，以见当时玄学家实为披着老庄外衣的儒家。

郭象的庄注或以为向秀注（向秀为竹林七贤之一），二人思想实出同一体系。庄注的基本原则是用儒家思想去解释老庄思想，去阐明名教起于自然。在《庄子序》中，郭象就开宗名义，说庄子"达生死之变，而明内圣外王之道"。只有懂得这一点，才能懂得郭象的思想。郭象提出了两个概念："独化"和"玄冥"。这是郭象思想的集中表现，也是哲学界讨论最多的问题。究竟应如何解释？是不是单讲哲理？"独化"，用《秋水注》[①]的话，是指"天下莫不相与为彼、我"，"彼、我皆欲自为，斯东西之相反也"。彼、我也就是各个特殊的、具体的事物，它们各有各的特殊性或个性，各有各的发展规律（自为或自生）。玄冥呢？《逍遥游》注："冥此群异。"《齐物论注》："物有自然理有至极，循而直往，则冥然自合。"易言之，玄冥就是"群异"所共归的"终极真理"（物有自然，理有至极），或共同发展规律。《庄子序》中说独化与玄冥的关系是"神器独化于玄冥之境"，独化逃不脱玄冥的制约，群异逃不脱天理自然的制约。如果到此为止，那郭象的思想还有某些合理性。可是，郭象并非单在那里讲哲理，他讲玄冥和独化，是为君主专制、世族政治服务的。在《齐物论注》中有这样两段话："若皆私之（独化），则志过其分，上下相冒，而莫为臣妾矣。臣妾之才而不安臣妾之任则失矣。故知君臣、上下、手足、外内，乃天理自然（玄冥），岂直人之所为哉？""夫时之所贤者为君，才不应世者为臣。（独化）若天之自高，地之自卑，首自在上，足自居下，岂有递哉？（玄

---

①《世说新语·文学》："初，注《庄子》者数十家。莫能究其旨要，向秀于旧注外为解义，妙析奇致，大畅玄风。唯《秋水》《至乐》二篇未竟而秀卒。……郭象者为人薄行，有俊才，见秀义不传于世，遂窃以为己注，乃自注《秋水》《至乐》二篇，又易《马蹄》一篇，其余众篇或定点文句而已。后秀义别本出。故今有向、郭二庄，其义一也。"

冥）"这即是说：君臣、上下、手足、内外之分，在于天理自然，统治者与被统治者之分，在于"天之自高，地之自卑"。郭象的这种以儒家名教观念去解释老庄思想的语言，贯穿在整个庄注与其他著作中。

西晋玄学家把儒学与老庄之学结合起来，在于使儒学能够更好地为当时的世族服务。郭象在《论语集解义疏》中认为，人民对统治阶级建立的政制，规定的名分，内心不一定服从（群异、独化），要服从一定要使人民"得其性"，"体其情"。他以为："得其性则本至，体其情则知耻（入玄冥之境）。知耻则无刑而自齐，本至则无制而自正。"换句话说，要使人们服从名教，服从封建统治，最根本的办法，是使人们明于天性（得性），知道封建统治者的意志、儒家的名教，就是天或自然的意志、规矩（本至）。如果人人都能知天，明本，得性，体情，即使无制，亦可自正。

只要一检查向秀、郭象二人的政治立场，就不难了解他们注《庄子》的用意所在了。向秀本与嵇康友善，嵇康被杀，"秀应本郡计入洛，文帝（司马昭）问曰：'闻有箕山之志，何以在此？'秀曰：'以为巢、许狷介之士（指嵇康），未达尧心（指路人皆知的司马昭之心），岂足多慕。'帝甚悦"[1]。可知向秀是站在世族一边的，与山涛、王戎同调。郭象呢？他在东海王司马越当政之时，"甚见亲委，遂任职当权，熏灼内外"[2]。

七贤，就政治态度来说，嵇康原属谯沛集团，在斗争中越出了党派的局限。王戎、向秀、山涛则站在世族的立场上。阮籍、阮咸、刘伶嗜酒放纵，矛盾苦闷，但基本上站在世族一边。他们不是"一体"，有力量的是王戎一派。

或谓西晋"儒墨之迹见鄙，道家之言遂盛"[3]，竹林七贤不是都在那里谈道吗？这是只看现象，不看本质。本质上，凡西晋玄学家都是在利用道家为儒家服务。

西晋玄学家侈谈"风流"，王澄、胡毋辅之等"任放为达（所谓'明

① [唐]房玄龄等：《晋书》卷四十九《向秀传》，中华书局，1974年，第1374—1375页。
② [唐]房玄龄等：《晋书》卷五十《郭象传》，中华书局，1974年，第1397页。
③ [唐]房玄龄等：《晋书》卷四十九《向秀传》，中华书局，1974年，第1374页。

自然'），或至裸体者"。乐广听到他们的风流事，笑道："名教内自有乐地，何必乃尔！"①可是，当时只有既能清谈儒道同，又任放为达的，才可博得"风流名士"的美名。

论魏晋玄学，还有一个问题要注意。玄学家们在本末问题上讲儒道同，在"末"上又讲儒法合。"礼法之士"或"礼法人"，是当时流行的一个名词。嵇康《与山巨源绝交书》，有"至为礼法之士所绳"之言；《晋书·阮籍传》有"礼法之士疾之若仇"之言；《世说新语·简傲》记述高道人一见卞壶，便"肃然改容，云彼是礼法人"。礼和法分割不开。阮籍的《大人先生传》说当时的君子，"惟法是修，惟礼是克"，二语把当时世族官僚包括玄学家在内，左拥法家，右抱儒家，儒法杂糅，出之以儒，进行统治，形象地刻画出来了。《宋书·荀伯子传》史臣云："有礼有法，前谟以之垂美。"后一句话表示儒法关系的亲密，是由来已久。

第三节　太康文风与建安风力的异同

钟嵘《诗品》卷上序说：诗自建安以后，"凌迟衰微，迄于有晋。太康中，三张（张载、张协、张亢）、二陆（陆机、陆云）、两潘（潘岳、潘尼）、一左（左思）勃尔复兴，踵武前王，风流未沫，亦文章之中兴也"，钟嵘未讲到太康文风比之建安如何。刘勰讲了，《文心雕龙·明诗》说："晋世群才，稍入轻绮，张、潘、左、陆比肩诗衢，采缛于正始，力柔于建安。或析文以为妙，或流靡以自妍。此其大略也。"刘勰所说力柔于建安，流靡以自妍，正是太康文风的共同特点。

西晋著名文学家陆机作《文赋》，提出了他的文艺理论。他主张"诗，缘情而绮靡；赋，体物而浏亮；碑，披文以相质；诔，缠绵而凄怆；铭，博约而温润；箴，顿挫而清壮；颂，优游以彬蔚；论，精微而朗畅；奏，平彻以闲雅；说，炜烨而谲狂"。陆机出身于江东名族吴郡四姓之一的陆

---

① ［唐］房玄龄等：《晋书》卷四十三《乐广传》，中华书局，1974年，第1245页。

氏，祖父陆逊，父陆抗，为吴国的名相，名将。他自己又仕于西晋，为贾谧二十四友之一。他对诗、赋、碑、诔、铭、箴、颂、论、奏、说的主张，反映了世族对文学的要求，影响着西晋一代文风。"诗，缘情而绮靡；赋，体物而浏亮"，正是刘勰说的"稍入轻绮"，"流靡以自妍"。西晋的诗赋比之于建安诗赋，风格的差异，是很显著的。

事物除了共性之外，总是有它的个性的。西晋各家文风，有共同之处，也有不同之处。在三张、二陆、两潘、一左中，不是无继承建安风力的人，也不是无继承建安风力的诗赋。这又表现了太康文风和建安风力的同一性。先说左思。

西晋诗文最富有生命力的，无过于左思的《咏史诗》。之所以说它最富有生命力，是因为矛头直指世族政治。左思为齐国临淄人，父左雄，"起小吏，以能擢授殿中侍御史"①，出身不高，非世族。在西晋世族统治下，这种人总是被压在底层。左思的《咏史诗》，借咏史发了他的愤懑，起到了用诗歌打击世族政治的作用。第二首："郁郁涧底松，离离山上苗，以彼径寸茎，荫此百尺条。世胄蹑高位，英俊沉下僚。地势使之然，由来非一朝。金、张藉旧业，七叶珥汉貂。冯公岂不伟，白首不见招。"第七首："何世无奇才，遗之在草泽。"是反对世族的选举制度——九品官人法。第六首："高眄邈四海，豪右何足陈？贵者虽自贵，视之若埃尘。贱者虽自贱，重之若千钧。"是对世族权门的高度蔑视。建安诗歌风力来自描写社会现实，左思咏史，敢于直指西晋政治弊端，蔑视豪右鼎贵，风力何减建安？

左思赋三都（蜀、吴、魏），"构思十年，门庭藩溷皆著纸笔"，用心良苦。左思认为"美物者贵依其本，赞事者宜本其实"。他赋三都，"山川城邑则稽之地图，鸟兽草木则验之方志，风谣歌舞各附其俗，魁梧长者莫非其旧"②，这种求实态度，冲破了陆机所谓"赋体物而浏亮"的范围。建安风力来自现实主义，左思则把写实用到赋中去，风力又何减建安？正

---

① [唐]房玄龄等：《晋书》卷九十二《文苑传·左思传》，中华书局，1974年，第2376页。
② [梁]萧统：《六臣注文选》卷四《三都赋序》，四部丛刊景宋本。

是因为他写的是三都的实际情况，文字优美，所以三赋被"竞相传写，洛阳为之纸贵"①。

三张的思想与左思有相通之处。张载在《榷论》中写道："今士循常习故，规行矩步，积阶级，累阀阅，碌碌然以取世资。若夫魁梧俊杰，卓跞俶傥之徒，直将伏死嵚岑之下，安能与步骤共争道里乎？"②读过这段文字，可以想见张载也是一个反对九品官人法的人。左思写三都赋，他提供过材料，后来又为《魏都赋》作注。他与左思不仅是文友，而且在政治上也志同道合。张协有《咏史诗》一首，诗中有"昔在西京时，朝野多欢娱。蔼蔼东都门，群公祖二疏。朱轩曜金城，供账临长衢"之句，李善注云："见朝廷贪禄位者众，故咏此诗以刺之。"③可见他和兄长张载的思想一致。张载"见世方乱，无复进仕意"④，张协见天下已乱，"屏居草泽，守道不竞，以属咏自娱"⑤。二人出处亦复相同张亢解音乐、技术、律历，东晋初年过江，出仕于东晋。

三张诗文以张协最为有名。钟嵘把张协的五言诗列入上品之中，说他"文体华净，少病累，又巧构形似之言，雄于潘岳，靡于太冲（左思）。风流调达，实旷代之高手，词彩葱菁，音韵铿锵，使人味之，亹亹不倦"⑥。这个评论是恰当的。就风力来说，左思以下，应让张协。他的风力，在内容上表现为现实主义，在形式上表现为"词彩葱菁"。例如《苦雨》，先写雨势："云根临八极，雨足洒四溟。霖沥过二旬，散漫亚九龄。阶下伏泉涌，堂上水衣生。洪潦浩方割，人怀昏垫情。"笔力遒劲，而在遒劲中，用"人怀昏垫情"一语作结，接着便转到苦雨："沈液漱陈根，绿叶腐秋茎。里无曲突烟，路无行轮声。环堵自颓毁，垣闾不隐形。尺烬重寻桂，

---

① [唐]房玄龄等：《晋书》卷九十二《左思传》，中华书局，1974年，第2377页。

② [唐]房玄龄等：《晋书》卷五十五《张载传》，中华书局，1974年，第1518页。

③ [梁]萧统：《六臣注文选》卷二十一《诗乙》，四部丛刊景宋本。

④ [唐]房玄龄等：《晋书》卷五十五《张载传》，中华书局，1974年，第1518页。

⑤ [唐]房玄龄等：《晋书》卷五十五《张协传》，中华书局，1974年，第1519页。

⑥ [南朝]钟嵘：《诗品》卷上《晋黄门侍郎张协诗》，明夷门广牒本。

红粒贵瑶琼。"①从大雨带来的灾害中联想到一尺之烬重于一寻之桂，红粮贵过瑶琼，这就不是写个人的苦雨，而是写人民的苦雨了。风力直追建安，而又词采缤纷，音韵铿锵，堪称太康名作。

二陆。《晋书》卷五十五传论说："二陆入洛，三张减价。"这只是因为二陆诗文比三张更加得到洛阳豪贵的赞赏罢了。陆机诗文，就其艺术成就来说，既未超过左思，也未超过张协。钟嵘说陆机"才高词赡，举体华美，气少于公干，文劣于仲宣，尚规矩不贵绮错，有伤直致之奇。然其咀嚼英华，厌饫膏泽，文章之渊泉也"②。刘勰说陆机"才欲窥深，辞务索广，故思能入巧而不制繁"③。二家对陆机的看法基本相同，评价不是很高。只有葛洪盛称"机文犹玄圃之积玉，无非夜光焉；五河之吐流，泉源如一焉。其弘丽妍瞻，英锐漂逸，亦一代之绝乎！"④评价极高。恰当的是钟、刘二家的评论。陆机"好游权门，与贾谧亲善，以进趣获讥"⑤。与弟陆云、陆耽，投身于成都王司马颖底下，参与八王之乱。后来为司马颖所害。孙惠写信给朱诞说："不意三陆相携暗朝，一旦湮灭，道业沦丧，痛酷之深，荼毒难言，国丧俊望，悲岂一人！"⑥这确实是件令人感到痛惜的事。陆机兄弟相携暗朝，托身非所，虽有出身方面的原因，但更重要的是思想方面的原因。三张也是太守之子，可他们的出处，却胜似三陆。

陆机的思想、交游，影响了他在文学上的成就。他的五言诗被钟嵘列入"篇章之珠泽，文采之邓林"的"警策者"之列的，是《拟古诗》十二首。这十二首有十首是明闺妇、情人之思；述思好之情；劝人仕进，以趋欢乐；戒人易老，不如早为行乐；自伤、自况。只有第十首《拟西北有高楼》，是"明贤才不见用"；第十二首《拟明月皎夜光》，是"喻权臣用事，

①［梁］萧统：《六臣注文选》卷二十九张景阳《杂诗十首》，四部丛刊景宋本。

②［南朝］钟嵘：《诗品》卷上《晋平原相陆机诗》，明夷门广牍本。

③［南朝］刘勰：《文心雕龙》卷十《才略第四十七》，四部丛刊景明嘉靖刊本。

④［唐］房玄龄等：《晋书》卷五十四《陆机传》，中华书局，1974年，第1481页。

⑤［唐］房玄龄等：《晋书》卷五十四《陆机传》，中华书局，1974年，第1481页。

⑥［唐］房玄龄等：《晋书》卷五十四《陆机传》附《云弟耽传》，中华书局，1974年，第1486页。

时气迅速，人情渐坏，在贵忘贱"。《拟明月皎夜光》从"岁暮凉风发，昊天肃明月"，写到"畴昔同宴友，翰飞戾高冥。服美改声听，居愉遗旧情织女无机杼，大梁不架楹"，多少接触到了某些社会问题。

潘岳是荥阳中牟人，世族出身。祖父潘瑾为安平太守，父潘芘为琅邪内史。潘岳"早辟司空太尉府，举秀才"①，后来做了给事黄门侍郎。赵王司马伦之乱，潘岳与石崇一起被杀。从子潘尼"性静退不竞，唯以勤学著述为事"②，洛阳陷落前，潘尼东奔，病死于坞壁之中。刘勰说："潘岳敏给，辞自和畅，钟美于西征（指《西征赋》），贾余于哀诔（指《悼亡诗》）。"③钟嵘在《诗品·晋黄门郎潘岳诗》中说："陆才如海，潘才如江。"潘不及陆。然而潘岳也有名篇为陆机所不及。人们往往因为《晋书·潘岳传》有"性轻躁，趋世利"，"美姿仪，……少时挟弹出洛阳道，妇人遇之者，皆连手萦绕，投之以果"之言，进而压低他的诗歌价值，殊不知他是一个深情的人。他忠于爱情，《悼亡诗》是他首创。此诗写他怀念亡妻李氏："望庐思其人，入室想所历。帏屏无仿佛（不见形象），翰墨有余迹。流芳未及歇，遗挂犹在壁。……寝息何时忘，沉忧日盈积。""岂曰无重纩，谁与同岁寒？岁寒无与同，朗月何胧胧！展转眄枕席，长簟竟床空。床空委清尘，室虚来悲风。独无李氏灵，仿佛睹尔容。抚衿长叹息，不觉泪沾胸。沾胸安能已，悲怀从中起。寝兴目存形，遗音犹在耳。"诗内感情何等深挚，何等缠绵，又何等感人！

西晋文风，就基本方面来说，是世族所追求的绮靡文风，如陆机《文赋》所主张的文风。但如左思、张协，仍保持其独特的风格，他们是建安风力的继承者。其他各家，也不能抹煞。如果说建安是五言诗的发展时期，那么，太康便是五言诗的进一步发展时期。这个时期，五言体裁被广泛运用，日臻成熟。除三张、二陆、两潘、一左外，尚有其他一些诗家，

　①［唐］房玄龄等：《晋书》卷五十五《潘岳传》，中华书局，1974年，第1500页。

　②［唐］房玄龄等：《晋书》卷五十五《潘岳传》附《尼传》，中华书局，1974年，第1507页。

　③［南朝］刘勰：《文心雕龙》卷十《才略第四十七》，四部丛刊景明嘉靖刊本。

用五言写诗，也负有时望。被钟嵘列入上品的，有阮籍的诗；列入中品的，有石崇、曹摅、何劭、刘琨、刘湛等人的诗；列入下品的，有傅玄、傅咸、缪袭、夏侯湛、王济、杜预等人的诗。阮籍的《咏怀诗》是名篇，石崇的《王明君辞》是第一首歌咏王昭君的诗[①]。此诗有序，序云："……昔公主嫁乌孙，令琵琶马上作乐，以慰其道路之思，其送明君，亦必尔也。其造新之曲，多哀怨之声，故述之于纸耳。"据《乐府诗集·古今乐录》："明君歌舞者，晋太康中，季伦（石崇字）所作也。"则石崇不仅作了辞，而且作了曲，可歌可舞。辞是第一首，曲也是第一首。后世昭君辞、曲，源于此。

这个时期已注意到了音韵在文学上的使用问题。钟嵘说张协诗"音韵铿锵"，《隋书·经籍志四》更说："爰逮晋氏，见称潘、陆，并黼藻相辉，宫商间起。"这为以后诗文与五音、四声的结合，起了先导的作用。

第四节　八王之乱

西晋的分封　通常，总是把八王之乱和西晋的分封制联系在一起，把西晋的分封和汉初的大封同姓王等同，其实有误。西晋的分封在灭蜀后，亡吴前，特点是"以郡为国"[②]，刘颂谓之为"法同郡县，无成国之制"[③]。这就和西汉的分封有别。这种"国"其实仍是郡。郡有大、中、小，国也有大、中、小。邑二万户为"大国"，晋初所封的大国只有平原（属冀州）、汝南（属豫州）、琅邪（属徐州）、扶风（属雍州）、齐国（属青州）等几个可数的国家。大国置上、中、下三军，虽名三军，只有兵五千人。万户为"次国"，晋初所封的次国，也只有梁（属豫州）、赵（属冀州）、乐安（属青州）、燕（属幽州）、安平（属冀州）、义阳（属荆州）等

---

①《六臣注文选》卷二十三《诗丙》收有阮籍《咏怀》十七首，卷二十七《乐府上》收有石季伦《王明君辞并序》。《玉台新咏》卷二亦收有石崇《王昭君辞一首并序》。明君即昭君，为避司马昭讳而改。

②［唐］房玄龄等：《晋书》卷十四《地理志》，中华书局，1974年，第414页。

③［唐］房玄龄等：《晋书》卷四十六《刘颂传》，中华书局，1974年，第1299页。

几个可数的国家。次国只置上、下二军，兵才三千人。五千户为"小国"，只置一军，兵一千五百人。从《晋书·宗室传》《文六王传》来看，晋武帝所封的五千户上下的小国，只有兖州的任城国、东平国，豫州的沛国、谯国，冀州的高阳国、中山国、常山国，并州的太原国、西河国，秦州的陇西国，梁州的广汉国，青州的东莱国、济南国、渤海国，徐州的彭城国、下邳国，平州的辽东国。

按西晋有十九州（司、兖、豫、冀、幽、平、并、雍、秦、梁、益、凉、宁、青、徐、荆、扬、交、广），一百七十二郡，武帝用来建置封国的，只有平原、汝南、琅邪、扶风、齐、梁、赵、乐安、燕、安平、义阳、任城、东平、沛、谯、高阳、中山、常山、太原、西河、陇西、广汉、东莱、济南、渤海、彭城、下邳、辽东等二十八个郡，分封实在微乎其微。封国自武帝到怀帝虽有变化，有的国复变为郡，如汝南、扶风等国；有的郡新封为国，如河间、东海等郡，但总数保持在三十个左右。《晋书·地理志》所记郡国数，郡为一百四十二，国为三十。

再说始封时，"诸王公皆在京都"，咸宁三年才因杨珧、荀勖的奏请，遣诸王就国，"而诸公皆恋京师，涕泣而去"[1]。有些王虽然担任了都督诸军、监诸军、督诸军的职务，如汝南王司马亮出为镇南大将军，都督豫州诸军事；赵王司马伦督邺城守事；太原王司马辅监并州诸军事，只是都督、监或督一州。都督诸州军事设于魏文帝黄初二年，这个职务并非就是乱根，更何况西晋诸王非都督"诸州"军事。尤有进者，据《全晋文》卷六武帝五《省州牧诏》记载，太康八年灭吴后，晋武帝下诏："江表平定，天下合之为一，当韬戢干戈，与天下休息。诸州无事者罢其兵。刺史分职，皆如汉氏故事。"这是罢州郡兵。这一罢，无论是都督、监、督诸州，还是一州，手下的军事力量更微不足道了。

晋武帝的分封，目的是想永保司马氏天下，却未料他一死，八王之乱便起。这种战乱的造成，不是由于分封制度，而是由于封建专制制度。

---

① ［唐］房玄龄等：《晋书》卷二十四《职官志》，中华书局，1974年，第745页。

封建专制与八王之乱　八王之乱，始于惠帝即位的第二年（永平元年）。自此一发而不可休止。上面说过，西晋的封国实际上没有多大的实力，但何以八王之乱能一直持续到西晋灭亡？这就要从我国封建君主专制制度上去找原因。

我国封建君主专制制度是建立在自由农的小块土地所有制和地主的土地所有制基础之上的。这个基础很牢固。但君主专制又表现为个人和"行政权力支配社会"。马克思在《路易·波拿巴的雾月十八日》中说过，小块土地所有者所要求的，是"高高站在他们上面的权威，是不受限制的政府权力"。因为除了这个权力，再没有什么力量能保护散漫的小块土地所有者，"不受其他阶级侵犯，并从上面赐给他们雨水和阳光"。我国的地主，包括汉魏时期的田庄主，因为商品经济发达较早，也希望有一个高高站在他们上面的权威，来保护他们所广收的"八方园田水碓"和"周于四方"的船车，并不想拥戴一个军阀割据一方，保护他们的局部利益。既然君主专制表现为个人和行政权力去支配社会，那么，谁做了皇帝，操纵了国家机器，谁就有了"不受限制"的宰割天下的权力。而这种权力，因为受到自由农和地主的支持，一经取到手上，便成了牢靠的、实在的东西，天下可以长期任其宰割。争夺皇帝宝座的变乱。因此便成了君主专制的特有的伴随物。当皇帝和封建官僚机构是强有力的时候，或者说个人和行政权力能够真正支配社会的时候，国家尚能保持稳定或苟安；但当皇帝昏庸，官僚机构又转动不灵的时候，那就必然要变乱丛生。西晋是世族的天下，一切以满足世族的利益为前提。经济上，荫亲属制保证了世族及其亲属的免税、免役特权；政治上，九品中正制保证了世族的做官特权。而为了满足世族的官欲，造成了机构多、官属多、兼职多、国家机构臃肿不堪的大病。国家机器转动不灵，行政权力或者说"无限制的政府权力"，不能发挥出支配作用，因此，在晋武帝司马炎之时，就已经孕育了乱根。只是因为晋武帝本人尚能控制诸王，战乱没有在他那个时候爆发而已。可他一死，高高站在上面的"权威"，便没有一个可以控制局势的了。晋惠帝以"蒙蔽"闻名，"朝廷咸知不堪政事"[①]。辅政大臣杨骏以"小器"闻名，尚书褚䂮、郭奕曾上表武帝，以为杨骏"不可以任社稷之重"[②]。这样的人当国，国安得不乱？梁武帝说得好："昔晋惠庸主，诸王争权，遂内难九兴，外寇三作。"[③]如果作乱的人物中真有可以控制局势的人，乱事也不致一发而不可休止。可是，首为乱阶的贾后，武帝说过她有"五不可"，第一不可是妒嫉[④]。起兵杀贾后，废惠帝，自当皇帝的赵王司马伦，"素庸下，无智策"[⑤]，受制于孙秀，惑于巫鬼。继起的齐王司马冏"沉于酒色"[⑥]，成都王司马颖"形美而神昏，不知书"[⑦]。由此可知，八王之乱所以一发而不可休止，原因在于西晋诸王乘专制机器失灵，执政者无能肩负国家之重，唯知"树其腹心"，发动叛变，以夺取至高无上的皇帝宝座。而首为乱阶的贾皇后，继而逞兵的诸王，也无一个可以支配、稳定政局，遂至争夺无已，直到西晋灭亡。

自西晋到东晋初年，就有不少人对西晋政治作过评论或总结。匈奴东部人王彰说："且武帝不惟社稷大计，嗣子（惠帝）既不克负荷，受遗者复非其人，天下之乱，可立待也。"《资治通鉴》记其言于惠帝永熙元年八王之乱以前。这个匈奴人看到了人的问题，而且预见到战乱将要发生。虞预撰《晋书》，从官场的"清谈"立论，多少看到了西晋官僚机器的不灵；干宝《晋纪总论》进一步触及了西晋官僚机构的各个方面，揭露了西晋整个国家机构和官吏的腐朽无能。他们觉察到了在封建君主专制制度下，个人和行政权力如果不足以支配整个社会，便会发生变乱。然而，这尚是从变乱的可能性立论。人们还须进一步追问：八王为什么要发动变乱？在这

① [唐]房玄龄等：《晋书》卷四《惠帝纪》，中华书局，1974年，第107页。
② [唐]房玄龄等：《晋书》卷四十《杨骏传》，中华书局，1974年，第1177页。
③ [唐]李延寿：《南史》卷五十六《张弘策传》，中华书局，1975年，第1382页。
④ [唐]房玄龄等：《晋书》卷三十一《后妃传上·惠贾皇后传》，中华书局，1974年，第963页。
⑤ [唐]房玄龄等：《晋书》卷五十九《赵王伦传》，中华书局，1974年，第1600页。
⑥ [唐]房玄龄等：《晋书》卷五十九《齐王冏传》，中华书局，1974年，第1606页。
⑦ [唐]房玄龄等：《晋书》卷五十九《成都王颖传》，中华书局，1974年，第1617页。

个方面，看得最深刻的，应推鲍敬言。

列宁曾称赞黑格尔说的"内在精神"，"非常深刻地指出事件的历史原因"①。如果用黑格尔说的"事件的内在精神"去看八王之乱，就可以发现：八王之所以要发动变乱，就是因为存在着一个争夺对象——拥有"屠割天下"权力的皇帝宝座。换言之，八王之乱的内在的或最后的原因，应当从封建君主专制制度本身去找。大家知道鲍敬言是东西晋之交的"无君论"者。他的无君论从何而来，价值何在，则不是每个人都理解的。从《抱朴子·外篇·诘鲍》所载鲍敬言的言论来看，他不仅是一个无君论者，而且是一个"无司论"者，他主张连同皇帝和封建国家机器，一齐取消。为什么他在两晋之交，能得出这样的结论呢？毫无疑问，是西晋的战乱给他提供了有君有司为害的丰富的素材。西晋是世族的天下，世族的贪欲在西晋的腐朽政治下，日益强烈。以八王为代表，无人不想当皇帝或皇帝的代表，取得对人民的最大压迫权和剥削权，国家机器不灵，又给了他们一个可乘之机。鲍敬言的可贵之处，在他看到了"争强弱而校愚智"的战乱，都是由皇帝制度或者说封建君主专制制度带来的。因此，他主张取消皇帝和为皇帝"屠割天下"服务的国家机器（"有司"），实现无君无司之治。争夺的对象不存在了，争夺也就不会发生了。他不可能想到我国封建君主专制政治有它的牢靠的基础，但他能透过纷纭复杂的战乱现象，看到封建君主专制制度本身的问题，得出有君有司为害的结论，便比两晋任何人的观察都要深刻得多。他真正抓住了事情的本质。从思想发展史的角度来说，魏末嵇康提出过"君位益侈"，"祸蒙山丘"的思想，他主张变有君有司为无君无司，铲除乱根，是这一思想的一个重大的飞跃。

第五节　李特、张昌起义的民族、宗教和阶级性质

西晋自惠帝即位以后，各族人民就接连不断地起来进行反晋斗争，各

---

① 列宁著,中共中央马克思、恩格斯、列宁、斯大林著作编译局译:《黑格尔"逻辑学"一书摘要》,人民出版社,1963年,第89页。

族的地主阶级中也有人加入了这一行列，加上五斗米道的影响和匈奴贵族刘渊的起兵，形成一种十分复杂的政治局面。在304年之前，各族人民反晋起义的性质较明显，规模也较大，这即齐万年、李特和张昌领导的三次起义。304年，刘渊起兵，从这之后，斗争就复杂化了，一些地方官吏和地主也乘机起兵反晋。虽然也有人民起义，但不是色彩不鲜明（如汲桑为司马颖诛司马越、司马腾的口号），就是很快失去起义的意义（如王如），规模也较小。这里着重探讨刘渊起兵前的李特起义和张昌起义，这两次起义声势最大，到现在还有许多重要的问题有待澄清。例如：李特、张昌究竟属于何蛮？究竟信奉何种宗教？阶级属性又如何？

关于西晋流民流动的特征和益州李特的起义　西晋各族人民的反晋斗争，以流民起义为主要。讲西晋的流民起义，第一，必须了解西晋人民流亡的特征；第二，应将各支流民起义的阶级、民族乃至宗教的特征搞清楚。

西晋世族地主的腐朽统治和连年不断的混战，造成了各地人民的大流亡。这种流亡有一个显著的特点，即不仅以一个个宗族集体流动，而且不同的宗族往往结伙同行，走到哪里，就同在哪里停留。这与当时田庄的宗族组织有密切的关系。认识了这个特点，以及弄清起义队伍的民族属性和宗教属性，才有可能了解其全貌、实质以及西晋政权未被流民起义推翻的原因。

《晋书·李特载记》说："汉末张鲁居汉中，以鬼道教百姓，賨人敬信巫觋，多往奉之。值天下大乱，自巴西之宕渠迁于汉中杨车坂（晋汉中郡属梁州），抄掠行旅，百姓患之，号为杨车巴。"魏武帝克汉中，李特之祖"将五百余家归之，魏武帝拜为将军，迁于略阳北土（晋略阳郡属秦州，为氐族居地），复号之为巴氐"。李特之父李慕为东羌猎将。《华阳国志·李特、雄、寿、势志》说李特"少仕州郡，见异当时"。又说："魏武定汉中，曾祖父虎与杜、朴胡、约、杨车李黑等移于略阳北土，复号曰巴人。"这两段记载说了三个情况：一、李特是賨人，賨人原居巴西之宕渠。二、賨人都信五斗米道，因信仰关系，从宕渠迁往张鲁控制的汉中地区，又称

"杨车巴"。曹操克汉中，再迁略阳北土。略阳本是氐人居住的地方，故复有"巴氐"之称，但李特并非氐人，《华阳国志》故不称巴氐，而称"巴人"。三、李特的祖辈自宕渠迁汉中，再从汉中迁略阳，都是携带宗族一起上路的，故有"五百余家"之多。李特的曾祖父李虎为魏将军，父李慕为晋东羌猎将，李特本人少仕州郡。这一家在晋是享有荫亲属权利的仕宦之家，是賨人李姓宗族的主人。

　　李特的"賨人"究竟属于哪一个民族呢？《晋书·李特载记》说李特之先为"廪君之苗裔"，其实载记明明记述賨人的来历是："秦并天下，以为黔中郡，薄赋敛之口，岁出钱四十。巴人呼赋为賨，因谓之賨人。"出口钱四十的賨人并非廪君蛮的后裔。按《后汉书·南蛮西南夷列传》分别为"巴郡南郡蛮"和"板楯蛮"立传。巴郡、南郡蛮是"廪君"蛮，本居"夷城"。秦国时，"其君长岁出赋二千一十六钱，三岁一出"，而不是岁出口钱四十，也无"賨"名。板楯蛮居巴郡阆中渝水，秦国时，板楯蛮"顷田不租，十妻不算"，至汉高祖刘邦，才规定"复其渠帅罗、朴、督、鄂、度、夕、龚七姓不输租赋，余户乃岁入賨钱，口四十。"可知岁出口钱四十的賨人，实是板楯蛮，而非廪君蛮。从分布地区来看，廪君蛮分布在沔中、巫郡等地（详张昌起义），其迁徙方向是由夷水向东。賨人则北迁汉中、关西，其迁徙方向是由渝水向北。这也说明賨人不可能是廪君蛮。汉末张鲁政权下的朴胡，是《后汉书》所说板楯渠师七姓之一，杜濩是"賨邑侯"，《资治通鉴》称之为"巴賨夷师"。賨即賨人，賨人是在汉末由巴西迁往汉中杨车坂的，李特一家也就是在那个时候迁往汉中的，因为被称为"杨车巴"，所以《资治通鉴》把"巴賨"二字连在一起用。杜濩、朴胡既是板楯蛮人（賨人），那么，賨人李特也必为板楯蛮人无疑。从《后汉书》所记这两个民族的远古传说来看，廪君蛮人传说"廪君死，魂魄世为白虎"，而阆中板楯蛮人则传说"阆中夷人能作白竹之弩，乃登楼射杀白虎"。一化为白虎，一射死白虎，廪君、板楯是两个不同的对立的氏族明矣。因此决不能说李特出于廪君蛮，而只能说"其先板楯之苗裔"。

　　李特所属民族既明，我们再来看关西流民是怎样流入益州的。

《晋书·李特载记》，"元康中，氐齐万年反，关西扰乱，频乱大饥，百姓乃流移就谷，相与入汉川者数万家"，共有"十余万口"。后又从汉川南流，"散在益、梁，不可禁止"。这数万家流民是在"六郡之豪李、任、阎、赵、杨、上官及氐、叟侯王"率领下流动。六郡之豪，除李特外，有姓名的还有"上邽令任臧、始昌令阎式、谏议大夫李攀、陈仓令李武、阴平令李远、将兵都尉杨褒"等，为官的颇为不少。

《晋书·李特载记》中又有"六郡人部曲督李含（李特妹夫）"之语，表明六郡流民都是六郡之豪的徒附或部曲。晋益州刺史赵廞据成都反，"特弟庠与兄弟及妹夫李含、任回、上官惇、扶风李攀、始平费佗、氐苻成、隗伯等以四千骑归廞"。这里说的"四千骑"就是部曲。李特、李庠、李含、任回、上官惇、李攀、费佗、苻成、隗伯等人都是部曲督。

李庠后来被赵廞杀掉，诛连他的"子侄宗族三十余人"。所谓"子侄宗族"，表明李庠等人又是宗族的首领，而部曲也就是他们各自宗族中的成员或宗人。这一概被称为流民。

然则，关西流民中有宗主，有宗族中的下层人员（徒附、部曲），流动以宗族为单位，受宗主控制，许多宗族结合在一起，同行同止，便是十分明白的了。

《晋书·李特载记》还说"特之党类皆巴西人"。賨人原居巴西，则关西六郡流民中，主要的是賨人。而賨人都是五斗米道信徒，可见他们又是以五斗米道的宗教组织进行流动的。

赵廞后为李特所杀，李特因此被西晋封为"宣威将军、长乐乡侯"。那起义又是怎样发生的呢？

关西流民生活无着落，在梁、益"为人佣力"，但并未脱离本宗族的宗主、部曲督的控制。西晋生怕流民闹事，勒令流民返回关西，却未料促成了流民的"闹事"。新任益州刺史罗尚"催遣流人，限七月上道"。流民因为"州郡逼遣，人人愁怨，不知所为"，要走也无"行资"。这时，李特以宣威将军、长乐乡侯、关西流民首领的身份，"频请求停"，并"结大营于绵竹以处流人"。罗尚贴榜购募李特兄弟首级，李特把罗尚的榜文改为：

"能送六郡之豪李、任、阎、赵、上官及氐、叟侯王一首，赏百匹。"于是六郡之豪纷纷携带他们本宗族的流民来投李特，"旬月之间，众过二万"。由此可见关西六郡流民在益州地区的起义，是因为西晋压迫流民上路回关西造成，起义从开始那一天起，便由六郡之豪宗主、部曲督来领导。

正是由于起义由賨人、五斗米道信徒李特等六郡之豪领导，所以，当形势不利时，得到了巴郡涪陵人五斗米道大地主范长生的支持。李特在起义后为罗尚所杀，李流士众饥困，"率千余家依青城山"的范长生。范长生与李氏宗教相同，阶级相同，且同为巴人，"资给流军粮"，使李流得以复振。李流也"敕诸子尊奉"范长生[1]。后来李雄（李特少子）在成都称帝，"加范长生为天地太师，封西山侯，复其部曲不豫军征，租税一入其家"[2]。

益州流民起义既由六郡之豪领导自己的部曲进行，这就决定了起义只能向着建立封建地方政权的方向发展。

益州地区关西六郡流民起义，是典型的流民起义，懂得了益州地区流民起义的特征，也就可以懂得其他地区的流民起义了。

关于沔中张昌起义　江沔地区的张昌起义，是流民和当地人的一次大规模的联合起义，以当地（江沔间）人为主。

《晋书·张昌传》说张昌是"义阳蛮"，被呼为"妖贼"，部众"皆以绛科头，撊之以毛"，或"绛头毛面"。所谓"义阳蛮"关系到一大民族；所谓"绛头毛面"，关系到一大宗教。这两大问题，以往都被忽略了，作一探讨。

"义阳蛮"到底是什么蛮族呢？按义阳在晋属于荆州义阳郡。晋义阳郡辖有新野、穰、邓、蔡阳、随、安昌、棘阳、厥、西平氏、义阳、平林、朝阳等十二县，为太康中"分南阳立"[3]。由此可知义阳蛮张昌本南阳郡人。《晋书·张昌传》又称：张昌于"安陆县石岩山屯聚"，安陆属江

---

① [唐]房玄龄等：《晋书》卷一百二十《李流载记》，中华书局，1974年，第3030页。

② [唐]房玄龄等：《晋书》卷一百二十一《李雄载记》，中华书局，1974年，第3036页。

③ [唐]房玄龄等：《晋书》卷十五《地理志下》，中华书局，1974年，第454页。

夏郡。其后张昌据有江夏，立山都县吏丘沉（刘尼）为天子，山都，晋属襄阳郡，汉属南阳郡。而襄阳本县名，在汉属于南郡。政权既建，"江沔间一时焱起"，"江夏、义阳士庶莫不从之"。所谓"江沔间"，跨有江夏、南郡、襄阳、义阳及南阳五郡，在汉则为跨江夏、南郡、南阳三郡。张昌部众的籍贯基本上不出这些郡的范围。

考《后汉书·巴郡南郡蛮传》，巴郡、南郡蛮（廪君蛮）在东汉时期，曾向江沔一带迁徙。东汉初年即曾迁廪君蛮"种人七千余口置江夏界中"，《后汉书》称"今沔中蛮是也"。后巫蛮（巫县，汉属南郡）许圣反，为东汉所破，"复徙置江夏"。由此可知江夏郡廪君蛮人徙入之多。而他们都叫"沔中蛮"。

又考《三国志·吴书·朱然传》注引《襄阳记》："粗中在上黄界，去襄阳一百五十里，魏时夷王梅敷兄弟三人部曲万余家屯此，分布在中庐、宜城西山、鄾沔二谷中。土地平敞，宜桑麻，有水陆良田。沔南之膏腴沃壤，谓之粗中。"这里说到中庐、宜城二县都在沔南。此二县在汉均属南郡（晋属襄阳郡），所谓夷王梅敷兄弟及其部曲万余家，实为南郡蛮，亦即廪君蛮。而因地处沔南，故也是沔中蛮。

又考《宋书·豫州蛮传》："豫州蛮，廪君后也。……北接淮汝，南极江、汉，地方数千里。"然则，淮、汝以南，江、汉以北的蛮人，包括义阳蛮人在内，便都是廪君蛮了。

问题明白了，原来义阳蛮张昌是我国三大蛮族（廪君、板楯、槃瓠）之一的廪君蛮人。他的部众，即"江沔间一时焱起"的群众，不说全部，大部分也都是廪君蛮人。张昌起义，就民族性来说，实际是廪君蛮人在西晋时期的一次起义。

再说"绛头毛面"。

考《弘明集》卷八释玄光《辩惑论》"畏鬼带符妖法之极一"有云："张角黄符，子鲁（张鲁）戴绛，卢悚紫标，孙恩孤虚。"则"戴绛"为张鲁五斗米道的标识，与太平道信徒著黄巾有别。五斗米道信徒戴绛，还可从《三国志·吴书·孙策传》注引《江表传》中得到一个旁证。"策曰：

昔南阳张津为交州刺史，舍前圣典训，废汉家法律，常著绛帕头，鼓琴烧香，读邪俗道书，云以助化，卒为南夷所杀。"南阳是五斗米道传播的地区之一。汉末著名的五斗米道信徒、光武帝阴皇后的族属阴长生（也叫长生），即南阳新野人。张津常著绛帕头，显然来自张鲁的戴绛。籍贯本属汉南阳郡的张昌、刘尼被称为"妖贼"，部众"皆以绛科头"，所谓绛头，必为五斗米道标识无疑。

"毛面"呢？《辩惑论》"制民课输欺巧之极二"说："又涂炭斋者，事起张鲁，氐夷难化，故制斯法。乃驴辗泥中，黄卤泥面，摘头悬抑，挺埴使熟。此法指在边陲，不施华夏。"又说："吴陆修静甚知源僻，犹泥挨额，悬麋而已。痴僻之极，幸勿言道。"据此可知张鲁因"氐、夷（蛮）难化"，曾创"泥面"法施之于少数民族。而张昌部众正是少数民族。张昌部众"毛面"，起于张鲁创黄卤泥面法以施蛮夷，又殆无可疑。毛面只不过在泥面的基础上再撊上毛罢了，无泥不能撊毛。张昌这样做，正像陆修静一样，对于宗教"痴僻之极"，即是一种狂热的信仰。

由此可以断定，所谓"妖贼"张昌，即五斗米道张昌。张昌起义，就宗教属性来说，又是五斗米道信徒在江沔间的一次起义。

我们再深入一步，探讨一下廪君蛮人信仰五斗米道的始末，就不难发现，在汉末，五斗米道已经在廪君蛮人中间传播。《后汉书·灵帝纪》中平元年注引《刘艾记》说："时巴郡巫人张修疗病，愈者雇以米五斗，号为五斗米师。"《后汉书·刘焉列传》说："鲁部曲多在巴土。"廪君蛮起源于巴东，《后汉书》中的巴郡、南郡蛮都是廪君蛮人。张修、张鲁是把五斗米道传到巴郡的两个人，巴郡廪君蛮人接受五斗米道，是由来已久。更何况南阳还有阴长生、张津等五斗米道信徒在活动。到西晋时，五斗米道在各地廪君蛮人中蔓延开来，是不足为奇的。

张昌起义的导火线，据《晋书·张昌传》，是西晋下书"发武勇以赴益土，号曰壬午兵"，西去镇压益州地区的流民。这年"江夏大稔，流人就食者数千口"，张昌于安陆屯聚，"诸流人及避戍役者多往从之"。这数千就食江夏的流民和避戍役者，是最初的起义群众，起义性质比李特要鲜明得多。

神凤政权建立后，"江夏、义阳士庶莫不从之"，成分复杂了。江夏旧姓江安令王伛、秀才吕蕤不肯相从，张昌还"以三公位征之"，但不果。张昌"少为平氏县吏"，刘尼也是县吏，阶级性使他们和江夏、义阳士庶结合在一起。廪君蛮中，在曹魏时，已经出现了像梅敷兄弟那样拥有部曲万余家的大地主，江夏、义阳士庶中，有许多人是廪君蛮的地主，他们都信五斗米道。民族性和宗教性也使张、刘和江夏、义阳士庶结合在一起。这种结合，使神凤政权不能不是一个封建政权。

张昌起义在302年。304年，匈奴贵族刘渊起兵了，民族矛盾激化，其他矛盾不能不跟着发生变化。310年，雍州流人首领王如、侯脱等"各率其党"在宛城起义，不久竟向匈奴刘汉政权投降，王如觍颜以"汉臣"自居①，便是一例。刘渊部将王弥打到襄城郡，"河东、平阳、弘农、上党诸流人之在颍川、襄城、汝南、南阳、河南者数万家"②，竟起来响应王弥，也是一例。所以有此变化，是因为匈奴贵族和乘机而起的地方官吏，看到了为宗主所控制的流民不是不可利用的，宗主也看到了匈奴贵族和地方官吏不是不可依杖的，二者结合，遂使后一期的斗争远不如前一期。

西晋的反晋斗争，以流民起义最为重要。流民的斗争贯穿前后二期，与惠、怀二帝相终始，可是却没有把西晋打倒。这是因为地主阶级利用封建的宗族组织、封建的宗法、封建的意识乃至五斗米道，控制住了流民。流民如果不能摆脱封建宗族、宗法、意识的束缚，他们的斗争，便只能被利用去为宗主的利益服务。了解西晋人民的流亡，是由田庄主带领本宗宗人、部曲的流亡，是我们了解西晋流民起义及其变化的关键。

---

① ［唐］房玄龄等：《晋书》卷一百《王如传》，中华书局，1974年，第2618页。
② ［唐］房玄龄等：《晋书》卷一百《王弥传》，中华书局，1974年，第2610页。

第七章　民族矛盾的激化及其演进
（304—383年）

第一节　入塞匈奴和屠各刘氏政权

魏晋时期入塞匈奴的社会性质　东汉南匈奴入塞之初，尚处于奴隶社会。到魏晋时期，入塞匈奴的社会性质发生了变化，这须从曹操谈起。

汉献帝建安年间，曹操把入塞匈奴分为五部，各居一县。《晋书·刘元海载记》记左部万余落，居于太原故泫氏县（晋属并州上党郡）；右部六千余落，居于祁县（晋属并州太原国）；南部三千余落，居于蒲子县（晋属司州平阳郡）；北部四千余落，居于新兴县（晋属并州新兴郡）；中部六千余落，居于大陵县（晋属并州太原国），住地固定了。除了在新兴的北部以外，其余四部都在太原以南。而太原以南，是中原文化的摇篮地之一，住在这个地方，不可能不受到汉族文化的影响，社会性质逐渐发生了变化。过去阻碍匈汉族接受汉族文化的，是匈奴族的部落组织。《晋书·四夷传》称"北狄[1]以部落为类"，其入居塞者，有屠各等十九种，"皆有部落，不相杂错"。曹操把入塞匈奴分为五部，给匈奴带来的变化，至少有下面一些。

籍贯变化。《晋书·刘元海载记》称："刘元海，新兴匈奴人，冒顿之

---

[1] 通常所说入塞匈奴，不止匈奴一族。如十九种中的羌渠种，即羯族。故《晋书》称为入塞北狄。

后也。"《晋书·刘聪载记》附《陈元达传》称陈元达"后部（北部，亦即新兴）人也"。《良吏传·乔智明传》称乔智明"鲜卑（匈奴之讹）前部（南部，亦即蒲子）人也"。这里不称某种人而称某地人，某部人，表明种的区别已经退居到地区区别之下。《太平御览》卷四百三十八引《后赵录》，有一个叫张进的人，称"元城屠各人"，也是把地名摆到了种名之前。

同种分地而居。以屠各种为例。刘氏：《晋书·刘元海载记》既称刘元海为新兴（北部）人，又称其父刘豹为左部帅，而左部属于太原泫氏县。既称"刘氏虽分居五部"，又称"然皆家居晋阳汾涧之滨"。乔氏：乔氏为匈奴屠各种四姓之一，《乔智明传》称乔氏居住在前部，即居于蒲子县境。由此可知匈奴屠各种是分地而居的，甚至同一个姓也是分地而居的。有的住在北边的新兴郡新兴县（北部），有的住在南边的蒲子县（南部）。一个种类甚至一个姓既不住在一起，要保持部落组织，便是困难的了。

部落等同编户。在匈奴族中，魏晋时期，重要的社会组织是宗族（一个姓）和家庭。屠各刘氏"皆家居晋阳汾涧之滨"，说明一姓一族和家庭的重要。从上面讲的汉名臣后部人陈元达，"少而孤贫，常躬耕，兼诵书，乐道行咏，忻忻如也。至年四十，不与人交通"，我们更可看到匈奴的家庭独立于部落组织之外，部落不如同姓，一姓又不如一家。再看《三国志·魏书·梁习传》，梁习为并州刺史，"胡狄在界，张雄跋扈"，梁习礼召其豪右，发其丁壮以为义从、勇力、吏兵，且"稍移其家（注意不是移部落），前后送邺凡数万口"。不从命的，便兴兵致讨。于是使"单于恭顺，名王稽颡，部曲服事供职，同于编户"。汉魏地主田庄中有部曲，主要是由同宗或同族的农民充当，《三国志·魏书·梁习传》中匈奴族的部曲与此同义。他们"服事供职，同于编户"，也就是同于地方上的编户齐民，既受匈奴"豪右"的剥削，又受封建国家的剥削。匈奴部落名存实亡了。基本组织是姓族，而姓族中的家庭又是相对独立的。

社会形态的变化。入塞匈奴进入并州，经济生活由以畜牧为主改为以农业为主，陈元达居住在后部（北部），"常躬耕"，便是一个反映。从《梁习传》中，我们可以看到那时匈奴内部的阶级关系是"豪右"和"部曲"的关系。再看《晋书·外戚传·王恂传》，有"太原诸部亦以匈奴胡人为田客，多者数千"之言。所谓"太原诸部"，毫无疑问即太原国匈奴诸部。包括右部、中部及原属太原国的左部。这说明匈奴内部已有地主与佃客的区分。《梁习传》说的部曲，即是佃客。匈奴豪右与部曲的关系也就是匈奴地主和佃客的关系。魏晋时期，入塞匈奴的社会形态，已由奴隶制形态进到了封建制形态。

上层汉化。《晋书·刘元海载记》称刘渊师事上党崔游，诗、书、史、汉、诸子无不综览。他曾对同门生朱纪、范隆说过这样的话："吾每观书传，常鄙随（何）、陆（贾）无武，绛（周勃）、灌（婴）无文，道由人弘，一物之不知者，固君子之所耻也。"他和世族的关系很密切。"太原王浑虚襟友之，命子济拜焉"，晋武帝时，刘豹死，以刘渊为左部帅，后又以之为北部都尉。"幽、冀名儒，后门秀士，不远千里，亦皆游焉"。他的儿子刘和"好学夙成，习《毛诗》《左氏春秋》《郑氏易》"。《晋书·刘聪载记》称刘聪"年十四，究通经史，兼综百家之言，《孙吴兵法》靡不诵之。工草隶，善属文，著《述怀诗》百余篇，赋颂五十余篇"。刘聪之子刘粲"少而俊杰，才兼文武"。《晋书·刘曜载记》称刘渊族子刘曜"读书志于广览，不精思章句，善属文，工草隶"。贫穷的后部人陈元达，在"躬耕"时，亦"兼诵书，乐道行咏"。说明魏晋时期匈奴上层的汉化程度已相当高了，并且在向封建士大夫转化。

匈奴刘氏政权的民族局限性　关于刘渊起兵的目的，据《晋书·刘元海载记》，刘渊的从祖、故北部都尉、左贤王刘宣说过两次。一次说："自汉亡以来，魏晋代兴，我单于虽有虚号，无复尺土之业，自诸王侯降同编户。今司马氏骨肉相残，四海鼎沸，兴邦复业，此其时矣。"一次说："方当兴我邦族，复呼韩邪之业。"民族局限性很清楚，他们要乘八王之乱司马氏骨肉相残的机会，重建一个独立的匈奴国家。刘宣等人秘密共推了刘渊为大单于，并派呼延攸（呼延氏为匈奴贵族之一）到邺城，密告正在追随成都王、太弟、丞相司马颖的刘渊。刘渊乃叫呼延攸归告刘宣等人，"招集五部，引会宜阳诸胡"，做好准备。304年，司马腾、王浚起兵讨伐司马颖，刘渊借口"请为殿下还说五部，以赴国难"，脱身到了左国城，刘宣等就给刘渊上了"大单于"的尊号。不到两旬，众已十万，建都离石（晋属西河国）。一个独立的匈奴政权形成了。

刘渊起兵，无论从阶级出身、目的还是过程来看，都不能说是正义的。列宁在《大难临头，出路何在》中曾说："决定战争性质的是战争所继续的是什么政治（"战争是政治的继续"），战争是由哪一个阶级进行的，是为了什么目的进行的。"屠各刘渊起兵，不过是八王之乱的继续或扩大而已。刘聪两次进攻洛阳失败，王弥有"今晋气犹盛，大军不归，必败"[1]之谓，说明刘渊起兵很不得人心。

但这个时候，正是西晋统治集团烂到了极点的时候。永嘉四年，八王之乱的最后胜利者司马越与怀帝之间，矛盾加深，司马越竟置洛阳于不顾，擅自率兵去许昌。洛阳"荒馑日深，殿内死人交横，府寺营署并掘堑自守，盗贼公行，桴鼓之音不绝"。"人相食，百官流亡者十八九"[2]。到永嘉五年，洛阳已经处于绝境。就在这一年，汉将"刘曜、王弥入京师"，洛阳陷落，怀帝被虏。316年，晋愍帝在长安向刘曜投降，西晋灭亡。西晋的灭亡，不是由于匈奴贵族的强大，而是由于西晋本身政治的腐败。

匈奴刘氏基于他们的民族与阶级的局限性，想到的只能是"复呼韩邪之业"，只能相信本民族，而本民族中，最相信的又是"豪贵"的屠各种刘氏。所以刘聪之时，所"置辅汉，都护，中军，上军，辅军，镇、卫京，前、后、左、右、上、下军，辅国，冠军，龙骧，武牙大将军"，"皆以诸子为之"[3]。为了控制其他民族，并且压迫他们当兵服役，刘汉采取

---

① ［唐］房玄龄等：《晋书》卷一百一《刘元海载记》，中华书局，1974年，第2652页。

② ［唐］房玄龄等：《晋书》卷五《怀帝纪》，中华书局，1974年，第122页。

③ 分见［唐］房玄龄等：《晋书》卷一百二《刘聪载记》，中华书局，1974年，第2665页。

了"虚其心腹，以实畿甸"①的政策，驱赶各族人民到平阳（汉都，晋属司州）。《晋书·刘聪载记》载，刘曜一次就曾"驱掠（长安）士女八万余口退还平阳"。被驱赶到平阳的，总计汉人达四十余万户，"六夷"达二十万落。

刘汉政权是怎样统治他们的呢？据《晋书·刘聪载记》，刘聪于平阳"置左右司隶（此处'司隶'是刘聪借用，与汉官司隶不同），各领户二十余万，万户置一内史，凡内史四十三"，以统治被驱赶到平阳和平阳本地残存的汉人。又置"单于左右辅，各主六夷十万落（六是泛指），万落置一都尉"，以统治被驱赶到平阳和平阳本地包括匈奴族在内的少数民族。刘聪这样做的目的，是想兼汉族和少数民族的最高主宰于一身。可这恰恰是一个人为的胡汉分治的落后政策，阻碍民族融合的进程。

各族人民激烈反抗刘汉驱赶各族人民的徙民政策和胡汉分治政策。据《晋书·刘聪载记》，有一次"平阳饥甚，司隶部人奔于冀州二十万户"，四十余万户去了一半。又有一次，右司隶部人乘赵固、郭默打到绛邑，"盗牧马，负妻子，奔之者三万余骑"。至于"六夷"，单是氐、羌一次在平阳起来斗争的，就达"十余万落"。匈奴贵族主观愿望是要虚外实内，其结果却造成了平阳心腹地区的混乱。

刘汉政权虽是一个民族局限性很大的政权，但因为匈奴族久居并州，封建化程度很高，又是一个地地道道的封建政权。

北方坞堡组织的发展　《晋书·苏峻传》："永嘉之乱，百姓流亡，所在屯聚。峻纠合得数千家，结垒于本县。于时豪杰所在屯聚，而峻最强。"自刘渊起兵后，留在北方的汉人以及其他各族人民，都在筑坞壁以自保，这是北方出现的一个新情况。

坞的出现较早，但这时的坞在组织上、性质上，都与以前的坞不同。

组织：内部成员不限于同族，坞内组织以家庭为基本单位。《晋书·

---

①《晋书》卷一百十六《姚弋仲载记》记姚弋仲说石虎云："道隆后服，道洿先叛，宜徙陇上豪强虚其心腹，以实畿甸。"石虎纳之。同书卷一百六《石季龙载记上》又说被徙之民"遂在戍役之例"。这是当时各族统治者的共同心理，共同政策。

庾衮传》："齐王冏之唱义也，张弘等肆掠于阳翟，衮乃率其同族及庶姓保于禹山。"由"群士"共推庾衮为主。很明白，庾衮的禹山坞，内中有"同族"，也有庶姓中的"群士"。庾衮之为坞主，是众推而非自当。同书《郗鉴传》：永嘉之乱，兖州"州中之士""共推"高平国金乡县人郗鉴为主，"举千余家俱避乱于鲁之峄山"，三年间，"众至数万"。这个坞范围更大，成员也更复杂。这里要问：坞中的基本组织是族还是家？

《晋书·庾衮传》记庾衮后来"携其妻子适林虑山（晋河内郡有林虑县）"，与林虑父老，"登于大头山，而田于其下"，表明庾衮是以一个家庭独立存在于大头山坞中的，他的同族留在禹山坞。而他家离开禹山坞同族到大头山去，可以反证禹山坞的基本组织为家庭，非家族。须知坞中的成员是很复杂的，《晋书》中记有"同族""庶姓""群士""州中之士""乡人""离散"或"流人""亡命"等等。凡《晋书》所见屯聚都讲"家"，如"纠合得数千家""举千余家""与流人数百家"。甚至讲"人"，如"纠合亡命，得数百人"[1]。要说坞所纠集的为一个个宗族，是很困难的。实际上自永嘉之乱以来，许多同族人都被拆散了，过江的"中州仕女"，大都未带家族，而携老弱甚至只身过江（详见第十一章第一节）。宗族的纽带在当时松动了。可以这样说，坞中的基本组织或单位为家庭，举同族者，虽然上有宗主，族中仍旧是一个个独立的家庭组织。坞主则不过是一个共同推出的全坞的统主而已。从魏初宗主督护制来看，坞主、宗主主要为督护全坞、全宗。

生产方式：坞普遍采用屯垦的方式进行生产，这是由"屯聚"以御外难决定的。《晋书》中有关坞壁屯田的记载甚多，《晋书·李矩传》说李矩"为乡人所爱，乃推为坞主，东屯荥阳，后移新郑"。石勒来袭，李矩"遣老弱入山，令所在散牛马"。又说李矩"表郭诵为扬武将军、阳翟令，阻水筑垒，且耕且守"。所谓"散牛马""且耕且守"，便表明坞中生产，采用了屯垦办法。《晋书·邵续传》更说曹嶷"破续屯田，又抄其户口"，明

---

[1] ［唐］房玄龄等：《晋书》卷六十三《邵续传》，中华书局，1974年，第1703页。

白点出了"屯田"二字。坞中屯田以什么为单位进行呢？家庭。《晋书·曹嶷传》将"屯田"与"户口"连称，最能说明屯田以家庭为单位进行，也可反证坞中的基本组织为家庭，非家族。这与汉魏宗族田庄中，土地为宗族共有，耕种"选任田者以俟农事之起"，以族为单位，进行集体耕种，已经不同了。《晋书·庾衮传》说到庾衮在禹山坞时，以坞主的身份，"考功庸，计丈尺，均劳逸，通有无，缮完器备"，只表明坞中屯田事宜，由坞主统一管理。

既然采用屯田方式，坞中土地便仍然具有共有性质。但《晋书·庾衮传》中又有"无暴邻，无抽屋，无樵采人所植"的话，这说明人户所盖房屋，所种土地和所植作物，又具有私有性质。须知宗族的纽带既然松动，集体耕种的方式既然改变，在向家庭私有制转化上，便迈出了一大步。一旦屯聚不需要了，各户所种土地的共有性就将丧失。

性质：坞是一个军事、经济相结合的政治实体。禹山坞很有代表性。《晋书·庾衮传》记庾衮既被推为坞主，"乃誓之曰：无恃险，无怙乱，无暴邻，……戮力一心，同恤危难"，这便是一种政治约束。且不仅如此，他还使"邑推其长，里推其贤"，建立起了一套政治机构。坞中有"部曲"，外难来时，由坞主指挥打仗，平时不脱离生产（且耕且守）。由此可以了解《晋书·邵续传》为什么说"其部曲文武已共推其息缉为营主（坞主）"，坞内是既有文吏，又有"将士"。我们还可看到某些坞主兼有官吏的身份，如杜预之子杜尹"为弘农太守，屯宜阳界一泉坞"[1]。郭诵阻水为垒也是在受任扬武将军、阳翟令之后。这都是以地方官吏兼坞主。坞实际上代替了北方被打乱了的地方行政组织。坞与坞之间还"相率结盟"[2]，推出盟主（统主），形成了一种新的地方各级的领导关系。但这种关系松懈。

坞的广泛存在，是北方少数民族政权不能稳定的一个重大因素。坞后

---

① [唐]房玄龄等：《晋书》卷六十三《魏浚传》附《浚族子该传》，中华书局，1974年，第1713页。

② [唐]房玄龄等：《晋书》卷一百十四《苻坚载记下》，中华书局，1974年，第2926页。

来逐渐减少，重要的原因是各族的汉化与融合，其次才是攻打、拉拢。到北魏宗主督护出现，坞的时代基本过去。

第二节　羯族与石勒

关于羯族　羯是什么意思？《唐书》卷二百二十一下《西域传下》谓石国"或曰柘支，曰柘折。……王姓石，治柘折城"。又谓安国"募勇健者为柘羯。柘羯，犹中国言战士也"。柘字与石国的国名、城名"柘折"有关，羯字则有"战士"的含义。"柘羯"合在一起，也就是石国的战士。而安国之募勇健者为柘羯，表明柘羯的含义后有扩大。西域月氏昭武九姓：康、石、安、曹、米、何、火寻、戊地、史，所募勇健者，均可谓之"柘羯"。但"柘"毕竟代表柘折、柘支或石国，去掉柘字，便成了一个字"羯"。匈奴西侵，裹胁昭武九姓人充当匈奴的"战士"，携入中国，中国因而有了羯族。

在《晋书·四夷传》所记的入塞北狄十九种中，有"力羯""羌渠"二种。力羯的意义是明白的。羌渠，近人证明即"康居"（康国）。康居"枝庶分王"，因分王而分姓，从而有了"昭武九姓"。《晋书·石勒载记上》说石勒为"匈奴别部羌渠之胄"，所谓"羌渠之胄"，即出自康国枝庶石国王室。既被匈奴作为战士裹胁而来，故亦称为"羯"或"羯人"。力羯与羌渠既然同为羯人，为什么分为两种呢？从石勒与石国王室同姓来看，这种分别显然是阶级的分别。匈奴中以屠各种为贵，羯人中以羌渠种为贵，力羯种则具平民的色彩。

羯人的居地，《六臣注文选·故安陆昭王碑文》注引朱凤《晋书》有一句话："前后徙河北诸郡县，居山间，谓之羯胡。"虽然笼统，但表明非居于一地。据我的考察，羯人是分种而居的，下就羌渠、力羯二种说明。

羌渠。《晋书·石勒载记上》既称石勒之先为"羌渠之胄"，又说石勒为"上党武乡羯人"，"居武乡北原山下"。《太平御览》卷七百三十所引《十六国春秋·后赵录》有张季，为"羌渠部人"。《晋书·石勒载记上》

又有"胡部大张訇督"拥众"壁于上党"。然则，羯族羌渠种人都住在并州上党郡山间。曹操分匈奴为五部，羌渠种羯人又属于匈奴何部呢？考《晋书·地理志上》，并州上党郡有泫氏县，而泫氏为匈奴左部都尉所居，可知羌渠种人为匈奴左部的附属。匈奴刘渊起自左部帅，石勒、张訇督等羌渠种人跟随刘渊反晋，正是因为羌渠种人本来就隶属于匈奴左部。

力羯。《唐书·西域传下》谓安国"募勇健者"为战士，勇健含有"多力"的意思，战士即羯的本义。考《晋书·石季龙载记下》有"高力等万余人"，所以称为"高力"，是因为他们"皆多力善射，一当十余人"。他们是"东宫卫士"，又是"羯士"。羯士也者，羯胡武士也。"力羯"也者，多力善射的羯胡武士也。此种羯人地位低于羌渠种。他们原来住在哪里呢？考《魏书·尔朱荣传》，尔朱荣的"高祖羽健，登国初……率契胡（羯胡）武士千七百人，从驾平晋阳，定中山"。此传所谓"契胡（羯胡）武士"，与《晋书·石季龙载记下》的"羯士"或"高力"同义，即力羯。元颢与魏孝庄帝书斥责尔朱荣为"凶羯"，原因之一就是尔朱荣不仅以羯胡武士（力羯）起家，且本人就是力羯。随从尔朱荣起兵的侯景，被称为"凶羯小胡"[1]，与尔朱荣同种。所以称为小胡，是因为力羯地位在羯人中本来就低，进步程度也远不及羌渠种。如果将属于力羯、拥有羯胡武士的尔朱氏、侯氏的居地搞清楚了，而其居地又可解释他们的落后性，则力羯原居何方，也就清楚了。尔朱氏、侯氏之属于力羯，亦可得到反证。

《魏书·尔朱荣传》说尔朱荣为"北秀容人"，"其先居尔朱川，因以为氏"。《梁书·侯景传》称侯景为"朔方人，或云雁门人"，"以选为北镇（怀朔镇，即朔州）戍兵"。考《晋书·地理志上》，并州新兴郡（曹魏置）有九原、定襄、云中、广牧、晋昌五县。九原为北魏肆州州治，而北魏肆州辖有秀容、雁门、永安三郡，永安郡有定襄县。云中在北魏属于云州，而旧曾于云州"置朔州"。广牧在北魏属于朔州。可知北魏秀容、雁门朔方之地，当魏晋新兴郡。《晋书·四夷传》说匈奴北部居新兴，则尔朱荣、侯景所属的

---

[1] ［唐］姚思廉：《梁书》卷四十五《王僧辩传》，中华书局，1973年，第627页。

羯人种族（力羯）隶属于匈奴北部，便是毫无可疑的了。由此可以解释力羯的落后性。当时凡居并州北部的种族，像居新兴虑虒之北的赫连氏都较落后。力羯的落后性，表现在保持了更多的武士遗风。正因为它是"力羯"，开化较晚，阶级地位比出身于昭武九姓王室的羌渠种人低，也才与羌渠种人异地而居，并充当"羯士"这种角色。直到北魏末年，居住在并州北部的拓跋各族，仍旧比较落后，在"凶羯"尔朱荣、侯景身上表现出落后性，就不奇怪了。这与他们所属的种族和所居的地区，有密切的关系。

明白了附属于匈奴的羯人有南北二支，就不至于误解石赵（羌渠）历史的结束便是羯人历史的结束。

略评石勒 石勒在上党羌渠种羯人之中，地位本来不高。《晋书·石勒载记上》说他的祖父和父亲"并为部落小率"，石勒曾代他的祖父周曷朱"督摄部胡"，又替汉人邬人郭敬、阳曲宁驱"力耕"，并被并州刺史东瀛公司马腾的将军所执，卖给冀州茌平人师欢为奴。因此，他的民族偏见不像匈奴刘氏那样强烈。如后来石勒攻打冀州郡县和地主堡壁获胜，往往用垒主为将。自托军门的赵郡张宾（父张瑶，晋中山太守），是他的"大执法"。《晋书·刘群传》虽曾说他和石虎"得公卿人士多杀之"，但毕竟擢用了河东裴宪、渤海石璞、荥阳郑系、颍川荀绰、北地傅畅和刘群（刘琨之子）。比之唯用匈奴屠各人物的刘汉政权，这是一个进步。

石勒在称赵王前后，推行了一些政治经济措施。在进据襄国（河北邢台市）取得冀州后，依晋颁布了户税制度，规定"户赀二匹，租二斛"。自刘渊起兵以来，这尚是第一次颁行税制。称赵王时，又阅实人户，赵国封内河内郡、魏郡等二十四郡，户有二十九万。在生产问题上，据《晋书·石勒载记》：石勒曾"遣使循行州郡，劝课农桑"，"散诸流人三万余户，复其本业，置守宰以统之"，"重制禁酿"，规定"农桑最修者，赐爵五大夫"。从八王之乱以来，北方人民死伤、外流很多，劳动力奇缺，石勒奖励人口增殖，如黎阳人陈武妻一产三男一女，石勒下书"赐其乳婢一口，谷一百石，杂彩四十匹"，"堂阳人陈猪妻一产三男，赐其衣帛廪食，乳婢一口，复三岁，勿事时"，这对生产的恢复有利。

石勒还曾改革法制，建立比较完整的行政机构。《晋书·石勒载记》载，称赵王前，石勒曾经下令："今大乱之后，律令滋烦，其采集律令之要为施行条制"，"命法曹令史贯志造'辛亥制度'五千文施行"。称赵王后，他以张宾为大执法，"专总朝政"，署张班为左执法郎，孟绰为右执法郎，续定九品，"典定士族"。在大执法下，设立了经学、律学、史学、门臣四个祭酒。前三个祭酒均由汉人充当，门臣祭酒"专明胡人辞讼"，由"十八骑"中的人物支雄、王阳充当。并用张离、张良、刘群、刘谟等为门生主书，"司典胡人出内，重其禁法，不得侮易衣冠华族"。石勒的这些措施，使幽、冀等州从刘渊起兵的战乱中，逐步走向了安宁。

然而，石勒政权毕竟还是一个过渡性质的政权，不能完全摆脱刘汉政权胡汉分治的民族局限性。在胡汉之间，他"号胡（羯）人为国人"，称帝后，迁都临漳（邺），以"羯士"（国人）为禁卫军，用其子石弘统领。又用门臣祭酒王阳"专统六夷以辅之"。邺城胡羯多达"二十余万"人。羯人是石赵政权的基本力量，其次为"六夷"。

石勒划分"国人"与非国人，后果是严重的。石虎时期大搞徙民，大兴劳役和兵役，巨大的灾难都落到了非国人的汉人和"六夷"身上，这极大地加深了国人与非国人的各族人民之间的矛盾。石虎死后，石闵（冉闵）反过来利用"赵人，诛诸胡羯"，死者二十余万，"国人"几乎灭绝。之所以可能，就是因为民族矛盾的加深。这一反一复，种子全在石勒时期种下。

石勒的政治识见高于匈奴刘氏，就他号羯人为国人，把羯人置于各族之上与所造成的后果来看，仍旧与民族融合的客观要求背道而驰。在他身上，落后性仍旧多于进步性。我们应该把他放到民族融合的进程中去考察，衡量轻重，不能只看到他用了某些汉人，采取了某些措施。

第三节　昙花一现的中原前燕政权

前燕原处于东北，352年进入中原，灭冉魏，370年亡于前秦，入主中原只有18年。兴亡之速是一个值得研究的问题。

　　鲜卑慕容氏的兴起　鲜卑为东北少数民族之一。据《三国志·魏书·鲜卑传》注引鱼豢《魏书》，鲜卑因"别保鲜卑山"而得名（鲜卑山是何山，见第十三章）。关于鲜卑的兴起，蔡邕曾说："自匈奴遁逃，鲜卑强盛，据其故地，称兵十万。……精金良铁，皆为贼有；汉人逋逃，为之谋主，兵利马疾，过于匈奴。"[①]鲜卑社会生产力和兵力的发展，在东汉中叶匈奴遁逃后。不过，这时的鲜卑，已非单纯的鲜卑族。《三国志·魏书·鲜卑传》谓北匈奴失败后，"余种十余万落，诣辽东杂处，皆自号鲜卑"。檀石槐时，统一了鲜卑各部。关于这个国家的性质，说法不一，多半认为仍是原始部落的集合体。我觉得有几个现象可注意。一是檀石槐"施法禁曲直，莫敢犯者"。檀石槐以此被推为大人。二是"自檀石槐死后，诸大人遂世相袭"。三是檀石槐时已经有奴婢。《魏书·蠕蠕传》尝谓："神元（檀石槐）之末，掠骑有得一奴，发始齐眉，忘本姓名，其主字之曰木骨闾。……既壮，免奴为骑卒。"说明檀石槐时，已有奴隶和奴隶主。合此三者，可知檀石槐建成了奴隶制国家的基础。

　　《三国志·魏书·鲜卑传》载，檀石槐统一鲜卑各部，"分其地为中、东、西三部，从右北平以东至辽，辽接夫余、貊为东部，二十余邑，其大人曰弥加、阙机、素利、槐头；从右北平以西至上谷为中部，十余邑，其大人曰柯最、阙居、慕容等，为大帅；从上谷以西至敦煌，西接乌孙为西部，二十余邑，其大人曰置鞬、落罗、日律、推寅、宴荔游等"。其中，中部大帅慕容，即慕容鲜卑之所从出。慕容死后，其子孙以慕容为姓，并非如《晋书·慕容廆载记》所说，慕容为"步摇"之音讹，或是什么"慕二仪之德，继三光之容"。曹魏初年，慕容部大帅莫护跋率其部众入居辽西，跟从司马懿征讨辽东公孙渊有功，被封为率义王，居于棘城（辽宁义县）之北。西晋时，莫护跋的曾孙慕容廆迁居于大棘城。至慕容廆，慕容氏在鲜卑诸部中崛起。

　　鲜卑慕容氏的崛起，与刘汉、石赵不同，不是靠"国人"、武力，而

---

　　① [南朝宋]范晔撰，[唐]李贤等注：《后汉书》卷九十《乌桓鲜卑列传》，中华书局，1973年，第2991页。

是靠汉人、魏晋旧法。《晋书·慕容廆载记》称他"教以农桑，法制同于上国"。又说："二京倾复。幽、冀沦陷，廆刑政修明，虚怀引纳流亡，士庶多襁负归之，廆乃立郡以统流人。"他得到了大批汉族士人的支持，起用裴嶷、鲁昌、阳耽为谋主，逄羡、游邃、西方虔、封抽、宋奭、裴开为股肱，委之以政。此外，如封奕、宋该等以"文章才俊任居枢要"；朱左车、胡毋翼等以"旧德清重引为宾友"；刘讚以"儒学该通引为东庠祭酒"。至慕容廆，鲜卑慕容氏已成了辽西的一个强大的地方封建势力。东晋以慕容廆为车骑将军，"西讨段国，北伐塞外，远绥索头"，力量日益伸张。慕容廆死，继立者慕容皝迁居龙城，自称燕王，但仍称臣于晋。《晋书》载记说他原来推行一项政策："以牧牛给贫家，田于苑中，公收其八，二分入私；有牛而无地者亦田苑中，公收其七，三分入私。"后来接受了记室参军汉人封裕的建议，改为："苑囿悉可罢之，以给百姓无田业者。贫者全无资产不能自存，各赐牧牛一头。若私有余力，乐取官牛垦官田者，其依魏晋旧法。"所谓"其依魏晋旧法"，即"持官牛者官得六分，百姓得四分，私牛而官田者，与官中分"。这项政策，包含了发展自由农生产与改进民屯制度两个内容，而后者与曹魏民屯之制无别。慕容鲜卑之所以能勃兴于东北并入主中原，全在采用了魏晋旧法。之所以能采用，又是因为慕容氏不持民族偏见，信用汉士。

慕容皝死，第二子慕容儁继立为燕王，得到了晋穆帝的承认。那时正当石闵大肆屠杀羯族人民的时候，慕容儁派慕容恪及相国封奕等征讨石闵。《晋书》载记说慕容儁"军令严明，诸将无所犯"。自刘渊起兵以来，这样的少数民族军队，在中原是第一次出现。屠夫石闵为慕容恪所擒，中原归入了前燕慕容氏治下。慕容儁于晋穆帝永和八年称皇帝，署置百官，以封奕为太尉，慕容恪为侍中，阳鹜为尚书令，皇甫真为尚书左仆射，张希为尚书右仆射，宋活为中书监，韩恒为中书令，沿袭的是魏晋封建官制。不久，迁都于邺城，由于石闵屠杀羯人而造成的中原混乱的局面结束了。

前燕的衰亡　慕容儁在中原称帝后，就想灭掉东晋，"兼欲经略关西"，统一中国。可是前燕的力量远不足以成此大业，于是下令"州郡校阅见丁，精覆隐漏，率户留一丁，余悉发之，欲使步卒满一百五十万，期明年大集，将进临洛阳，为三方节度"①。后刘贵极言"百姓凋弊，召兵非法，恐人不堪命，有土崩之祸"②，才改为"三五占兵"，积蓄力量。"三五占兵"虽然仍重，但反映了一个历史的进步，前燕不像刘汉、石赵那样主要靠本族人和"六夷"当兵，而是通过"精覆隐漏"，大量征发汉人当兵。民族融合的趋势，至前燕终于抬头。但慕容氏刚刚入主中原，就想吞并东晋，经略关西，必然造成阶级矛盾的激化。《晋书·慕容儁载记》说："是时兵集邺城，盗贼互起，每夜攻劫，晨昏断行。"慕容儁虽然"宽常赋，设奇禁盗贼"，也不能缓和。且"精覆隐漏"，又必然要影响到各族大地主和鲜卑贵族的利益，引起汉族和鲜卑族大地主的不满。

尤有进者，到前燕的第二代皇帝慕容暐时，政治局面也在逆转。其特征是出现了西晋腐败政治的阴云。《晋书·慕容暐载记》说慕容暐时，"外则王师及苻坚交侵，兵革不息，内则暐母乱政，（慕容）评等贪冒，政以贿成，官非才举，群下切齿焉"。慕容暐本人奢玩是务，"后宫四千有余，僮侍厮养，通兼十倍，日费之重，价盈万金，绮縠罗纨，岁增常调"。宰相王侯也"迭以侈丽相尚，风靡之化，积习成俗"。太宰慕容评："性贪鄙，鄣固山泉，卖樵鬻水，积钱绢如丘陵。"前燕又有所谓"军封"，"诸军营户，三分共贯"。营户也就是通过军封占有的"士家"或兵家。营户为私人所有，实际是受复的佃客（"复客"）。这是沿袭西晋旧制，租入私门。那时的前燕，为适应上层"贪冒"要求，"政尚宽和"。仆射悦绾向慕容暐进言："悉罢军封，以实天府之饶，肃明法令，以清四海。"慕容暐虽然采纳了他的意见，叫他定制罢军封，肃明法令，"出户二十余万"，但妨害了贵族的利益，掌政的慕容评借故杀了悦绾。在慕容暐、慕容评的统治下，前燕政治急剧腐败。

《晋书·慕容暐载记》载，慕容暐的尚书左丞申绍说过：前燕户口虽

---

① ［唐］房玄龄等：《晋书》卷一百一十《慕容儁载记》，中华书局，1974年，第2840页。
② ［唐］房玄龄等：《晋书》卷一百一十《慕容儁载记》，中华书局，1974年，第2840页。

然"不过汉之一大郡"①，但比起东晋和前秦，中州犹称"丰实，户兼二冠"。可是"赋法靡恒，役之非道，郡县守宰每于差调之际，无不舍越殷强，首先贫弱，行留俱窘，资瞻无所，人怀嗟怨，遂致奔亡，进阙供国之饶，退离蚕农之要"。又说前燕"备置百官，加之新立军号，兼重有过往时，虚假名位，废弃农业，公私驱扰，人无聊生"。百姓已经穷弊，而上面的"侵赇"却无已已。申绍还曾将前秦和东晋的政治，同前燕作了对比，说"秦、吴二虏，僻僭一时，尚能任道损情，肃谐伪部"，而前燕则"美政或亏，取陵奸寇"。申绍没有将西晋的政治和前燕对比，是因为前燕贵族正在步西晋世族的后尘，重蹈西晋政治的覆辙。在这种情况下，人民的起义和前燕的崩溃，已难避免。

前燕衰亡得虽快，但毕竟胜过刘汉、石赵，其突出表现是在民族问题上，没有刘汉、石赵那种违反民族融合趋势的措施，民族之间的纷扰，到前燕基本终止，户口可按。正是因为有了从西晋到前燕的教训，有了前燕在民族问题上的进展，前秦才能作为淝水之战前，少数民族建立的一个最好的朝代出现于北方。

第四节 关于氐族和前秦

氐族的由来及其进步性 氐族的发祥地是白马国（当今甘肃成县一带、白龙江和汉水上游）的河池（一名仇池）。在汉武帝通西南夷，立武都郡于白马国之前，氐人的生产已有发展，"有麻田，出名马、牛、羊、漆、蜜"②。生产的发展带来了社会组织的变化，《三国志》卷三十注引《魏略·西戎传》载："氐人有王，所从来久。"汉武帝开武都郡，曾给氐

---

① 《晋书·苻坚载记上》记前燕有户二百四十五万八千九百六十九，口九百九十八万七千九百三十五。按太康元年平吴，大抵编户二百四十五万九千八百四十，口一千六百一十六万三千八百六十二，比前燕户口略多，而前燕仅据黄河中下游，可见北方户口到前燕增加了，而不是减少。

② ［南朝宋］范晔撰，［唐］李贤等注：《后汉书》卷八十六《南蛮西夷列传》，中华书局，1973年，第2859页。

人带来不幸。"自汉开益州，置武都郡，排其种人，分窜山谷间，或在福禄，或在汧陇左右（天水、陇西一带）"，许多氐人被迫离开了家乡。但这部分氐人从此"与中国错居"，"其自相号曰盍稚，各有王侯，多受中国封拜"，"姓如中国之姓矣"，又"多知中国语"，在汉化的道路上，走得很快。在"中国"的影响下，生产本来就比较发达的氐族，手工业、农业、畜牧业有了进一步的发展。《三国志》卷三十注引《魏略·西戎传》载："俗能织布，善田种，畜养豕、牛、马、驴、骡。"东汉以后，大姓陆续在氐人中产生，汉化程度都较深。下面以关系历史较大的略阳氐人大姓杨、苻二氏为例说明。

杨氏。兴起最早，在政治舞台上，持续时间也最长。《宋书·氐胡传》："略阳清水氐杨氏，秦汉以来（应是汉武帝以后）世居陇右为豪族。汉献帝建安中，有杨腾者，为部落大帅。腾子驹，勇健多计略，始徙仇池（回徙）。仇池地方百顷，因以百顷为号。……后有千万者，魏拜百顷王。"杨千万之孙杨飞龙被西晋封为平西将军。《魏书·氐传》载，杨飞龙养子杨茂搜"自号辅国将军，右贤王，群氐推以为主，关中人土流移者多依之"。传至杨纂，为苻坚所灭。苻坚以王统为南秦州刺史，镇仇池①。苻坚败于淮南，杨定复自号仇池公。后嗣一直延续到南北朝末年。

苻氏。略阳临渭氐人。《三国志·蜀书·张嶷传》有"武都氐王苻健"，此苻健虽不在略阳，要可知苻氏的兴起亦在汉末。到东晋，苻氏中名人辈出，文化水准超越杨氏，直追汉族士大夫。如《晋书》各载记及附传记载，苻洪季子苻雄，"少善兵书而多谋略"。苻雄之子苻坚，八岁就"请师就家学"，"博学多才艺"。苻坚的季弟苻融，"下笔成章，至于谈玄论道，虽道安无以出之"。尝著《浮图赋》，"壮丽清赡，世咸珍之"。升高则赋，临丧则诔，人们服其"妙速"，把他比之于王粲。苻坚从兄之子苻朗，"耽玩经籍，手不释卷"，善于"谈虚语玄"。苻坚的长庶子苻丕，"博综经史"。氐族苻氏学问，远远超过了不学无术的西晋皇室司马氏。

① ［唐］房玄龄等：《晋书》卷一百十三《苻坚载记上》，中华书局，1974年，第2894页。

氐族的兴起，著姓的出现，是氐族本身经济的发展及"与中国错居"，逐渐汉化的结果。氐人到东晋时期，是以"五胡"中最进步的少数民族，出现于政治舞台的。

前秦政权是西晋政权的改善　自西晋八王之乱到前秦建立，北方战乱一直没有停歇。其中有农民起义、统治阶级内部斗争和民族斗争，复杂激烈的程度，为前史所罕见。其乱根是西晋世族的腐朽统治。在永嘉之乱中，西晋的统治崩溃。相继出现的朝代，汉、赵姑且不论，前燕又重蹈西晋的覆辙。八王之乱以来的北方是乱邦，在这个乱邦中，迫切需要解决法治问题，恢复和发展生产问题，民族问题，统一问题。这个历史任务，落到了前秦第三代皇帝苻坚身上。

苻坚支持和推行了王猛适时制定的"治乱邦以法"的基本国策，在拨乱反正的道路上，迈开了步伐，这是苻坚的历史性的功绩。法治在当时既是最需要的，又是极不易推行的。《晋书·苻坚载记上》及《王猛传》记载了这个基本国策制定的经过，斗争非常尖锐。苻坚始立之时，"始平多枋头西归之人，豪右纵横，劫盗充斥"，苻坚用王猛为始平令。王猛"明法峻刑，澄察善恶，禁勒强豪，鞭杀一吏"，豪强就上书苻坚，攻击王猛。苻坚召问王猛，王猛说了两句话："宰宁国以礼，治乱邦以法。"这二语深为苻坚所赞赏，视为治国的基本方针。他把王猛比之于管仲、子产，一岁中五迁，自县令至尚书左仆射、辅国将军、司隶校尉。而"宗戚旧臣皆害其宠"，始则尚书仇腾、丞相长史席宝数加谮毁，苻坚黜免此二人之官。更迁王猛为尚书令、太子太傅加散骑常侍，表示对王猛的信任。继则特进氐豪樊世，自以为有大功于苻氏，负气倨傲，当众侮辱王猛，说要悬王猛之头于长安城门，"不尔者终不处于世也"，甚至"丑言大骂"，连及苻坚，苻坚命斩之于西厩。这一杀，"诸氐纷纭，竞陈猛短"。苻坚或加痛斥，或加鞭挞。他这样支持王猛，打击与他同族的勋贵，是刘渊、石勒乃至慕容儁、慕容暐办不到的。氐豪攻击王猛，实际上是反对"治乱邦以法"的方针，而苻坚的保护与支持王猛，毫不留情地打击王猛的反对派，正是要维护、贯彻"治乱邦以法"的方针。经过反复的激烈的斗争，治乱邦以法的国策，终于树立。特进强德为苻健妻弟，"昏酒豪横，为百姓之患"，王猛"捕而杀之，陈尸于市"。王猛的中丞邓羌与王猛"协规齐志"，"数旬之间，贵戚豪强诛死者二十余人"。被誉为"王景略（王猛）之流"的苻融，为治"刑政修理，尤善断狱"，与王猛紧密配合。上下一致，齐心协力，终于把法治精神贯注到了前秦政治之中。经过法治洗礼的前秦，"百寮震肃，豪右屏气，路不拾遗，风化大行"。这就为发展生产，实现北方统一，以至解决民族问题，创造了政治条件。

在经济上。与汉、赵、燕不同，苻坚一开始就把注意力放到恢复和发展生产方面，而不是放到攻战、掠夺方面。《晋书·苻坚载记上》记载苻坚即位后，"开山泽之利，公私共之，偃甲息兵，与境内休息"。这与前燕入主中原，便"三五占兵"，务在吞并，显然不同。与厉行法治的同时，苻坚曾"遣使巡察四方及戎夷种落州郡，有高年孤寡不能自存，长吏刑罚失中，为百姓所苦；清修疾恶，劝课农桑，有便于俗；笃学、至孝、义烈、力田者，皆令具条以闻"。此令把巡察长吏、"清修疾恶"和"劝课农桑""力田"结合到了一起。自357年苻坚即位，到370年灭前燕，经过十多年的经营，前秦已经是"人思劝励，号称多士，盗贼止息，请托路绝，田畴修辟，帑藏充盈，典章法物，靡不悉备"。灭掉前燕后，苻坚对生产仍然十分重视，曾"以境内旱，课百姓区种"，即推行氾胜之的区田法。又曾"以关中水旱不时，议依郑、白故事，发其王侯已下及豪望富室僮隶三万人（这在封建时代很不容易），开泾水上源，凿山起堤，通渠引渎，以溉冈卤之田。及春而成，百姓赖其利"。对于工商业，苻坚继续贯彻了苻健的"通关市，来远商"的方针，不加限制。《晋书·苻坚载记上》有一段描写关陇与长安情况的话："关陇清晏，百姓丰乐。自长安至于诸州，皆夹路树槐柳，二十里一亭，四十里一驿。旅行者取给于途，工商贸贩于道。百姓歌之曰：'长安大街，夹树杨槐，下走朱轮，上有鸾栖，英彦云集，诲我萌黎。'"这与西晋灭亡时，"长安城中户不盈百，墙宇颓毁，蒿棘成林"①，米一斗值金二两相比，完全不同了。关陇地区的经济在恢复的基础上又有所发展。

在民族问题上，苻坚一反西晋以来民族压迫的弊政，采取了"魏绛和戎之术"。苻坚的这个政策，因淝水之战的失败，被治史者所忽略，涉及者也总是持否定态度。殊不知苻坚的和戎政策，是永嘉以来，在民族融合的道路上，迈出的极可贵的一步。实例很多，《晋书·苻坚载记上》记载：

> 时匈奴左贤王（刘）卫辰遣使降于坚，遂请田内地，坚许之。云中护军贾雍遣其司马徐斌率骑袭之，因纵兵掠夺。坚怒曰：朕方修魏绛和戎之术，不可以小利忘大信。……所获资产，其悉以归之。免雍官，以白衣领护军。遣使修和，示以信义。辰于是入居塞内。

此事说明经历了西晋、汉、赵、燕几个时期，苻坚看到了民族问题的重要性，各民族要求和平、友好、融合是一种历史趋势，他采取和戎政策是与这种趋势相适应的。虽然历史的发展不以人们的意志为转移，各族上层分子为了自身利益还要较量，民族之间的纷争不可一朝止息，但苻坚的政治眼光，毕竟较西晋以来各族统治者为远。

最能说明苻坚和戎政策的意义的，是他对代王什翼犍及其部落的处理方式。据《晋书·苻坚载记上》，代王什翼犍投降后，苻坚"以翼犍荒俗，未参仁义，令入太学习礼。……散其部落于汉鄣边故地，立尉监行事官寮领押，课之治业营生"。把什翼犍送上太学，对什翼犍汉化有利；解散他的部落，课之以治业营生，对拓跋族社会的发展有利。苻坚的和戎政策不是没有结出历史硕果，而是苻坚死后才从代北破土而出罢了。这个问题将于第十三章详论。

人们否定苻坚的民族政策，往往举他重用慕容垂、姚苌和分派氐人于关东要镇为例，认为前者是"和"上层分子，后者是镇压外地各族。我们

① [唐]房玄龄等:《晋书》卷五《愍帝纪》,中华书局,1974年,第132页。

应当放到历史中去考察。按慕容垂投奔前秦在前燕灭亡之前，苻坚灭前燕，"赦慕容暐及其王公已下，皆徙于长安，封授有差"①，后又用慕容暐为尚书，慕容垂为京兆尹，慕容冲为平阳太守。这是易杀降政策为和戎。苻融曾以为不可，苻坚说："今四海事旷，兆庶未宁，黎元应抚，夷狄应和，方将混六合以一家，同有形于赤子，汝其息之，勿怀耿介。"②虽然他用的是慕容贵族，但这种气魄，在西晋、汉、赵、燕以及李成统治者身上，都看不到。退而言之，"和"总是比杀降好，问题是控制。淝水之战前，苻坚是能控制他们的。出现问题是在淝水之战后。至于苻坚"分三原、九嵕、武都、汧雍十五万户"氐人于关东要镇，只要和刘汉、石赵，乃至前燕把本族人集中于京城比较一下，就知道是反其道而行之。苻融以为苻坚"宠育鲜卑、羌、羯，布诸畿甸，旧人族类，斥徙遐方"③，不是个好办法。苻融却未看到汉、赵、燕把本族人集中于京城，也未能挽救它们的灭亡。苻坚既要执行和戎方针，自无须把氐人集中于"畿甸"，而可以派往"遐方"。还要注意，说是"十五万户"，实际情况是有"四帅子弟三千户"被派往邺城，"支户"各三千被派往河、并二州④。如果说是镇压关东各族，力量显然不足，苻融也不会说是"斥徙"。总之，和戎是有阶级性的，前燕慕容氏"父子兄弟，列官满朝，执权履职，势倾劳旧"⑤，就是苻坚和戎之术的阶级性的反映。但有这种政策，毕竟是一个进步，至于收到多大效果，那是另一个问题。民族融合的长河是曲折的，但在各族人民的推动下，它必将进入民族融合的大海洋。这是历史的必然规律。

苻坚、王猛的"治乱邦以法"的方针和经济、民族政策，多少顺应了西晋以来，北方各族人民要求制裁上层贵戚豪强、恢复和发展生产、减少战乱、友好相处的要求。八王之乱以来，北方的混乱局面到前秦得到了澄清。正是在这个基础上，前秦才能东平六州，西擒仇池杨纂，灭前凉张天

---

① [唐]房玄龄等：《晋书》卷一百十三《苻坚载记上》，中华书局，1974年，第2893页。
② [唐]房玄龄等：《晋书》卷一百十三《苻坚载记上》，中华书局，1974年，第2896页。
③ [唐]房玄龄等：《晋书》卷一百十四《苻坚载记下》，中华书局，1974年，第2913页。
④ [唐]房玄龄等：《晋书》卷一百十三《苻坚载记上》，中华书局，1974年，第2903页。
⑤ [唐]房玄龄等：《晋书》卷一百十三《苻坚载记上》，中华书局，1974年，第2896页。

锡,南从东晋手上取得汉中和益州,北降代王什翼犍,政治势力远达西域,"康居、于阗及海东诸国,凡六十有二王,皆遣使贡其方物"[①],完成了北方的统一。像苻坚这样的人物,无疑应当肯定。

总体来看,淝水之战前的"五胡"政权,都是封建政权,而且一个好过一个,不是都落后。刘汉无"美政"可言,在民族融合问题上,是反其道而行之。石赵采取了某些措施,以求恢复生产,稳定秩序,然而继承了刘汉的民族政策。人为的胡汉分治,区分本民族(国人)与他民族,不承认他民族为国人,终于使民族矛盾在冉魏时期大爆发。杀戮羯人是最突出的表现。到慕容燕采用魏晋旧法,北方人民才舒了一口气。反民族融合的逆流停止流动了,可后期重蹈西晋的覆辙,终于为人民所抛弃。继起的苻秦,以崭新的面貌出现于北方。在法治方针下,民族融合的主流在抬头,凋敝的经济在重甦,破碎的北方在团聚。这四个朝代(刘汉、石赵、慕容燕、苻秦)的发展趋势,与历史前进的脚步是一致的。但历史有曲折,淝水之战后的北方重新分裂便是一个曲折。不过这个曲折不是倒退,而是历史的更高一级的循环。以后再论。

---

① [唐]房玄龄等:《晋书》卷一百十三《苻坚载记上》,中华书局,1974年,第2904页。

第八章　论淝水之战前东晋的镇之以静政策

西晋是因民族矛盾激化而导致灭亡的。建立在南方的东晋政权，直到淝水之战结束，所面临的主要矛盾，也一直是民族矛盾。

但是，东晋内部又存在着农民阶级和地主阶级的矛盾，一般地主和士族地主之间的矛盾，士族地主本身之间的矛盾。东晋是既有外患，又有内忧。如何协调和安定内部，以对付北方少数民族政权的军事进攻，是东晋之初迫切需要解决的问题。

作为东晋首任宰辅的王导，抓住了"北寇游魂，伺我之隙"，"当共戮力王室，克复神州"这个主要矛盾，采取了合乎时宜的"镇之以静"政策①。这个政策，后来为桓温、谢安所继承。在谢安时期，东晋取得淝水之战的胜利，正是这个政策起了作用。可是，因为王、谢是一流士族，镇之以静强调的又是和与靖（安定），因而往往不被治史者所注意，甚至从误解到否定。本章主要论王导的镇之以静政策，附及桓温与谢安。

---

① 苏峻之乱平定后，有人主张迁都豫章、会稽，王导反对。他说："且北寇游魂，伺我之隙，一旦示弱，窜于蛮越，求之望实，惧非良计。今特宜镇之以静，群情自安。"（《晋书》卷六十五《王导传》）求之望实，镇之以静，是王导一贯的思想主张，其根据即"北寇游魂，伺我之隙"。

第一节　镇之以静政策在经济领域的应用

元帝建武元年三月壬申，发布过一道诏令，对王导的清静为政作了很好的解释。其中说："昔之为政者，动人以行不以言，应天以实不以文。故我清静而人自正。其次听言观行，明试以功。……令在事之人，仰鉴前烈，同心戮力，深思所以宽众息役，惠益百姓。"[1]"宽众息役，惠益百姓"，是王导的镇之以静经济政策的中心。宽众息役，也就是减轻农民的税、役负担，以保证生产的正常进行，为东晋立国江东以至为将来克复神州，打下经济基础。而要宽众惠民，就须限制公卿世族的利益。王导看到"自魏氏以来，迄于太康之际"，公卿世族特权太多（如荫亲属），他们"豪侈相高"，不遵法度，致使"政教陵迟"[2]。如果他们的特权落不下来，农民的利益就涨不上去，宽众惠民就是一句空话。因此，他的宽众惠民有一个很大的特点，即通过限制士族的经济利益来实现。这表现在土断与度田收租、禁止霸占山泽等方面。

咸和土断与度田收租　《陈书·高祖纪上》所载"（成帝）咸和中土断"，是东晋最早的一次土断，也是王导限制逃到南方的公卿世族特权的最重要的措施。人们往往说，关于这次土断，"所知甚少"，因而略过。其实不然。因其关系东晋与南朝社会经济史至巨，特详析如下：

一、这次土断，是紧接北方流民第二次大过江采取的措施。《晋书·地理志下》"徐州"条说：元帝时"幽、冀、青、并、兖五州及徐州之淮北流人，相帅过江淮，帝并侨立郡县，以司牧之"。这是流民第一次大过江。同书"扬州"条又说："成帝初，苏峻、祖约为乱于江淮，胡寇又大至，百姓南渡者转多。"这是流民第二次大过江。流民涌向江南，户籍制度成了一个严重的问题，土断势在必行。

二、这次土断是和整理户籍同时进行的。《南史·王僧孺传》说：

---

[1]　[唐]房玄龄等：《晋书》卷六《元帝纪》，中华书局，1974年，第150页,。

[2]　[唐]房玄龄等：《晋书》卷六十五《王导传》，中华书局，1974年，第1746页。

先是，尚书令沈约以为晋咸和初，苏峻作乱，文籍无遗，后起咸和二年，以至于宋，所书并皆详实，并在下省左户曹前厢，谓之晋籍，有东西二库。此籍既并精详，实可宝惜，位宦高卑，皆可依案。宋元嘉二十七年，始以七条征发。既立此科，人奸互起，伪状巧籍，岁月滋广，以至于齐。患其不实，于是东堂校籍，置郎、令、史以掌之。

《南史》的话告诉我们：咸和二年（327年）曾对户籍大加整理，整理出的户籍被称为"晋籍"，因为"所书并皆详实"，所以一直沿用到宋文帝元嘉二十七年（450年），达124年之久。只是因为此年"以七条征发"，造成了"伪状巧籍"的弊端，才使本来很精详的晋籍发生了问题。因而齐时不得不"东堂校籍"。齐所校之籍，仍然是咸和二年沿袭下来的晋籍。由此可见咸和二年对户籍的整理，相当彻底。而整理户籍，必须和两次大过江的侨民的土断，同时进行，否则，无从整理为统一的、且沿用到南朝的晋籍。由此也可确定第一次土断的年代，为成帝咸和二年，即327年。

三、这次土断和土断后整理出来的晋籍。把王公以下的官吏都包括在内。《陈书·高祖纪上》记载此次土断，将出身于颍川士族陈氏的丞相掾陈康，断为吴兴长城县下若里人。这是因为陈康之父陈达"出为长城令"，以长城下若里为家。陈康之子陈英为盱眙太守。以之与《南史·王僧孺传》所说咸和二年整出的晋籍，"位宦高卑皆可依案"，互相印证，可见咸和二年土断及整出的晋籍中，包括了渡江南来的公卿世族。换言之，咸和土断之制，对王公以下官吏一律适用，没有例外。

四、这次土断整理出来的"晋籍"是黄籍，而黄籍是征税、起役的根据，表明王公以下的官吏经过土断，都须交税，但可以不服徭役。按《南史·王僧孺传》说晋籍本来详实，可以依案，从宋元嘉二十七年以七条征发起，才发生问题。因循至齐，不能不对晋籍进行检定。而《南齐书·虞玩之传》所载齐建元二年检定户籍的诏文，明言："黄籍，民之大纪，国之治端。自顷氓俗巧伪，为日已久。至乃窃注爵位，盗易年月……编户齐家，少不如此。"这和《南史·王僧孺传》的话是衔接的，咸和二年，与土断同时整理出来的沿用到齐的晋籍为黄籍，简直无怀疑的余地。如果再用《太平御览》卷六百零六《文部·札》所引《晋令》的话"郡国诸户口黄籍，籍皆用一尺二寸札，已在官役者载名"来印证《南史》和《南齐书》的话，咸和二年的晋籍为黄籍，就是铁定的了。

既然咸和二年整理的晋籍是黄籍，籍中既有"位宦高卑皆可依案"的王公以下的官吏，又有"已在官役者载名"的庶人，黄籍就不是如同新《辞海》说的那样，"多为官吏地主等免役户"，或"贵籍"，而是包含王公、庶人在内的统一的户籍。南朝庶民在黄籍上"窃注爵位"，是为了冒充士族，规避徭役。当时只要"改注籍状，诈入仕流"，昔为人役者，就可以"今反役人"[1]。

既然黄籍是"民之大纪，国之治端"，既然咸和二年土断后整理出来的晋籍（黄籍）包括了王公官吏，那么，就可以断定：经过咸和二年的土断，官吏丧失了免税特权，西晋官吏不仅可以免税而且可以荫亲属的制度被废除了。

官吏要交税，还可从晋史和南史取得反证。晋孝武帝时，实行了"公王以下口税米三斛"的制度。王公官吏要交口税，并非突然而来，而是咸和二年结合土断，已经解决了官吏交税的问题。南朝免不免税，以士庶分，非以官民分（见第十一章第二节），揆其根源，也在咸和二年结合土断，解决了官吏交税的问题。要说土断的意义，其重要性正在这里。

由此可以了解《隋书·食货志》所谓东晋"都下人多为诸王公贵人左右佃客、典计、衣食客之类，皆无课役"，只能说明咸和二年土断以前，东晋沿袭了西晋的税法，而不能解释成为整个东晋的税法。

这里要问侨民在土断以前，拿的是什么户籍。

按《晋书·范汪传》附《子宁传》记范宁说过：户籍本"无黄、白之

---

① [梁]萧子显：《南齐书》卷三十四《虞玩之传》，中华书局，1972年，第609页。

别"。原来郡国户口，统统是黄籍。因为"中原丧乱，流寓江左，庶有旋反之期，故许其挟注本郡（北方原来的籍贯）"，从而在黄籍之外，产生了"白籍"。由此可知白籍是"侨籍"。持白籍的不修闾伍之法，不在考课之科。而咸和二年土断整理出来的晋籍是黄籍，表明持白籍的侨人，一经土断，白籍就改变成了黄籍，编入当地闾伍之中，按照规定纳税服役。这叫"以一其业"，或叫"画一之制"[①]。

可是史学界几乎普遍认为土断是改黄籍为白籍，这种颠倒来自胡三省。胡三省在《资治通鉴》中，对成帝咸康七年（341年）的令文："实编户，王公已下皆正土断白籍"，有一条注释："时王公庶人多自北来，侨寓江左，今皆以土著为断，著之白籍也。"这成了今人所谓土断为易黄籍为白籍或给白籍的依据。其实，咸康七年的令文，重点是起首三字"实编户"。实者，验也，实编户即验实编户。自咸和二年（327年）土断到咸康七年（341年），有14年，须进行一次验实。"王公已下皆正土断白籍"，意思是明白的。正即质正、厘辨，全句意为王公以下，都须质正、厘辨土断和白籍的问题。即咸和二年是不是都土断了？白籍是不是都纳入黄籍了。而不是像胡三省说的那样，"著之白籍"。正字也无"著之"的意义。这次"实编户"，实际是对咸和二年土断的一次大检查。胡注尚有"宋齐以下有黄籍"之言，表明他把晋籍认为是白籍。而从《晋令》《南史·王僧孺传》《南齐书·虞玩之传》来看，晋籍明明是黄籍。这说明胡三省对黄、白籍并未研究过，我们岂能盲从？

在咸和土断后的第三年（咸和五年），王导实行了"度田收租之制"[②]，一亩三升。这项税制意义在于改变了西晋田租与户调合一、按户等九品相通征收之法，与土断同样起了"惠益百姓"的作用。

"壬辰诏书" 成帝咸康二年（336年）壬辰，东晋发布过这样一道诏

---

① ［梁］沈约：《宋书》卷二《武帝纪中》，中华书局，1974年，第30页。
② ［唐］房玄龄等：《晋书》卷七《孝武帝纪》，中华书局，1974年，第227页。

书："占山护泽，强盗律论。赃一丈以上，皆弃市。"①这是严禁公卿世族霸占山泽。当时王导还在当国执政（他死于咸康五年）。咸和二年的土断与咸和五年的度田收租，是从税制上限制王公以下官吏的利益，壬辰诏书则是从土地制度上限制王公以下官吏的利益。这个诏书，与晋籍一样，沿用到南朝，十分重要。史学界认为禁止占山护泽是刘裕的发明，有误。

禁止豪门占山护泽，目的在保护细民樵采渔钓。这也是"惠益百姓"。

占山护泽一丈以上都被认为是"赃"，要"弃市"。对于吏政，可以想见，王导是要整顿的。《晋书·顾和传》说及咸康初，顾和"拜御史中丞，劾奏尚书左丞戴抗赃污百万，付法议罪"，并免尚书傅玩、郎刘佩的官，"百僚惮之"。顾和是王导镇之以静政策的支持者，与王导关系密切，他劾奏戴抗赃污，正是贯彻王导的意图。由此可知用《晋书·顾和传》"网漏吞舟"四个字来概括王导的政策，错误的惊人了。"网漏吞舟"，用谢安的话，不过是"不存小察"而已。

土断、度田收租、禁止霸占山泽，是镇之以静方针下，一系列的具体的措施，为宽众息役，发展生产，稳定江东社会经济形势，开拓了一条道路。

王导以后，桓温和谢安继续推行了王导的经济政策。桓温是在土断上。《晋书·哀帝纪》兴宁二年记载："三月庚戌朔，大阅人户，严法禁，称为庚戌制。"注意这是"大阅人户"，与咸康八年的"实编户"同。然《册府元龟》卷四百八十六《邦计部·户籍》又有"一说天下所在土著"之言，这与"咸和中土断"同。刘裕谓当时"财阜国丰，实由于此"②。谢安则是在税制上。《晋书·孝武帝纪》说他辅政不久，便实行了"公王以下口税米三斛，蠲在役之身"的新税法。注意此制一面规定了王公以下都要交纳口税，一面又规定了"在役之身"可以蠲免。度田收租制没有在役者可以免税的规定，这是谢安所行税法优于度田收租制之处。役有劳役

---

① ［梁］沈约：《宋书》卷五十四《羊玄保传》附《兄子希传》，中华书局，1974年，第1537页。

② ［梁］沈约：《宋书》卷二《武帝纪中》，中华书局，1974年，第30页。

和兵役，免除负担劳役和兵役的人的口税，有利于农村和军队的稳定。再者，这个税制虽然不像度田收租那样，按亩数多少收税，但对于"聚族而居"的大户不利，将迫使大户析为小户，对社会组织的变化，影响深远。

《晋书·食货志》说道："至于（太元）末年，天下无事，时和年丰，百姓乐业，谷帛殷阜，几乎家给人足矣。"这就是王导在经济领域推行镇之以静政策所产生的硕果。这是东晋打胜淝水之战的物质基础。

第二节　镇之以静政策在政治领域的应用

自王导以来，把"不存小察，弘以大纲"①当作了政治指导原则，目的在把各阶级、阶层的人物，拉到东晋朝廷周围，一致对付"北寇"。这是镇之以静政策在政治领域的应用。

江东本是孙吴名宗大族盘踞的地方。元帝、王导过江之初，"吴人不附，居月余，士庶莫有至者"。王导感到要在江东立下脚来，最大的问题，是如何处理好和江东士族的关系，取得他们的支持？他从镇之以静政策出发，从江东士族的政治经济利益着眼，解决了这个棘手的问题。

王导曾向元帝进计："顾荣、贺循，此土之望，未若引之以结人心。二子既至，则无不来矣。"他亲自去请顾荣、贺循，"二子皆应命而至，由是吴会风靡，百姓归心"②。顾荣、贺循既是江东名族，又是江东士大夫的领袖。他们的态度，在某种程度上，关系到东晋的存亡。他们出仕东晋，稳定了江东大部分豪强地主。少数豪强如义兴周玘，以"中州人士佐佑王业，而玘自以为不得调"，仍怀怨望，曾"阴谋诛诸执政"③。周玘死后，他的儿子周勰公然"以讨王导、刁协为名"起兵。对于这种乱事，王导主张平定，因为它和镇之以静政策不相容。但对于周氏的处理，则因周

①［唐］房玄龄等：《晋书》卷七十九《谢安传》，中华书局，1974年，第2074页。

②［唐］房玄龄等：《晋书》卷六十五《王导传》，中华书局，1974年，第1746页。

③［唐］房玄龄等：《晋书》卷五十八《周处传》附《子玘传》，中华书局，1974年，第1573页。

氏"奕世豪望，吴人所宗，故不穷治，抚之如旧"①。平乱，是维护镇之以静政策的需要；乱事既平，对于想杀他并且以讨他为名的人，抚之如旧，也是为了维护镇之以静政策。王导是想尽可能地把更多的豪望联合到一起，共同对敌。

王导是不是只联合江东豪望呢？并非如此。《世说新语·政事》还记载了这样一件事："王丞相拜扬州，宾客数百人，并加沾接，人人有说色。唯有临海一客姓任及数胡人为未洽。公因便还到过任边云：'君出，临海便无复人。'任大喜悦。因过胡人前，弹指云：'兰阇，兰阇。'群胡同笑，四坐并欢。"刘孝标注引《晋阳秋》说："王导接诱应会，少有牾者，虽疏交常宾，一见多输写款诚，自谓为导所遇，同之旧昵。"《世说新语》的记载和刘孝标的注释，是一个缩影，从中可以看到王导是怎样去实行他的镇之以静政策，联系和拉拢各阶层的人物的。

为了不损害江东名宗大族的经济利益，渡江南来的北方士族，都不在南方士族的势力范围内开创庄园。这从王导时期起，已经如此，显然也是王导的政策。王导虽然颁布了占山护泽的禁令，对于发展庄园有限制作用，但不是不可创建。在哪里建？《晋书·王羲之传》记载王羲之写信给吏部郎谢万，说，"比当与安石（谢安）东游山海，并行田视地利，颐养闲暇"，即到山海之地去建立庄园。这正是避免在经济利益上，与南方士族顾、陆、朱、张等姓发生冲突。《世说新语·任诞》记载："王子猷居山阴，夜大雪，眠觉，开室命酌酒，四望皎然，……《中兴书》曰：'徽之任性放达，弃官东归，居山阴也。'"可知琅邪王氏产业在会稽山阴一带。《宋书·谢灵运传》记载："灵运父、祖并葬始宁县，并有故宅及墅，遂移籍会稽，修营别业，傍山带江，尽幽居之美。""尝自始宁南山伐木开径，直至临海，从者数百人。"可知陈郡谢氏产业在会稽始宁至临海一带。而江东顾、陆、朱、张四姓产业在吴郡，王、谢诸姓的产业在会稽山阴，他们未受到任何损害。像孔灵符，"家本丰，产业甚广"，并未因为琅邪王氏

---

① ［唐］房玄龄等：《晋书》卷五十八《周处传》附《玘子勰传》，中华书局，1974年，第1574页。

在山阴置产,受到任何损失。孔灵符于永兴立墅,永兴不是王、谢置产之地。由此可知王、谢二姓新的田园,都避开了三吴本地豪强势力范围。这对安定与联合南方豪强,极为重要。

王敦作乱时,王导写过一封信给王敦的死党王含,内有"导虽不武,情在宁国"①之言。"情在宁国"是他的镇之以静政策的思想依据,而镇之以静则是他的情在宁国思想的政治概括。他抓住了这个大纲,协调各阶级、阶层的利益,终于使东晋摆脱了初年内部的战乱,走上了安宁、稳定之途,在"北寇"面前站立起来。

桓温继续执行了王导的"弘以大纲",巩固内部的政策。人们骂桓温想篡位,其实,被称为"不以爱憎匿善"的郗超说得对:"大司马臣温方内固社稷,外恢经略。"②《晋书·桓温传》记载,哀帝时,桓温曾上疏"陈便宜七事",第一件为"宜抑杜浮竞,莫使能植",第二件为"宜并官省职,令久于其事",目的即在巩固内部。王导也注意吏政,但着重的是笼络,这是初期所必须。桓温时,把重点转到了整顿吏治上,不如此便不能使内部继续巩固。

谢安当政的时候。正是"强敌压境,边书续至,梁、益不守,樊、邓陷没"的时候。这个局势比王导、桓温时期还要复杂、危险。面对这种局势,谢安特别强调"镇以和靖,御以长算"③。他的弟弟谢万"受任北征,矜豪傲物,常以啸咏自高,未尝抚众",他感到这将影响"和靖",深为忧虑,遂亲自下到部队中去,"自队主将帅已下","无不身造","无不慰勉"④。谢安亲至部队,抚慰士众,对军心的巩固,起了很大的作用。他告诫谢万,"岂有傲诞若斯而能济事也!"⑤这个例子很能说明在大敌当前

---

① [唐]房玄龄等:《晋书》卷九十八《王敦传》,中华书局,1974年,第2564页。

② [唐]房玄龄等:《晋书》卷九《简文帝纪》,中华书局,1974年,第223页。

③ [唐]房玄龄等:《晋书》卷七十九《谢安传》,中华书局,1974年,第2074页。

④ [唐]房玄龄等:《晋书》卷七十九《谢安传》,中华书局,1974年,第2087页。

⑤《晋书》卷七十九《谢万传》中有"受任北征,矜豪傲物,常以啸咏自高,未尝抚众","自队主将帅已下","无不慰勉","岂有傲诞若斯,而能济事也"等语句;《世说新语·简傲》中有"无不身造"等语句。

的时候，谢安是怎样"镇以和靖"的。正是因为他能从"长算"出发，"每镇以和靖"，遂使"文武用命"①。谢安时期，东晋内部的巩固，连前秦的王公大臣，都深有感觉。苻宏说过，当时的东晋，"人为之用"；石越说过，当时的东晋，"朝无昏贰之衅"，"夷夏之情，咸共推之"；权翼说过，当时的东晋，"君臣和睦，上下同心"②。这是东晋打胜淝水之战的政治基础。而东晋之所以能在谢安之时，出现"上下同心"的良好的政治局面，就是因为王导及其继承者，能针对永嘉之乱以来民族矛盾的上升，客观要求的变化，采取了镇之以静或镇以和靖（靖是安定的意思）的方针，能御以长算，弘以大纲（和靖）。

第三节　镇之以静政策在军事领域的应用

在镇之以静政策的指导下，东晋对北方少数民族政权采取了以攻为守的策略。这是正确的策略。

东晋自祖逖到桓温，有过多次北伐。要了解东晋的北伐，必须与东晋的政治经济局势和施政方针联系起来看，否则，就难有正确的评论。

与谢安同时的王羲之，写过一封信给会稽王，信中谈到北伐问题。王羲之认为北伐"必须审量彼我，万全而后动"，"须根立势举，谋之未晚，此实当今策之上者"③。王羲之的思想，代表了王导以来，有远见的政治家对北伐的看法。这是符合实际情况的看法。东晋建立之初，根未立，势未举，审量彼我，北方少数民族政权是比较强大的，而刚建立的东晋则是寡弱的。显然，要克复神州，在东晋初年以至以后一段较长的时间内，还没有条件。东晋之初面临的首要任务是立根。如果冒险把倾国之力，投入北伐，刚建立的东晋，便有夭折的危险。

那么，东晋为什么又要北伐呢？一言以蔽之曰：以攻为守。这是在镇

---

① ［唐］房玄龄等：《晋书》卷七十九《谢安传》，中华书局，1974年，第2074页。

② ［唐］房玄龄等：《晋书》卷一百十四《苻坚载记下》，中华书局，1974年，第2912页。

③ ［唐］房玄龄等：《晋书》卷八十《王羲之传》，中华书局，1974年，第2096页。

之以静政策的指导下，一个比较可行也必须实行的北伐方针。超过这个方针的限度是不行的。不搞以攻为守也不行，那有坐待灭亡的危险。自王导到桓温，在北伐方面，实行的都是这个方针。

东晋最早进行的北伐是祖逖的北伐。他的北伐，正是围绕镇之以静的方针展开的。关于他的北伐，有两个问题常常被人们忽略，因此对元帝、王导的评价也就欠妥。

一是《晋书·祖逖传》说的东晋"方拓定江南，未遑北伐"。那时的东晋，兵员来源都很困难，何谈北伐？江东自孙吴以来，兼并剧烈，大地主"田池布千里"，复客、僮仆成军，自由农不多了。孙吴实行世袭领兵制，屯戍之家是私有而非国有，且西晋曾因平吴兵威，徙孙吴"将士屯戍之家以实江北，南郡故地各树之长吏"①，留在江东的屯戍之家也不多了。地主的佃客、部曲是挖不出来的，奴婢要挖出来，又谈何容易？强行发奴为兵，如元帝建武四年的发奴为兵，只能引起纷扰②。加上东晋之初，财政经济状况也很糟，宽众息役，发展生产，才刚刚开始，东晋哪能全力北伐？为什么元帝、王导又让祖逖北伐，并且多少作了一点支持呢？这是因为祖逖北伐符合镇之以静方针下的以攻为守的策略。

二是《晋书·石勒载记下》说的祖逖与石勒"修结和好"，石勒下书幽州"修祖氏坟墓，为置守冢二家"。祖逖"甚悦，遣参军王愉使于勒，赠以方物，修结和好"。祖逖与石勒修结和好，达到了这样一种程度：他的牙门童建杀了新蔡内史周密，投降石勒，石勒斩之，把头送给祖逖说："天下之恶一也，叛臣逃吏，吾之深仇，将军之恶犹吾恶也。"祖逖"遣使报谢"。从此兖、豫间壁垒叛石勒，投祖逖的，"逖皆不纳"。这就造成了"二州之人，率多两属"的现象。评价祖逖的，常不取《晋书·石勒载记下》中的这些话，殊不知祖逖之所以这样做，正是因为他懂得王导的以攻为守的方针，他的北伐是在镇之以静的总方针下进行的。他在使"黄河以南，尽为晋土"之后，与石勒"修结和好"，从以攻为守来说，目的是达

①［唐］房玄龄等：《晋书》卷三十四《杜预传》，中华书局，1974年，第1030页。
②《晋书》卷六十九《刁协传》中有"以奴为兵"，"众庶怨望之"的语句。

到了。他的功绩在这里。而石勒之所以要和祖逖修结和好，除了逐鹿中原尚未最后取胜之外，也是东晋的镇之以静、以攻为守的方针政策产生了作用，不能看作祖逖一人之力。至于元帝、王导派戴若思镇合肥，"实备王敦"[①]，非如评论家所云，是为了限制祖逖。

桓温为继续王导的方针，有过四次北伐。第一次打益州，灭掉李氏建立的成汉政权，用的是荆州兵，"兵寡少"。第二次打关中，又只是"统步骑四万发江陵"[②]。第三次取道淮、泗，进入洛阳，不久旋师。第四次打前燕，所带的兵力也只有步骑五万。显然，桓温的出征，是继承王导的以攻为守之策，多少取得了一些成就。

至于桓温之前，庾翼"不顾忿咎"，"并发所统六州奴及车、牛、驴、马"[③]，进驻襄阳，打了一些小仗，北伐毫无成绩，那是因为庾翼发奴为兵，扰动人情，不符合镇之以静的方针。桓温灭掉李成政权之后，殷浩上书北征许、洛，以中原为己任，结果"军破于外，资竭于内"[④]，也是因为不符合镇之以静的方针。桓温说他"倾天府之资，竭五州之力"[⑤]；王羲之说他"以区区江左，所营综如此，天下寒心"[⑥]。这就必然使他一事无成。

要大举北伐，不仅经济要有发展，政治要能"和靖"，而且必须组织起一支强有力的军队。靠发奴为兵或者几万地方守军，是完不成北伐大业的。王导时期，把重点放在发展生产和安定内部上，尚未找到一个组织新军的好办法。桓温发现了"京口酒可饮，兵可用"[⑦]，但还来不及组织一

---

① 《资治通鉴·晋纪十三》晋元帝大兴四年中有"实备王敦"等语句；《晋书》卷六十九《刘隗传》有"初，隗以王敦威权太盛，终不可制，劝帝出诸心腹，以镇方隅，故以谯王承为湘州，续用隗及戴若思为都督"的记载。

② [唐]房玄龄等：《晋书》卷九十八《桓温传》，中华书局，1974年，第2571页。

③ [唐]房玄龄等：《晋书》卷七十三《庾翼传》，中华书局，1974年，第1933页。

④ [唐]房玄龄等：《晋书》卷八十《王羲之传》，中华书局，1974年，第2095页。

⑤ [唐]房玄龄等：《晋书》卷七十七《殷浩传》，中华书局，1974年，第2046页。

⑥ [唐]房玄龄等：《晋书》卷八十《王羲之传》，中华书局，1974年，第2094页。

⑦ [唐]房玄龄等：《晋书》卷六十七《郗鉴传》附《惜子超传》，中华书局，1974年，第1803页。

支新军。到谢安当政时期，随着政治的稳定，经济的发展，一支著名的新军——"北府兵"，终于组成了。应当看到北府兵的组成，是镇之以静方针到谢安时期在军事上取得的一个突出的成果。

谢安用他的侄子谢玄为建武将军、兖州刺史，领广陵相，监江北诸军事，组织新军。谢玄在广陵"多募劲勇，（刘）牢之与东海何谦、琅邪诸葛侃、乐安高衡、东平刘轨、西河田洛及晋陵孙无终等以骁猛应选。玄以牢之为参军，领精锐为前锋，百战百胜，号为'北府兵'。"[1]《资治通鉴》晋孝武帝太元二年注："晋人谓京口（今江苏镇江）为北府"，元帝"侨置兖州，寄居京口"[2]，刘牢之等人都是京口的侨民，经过土断，变成京口人。这个地方的侨民多是徐、兖二州人，"多劲悍"[3]，所以桓温说京口"兵可用"。谢安的功绩是把他们组织起来。从以攻为守到北府新军的组成，是东晋打胜淝水之战的军事基础。

我们尚可看到，在淝水之战中，谢安指挥若定的精神。当前秦百万大军，次于淮、淝之时，东晋朝野震恐，谢安却表现了异乎常人的镇静。谢玄问计于谢安，"安夷然无惧色，答曰：'己别有指'，既而寂然。玄不敢复言，乃令张玄重请，安遂命驾"出游。晚间，"指授将帅，各当其任"[4]。这种镇定，并不是"造作"出来的，而是相信镇之以静方针的力量。《晋书·谢安传》没有具体记载谢安如何"指授将帅"，但从战争的过程来看，刘牢之一到洛涧，便出击并全歼屯于涧西的前秦先锋梁成军；谢玄从朱序处一了解到前秦大军尚未到达淝水，便下书主动求战，可知谢安抓住了东晋北府兵少而精，"宜在速战"的特点。这个战略，取得了淝水之战的胜利。

西晋末年，北方开始进入"五胡十六国"时期，民族矛盾上升为主要矛盾。新建立的东晋，无时无刻不面临生死存亡的问题。东晋为什么能在

---

① [唐]房玄龄等：《晋书》卷八十四《刘牢之传》，中华书局，1974年，第2188页。

② [唐]房玄龄等：《晋书》卷十四《地理志上》"兖州"条，中华书局，1974年，第420页。

③ [唐]房玄龄等：《晋书》卷六十七《郗鉴传》附《惜子超传》，中华书局，1974年，第1803页。

④ [唐]房玄龄等：《晋书》卷七十九《谢安传》，中华书局，1974年，第2075页。

江东生存下来，并取得淝水之战的大捷呢？有关东晋命运的这段历史，过去很少有人认真总结过。我们看到：东晋在淝水之战前，经济上达到了"谷帛殷阜"，政治上达到了"上下同心"，军事上以攻为守，防止了北方少数民族军队的南进，最后组成了一支"百战百胜"的北府新军。靠了这一切，东晋才打胜淝水之战。而这种成就，是不能脱离东晋的政策来考察的。只要深入一步观察，就知道这是王导、桓温、谢安相继执行的"镇之以静"或"镇以和靖，御以长算"的方针政策，起了作用；而这种方针之所以有力量，则是因为它符合民族矛盾上升时期客观存在的要求。

第九章　淝水之战后北方各族的斗争、进步与融合

淝水之战后，是北方分裂得最细但也是各少数民族与汉族接触最频繁的时代。透过这一时期各族斗争纷纭复杂的现象，我们可以看到，在北魏统一北方之前，进入中原的各族，都在这一时期与汉族融合。以下，按照民族，分节论述，主要是揭示各族的进步及其与汉族的融合。

第一节　氐族的前秦和后凉

当苻坚从淝水"复败而还"时，慕容垂"擅兵河北，泓、冲寇逼京师，丁零杂虏，跋扈关洛，州郡奸豪，所在风扇，王纲弛绝，人怀利己"[1]。统一的前秦，形成土崩之局。苻坚回到长安，为慕容冲所逼，走五将山，死于姚苌之手。苻坚死后，前秦邺城守将苻丕在晋阳称帝。北方汉人对这个新的前秦政权的看法与态度发生了变化。

后燕慕容麟攻博陵，城内粮竭矢尽，郡功曹张猗逾城聚众响应慕容麟。守将王兖大骂张猗："不图中州礼义之邦，而卿门风若斯。"[2]说明在中州地主心目中，前秦苻丕政权已不是"夷狄之邦"，而是"礼义之邦"的代表了。苻丕的左丞相王永传檄州郡：

---

① [唐]房玄龄等:《晋书》卷一百十五《苻丕载记》,中华书局,1974年,第2942页。

② [唐]房玄龄等:《晋书》卷一百十五《苻丕载记》,中华书局,1974年,第2944页。

天降丧乱，羌胡猾夏（前秦），先帝晏驾贼庭，京师鞠为戎穴，神州萧条，生灵涂炭。天未亡秦，社稷有奉。主上圣德恢弘，道侔光武，所在宅心，天人归属。……今素秋将及，行师令辰，公侯牧守，垒主乡豪，或戮力国家，乃心王室，各率所统，以孟冬上旬会大驾于临晋。[1]

一时，天水姜延、冯翊寇明、河东王昭、新平张晏、京兆杜敏、扶风马郎、建忠、高平牧官都尉王敏等"咸承檄起兵，各有众数万，遣使应丕"[2]。在王永心目中，苻丕政权就是汉人政权，代表华夏神州。苻丕可与汉光武皇帝并驾齐驱。而姚苌、慕容垂逞兵作乱，是"羌胡猾夏"。姜延、寇明等人"承檄起兵"，表明他们对前秦苻丕政权，与王永有同样的看法。这反映了氐族汉化程度之深和氐、汉两族融合的彻底。

在阻挡慕容永东来的一次战斗中，王永、俱石子战败，苻丕南奔东垣，为东晋扬威将军冯该所杀。苻丕死后，余众由苻纂、苻师奴率领，奔据杏城。尚书寇遗奉苻丕之子苻懿等人奔于苻登。苻登时据陇右，因苻丕之死，自立为帝。苻丕本在东，对手是鲜卑慕容氏建立的后燕与西燕；苻登则在西，对手是羌人姚苌建立的后秦。苻登初立，号称"义旅，众余五万，精甲劲兵，足以立功，年谷丰积，足以资赡"[3]。并且得到了陇右羌人雷恶地、匈奴屠各董成、张龙世等人的支持。当他进据胡空堡时，"戎夏归之者十有余万"[4]，进而得到了戎、夏各族的拥护。苻登屡次打败姚苌，但是，苻师奴却独树旗帜，右丞相窦衡又背叛了他，他的力量被削弱了。姚苌死后，苻登为姚兴所杀，前秦至此结束。

氐族是一个早就和汉人错居，知汉语、善田种的民族，对我国这个多民族国家的发展，建树过巨大的功勋。即就前秦而论，在苻坚之时，"遐荒慕义，幽险宅心"[5]，北方出现了八王之乱以来最好的政治局面。氐族

---

① [唐]房玄龄等：《晋书》卷一百十五《苻丕载记》，中华书局，1974年，第2945—2946页。

② [唐]房玄龄等：《晋书》卷一百十五《苻丕载记》，中华书局，1974年，第2946页。

③ [唐]房玄龄等：《晋书》卷一百十五《苻登载记》，中华书局，1974年，第2949页。

④ [唐]房玄龄等：《晋书》卷一百十五《苻登载记》，中华书局，1974年，第2950页。

⑤ [唐]房玄龄等：《晋书》卷一百十五《苻登载记》史论，中华书局，1974年，第2956页。

文化发展，究竟达到了什么程度？只要看淝水之战后投降谢玄的苻朗便知分晓。《世说新语·排调》说道："苻朗初过江，王咨议（王羲之第四子王肃之）大好事，问中国人物及风土所生，终无极已。朗大患之。次复问奴婢贵贱，朗云：'谨厚有识中者，乃至十万。无意为奴婢问者，止数千耳。'"《晋书·苻坚载记下》附《苻朗传》说他"在任甚有称绩，……既至扬州，风流迈于一时，超然自得，志陵万物。所与语言，不过一二人而已。骠骑长史王忱，江东之俊秀，闻而诣之，朗称疾不见。……临刑志色自若"，所为诗中，有"旷此百年期，远同嵇叔子（嵇康）"之言。把苻朗和江东士族王肃之、王忱相比较，不仅可以看出他厌恶王肃之问奴婢贵贱，而且可以看出他在老庄玄学水平上，在诗歌造诣上，超过王忱。苻朗本来耽于经籍，手不释卷，到前秦灭亡，造诣更深。他的进步是氐族人民经历前秦阶段都有进步的一个缩影。

晋时，氐族已经和汉族自然同化。氐族人民对祖国历史发展所作出的成绩，是不可磨灭的。

氐族在晋时建立的政权，除前秦外，尚有一个后凉。

后凉的建立者是苻坚派去经营西域的大将略阳氐人吕光。吕光东还，前秦凉州刺史梁熙责吕光擅自还师，拒之于酒泉。吕光打败了梁熙，进入姑臧（武威），自领凉州刺史、护羌校尉。苻坚为姚苌所杀，吕光遂建元太安，在凉州建立起后凉政权。

凉州是永嘉之乱中州仕女另一个避难之地。逃往凉州的士族很多，苻坚曾有"凉州信多君子"[①]之叹。在姑臧继前凉建立起来的后凉政权，存在一个如何对待那些逃来凉州已久的"君子"的问题。吕光此人汉化程度并不在苻坚之下，《晋书·吕光载记》称他进入龟兹城，曾经"大飨将士，赋诗言志。""抚宁西域，威恩甚著，桀黠胡王昔所未宾者，不远万里皆来归附，上汉所赐节传。"这不是落后民族的首领所能做到的事。他在姑臧，能根据情况，变化政策。他始欲效法苻坚、王猛，在凉州搞"商、申之法"。但这对

---

① [唐]房玄龄等：《晋书》卷一百十五《苻登载记》附《索泮传》，中华书局，1974年，第2954页。

凉州"君子"来说，行不通。参军京兆人段业进言："奈何欲以商、申之末法，临道义之神州，岂此州士女所望于明公哉？"他遂"下令责躬，乃崇宽简之政"。只是末年"荒耄信谗"，以致段业、沮渠男成、郭黁等人都起来反对他。他的继承者吕纂、吕隆想用"幽辱士女"[①]，"多杀豪望"[②]的办法来立威名，而这足以促成后凉的灭亡。焦朗去请后秦出兵，灭了后凉。

后凉的灭亡，不是因为氐族落后，而是因为失去凉州士女的支持。焦朗派人去请后秦出兵，不是反对氐族，而是反对后凉幽辱士女，多杀豪望。如果焦朗是因为后凉为氐人所建而反对，那就不会去请羌人所建的后秦出兵来打后凉。民族界限在那时已经微乎其微了，政策如何，倒是一个大问题。论淝水之战后北方的历史，必须看到这一点。

第二节　鲜卑慕容氏建立的后燕、西燕与南燕
（附汉人建立的北燕）

后燕是慕容垂建立起来的一个比前燕还要进步的政权。

慕容垂本是前燕的"吴王"，为权臣慕容评所忌，投奔前秦苻坚。苻坚"方修和戎之术"，亲自郊迎，并以之为冠军将军。但他非真心附秦，而是"外假秦声，内规兴复"[③]。权翼曾称慕容垂为"爪牙名将，所谓今之韩白，世豪东夏，志不为人用"[④]。淝水之战后的第二年（384年），他在冀州中山（今河北定县）建立起了政权。他打败了占据黎阳的丁零人翟辽、翟钊父子，灭掉了占据长子（今山西长治）的西燕慕容永，基本上占领了原前燕所占的关东之地。

从当时人把慕容垂看作东夏的豪望、名将，而非辽西鲜卑的落后将军，可知慕容垂汉化程度之高。他建立的后燕，政治情况究竟怎样，留下

---

① ［唐］房玄龄等：《晋书》卷一百二十二《吕纂载记》，中华书局，1974年，第3066页。

② ［唐］房玄龄等：《晋书》卷一百二十二《吕隆载记》，中华书局，1974年，第3069页。

③ ［唐］房玄龄等：《晋书》卷一百二十八《慕容垂载记》，中华书局，1974年，第3081页。

④ ［唐］房玄龄等：《晋书》卷一百二十八《慕容垂载记》，中华书局，1974年，第3080页。

来的材料虽然不多，但仍可看出一二。

《十六国春秋辑补》卷四十三《后燕录二》记慕容垂之子慕容农出为幽州牧，"法制宽简，清刑狱，省赋役，劝农桑，居民富赡。四方流民至者数万"。《十六国春秋辑补》卷四十四《后燕录三》记慕容农在辽西龙城五年，"庶务修举"。慕容农表请代还，慕容垂用慕容隆接替慕容农，慕容隆也能"因农旧规，修而广之"，使"辽碣遂安"。《晋书·慕容宝载记》又说慕容垂的太子慕容宝"敦崇儒学，工谈论，善属文"。慕容垂死后，他"遵垂遗令，校阅户口，罢诸军营，分属郡县，定士族旧籍，明其官仪"。可知后燕这个政权不仅是前燕政权在关东的重现，而且在某些方面，比前燕要进步。慕容农在幽州和辽西很有政绩。慕容宝校阅户口，罢诸军营，是前燕曾想解决而没有解决的问题。

后燕政权维持了24年（384—407年）。促使这个政权衰亡的主要原因：一是参合（幽州代郡之地）之战，慕容宝所部八万军队，几被北魏全歼，元气大损。二是阶级斗争在慕容垂死后激化起来。继位的慕容宝"法峻政严，上下离德，百姓思乱者十室而九"[1]。这就使后燕在与北魏的角逐中处于无能的地位。

鲜卑慕容氏建立的尚有西燕与南燕。

《晋书·苻生载记》载，西燕在慕容泓时，"众至十万"。在慕容冲时，占领了长安。慕容冲在长安"课农筑室，为久安之计"[2]。因底下的鲜卑人都想东归，内乱遂起。慕容永率众进据长子（晋属并州上党郡）。在长子九年，为后燕慕容垂所灭。慕容永在长子时间虽然不到十年，但所统新旧八郡，有户口可按。《晋书·慕容垂载记》记其有户七万六千八百。这说明即使是不稳定的西燕政权，在慕容氏治下，也能注意政治。

南燕为后燕分出，建都于广固（今山东益都）。据《晋书·载记》史论记载，南燕的建立者慕容德被称为能"崇儒术以弘风，延谠言而励己"。

---

[1] ［唐］房玄龄等:《晋书》卷一百二十四《慕容宝载记》,中华书局,1974年,第3093页。

[2] ［宋］司马光:《资治通鉴》晋孝武帝太元十一年二月,四部丛刊景刊宋刻本。

在他统治时期，"昌言竞进，朝多直士"①，政治颇有起色。南燕统治区"百姓因秦晋之弊，迭相荫冒，或百室合户，或千丁共籍，依托城社，不惧熏烧，公避课役，擅为奸宄"②。慕容德接受尚书韩��的建议："隐实黎萌，正其编贯"，以"益军国兵资之用"③。用韩��"巡郡县隐实，得荫户五万八千"④。当时的广固号称"殷盛，户口众多"⑤。慕容德还曾派尚书封恺、中书侍郎封逞"观省风俗，所在大飨将士"。又建置学官，"简公卿已下子弟及二品士门二百人为太学生"⑥。"大集诸生，亲临策试"⑦。当时，后燕已经衰落，南燕可谓为后燕在黄河下游的重振。

然而，继位者慕容超"不恤政事，畋游是好，百姓苦之"⑧。慕容超信用的公孙五楼，此人"宗亲皆夹辅左右"，当时有"欲得侯，事五楼"⑨之谚，政治败坏下去。

409年2月，东晋刘裕出师讨伐南燕，直到410年11月，由于南燕尚书悦寿"开门以纳晋师"，才打下广固。刘裕灭南燕，为什么这样难？据《资治通鉴》载，韩范对刘裕讲过这样的话："晋室南迁，中原鼎沸，士民无援，强则附之。既为君臣，必须为之尽力。"可见虽在慕容超之时，南燕仍然得到中原士女支持。这又一次证明，在中原士民心里，鲜卑与汉，南燕与东晋，并无天堑鸿沟；又一次证明慕容鲜卑与汉族已经融合。

到410年刘裕灭南燕，鲜卑慕容氏退出了北方的政治舞台。继后燕在和龙建立政权的是汉人冯跋，"即国曰燕"，史称"北燕"。

《晋书·冯跋载记》说冯跋以"自顷多故，事难相寻，赋役繁苦，百

① [唐]房玄龄等：《晋书》卷一百二十七《慕容德载记》，中华书局，1974年，第3168页。
② [唐]房玄龄等：《晋书》卷一百二十七《慕容德载记》，中华书局，1974年，第3170页。
③ [唐]房玄龄等：《晋书》卷一百二十七《慕容德载记》，中华书局，1974年，第3170页。
④ [唐]房玄龄等：《晋书》卷一百二十七《慕容德载记》，中华书局，1974年，第3170页。
⑤ [唐]房玄龄等：《晋书》卷一百二十八《慕容超载记》，中华书局，1974年，第3181页。
⑥ [唐]房玄龄等：《晋书》卷一百二十七《慕容德载记》，中华书局，1974年，第3168页。
⑦ [唐]房玄龄等：《晋书》卷一百二十七《慕容德载记》，中华书局，1974年，第3170页。
⑧ [唐]房玄龄等：《晋书》卷一百二十八《慕容超载记》，中华书局，1974年，第3177页。
⑨ [唐]房玄龄等：《晋书》卷一百二十八《慕容超载记》，中华书局，1974年，第3180—3181页。

姓困穷"，颇留心政事。冯跋为政"务从简易，前朝苛政，皆悉除之"。又"励意农桑"，"省徭薄赋，堕农者戮之，力田者褒赏"。还曾看到"此土少桑"，下令"百姓人殖桑一百根，柘二十根"。这个地处和龙的北燕政权，局面比较安定。冯弘时，北魏来攻，冯弘奔高丽，曾派冯业"以三百人浮海归宋"。冯业留于新会，自冯业到冯融"三世为守牧"[1]。冯融之子冯宝，即俚族著名女首领冼夫人的丈夫。

早在前燕之时，已有大批鲜卑人跟随慕容儁入居中原。370年，苻坚灭前燕，曾"徙（慕容）暐及其王公已下并鲜卑四万余户于长安"[2]。386年，西燕慕容恒、慕容永又"帅鲜卑男女四十余万口去长安而东"[3]。《资治通鉴》晋孝武帝太元十一年注有云："海西公太和五年，秦迁鲜卑于长安，至是财十七年耳，而种类繁育乃如此。"这数十万鲜卑人均出生于汉族文化摇篮地之一的渭水流域。到南燕、北燕相继灭亡之时，进入中原的鲜卑民族，基本上都自然同化于汉族。

第三节　羌族与后秦

羌人的进步　羌族所处的地区，远较氐族为广。《北史·宕昌羌传》说道：羌人东接中原，西接西域，"南北数千里"。汉朝时，羌族还处在氏族社会阶段。《后汉书·西羌传》说：羌人"所居无常，依随水草，地少五谷，以产牧为业。……不立君臣，无相长一，强则分种为酋豪，弱则为人附落，更相抄暴，以力为雄。杀人偿死，无它禁令"。这比氐人落后多了。到西晋时期，内迁的"与汉人杂处"的羌人中出现了汉姓，《晋书·苻坚载记下》有"新平羌雷恶地"，《晋书·苻生载记》有"南安羌酋"雷弱儿。新平郡为汉置，晋属雍州，南安郡亦为汉置，晋属秦州[4]，这本是

---

[1] [唐]魏徵、令狐德棻:《隋书》卷八十《谯国夫人传》,中华书局,1973年,第1800—1803页。

[2] [唐]房玄龄等:《晋书》卷一百十一《慕容暐载记》,中华书局,1974年,第2858页。

[3] [宋]司马光:《资治通鉴》卷一百六《晋纪二十八》,四部丛刊景宋刻本。

[4] [唐]房玄龄等:《晋书》卷十四《地理志上》"秦州"条,中华书局,1974年,第435页。

内迁羌族的居地，雷氏就是内迁羌族中出现的汉姓之一。南安赤亭羌人姚氏，在西晋时已是著姓了。说明到晋时羌人在民族融合的道路上在逐步前进，紧追氐人。在文化方面，以南安姚氏中的姚襄为例，《晋书·姚襄载记》称他"少有高名，雄武冠世，好学博通，雅善谈论，英济之称，著于南夏"。殷浩北伐，姚襄邀击殷浩于山桑，大败之，鼓行渡过淮水，屯于盱眙，"招掠流人，众至七万，分置守宰，劝课农桑，遣使建邺，罪状殷浩，并自陈谢"。他得到戎夏信任，居然达到了这样一种程度：桓温自江陵北伐，他与桓温战于洛阳伊水北，为桓温所败，奔于北山，"其夜，百姓弃妻子随襄者五千余人"。他屯据阳乡，"赴者又四千余人"。前后几次丧败，众人只要"知襄所在，辄扶老携幼奔驰而赴之"。有人传闻他"创重不济，温军所得士女，莫不望北挥涕"。弘农大姓杨亮投奔桓温，桓温问杨亮，姚襄何许人？杨亮竟说："神明器宇，孙策之俦，而雄武过之。"羌人到晋时，如姚襄之辈，已完全封建化、汉化了。在社会形态上，至少内迁羌人已进入封建制阶段。

羌人建立的后秦　淝水之战后，姚襄之弟姚苌在关中建立了后秦。这个政权是在羌汉融合的基础上建成的。《晋书·姚苌载记》记述苻坚从淮南败归长安，"西州豪族尹详、赵曜、王钦、卢牛双、狄广、张乾等率五万余家，咸推苌为盟主"。尹详等以西州豪族，共推一个羌人为主，又一次说明了羌人的进步，羌汉界限的消失。姚苌在尹详等人支持下，起兵自称秦王。敷陆晋人李详等数千户和北地、新平、安定羌胡十余万户，都降于姚苌，姚苌兵势大振。他看到"燕（指慕容冲）因怀旧之士而起兵，若功成事捷，咸有东归之思，安能久固秦川"，采取了"移民岭北，广收资实，须秦弊燕回，然后垂拱取之"的策略。后来燕果然东归，长安为卢水胡人郝奴所占，姚苌从郝奴手上夺得长安，于晋孝武帝太元十一年（386年）称帝。

这个羌人"修德政，布惠化，省非急之费，以救时弊。间阎之士，有豪介之善者，皆显异之"。又"立太学，礼先贤之后"；在外打仗，令留台诸镇，"各置学官，勿有所废，考试优劣，随才擢叙"。又下令"有复私仇者，皆诛之"；"兵吏从征战，户在大营者，世世复其家无所豫"。还曾下令"除妖谤之言及奸秽有相劾举者，皆以其罪罪之"。这使他大得西州士族欢心。南安人古成铣满口称赞他"权略无方，信赏必罚，贤能之士，咸怀乐推"。甚至对尹纬声言："如其鸿业不成者，铣请腰斩以谢明公。"羌人雷恶地初从苻登，既降于姚苌，姚苌待之如初。雷恶地每对人说："吾自言智勇所施，足为一时之杰，校数诸雄，如吾之徒，皆应跨据一方，兽啸千里。遇姚公智力摧屈，是吾分也。"他们的话足以说明羌人已经不是苻坚看不起的"小羌"[1]了。

或谓姚氏达到的进步水平，不能说明整个内迁羌人社会组织的发展。我们不妨再看一看《晋书·姚苌载记》中，羌人的社会组织是部落还是编户。在《晋书·姚苌载记》中，所记"北地、新平、安定羌、胡降者十余万户"，"天水屠各略、阳羌、胡应苌者二万余户"，"南羌窦鸯率户五千来降"，以及"户在大营者世世复其家无所豫"，都可表明部落组织在淝水之战后，在羌人中不复存在，羌人已经成为和汉人一样的编户了。苻登为姚兴战败，姚兴"散其部众，归复农业"[2]，此举更可说明羌人本身部落组织的解散。

姚兴之时，后秦的经济、文化更有所发展。姚兴留心政事，《晋书·姚兴载记上》记姚兴曾"班命郡国，百姓因荒自卖为奴婢者，悉免为良人"。此条可以击破少数民族如羌人仍处于奴隶制阶段的谬论。姚兴还曾"下书禁百姓造绵绣及淫祀"，严惩"黩货"官吏始平太守周班、槐里令李彰等，使得"郡国肃然"。打仗军令很严，其将姚硕德率陇右诸军征伐乞伏乾归，姚兴"潜军赴之"，乞伏乾归败走，后秦军降乞伏乾归部众三万六千，收铠马六万匹，但"军无私掠"，"百姓怀之"。后凉焦朗派人来请兵，后秦又派姚硕德进攻后凉吕隆，吕隆投降，姚硕德"军令齐整，秋毫

---

① 《晋书》卷一百十四《苻坚载记下》记姚苌向苻坚求传国玺，苻坚斥云："小羌乃敢于逼天子，岂以传国玺授汝羌也。图纬符命，何所依据？五胡次序，无汝羌名，违天不祥，其能久乎？玺已送晋，不可得也。"

② [唐]房玄龄等：《晋书》卷一百十七《姚兴载记》，中华书局，1974年，第2976页。

无犯，祭先贤，礼儒哲”，“西土悦之”。这也可以证明羌人社会发展水准之高。像姚硕德这样的将领，是我国历史上少数民族中的名将。

正是由于羌人到后秦之时，社会发展水平与氐、汉一致，由于后秦的政治军事措施多少顺应了淝水之战后恢复和发展经济的客观要求，所以在姚兴之时，关中号称“俗阜年丰，远安迩辑”①，恢复了淝水之战前“关陇清宴”的局面。

姚兴在长安大兴儒学，天水姜龛，东平淳于岐、冯翊郭高等，“皆耆儒硕德，经明行修”，各有门徒数百人，教授长安，“诸生自远而至者万数千人”。姚兴“每于听政之暇，引龛等于东堂，讲论道艺，错综名理”②。凉州胡辩于苻坚之末，东徙洛阳讲授儒学，“弟子千有余人”。关中后进多有赴洛阳请业的，姚兴敕关尉：“诸生咨访道艺，修己厉身，往来出入，勿拘常限。”于是，“学者咸劝，儒风盛焉”。西晋的儒学，包裹了一层老庄的外衣，五胡十六国的儒学把老庄外衣去掉了，是朴学。后秦京兆韦高慕阮籍之为人，居母丧弹琴饮酒，古成诜听到，说要“利刃斩之，以崇风教”，遂持剑以求韦高，韦高逃匿，惊得终生不敢见古成诜。少数民族政权都不排斥儒学，都把儒学作为招徕士族和进行思想统治的工具，但像姚兴那样把倡导儒学当成国家的大事件，却属罕见。

《晋书·姚兴载记上》载，儒学之外，姚兴尚曾“立律学于长安，召郡县散吏以授之。其通明者还之郡县，论决刑狱。若州郡县不能决者，谳之廷尉”。姚兴“常临谘议堂，听决疑狱，于时号无冤滞”。姚兴此举正是阮籍在《大人先生传》中说的“唯法是修，唯礼是克”，正是礼法双管齐下以进行统治。姚兴底下官吏如古成诜，也正是一个礼法双修之士。

礼法之外，姚兴又大力提倡佛教。《晋书·姚兴载记上》说他请鸠摩罗什于逍遥园澄玄堂演说佛经，鸠摩罗什寻览旧经，多有乖谬，不与梵本相应。姚兴与鸠摩罗什及沙门僧略、僧迁等八百余人“更出大品”，鸠摩罗什“持胡本，姚兴执旧经，以相考校”。鸠摩罗什重译诸经，当时

① ［唐］房玄龄等：《晋书》卷一百十九《姚泓载记》，中华书局，1974年，第3018页。
② ［唐］房玄龄等：《晋书》卷一百十七《姚兴载记》，中华书局，1974年，2979页。

号称为"新经"。可以这样说，没有姚兴的支持，就没有鸠摩罗什的重译诸经。

姚兴大力提倡儒学和佛教，毫无疑问，目的是维护后秦的封建统治。但是，应该看到，在北方战乱之余，姚兴提倡讲学和翻译佛经，对封建文化和佛教文化的传播是起了作用的。而这却是一个羌人做出的贡献。

姚泓之时，后秦亡于东晋刘裕。《晋书·姚泓载记》论后秦之亡，指出了几个原因。一是"委凉都于秃发，授朔方于赫连，专己生灾，边城继陷"。二是"翻崇诡说，加殊礼于桑门，当有为之时，肆无为之业，丽衣腴食，殆将万数，析实谈空，靡然成俗"。三是"储用殚竭，山林有税"，而"能关渠通利于山水者，皆豪富之家"。四是"萧墙屡发"，姚懿"构逆灭亡"，姚恢又"拥众内叛"。凡此皆可表明后秦之亡，主要也是由于政策，而不是羌族"落后"。

羌族是我国历史上一个久居西部、人数众多的民族。后汉之时，曾经遭到统治者残酷的压迫和剥削，掀起过规模浩大的持续五十多年之久的起义。东汉统治者屠杀羌人，务欲"绝其本根，不使能殖"[1]的魔手，被黄巾大起义斩断了。通过共同斗争，羌人和汉族人民的友好关系，获得了长足的发展。至少到东晋时期，居住在关陇的羌人，社会发展已经达到了汉族的水平。后秦封建政权的出现，就是一个标志。后秦灭亡之时，除了偏远的羌人以外，这个民族基本上也与汉族融合。到南北朝时期，内迁羌人大姓很多。《北史·恩幸传·王遇传》曾说：王遇，"冯翊李润镇羌也，与雷、党、不蒙俱为羌中强族"。羌人王氏、雷氏、党氏、不蒙氏，均籍隶冯翊。世谓党氏出于降唐的党项，殊不知党氏出于冯翊羌人党氏。《旧唐书·党项传》说"党项本汉西羌之别种"，得其实。魏末起兵的关中城人莫折大提，世居渭州襄城，也是羌人中的大姓。这些大姓都已汉化。

---

① [南朝宋]范晔撰，[唐]李贤等注：《后汉书》卷六十五《段颎传》，中华书局，1973年，第2151页。

第四节　西部鲜卑建立的南凉、西秦与夏国

南凉为河西鲜卑秃发乌孤所建。秃发与拓跋"源同，因事分姓"[1]。这支鲜卑原属于檀石槐时期的西部，八世祖匹孤始率其部自塞北迁于河西，因号"河西鲜卑"。西晋时，秃发树机能曾经起兵于秦州，"尽有凉州之地"。到秃发乌孤时，"务农桑，修邻好"，大破诸部，自称西平王，徙于乐都（今属青海），建立起南凉政权。

秃发乌孤所用的人物很值得注意。《晋书·秃发乌孤载记》说：

> 金石生、时连珍，四夷之豪俊；阴训、郭倖，西州之德望；杨统、杨贞、卫殷、鞠丞明、郭黄、郭奋、史暠、鹿嵩，文武之秀杰；梁昶、韩匹、张昶、郭韶，中州之才令；金树、薛翘、赵振、王忠、赵晁、苏霸，秦雍之世门；皆内居显位，外宰郡县，官方授才，咸得其所。

其中很多人都是前凉时期来到凉州的士族。这说明秃发乌孤建立起来的南凉政权，完全是一个封建政权、汉化政权。

秃发乌孤死，弟秃发利鹿孤继立。他用了鍮勿仑的话："宜置晋人于诸城，劝课农桑，以供军国之用，我则习战法以诛未宾。"[2]又用了史暠的话："宜建学校，开庠序，选著德硕儒以训胄子。"[3]使南凉在经济、文化方面都有所发展。

秃发利鹿孤时，弟秃发傉檀继立。时后凉已为后秦所灭，秃发傉檀上表后秦姚兴求凉州，姚兴以之为凉州刺史，镇姑臧。由此，秃发傉檀又继

---

① [北齐]魏收：《魏书》卷四十一《源贺传》，中华书局，1974年，第919页。

② [唐]房玄龄等：《晋书》卷一百二十六《秃发利鹿孤载记》，中华书局，1974年，第3145页。

③ [唐]房玄龄等：《晋书》卷一百二十六《秃发乌孤载记》，中华书局，1974年，第3146页。

汉人张氏、氐族吕氏，成了凉州的第三个统治者。秃发傉檀所用人物，如段懿、孟祎，为"武威之宿望"，辛晁、彭敏，为"秦陇之冠冕"；裴敏、马辅，为"中州之令族"；张昶，为"凉国之旧胤"；张穆、边宪，"文齐、杨班"；梁崧、赵昌，"武同飞羽"[①]。秃发傉檀本人曾深得后秦尚书郎韦宗的称赞。姚兴派韦宗来南凉，秃发傉檀与韦宗"论六国纵横之规，三家战争之略，远言天命废兴，近陈人事成败，机变无穷，辞致清辩"，使韦宗这个关陇大族大为惊异，发出了"命世大才，经纶名教者，不必华宗夏士"[②]之叹。这说明了鲜卑秃发氏汉化程度之深，文化水准之高。像秃发傉檀，可与汉族一流士人媲美了。

秃发这支自塞北迁居河西的鲜卑，社会发展远较仍然居处于塞北的拓跋鲜卑为快。这是由于受到西州汉人和氐、羌文化的影响。这支鲜卑族人对我国陇右地区经济和文化的发展，也作出了自己的贡献。

南凉亡于西秦。西秦为陇西鲜卑乞伏国仁所建，建都苑川（今甘肃榆中）。这支鲜卑亦属于檀石槐时期的西部。

据《晋书·乞伏国仁载记》，陇西原来有如弗斯、出连、叱卢和乞伏四部鲜卑，这四部鲜卑后来共推乞伏部的乞伏可汗托铎莫何为统主，可知西秦之初，是由四个部落联合而成的一个部落联盟。乞伏本山名，《元和郡县图志》卷四"灵州保静县"条说："贺兰山……又东北抵河，其抵河之处，亦名乞伏山，在黄河西。"这是乞伏鲜卑的活动地区。《晋书·乞伏国仁载记》说前秦的时候，乞伏述繁降于苻坚，镇勇士川。死后乞伏国仁代镇。苻坚败于淝水，乞伏国仁"乃招集诸部，有不附者，讨而并之，众至十余万"，建立了西秦。乞伏国仁把他控制的地区设置为武城、武阳、安固、武始、汉阳、天水、略阳、渢川、甘松、匡朋、白马、苑川十二郡，筑勇士城以居之。至此，乞伏鲜卑的部落组织为行政区划所代替。但

---

① [唐]房玄龄等：《晋书》卷一百二十六《秃发傉檀载记》，中华书局，1974年，第3149页。

② [唐]房玄龄等：《晋书》卷一百二十六《秃发傉檀载记》，中华书局，1974年，第3151页。

乞伏国仁所用的左相乙旃音煙，右相屋引出支，左辅独孤匹蹄，右辅武群勇士，都是少数族人[①]。乞伏乾归时变了。他占据了陇西、巴西之地，以边芮为尚书左仆射，秘宜为右仆射，翟瑥为吏部尚书，翟勋为主客尚书，杜宣为兵部尚书，王松寿为民部尚书，樊谦为三公尚书，方弘、曲景为侍中。"自余拜授，一如魏武、晋文故事"[②]。用汉官并建立起汉族一套封建官制。这表明乞伏鲜卑的社会到乞伏乾归时，有了急剧的发展。乞伏炽盘时，灭了南凉，乐都"男夫尽杀，妇女赏军"，很是野蛮。但这只能表明战争的残酷。到征漒川羌时，情况又不同。乞伏炽盘"徙羌豪三千户于枹罕，漒川羌三万余户皆安堵如故"[③]。

乞伏鲜卑是陇西一支比较落后的鲜卑，但当它登上西州政治舞台，就不能不紧跟其他各族的脚步，迅速走上封建化和汉化的道路。

西秦亡于夏。夏为赫连勃勃所建。据《魏书·铁弗刘虎传》，"北人谓胡父鲜卑母为铁弗"，赫连勃勃"耻姓铁弗"，遂改为赫连氏，自云"徽黑与天连"。则赫连勃勃为匈奴和鲜卑的混血种。从《晋书·赫连勃勃载记》来看，有两个情况值得注意。一是这支少数民族比较落后，一直保持自己的种落。赫连勃勃父系曾祖父刘豹子"招集种落，复为诸部之雄"，处于塞外。父刘卫辰始入居塞内。苻坚败于淝水，刘卫辰遂有朔方之地。二是这支少数民族与西部鲜卑关系很深。刘卫辰为北魏攻杀，赫连勃勃逃奔叱干部。《魏书·官氏志》有"西方叱干氏，后改为薛氏"；《晋书·赫连勃勃载记》有"鲜卑薛干等三部"。叱干即薛干，是西部鲜卑之一。赫连勃勃逃奔叱干部，这显然是因为母系出于西部鲜卑。后来，后秦姚兴用赫连勃勃做安北将军，镇朔方，"配以三交五部鲜卑及杂虏二万余落"。赫连勃勃用羊苟儿镇安定，配给羊苟儿的也是"鲜卑五千"，说明赫连勃勃和西

---

① 《魏书·官氏志》记述乙旃氏为拓跋鲜卑宗族十姓之一，后改为叔孙氏；屋引氏为内入诸姓之一，后改为房氏；独孤氏为勋臣八姓之一，后改为刘氏。

② [唐]房玄龄等：《晋书》卷一百二十五《乞伏乾归载记》，中华书局，1974年，第3118页。

③ [唐]房玄龄等：《晋书》卷一百二十五《乞伏炽盘载记》，中华书局，1974年，第3125页。

部鲜卑关系极为密切。赫连勃勃既和西部鲜卑有着千丝万缕的联系，落后程度也和西部鲜卑相仿，与其说他是匈奴人，倒不如说他是西部鲜卑人。更何况他本来就是匈奴和鲜卑的混血种。

赫连勃勃在晋安帝义熙二年称天王、大单于，官属没有用一个汉人。赫连勃勃打仗采取了"以云骑风驰，出其不意，救前则击其后，救后则击其前，使疲于奔命，我则游食自若"的战法。在战争中，杀伤和驱掠人户很厉害。这反映了夏的落后性。但也要看到，在《晋书·赫连勃勃载记》中，并无将驱掠或迁徙而来的人户当作奴隶的记载。从《晋书·赫连勃勃载记》所说"徙七千余家于大城"，"徙其人万六千家于大城"，"徙其三千余户于贰城"来看，这仍是徙民以实京师（所谓大城、贰城）的办法。《晋书·赫连勃勃载记》还说："岭北夷夏降附者数万计，勃勃于是拜置守宰以抚之。"表明赫连勃勃在战争中，逐渐了解到了政治的重要性。

有一件事很能说明赫连勃勃的"进步"。刘裕灭后秦，将领表现很坏。"是时，关中丰全，仓库殷积"，王镇恶"极意收敛，子女玉帛，不可胜计"[1]。刘裕召刘义真东镇洛阳，以朱龄石镇长安，刘义真"大掠而东，至于灞上，百姓遂逐龄石，而迎勃勃入于长安"[2]。这说明赫连勃勃在长安人民心目中，并不比王镇恶、刘义真、朱龄石坏。民族纷争是坏事，在一定条件下，坏事可以转变为好事，这支西部少数民族既与关陇各族发生接触，也不能不迅速进步。

南凉、西秦、夏以及北魏的出现，表明西部鲜卑在这个时期很活跃。除南凉外，西秦、夏以及北魏初起之时，都很落后。但它们既然起来了，活动地区既是中夏之地，也就都在角逐之中，很快地改变自己的面貌，走上封建化与汉化的道路，与汉族融合。这是各族发展的共同规律。

---

① ［梁］沈约：《宋书》卷四十五《王镇恶传》，中华书局，1974年，第1370页。

② ［唐］房玄龄等：《晋书》卷一百三十《赫连勃勃载记》，中华书局，1974年，第3209页。

第五节　卢水胡人建立的北凉（附汉人建立的西凉）

卢水胡人，姚薇元先生考证为小月氏人，属于羯族。唐长孺先生在《魏晋南北史论丛》中考证为"杂胡"。按《晋书·沮渠蒙逊载记》称北凉的建成者沮渠蒙逊为"临松卢水胡人"，临松郡为前凉张天锡所置，本属张掖。《读史方舆纪要》卷六十三有沮渠川，谓在张掖"镇东南，或曰即卢水也"。又引《北史》："沮渠蒙逊世居张掖临松卢水，即此川矣。后人因谓之沮渠川。"考《水经注》卷一湟水注引《十三州志》，谓"西平、张掖之间"，为"大月氏之别，小月氏之国"。流经张掖镇东南的沮渠川，恰当西平、张掖之间，《读史方舆纪要》谓沮渠川即卢水的易名，无疑是可信的。沮渠蒙逊一家世居卢水，即世居西平、张掖之间，溯其源当出于小月氏。但也要看到被称为卢水胡的小月氏人有迁徙，非在卢水永远不动；他族进入卢水胡中，往往也被称为卢水胡人。杂居趋势在各族人中，均难避免，安定盖吴被称为羯人，又被称为卢水胡；郝奴是乌丸人也被称为卢水胡，说明卢水胡越来越杂。这和汉人越来越杂类似。民族融合总是先小杂而后大杂。但都有一个融合的中心，最大的融合中心便是汉族。

沮渠蒙逊在上东晋表中，说他"谬为河右遗黎推为盟主"。河右遗黎多为逃奔前凉的中州士女，他们为什么推沮渠蒙逊为盟主呢？要知道世居张掖卢水的沮渠蒙逊，"博涉群史，颇晓天文，雄杰有英略，滑稽善权变"，是一个完全汉化了的人物，与河右遗黎结合得很紧。而沮渠蒙逊的进步，反映了处于西北地区的小月氏人的进步。

沮渠蒙逊"擢任贤才，文武咸悦"，又下书"戎车屡动，干戈未戢，农失三时之业，百姓户不粒食，可蠲省百徭，专攻南亩，明设科条，务尽地利"。他的两个伯父"并骄奢侵害百姓"，他说："乱吾国者，二伯父也，何以纲纪百姓乎？皆令自杀。"可见北凉是一个依靠河右汉族地主建立起来的、能够重视政治、经济、法制的政权。政治情况比后凉好。

南凉秃发傉檀南迁乐都，姑臧为魏安人焦朗所据，沮渠蒙逊从焦朗手上夺得姑臧，遂从张掖迁都于姑臧，称河西王。后来又攻占酒泉，灭掉西凉。北凉军队进入酒泉之际，号称"百姓安堵如故，军无私焉"。至此，北凉兴起为河右的一个强大的力量。到沮渠茂虔时，才灭于北魏。从沮渠蒙逊的汉化政权与北魏之初，盖吴领导各族人民反抗北魏的斗争来看，卢水胡人在这个时期，已经进入以汉族为中心的民族大融合之林。

西凉是陇西成纪人李暠所建。李暠"世为西州右姓。高祖雍，曾祖柔，仕晋并历位郡守，祖弇，仕张轨为武卫将军、安世亭侯，父昶，幼有令名，早卒"[①]。这个世系表明西凉是一个西州世族政权。

西凉建立于敦煌，后迁酒泉，欲以渐"逼寇穴"。到酒泉后，李暠能"敦劝稼穑"，使"年谷频登，百姓乐业"。他对于凉州西部经济的发展，是有建树的。然而，他对"戎虏"的看法不对。他说过"昔河右分崩，群豪竞起"，自张掖以东，东晋之"遗黎"，为"戎虏所制"[②]。殊不知，像南凉秃发傉檀、北凉沮渠蒙逊这样的"戎虏"，谋略才智并不在他之下。他颇想"席卷河陇，扬旌秦川"，然而他的目的没有达到，写了一篇《述志诗》，了结了他的一生。继立的西凉后主李歆，"繁刑峻法，宫室是务"，才略远逊于沮渠蒙逊，卒为沮渠蒙逊所灭。

对于"河右分崩"，应该看到有坏的一面，也有好的一面。分崩使得河右少数民族不能不迅速地与先进的汉族看齐，否则，各少数民族统治者就很难在河右立脚，更不消谈互争雄长。

自刘渊于304年起兵到439年北凉为北魏灭亡，共136年。这136年是北方各个少数民族获得进步之年，与汉族自然同化之年，各族大融合之年，我国这个多民族的国家获得发展之年。匈奴、羯、中部慕容鲜卑、西部鲜卑、氐、羌、賨人，不说全部，至少大部分都已和汉族融合。这是魏晋时期进入中原的各族与汉族的大融合，是魏晋南北朝时期民族大融合历

---

① ［唐］房玄龄等：《晋书》卷八十七《凉武昭王李玄盛传》，中华书局，1974年，第2257页。

② ［唐］房玄龄等：《晋书》卷八十七《凉武昭王李玄盛传》，中华书局，1974年，第2261页。

程的第一个阶段。南北朝时期北方各族的融合，发生在随从拓跋鲜卑两次迁居中原的各族之中，这是应当分清的。

兹举《宋书》卷六十七《谢灵运传》所载谢灵运上书劝北伐、卷八十二《周朗传》所载周朗上孝武帝书有关民族融合之言，作为本章的结束。

谢灵运："河北悉是旧户，差无杂人。"周朗："不过山东杂汉，则是国家由来所欲覆育。"进入中原的各族，到晋末，都是"旧户"，都是"杂汉"了。这是汉族的一次大壮大。

第十章　淝水之战后的东晋

第一节　论淝水之战后东晋政治派别的分野及其
斗争实质

淝水之战后，东晋政治派别的分野　谈淝水之战后，东晋政治派别的分野，须上溯到淝水之战前。淝水之战前当政的是以王导、桓温、谢安为首的士族中的进步势力。他们反对照搬西晋政治，主张改革，并实施了镇之以静方针及一系列政策，限制了世族公卿的政治经济利益。而代表西晋以来的腐朽势力的士族地主，却把江东当成了避难的场所和可以继续"奢侈相高"的天堂，占山护泽，"竞招游食"①。只是因为根基未稳，所以对王导的方针政策尚能容忍。淝水之战后，他们感到根基已稳，支持司马道子出来，把谢安排出政治舞台，以便恢复西晋的统治。然而自王导到谢安，镇之以静的方针在东晋已深入人心。一派要破坏镇之以静的方针，一派要维护镇之以静方针，成为淝水之战后东晋统治阶级内部斗争的焦点。

淝水之战后，东晋政治上分成为两派，《晋书·会稽文孝王道子传》所记的《云中诗》中云：

---

① [唐]房玄龄等：《晋书》卷八十八《颜含传》，中华书局，1974年，第2286页。

相王（司马道子）沉醉，轻出教命；捕贼千秋（茹千秋），干豫朝政；王恺（王国宝兄）守常，国宝驰竞；荆州（王忱，王国宝弟）大度，散诞难名。盛德之流，法护（王珣，王导孙）、王宁（王恭）；仲堪（殷仲堪）、仙民（徐邈），特有言咏；东山安道（戴逵），执操高抗，何不征之，以为朝匠？

区别很清楚，司马道子、茹千秋、王恺、王国宝、王忱为一派。王珣、王恭、殷仲堪、徐邈、戴逵为一派。

太元八年，当苻坚率众渡淮，谢安积极准备迎战的时候，孝武帝就起用了他的弟弟司徒、琅邪王司马道子"录尚书六条事"。按太元元年加谢安"中书监、录尚书事"，这年把录尚书事的职务给司马道子，等于分了谢安的相权。淝水之战大捷之后，谢安"欲混一文轨，上疏求自北征"，以都督扬、江等十五州军事的身份，兴师北伐。然而，由于司马"道子专权，而奸谄颇相扇构"，谢安不得不请求"出镇广陵之步丘，筑垒曰新城以避之"①。谢安被排挤出朝后，东晋朝议为司马道子所操纵，以为"征役既久，宜置戍而还"，正在向幽、冀二州挺进的谢玄，被召回镇守淮阴，随后又命他移镇东阳城。谢玄在路上患病，为司马道子等人作为借口，干脆叫他"还京口疗疾"②。北伐至此化为泡影。谢安自新城还建业，"自以本志不遂，深自慨失"③，上疏逊位。一个有总统功，曾经指挥淝水战役，取得大捷的名臣，就这样在政治舞台上被排挤消失了。

障碍既除，东晋自王导以来执行的镇之以静方针随之破坏。韦华对后秦主姚兴说过："晋主虽有南面之尊，无总御之实，宰辅执政，政出多门，权去公家，遂成习俗，刑网峻急，风俗奢宕。自桓温、谢安已后，未见宽猛之中。"④这里举淝水之战后东晋奴、客的激增和赋、役制度的变化，来

---

① [唐]房玄龄等：《晋书》卷七十九《谢安传》，中华书局，1974年，第2076页。
② [唐]房玄龄等：《晋书》卷七十九《谢玄传》，中华书局，1974年，第2085页。
③ [唐]房玄龄等：《晋书》卷七十九《谢安传》，中华书局，1974年，第2076页。
④ [唐]房玄龄等：《晋书》卷一百十七《姚兴载记上》，中华书局，1974年，第2980页。

表明镇之以静方针的破坏。

《晋书·殷仲堪传》记殷仲堪说到前秦灭亡之后，"中原子女鬻于江东者，不可胜数"。《晋书·范汪传》附《子宁传》又说当时"方镇去官，皆割精兵器仗，以为送故。米布之属，不可称计。……送兵多者于千余家，少者数十户。既力入私门，复资官廪布。兵役既竭，枉服良人，牵引无端，以相充补"。这是说方镇去官，把国家的兵变为自己的劳动力（所谓"力入私门"）——佃客。于是"枉服良人"，以相补充，看起来是"割精兵"，其实是割农民。兵家本由农户充当，兵家被割了，由农户补充，再割再补，自由农户就不能不一批批转化为兵户，复由兵户转化为客户。司马道子一派破坏北伐，正是因为他们都想把兵变成自己的佃客。奴客的激增，就是镇之以静方针被破坏的重要例证。

淝水之战后，东晋的税制有了变化。《隋书·食货志》记有："其课丁男调布、绢各二丈，丝三两，绵八两，禄绢八尺，禄绵三两二分，租米五石，禄米二石。丁女并半之。"这都叫"调"。这种调法，与淝水之战前的度田收租制、王公以下口税三斛制不同。按《晋书·孝武帝纪》太元八年十二月，有"以寇难初平，……始增百姓税米口五石"的记载。五石是淝水之战后司马道子"始增"。口五石与《隋书》所谓"租米五石"暗合。《隋书》所记调法，实为淝水之战后的调法。又按《宋书·王玄谟传》记有"令九品以上租使贫富相通"之言，所谓"九品以上租"，当沿自东晋。这与西晋对丁男、丁女之户，岁调租粟、绢、棉，分为九品，性质正同。但不相通，故王玄谟要使九品以上租相通。

淝水之战后的东晋，基本上恢复了西晋的户调之式。谢安的王公以下都要交税，而在役者可以免交的制度被改变了。我们常可见到人们把役、调对举，服役者不能免调，输调者不能免役。《晋书·范宁传》所记范宁的话，便有"举召役、调，皆相资须"之言。所谓"皆相资须"，即役、调都得承担。闻人奭也有"百姓单贫，役调深刻"[1]之言，百姓是既要交

---

① ［唐］房玄龄等：《晋书》卷六十四《会稽文孝王道子传》，中华书局，1974年，第1734页。

税，又要服役，从而出现了"流殣不绝"的现象。王公以下是从来不服役的，但在淝水之战前要纳税。而淝水之战后，也看不到有关他们纳税的规定。南朝有所谓"复士"，推其源当始于淝水之战后。亲属虽不可荫，世族公卿本人却重新变成了可以享受免税特权的阶层。这又是镇之以静方针被破坏的表现。

淝水之战后士族又像西晋那样建立起了自己的天堂。司马道子开东第，"筑山穿池，列树竹木，功用巨万"。其子司马元显"聚敛不已，富过帝室"[1]。其党王国宝"聚敛，不知纪极"，后房妓妾竟"以百数，天下珍玩充满其室"[2]。这种人当政，只能是"官以贿迁，政刑谬乱"[3]，"鬻刑之货，自走权门，毒赋年滋，愁民岁广"[4]。

再说王珣一派。下面据《晋书》王珣等传，分析此派人物的政见及关系。

《晋书·王导传》附《洽子珣传》说王珣"弱冠与陈郡谢玄为桓温掾，俱为温所敬重"。在东闻谢安亡，便出京师，"直前哭之甚恸"。桓温之所以敬重他，他之所以哭谢安，是出于政见相同。他与殷仲堪、徐邈、王恭、郗恢等，由于政见相同，才形成了一个与司马道子、王国宝等对立的政治派别。

王恭这个被认为首为"乱阶"的人物，其实是最反对司马道子、王国宝一派浊乱朝政的人物。《晋书·王恭传》记载了这样几件事："时陈郡袁悦之以倾巧事会稽王道子，恭言之于帝，遂诛之"；"淮陵内史虞珧子妻裴氏有服食之术，常衣黄衣，状如天师，道子甚悦之，令与宾客谈论，时人皆为降节，恭抗言曰：'未闻宰相之坐，有失行妇人。'坐宾莫不反侧"，

①［唐］房玄龄等：《晋书》卷六十四《会稽文孝王道子传》附《元显传》，中华书局，1974年，第1738页。

②［唐］房玄龄等：《晋书》卷七十五《王湛传》附《国宝传》，中华书局，1974年，第1972页。

③［唐］房玄龄等：《晋书》卷六十四《会稽文孝王道子传》，中华书局，1974年，第1733页。

④［唐］房玄龄等：《晋书》卷九《孝武帝纪》史论，中华书局，1974年，第242—243页。

"道子执政，宠昵王国宝，委以机权，恭每正色直言，道子深惮而忿之。及赴山陵，罢朝，叹曰：'榱栋虽新，便有黍离之叹矣。'……恭多不顺，每言及时政，辄厉声色，道子知恭不可和协"。司马道子一派人要杀他，他从京口举兵，朝廷"用王珣计，请解道子职，收国宝赐死"。

殷仲堪，《晋书》本传称他曾致书于谢玄，痛陈"胡亡之后，中原子女鬻于江东者不可胜数，骨肉星离，荼毒终年，怨苦之气，感伤和理"。谢玄深然之。王恭在京口举兵时，他在荆州。王恭遣使与他相结，他许之。

徐邈，据《晋书·儒林传》本传，孝武帝招延儒学之士，谢安举徐邈应选。谢安亡，"论者或有异同（派别之争），邈固劝中书令王献之奏加殊礼，仍崇进谢石为尚书令。（谢）玄为徐州，邈转祠部郎"。本传说他曾致书范宁，认为为政"以实不以文"，他"莅官简惠，达于从政"。这正是王导的"应天以实不以文，故我清静而人自正"。他和谢安是以政治见解相结，并非出于私情。反之，他见司马道子府"众宾沉湎，引满喧哗"，则非常厌恶。司马道子问他"时有畅否"，他说"邈陋巷书生，惟以节俭清修为畅"。司马道子欲用他为吏部郎，他"以波竞成俗"，不就。

戴逵，《晋书·隐逸传》本传说他与王珣的关系极好。王珣为吴国内史，那时他逃于吴，"执操高抗"，可却"潜诣"王珣，"与珣游处积旬"。这个写过"苟薪、气之有歇，何年焰之恒延"①的神灭论先驱，在政治上站在王珣一边。他"执操高抗"，正是因为司马道子一派败坏了东晋政治。

从王珣等人对谢安、司马道子的不同态度来看，从他们的政见与关系来看，毫无疑问，他们是司马道子的敌对派。这派人物以王珣、王恭、殷仲堪最为重要，联系了不少人。《云中诗》只写了徐邈、戴逵，与徐邈关系甚好的范宁，也是一个。两派性质：一派是腐朽的保守派，一派是进步派；两派斗争焦点：一派要破坏镇之以静方针，一派要维护镇之以静方针。两派斗争形势：司马道子一派操持朝政，王珣一派的力量则在地方

---

① [唐]徐坚：《初学记》卷二十五《器物部·火第》，清光绪孔氏三十三万卷堂本。

上。王恭以兖、青二州刺史镇京口，殷仲堪以荆州刺史镇江陵。这就可以了解王恭、殷仲堪起兵反对司马道子、王国宝的性质了。他们的起兵是为了维护镇之以静方针，不能视同军阀造反，不能把他们与司马道子等同。司马道子的倒台和王国宝的被杀，是这一派的胜利。可是司马道子倒台后，政权又落入了司马道子之子司马元显手上，腐朽势力依然故我。于是而有王恭、殷仲堪的第二次起兵。这次起兵失败了，原因不在司马元显有多大力量，而在北府将领刘牢之倒戈攻杀王恭，江州刺史桓玄欲图殷仲堪。失败的结果是桓玄的易晋为楚。然而，他们的失败，并不表示维护镇之以静的方针后继无人，这派人物又聚集在刘裕的周围，同以桓玄为首的腐朽势力进行斗争。

论刘裕　刘裕，人们知道是历史上的一个杰出人物，但很少有人知道他在政治上属于哪一个派别，他和桓玄斗争的性质如何，他的政策又是什么性质。这里论刘裕以图说清这些问题。

人们知道刘裕是过江流民后裔，出身"布衣"，是北府兵的将领，是靠北府兵上台的。但这只是其一。单靠北府兵并不能使他赢得皇帝宝座，他是继王珣之后，主张维护镇之以静方针的进步派首领，他当皇帝是靠了这派人的支持。我们来看围绕在他周围的，除了北府将领何无忌等人外，还有一些什么人物，以及他们的政见。

刘裕当皇帝的第一天，在改封公侯中，下令"奉晋故丞相王导、太傅谢安、大将军温峤、大司马陶侃、车骑将军谢玄之祀"[①]。这并非赞赏他们个人的品德，而是表明他是王导、谢安政策的继承人。早年，他已与王导之孙王谧深相结纳。《晋书·王谧传》记："初刘裕为布衣，众未之识也，惟谧独奇贵之，尝谓裕曰：'卿当为一代英雄。'"王谧所以"奇贵"、交结刘裕，原因在刘裕对王导、谢安等人的崇敬。

在刘裕周围结聚了一大批王珣派人物。例如，王导曾孙、王珣之子王弘。《宋书》本传称他在司马道子当政时，曾因"农务顿息，末役繁兴"，

---

① ［梁］沈约：《宋书》卷三《武帝下》，中华书局，1974年，第53页。

上书"以为宜建屯田",司马道子欲用他为黄门侍郎、谘议参军加建威将军,领中兵,他拒绝了。而刘裕为镇军将军,"召补谘议参军",他却立即应命。义熙十一年刘裕平洛阳,欲求"九锡","弘衔使还京师,讽旨朝廷"。其时,"刘穆之掌留任,而旨反从北来",刘穆之因此发病而卒,刘裕与王弘的关系,胜过了刘裕与刘穆之的关系。王弘少弟王昙首,《宋书》本传称他与从弟王球俱诣刘裕。刘裕平洛阳,尝于彭城戏马台置酒大会赋诗,王昙首诗先成,刘裕问王弘"卿弟何如卿",王弘以"若但如下官,门户何寄"为答。这可了解王弘兄弟把"门户"都寄托给了刘裕。刘义隆为徐州刺史,又以王昙首为府功曹。刘裕曾对刘义隆说过,王昙首有宰相才,"汝每事咨之",信任倍常。谢晦,出自陈郡谢氏。《宋书》本传称他"初为孟昶建威府中兵参军",而孟昶原为镇北主簿,与刘裕一起,自京口起兵讨桓玄。孟昶死后,刘裕曾问刘穆之:"孟昶参佐,谁堪入我府?"刘穆之举谢晦,即命为太尉参军。谢晦善断狱,义熙八年土断,他"分判扬、豫民户,以平允见称",是刘裕政策的忠实执行者。刘裕征关、洛,谢晦从之。刘裕当皇帝之日,他以右卫将军"领游军为警备",不遗余力支持刘裕。傅亮,出自北地傅氏,为傅咸之后。《宋书》本传说他先从北府将领孟昶、刘毅,后从刘裕为太尉从事中郎,掌记室,从征关、洛。刘裕还至寿阳。"有受禅意,而难于发言",傅亮理解,即请还京,讽恭帝禅位,"草诏,请帝书之"①。他是刘裕当皇帝的大功臣。再如王韶之,出自琅邪王氏,刘裕用为通直郎,领西省事。刘裕将为"禅代",使王韶之缢安帝而立恭帝,他立即应命。

这些人之所以结聚在刘裕周围,不能单用刘裕出自北府集团为原因来解释。主要原因在政策。当桓玄易晋为楚之时,桓玄是很有力量的。起先,桓玄也能"黜凡佞,擢俊贤,君子之道粗备,京师欣然",可是,"后乃陵侮朝廷,幽摈宰辅,豪奢纵欲,众务繁兴","百姓疲苦,朝野劳瘁,怨怒思乱者十室八九"②。他起用王国宝之兄王愉为尚书仆射,又用王愉

---

① [唐]房玄龄等:《晋书》卷十《恭帝纪》,中华书局,1974年,第269页。

② [唐]房玄龄等:《晋书》卷九十九《桓玄传》,中华书局,1974年,第2591、2597页。

之子王绥为中书令，"京口之蠹"习逵被用为中领军[①]、西中郎将、豫州刺史，镇历阳，刁畅被用为右卫将军，刁弘被用为抚军将军。"赈贷"会稽饥民，由王愉主之，而"吏不时给，顿仆道路死者十八九"[②]。表明桓玄替代司马道子、司马元显做了腐朽一派势力的主人。这就使得"朝野失望"。想恢复镇之以静方针的人物，都把希望寄托给了起兵讨伐桓玄的刘裕。刘裕与桓玄的斗争，实际上是王珣、司马道子两派斗争的继续。

刘裕的很多新政都是在安帝义熙年间推行的，下面试作分析，以明他确为王珣之后，主张恢复镇之以静政策的一派人物的首领。

据《宋书·武帝纪中》义熙七年记载："公既作辅，大示轨则，豪强肃然，远近知禁。至是，会稽余姚虞亮复藏匿亡命千余人，公诛亮，免会稽内史司马休之。"义熙九年，他公布了禁止豪强霸占山湖川泽的法令。试取《晋书·王导传》《宋书·羊希传》参证，就知道他推行的方针政策，正是王导的方针政策。王导作辅，压抑豪侈相高，不遵法度的公卿世族。他发布过"壬辰诏书"，严禁豪强占山护泽。而《宋书·羊希传》说到壬辰诏书，一直沿用到宋孝武帝的时候，刘裕的禁断豪强霸占山湖川泽是重申壬辰之科。这并非如人们所言，禁占山泽，是刘裕首创。他所拿出的法令，即是壬辰诏书。

至于义熙九年的土断，《武帝纪中》明言是"准庚戌土断"，即采用桓温的办法。而桓温的庚戌土断，承自王导的咸和土断。

由此看来，刘裕的新政，正是王导、桓温、谢安镇之以静方针的恢复。

对刘裕的北伐应当怎样看呢？当淝水大捷，前秦土崩瓦解的时候，"五尺童子"都"振袂临江，思所以挂旆天山，封泥函谷"[③]，当时是有克复中原的希望的。可是，谢安、谢玄被排挤掉了，东晋坐失了克复中原的大好时机，到刘裕上台之时，北方形势已有变化，各族在交锋中已有走向

---

① [唐]房玄龄等：《晋书》卷九十九《桓玄传》，中华书局，1974年，第2593页。

② [唐]房玄龄等：《晋书》卷九十九《桓玄传》，中华书局，1974年，第2591页。

③ [唐]房玄龄等：《晋书》卷九《孝武帝纪》史论，中华书局，1974年，第242页。

统一之势，刘裕想要克复神州，已不可能。他北伐虽有借以提高自己政治地位的意图，但更重要的，是继续执行王导、桓温、谢安时期的以攻为守的军事政策。他在义熙六年灭了南燕；九年，灭了益州的后蜀；十三年，又灭了关中的后秦。从以攻为守来说，从进兵方向来说，都是桓温北伐的重演，只是对手有所不同而已。

如此说来，刘裕推翻桓玄，是维护镇之以静方针的进步派别最后战胜破坏镇之以静方针的腐朽派别的标志。认识这一点，对我们认识"元嘉之治"将是很有帮助的。

第二节　论江东五斗米道的发展与孙恩起兵

孙恩起兵，是安帝隆安年间的一件大事。要了解孙恩起兵，必须先明江东五斗米道的发展。东晋五斗米道的发展，集中表现在向士族阶层传播的成功上。五斗米道之所以能在士族阶层传播，则是因为葛洪对五斗米道进行了改革。故须先论葛洪。

或疑葛洪非五斗米道徒。按《晋书·葛洪传》说他的从祖葛仙公于"吴时学道得仙"。而吴地所奉的，据葛洪自己说，是孙权时李宽从蜀中传来的五斗米道[①]。葛仙公无疑是一个五斗米道的信徒。葛仙公"以其炼丹秘术授弟子郑隐"，葛洪"就隐学，悉得其法"。后来，葛洪又"师事南海太守上党鲍玄"。据《晋书·鲍靓传》，鲍靓（即鲍玄）"尝见仙人阴君（阴长生）授道诀"，而阴长生是五斗米道的信徒。可见葛洪的另一个老师信的也是五斗米道。这两个师承，都表明了葛洪是一个五斗米道的信仰者。

西晋以前，五斗米道主要是在庶族中传播，士族信仰五斗米道的极少。西晋士族相信的是名教与自然"将无同"的玄学，五斗米道要取得士族的信仰，必须与儒学结合起来。葛洪的一个重大功绩是用五斗米道和儒

---

① 《抱朴子》内篇《道意》云："或问李氏之道起于何时，余答曰：吴大帝时。……有一人姓李名宽，到吴而蜀语，……依宽为弟子者，恒近千人。"

教的合一，取代玄儒合一，为五斗米道在士族阶层流传，创造了前提。

葛洪说他的老师郑隐，"本大儒士也，晚而好道，由以《礼记》《尚书》教授不绝"[1]。葛洪接受了郑隐的影响，所著《抱朴子》内、外篇，据他自己说："内篇言神仙方药、鬼怪变化、养生延年、禳邪却祸之事，属道家；其外篇言人间得失、世事臧否，属儒家。"[2]葛洪兼修儒学与五斗米道，阐发了儒学与五斗米道之间的关系。

在《抱朴子》内篇《明本》中，葛洪提出："道者儒之本也，儒者道之末也。""夫道者，……此所以为百家之君长，仁义之祖宗也。"葛洪所谓道，即五斗米道。他把五斗米道当作了本原，把儒学仁义当作了五斗米道的产物或体现，形成了他的客观唯心主义。

在《抱朴子》内篇《对俗》中，葛洪提出："欲求仙者，要当以忠孝和顺仁信为本。若德行不修，而但务方术，皆不得长生也。"这把修儒学当作了成仙道的先决条件，而原因即在仙道与儒术"将无同"。

葛洪就是这样把道教和儒学紧密结合起来的。他为士族儒门信仰五斗米道拆除了屏障。

但是，士族儒门要做官，不能放弃官不做，到深山去炼丹成仙。葛洪又进一步把成仙之术和做官之道结合起来，排除了成仙就不能做官，做官就不能成仙，仙官二者之间的矛盾。为士族信仰五斗米道解决了难题。

葛洪在《抱朴子》内篇《释滞》中说：

> 长才者兼而修之，何难之有？内宝养生之道，外则和光于世，治身而身长修，治国而国太平，以六经训俗士，以方术授知音，欲少留，则且止而佐时，欲升腾，则凌霄而轻举者，上士也；自持才力，不能并成，则弃置人间，专修道德者，亦其次也。

可见葛洪认为只有既当官佐时，又修道成仙，才是最好的办法。能够

---

① ［晋］葛洪：《抱朴子》内篇《遐览》，四部丛刊景明本。
② ［晋］葛洪：《抱朴子》外篇《自叙》，四部丛刊景明本。

这样"兼而修之"的，才是"上士"；如弃置人间，专门学道炼丹，就不是上士。而是"其次"。为了说明佐时与升腾兼修的重要，他举黄帝为例，说黄帝就是"先治世而后登仙"的，是"能兼之才"①。

在《抱朴子》内篇《对俗》中，葛洪还说："求长生者，正惜今日之所欲耳，本不汲汲于升虚，以飞腾为胜于地上也。若幸可止家而不死者，亦何必求于速登天乎？"这把止家居官看得比升虚还重要了。在葛洪心目中，最好是止家不死，万年当官享乐。

怎样才能"止家不死"呢？葛洪提出了一种"先服草木以救亏缺，后服金丹以定无穷"的办法。他说："长生之理，尽于此矣。"葛洪在《抱朴子》中，详尽地记下了服之可以成仙的仙药（如《仙药》）和炼丹秘方（如《金丹》），为止家不死，开辟了"坦途"。《红楼梦》中宁国府的贾敬，止家炼丹，以求不死，老祖宗便是葛洪。

因为强调服食丹药，止家不死，五斗米道的其他方术，如符、剑、祝祭之类，便被葛洪视为可有可无了。在《抱朴子》内篇《遐览》中，他借郑隐的话说："杂道书卷卷有佳事，……若金丹一成，则此辈一切不用也。"又说："凡为道士，求长生，志在药中耳，符剑可以却鬼避邪而已。"在《抱朴子》内篇《道意》中，他斥责起"惟专祝祭之谬"，甚至说："谓方术之无益耳。"

士族、儒学和当官结成了不解之缘，修仙而有碍于儒学和做官，是士族所不能接受的。且修仙原来只存在于士族的头脑中，如何修法，苦无简便、具体、可行的途径。自葛洪提出成仙可与儒学、做官并修，公布很为具体的草木金丹之方，贬斥其他方术，"天仙"也就不是头脑中的东西，而可转化为"现实"了。士族自可一面读孔、孟之书，做高官，一面采药、炼丹，既有成仙之望，而又不必放弃禄位，何乐而不为乎？

从东晋起，士族信仰五斗米道的骤增。《晋书·王羲之传》说："王氏世事张氏五斗米道，凝之弥笃。"又说：王羲之与许迈"共修服食，采药

---

① ［晋］葛洪：《抱朴子》内篇《辨问》，四部丛刊景明本。

石不远千里"。《晋书·许迈传》说："家世士族。"许迈师事鲍靓，"探其至要"，曾致书王羲之："自山阴南至临安，多有金堂、玉室，仙人芝草，左元放之徒，汉末诸得道者皆在焉。"《晋书·郗愔传》说，郗愔"与姊夫王羲之。高士许恂并有迈世之风"。《世说新语·排调》注引《中兴书》，说"郗愔及弟昙奉天师道"。《世说新语·术解》说"郗愔信道甚精勤，常患腹内恶，诸医不可疗"。郗愔、郗昙是郗鉴之子，高平名族。《晋书·殷仲堪传》说：殷仲堪"少奉天师道，又精心事神，不吝财贿"。这些都是士族地主。

琅邪王氏是五斗米道的世家，至少从王羲之起，已世事五斗米道。有一个值得注意的现象，王氏从王羲之那辈起，名字上屡世都带一个"之"字。这是名，不是字，王羲之字逸少。王羲之七子，名玄之、凝之、涣之、肃之、徽之、操之、献之；徽之之子又名桢之。按《颜氏家训·风操篇》谓"江南至今不讳字"，但"名终则讳之"。周密《齐东野语》卷四说到王羲之祖父讳正，"故每书正月为初月，或作一月，或则以政字代之"。可知江南名讳之严。王氏子子孙孙何以在名上都带着一个"之"字呢？我以为之字是作为五斗米道的符号而载入名中的，与名讳无关①。因为这种现象与王氏之成为五斗米道世家，是同时发生的。之字作为五斗米道符号载入名中，尚有一个例证。《宋书·二凶传·元凶劭传》说文帝太子刘劭，敬事吴兴五斗米道女信徒严道育，"号曰天师"。刘劭把他的四个儿子中的三个，取名为"伟之、迪之、彬之"。连皇家之子亦用"之"为名了，而之所以用之字，显然和刘劭信五斗米道有关。果尔，则东晋南北朝时期所有不避名讳，上下辈名字都带之字的，便都是五斗米道世家。

兹将王羲之一辈起，王氏历代姓名列之于下，供参正。

王羲之——玄之、凝之、涣之、肃之、徽之、操之、献之——徽之子桢之、献之子靖之——靖之子悦之。

---

① 陈垣《史讳举例》卷五《南北朝父子不嫌同名例》，举了王羲之及其五子"皆以'之'为名，不以为嫌也"。陈垣谓南北朝父子不嫌同名，证之以《颜氏家训》和《齐东野语》，可知失考。

王晏之——昆之——陌之。

王允之——晞之、仲之——晞之子冲之、肇之。

王胡之——茂之、承之、和之——茂之子裕之。

王彪之——越之、临之——临之子纳之、璇之——纳之子淮之、璇之子逡之。

王耆之——随之——镇之、弘之。

王羡之——伟之——韶之。

以上所举的王氏、郗氏都是一等士族，殷仲堪是荆州刺史，他们信五斗米道，表明五斗米道既取得了士族、当权者的承认，又取得了他们的信奉。这就为五斗米道在江东的泛滥，创造了条件。到杜子恭、孙泰、孙恩在江东传道之际，五斗米道在士族与庶族中，取得了普遍的信仰。《宋书·自序》说钱塘杜子恭传道，"东土豪家及京邑贵望，并事之为弟子，执在三之敬"。所谓"并事之"，就不是多数或少数的问题，而是所有东土豪家及京邑贵望，都拜倒在五斗米道的教主杜子恭脚下。杜子恭在士族中取得的信仰，达到的深度亦非同小可。《南齐书·孔稚珪传》说孔稚珪之父孔灵产，事道精进，他东出过钱塘北郭，"辄于舟中遥拜杜子恭墓"。自此至建业，"东向坐，不敢背、侧"对杜子恭坟。接替杜子恭当江东五斗米道教主的是琅邪孙泰。到孙泰时，则不仅士族对他"皆敬事之"，而且普通百姓信道更有发展。《晋书·孙恩传》说孙泰"浮狡有小才，诳诱百姓，愚者敬之如神，皆竭财产，进子女，以求福庆"。百姓信仰五斗米道到达如此程度，倒不是因为孙泰"浮狡有小才"，而是因为淝水之战后，镇之以静方针有改变，役调深刻，土地和人身被兼并，他们把"福庆"寄托到了宗教的安慰上。再者，士庶地主既然普遍信仰了五斗米道，作为地主的奴、客，随从主人一起信道，就不奇怪。

这里需要解释一下，信道为什么要"竭财产，进子女"？不要忘记"三张伪法租米钱税及男女合气之术"。《世说新语》卷六《排调》说郗愔、郗昙奉道，"皆以财贿"。释玄光《辩惑论》"禁经止价一逆"说五斗米道连看看道经也要拿钱（"金帛"），能拿的，"便与其经"，"贫者造之，至死不睹"。百姓信道"皆竭财产",便不稀奇了。又,按照"三张伪法",不信道,不做五斗米道的"种民",就休想消灾灭祸,更不谈成仙,而做种民,便要通过"男女合气之术"。百姓为求福庆,皆进子女入道做种民,也便不稀奇了。这个问题要从五斗米道的本质、教义去看。

明白了葛洪以来,五斗米道在江东士庶中间的传播,所获得的发展,也就可以明白五斗米道的教主孙泰的继承者孙恩以及卢循起兵的性质了。

我们先来看孙恩是怎样起来的,即起兵究竟是由哪一个阶级发动的,究竟为了哪一个阶级的利益?

《晋书·会稽文孝王道子传》所附《司马元显传》,记司马元显"又发东土诸郡免奴为客者,号曰'乐属',移置京师,以充兵役,东土嚣然,人不堪命,天下苦之矣。既而孙恩乘衅作乱"。这是说先有"发东土诸郡免奴为客者"当兵,引起东土嚣然,后有孙恩的乘衅起兵。

《晋书·孙恩传》又说:"及元显纵暴,吴会百姓不安,恩因其骚动,自海攻上虞,杀县令,因袭会稽,害内史王凝之,有众数万。于是会稽谢鍼、吴郡陆环、吴兴丘尪、义兴许允之、临海周胄、永嘉张永及东阳、新安凡八郡一时俱起,杀长吏以应之。"这是说,先有司马元显纵暴,即发东土诸郡免奴为客者当兵,后有孙恩"因其骚动",自海上攻上虞,后又有东土诸郡会稽谢鍼等人杀长吏,俱起响应。

关键在司马元显的发东土诸郡免奴为客者的当兵与东土诸郡谢鍼、陆环等人的俱起。我们应当判明:司马元显发东土诸郡免奴为客者当兵,搞得"东土嚣然"以至骚动,究竟是怎么一回事?

按《晋书·何充传》说过一个类似的情况。东晋之初,庾翼曾"悉发江、荆二州编户奴以充兵役,士、庶嗷然。充复欲发扬州奴以均其谤,后以中兴时已发三吴,今不宜复发而止"。东土嚣然,也就是"士、庶嗷然",因为奴为私家所有。东晋初年已经发过扬州奴,司马元显发东土诸郡免奴为客者当兵,虽然发的是"客",但"客皆注家籍"[1],也是私有。

---

① [唐]魏徵、令狐德棻:《隋书》卷二十四《食货志》,中华书局,1973年,第674页。

奴尚是"无用之口"，客则为士、庶地主的主要劳动力。司马元显发他们去当兵，大大地影响了士、庶地主的利益，所谓"东土嚣然"与骚动，十分明白，是士、庶地主的不满，与庾翼发奴为兵，引起"士、庶嗷然"正同。

孙恩因其骚动，自海上打来，于是东土的嚣然与骚动，变成了起兵。会稽谢鍼、吴郡陆环等一时俱起，响应孙恩。我们又应当怎样判断他们的俱起响应呢？

其一，谢鍼、陆环、丘尫、许允之、周胄、张永等人响应孙恩，是五斗米道的上层人物带领他们的信徒，起来响应他们的教主。他们都有"长生人"的称号，而长生早已被用作五斗米道人名（如阴长生、范长生），为五斗米道标识之一。

其二，谢鍼等人响应孙恩，又是五斗米道上层地主带领他们的"免奴为客者"，起来响应他们的"救世主"。《宋书·自序》说"东土豪家及京邑贵望"起先并事杜子恭为弟子，后又并事孙泰、孙恩。孙恩起兵，起来响应孙恩的豪家贵望，颇为不少。"累世事道"的吴兴沈警之子沈穆夫，被孙恩用为"前部参军、振武将军、余姚令"。吴郡陆瓌之被用为吴郡太守，吴兴丘尫被用为吴兴太守。沈"警及穆夫、弟仲夫、任夫、预夫、佩夫"，后皆为晋所杀。《宋书·自序》提到的东土豪家、被孙恩用为吴兴太守的丘尫，即《晋书·孙恩传》中起来响应孙恩的吴兴丘尫。陆瓌之即陆环。当时士族都有郡望，沈氏、丘氏并为吴兴名族，陆氏为吴郡名族，谢氏有北来的陈郡谢氏和南方会稽谢氏。《晋书·孙恩传》中的谢鍼，出于会稽谢氏。从《宋书·自序》之言，完全可以了解，所谓八郡响应，究竟是哪一个阶级、阶层起来响应孙恩。

如果要把这场由于发免奴为客者当兵，影响到地主的切身利益，由地主阶级发动的起兵，说成是农民的起义，不是很困难的吗？人们之所以看不清楚，不过是因为起兵披上了一层宗教的外衣，掩藏了它的阶级实质罢了。

那么，同为五斗米道信徒，孙恩为什么要"害内史王凝之"呢？这个问题不难解释。我们要看到并不是所有的五斗米道士、庶地主都跟孙恩走。沈穆夫预乱，其父沈警虽笃事孙恩，并未预乱，而是"逃藏"。有的则站到了孙恩的对立面。孙恩对于"异己"者十分仇视，《晋书·孙恩传》说孙恩曾"宣语令诛杀异己，有不同者，戮及婴孩。由是死者十七八"。包括对孙恩起兵持不同意见的五斗米道信徒在内。王凝之虽与孙恩同教，在政治上却是孙恩的反对者，杀王凝之，何奇怪之有？这完全不是把打击的矛头指向"地主阶级"。孙恩不仅诛杀异己，而且"烧仓廪，焚邑屋，刊木，堙井"。这是对生产的破坏，不应该当作"革命行动"来称赞。这种行为只表明了五斗米道上层地主的落后性。

再说这场起兵的宗教迷信色彩。

《晋书·孙恩传》说："其妇女有婴累不能去者，囊簏盛婴儿投于水而告之曰：'贺汝先登仙堂，我寻后就汝。'"又说孙恩穷蹙投海，"妖党及妓妾谓之水仙，投水从死者以百教"。按五斗米道有尸解（刀、兵、水、火之解）成仙之说（见第一章第二节），这些纯粹是受到五斗米道水解成仙说的麻痹；是"水仙惑物，枉杀老稚"（释玄光《辩惑论》"侠道作乱四逆"），绝对不能当作革命的积极性、坚定性来歌颂。马克思说："宗教是人民的鸦片。"在这场起兵中，五斗米道的鸦片作用，表现得特别清楚。

孙恩投海后，余众复推孙恩的妹夫卢循为主。孙恩出自琅邪五斗米道世家庶族地主孙氏，其妹夫卢循是司空从事中郎卢谌的曾孙，出自士族地主范阳卢氏，"婚宦失类"，孙、卢的结合是宗教的结合，也是阶级（地主）的结合。卢循占据广州，"自摄州事，号平南将军，遣使献贡"，东晋"假循征虏将军、广州刺史、平越中郎将"①。须知这是孙恩起兵的自然发展，反映了孙恩起兵的性质，而不是改变了孙恩起兵的性质。至于卢循自广州复起，原因不过是刘道复所说："朝廷恒以君为腹心之疾。"如果不乘刘裕伐南燕起兵，"而保一日之安"，南燕亡后，灾难就将轮到他自己而已。卢循失败投水自杀，也是"水解"。妓妾不肯从死的，都被他所鸩。

---

① ［唐］房玄龄等：《晋书》卷一百《卢循传》，中华书局，1974年，第2634页。

孙、卢都有妓妾，其根据也是五斗米道的"御女"成仙说。

综合起来说，五斗米道经葛洪的改革，杜子恭、孙泰的传播，淝水之战后，在江东获得了极大的发展。由于江东诸郡士、庶地主和农民纷纷信道，他们的奴、客，则几无不成为五斗米道下层徒众。由于东晋大发东土诸郡免奴为客者（五斗米道下层信徒）当兵，极大地妨碍了东土诸郡士、庶地主（五斗米道上层人物）的利益，于是而有孙恩、卢循、谢鍼、陆环、丘尪等人的起兵。这不是农民起义，而是一次五斗米道上层士庶地主利用宗教发动的、维护本身利益的反晋暴动。就阶级属性来说，是东晋淝水之战后，统治阶级内部斗争的继续与扩大。

第十一章　南朝时代历史的变化与发展

南朝是一个变化发展的时代，举凡土地、赋役、职官、学校、选举等制度以及政治、思想、文学，都发生了新的变化，总的趋势是前进。本章论述此一时代经济、政治与文学的发展，宗教思想另辟专章。

第一节　南朝田庄制度的变革

往常，把汉、魏、两晋、南北朝时期的田庄主土地占有形态，看作是同一个类型。其实，南朝田庄主的土地占有形态已起了重大的变化。下面分三个方面论述。

南朝大家族制度（宗族组织）的消亡　汉魏田庄主是聚族而居的，社会经济的基本单位，是一个个名宗大族。这种宗族或大家族，内部虽有阶级的区分，但却是原始社会氏族制度的孑遗。恩格斯在《家庭、私有制和国家的起源》中说过"作为社会经济单位的个体家庭"是"文明时代"的"特征"之一。可是，中国在进入阶级社会之后，氏族制度的孑遗——大家族制度，作为社会经济的基本单位，却长期留存下来。这是中国历史的特殊性。但它必将为个体家庭所代替。变化的时间就在南北朝时期。地点，先是南方，后是北方。这节专说南方。

南方大家族在南朝，具体说在晋末宋初转化为小家庭。《宋书·周朗传》有一段话：

今士大夫以下，父母在而兄弟异计，十家而七矣；庶人父子殊产，亦八家而五矣。凡甚者乃危亡不相知，饥寒不相恤，又嫉谤谗害，其间不可称数。

这是一条极为重要的史料。它说明在刘宋，包括士大夫和庶人在内，异计、殊产的，十家就有七八家之多，个体家庭在南方，已经替代大家族，成了社会组织的基本单位。我们可以从南朝史料中，举出很多实例，来证明《周朗传》中的话。下面以过江士族王氏、谢氏，南方士族张氏、沈氏为例。

琅邪王氏：《南史·王弘传》附《远子僧祐传》记有赠王俭诗一首，诗云："汝家在市门，我家在南郭。汝家饶宾侣，我家多鸟雀。"《南齐书·王延之传》写到王延之的生父王升之，官至都官尚书，很有财产，但王延之因为"出继伯父秀才粲之"，家境非常"清贫，居宇穿漏"。《南齐书·王僧虔传》说："甲族向来多不居宪台，王氏分枝居乌衣者，位官微减，僧虔为此官，乃曰：'此是乌衣诸郎坐处，我亦可试为耳。'"证明名族琅邪王氏，到了南朝，便不再是聚族而居，"同宗共财"，而"分枝"为一个个独立的个体家庭了，各家已有升沉贫富的不同。

陈郡谢氏：《宋书·谢弘微传》说：谢弘微的父亲谢思为武昌太守，"家素贫俭"。谢弘微出继叔父谢混，"所继丰泰"，"资财巨万，园宅十余所"。可知谢思、谢混兄弟各自成为个体家庭，贫富也有不同。

吴郡张氏：《南齐书·张融传》记宋孝武帝说："融殊贫，当序以佳禄，出为封溪令。"又记"融家贫愿禄"，写信给"从叔征北将军（张）永"求禄。信中虽说："融昔称幼学，早训家风，虽则不敏，率以成性。布衣苇席，弱年所安，箪食瓢饮，不觉不乐。……实以家贫累积，孤寡伤心。"可这封信未发生作用。张融从兄张绪，官至金紫光禄大夫、南郡王师，领中正、国子祭酒。这三张：张融、张永、张绪之家，是三个独立的个体家庭，贫富升沉各异。说明大家族制度，在著名于孙吴时期的吴郡四姓之一——张氏中也消失了。

吴兴沈氏：《陈书·沈炯传》记沈炯说过："臣……母子零丁，兄弟相长，谨身为养，仕不择官，宦成梁朝。……臣叔母姜丘（属吴兴丘氏）七十有五，臣门弟侄故自无人，姜丘儿孙又久亡泯，两家侍养，余臣一人。"沈炯的叔母丘氏是一个独立的个体家庭。因为她的儿孙亡故，才由沈炯兄弟两家侍养；而沈炯兄弟也各自成为个体家庭，因为弟家后来无人了，才由沈炯一家侍养。

…………

南北朝时期，南方大家族制度已经分崩离析，个体家庭已经成为社会经济的基本单位，士族已经有了升沉贫富的区别，是无可怀疑的。

大家族分化为"危亡不相知，饥寒不相恤"的个体家庭，带来了土地所有制的变化，即由宗族共有制转到个体家庭所有。导致这个变化的原因，据我的初步考察，大致有三：

其一，宗族本来就以家庭为单位组成，各个家庭亲疏贫富不一，宗族纽带并不坚固。

崔寔《四民月令》写族中助葬："同宗有贫窭久丧不堪葬者，则纠合宗人共与举之，以亲疏贫富为差，正心平敛，无相逾越，先自竭，以率不随。"这可说明族中财产是分开的，族人有亲疏贫富之分，一个宗族是由很多亲疏贫富不同的家庭组成的。《四民月令》中提到"室家"、"家长"、宗主及其一家，不过是族中最富有、最有权势的家长、室家。在这种情况下，硬要把全族各个家庭绑在一起，维持宗族共有形式的土地制度，只能阻碍生产力的发展。一旦其他需要不存在（如《四民月令》中提到的御寇、备寇），其他利益丧失尽（如荫亲属），宗族组织或大家族制度，就成了不合时宜的东西，必将为独立的个体家庭所代替。何况，宗族田庄自黄巾以来，便不断遭到打击。这是根本原因。

其二，西晋永嘉之乱，宗人南北分飞。

永嘉七年，西晋都城洛阳被匈奴刘氏攻陷，"中州士女避乱江左者十六七"。北方士女避匈奴刘氏之乱，逃往江左，与北方流民避八王之乱，四向流动，情形不同。南逃士族携带宗族的极少。《晋书·卫瓘传》附《卫玠传》记卫玠南来，很为具体，从中可见一斑。《卫玠传》中说："玠以天下大乱，欲移家南行，母曰：'我不能舍仲宝（卫璪）去也。'玠启谕深至，为门户大计，母涕泣从之。临别，玠谓兄曰：'在三之义，人之所重，今可谓致身之日，兄其勉之。'乃扶舆母转至江夏，……遂进豫章。"卫氏是河东名族，大乱来时，卫玠辞别兄长，独携母亲渡江，田庄、宗族对他来说，都不存在了。王、谢也莫能外。《世说新语·品藻》说"王丞相（王导）二弟不过江，曰颖，曰敞"。《晋书·谢鲲传》说：谢鲲"以时方多故，乃谢病去职，避地于豫章"。他们都是辞亲别友，携带老弱，甚至只身南来的。虽然也有人想把宗族搬到南方去，但很困难。《晋书·褚翜传》记载，褚翜欲"率数千家"过江，"道断不得前"，最后也只好只身过江。像祖逖那样"率亲党数百家避地淮泗"，后来北伐"仍将本流徙部曲百余家"，只是个别。

恩格斯在《马克思恩格斯书简》中说："没有一种巨大的历史灾难是没有历史的进步来作补偿的。"永嘉之乱是一种巨大的历史灾难，在社会组织上，南逃士庶地主的宗族组织，却由此为个体家庭所代替，这就是一种补偿。

其三，东晋税法的改革，使聚族而居变得无利可图。

西晋允许官吏荫亲属，"多者及九族，少者三世"，这是适应聚族而居的税制，最有利于拥有巨大宗族的官吏地主。从东晋成帝咸和年间开始，著名政治家王导、谢安相继对这种税法进行了改革，把王公以下包括到了土断中去，并继度田收租，实行了王公以下口税米三斛，唯蠲在役之身的税制，废除了西晋的户调之式和官吏的荫亲属制。在这种税制下，除了在役的庶人以外，王公以下聚族而居的大地主，都要按族中人口数目交纳口税，即使是王公也不能免。宗族越庞大，人口越多，交的口税也就越多。大家族制度对南北权豪来说，至此无利可图。把宗族分解成为个体家庭，反而对他们有利。邓之诚看到了"南方大家族制度至六朝时代已渐少，盖宋齐屡次搜括进帐，不容合居也"①。这是一个卓识。

南朝田庄中部曲组织的消亡　南朝在个体家庭所有制基础上形成起来的田庄或庄园，没有部曲家兵，只有奴客。凡是南朝史料中所见的部曲，都是国家的兵。南朝部曲家兵随着宗族组织的解散而解散，是一个自然的普遍的现象。为什么人们说南朝庄园中还有部曲呢？一是不明白大家族制度的消亡，二是不明白佃客不再充当部曲。南朝史料中所见部曲是另一种性质。

按南朝的庄主使用奴、客劳动，客亦名"附隶""门义"。《宋书·王弘传》说："有奴客者类多使役。"这里是奴与客对举。《宋书·恩幸传·阮佃夫传》说："佃夫仆从、附隶，皆受不次之位。"这里是仆从（奴）和附隶对举。《宋书·谢灵运传》说谢灵运"奴僮既众，义故门生数百，凿山浚湖，功役无已"。这里是奴僮和义故门生对举。可见客即是附隶或门义。反之，附隶、门义即佃客，无部曲的意义。客（附隶、门义）主要来自失去土地的异姓农民，非本宗宗人。《宋书·袁湛传》附《袁豹传》说："居位无义从之徒，在野靡并兼之党，给赐非可恩致，力役不入私门，则游食者返本，肆勤自劝。"游食，即丧失土地的农民，被居位的和在野的并兼之党，搞去当"义从之徒"，以致"力役"入于私门。义从之徒即门义，亦即附隶、客户。他们为庄主提供力役，不替庄主当部曲。《宋书·殷琰传》说："琰素无部曲，门义不过数人。"这里，门义和部曲对举，可知门义（佃客）绝非部曲，或者说决不充当部曲。

只要仔细考察一下南朝史料中所见部曲二字，就可以发现其性质完全改变了。原来在宗族共有制基础上形成的家兵部曲，被称之为"故义部曲"。《陈书·沈众传》记载，侯景之乱，沈众上表梁武帝，"称家代所隶故义部曲并在吴兴，求还召募以讨贼"。部曲被称为"故义"，有事且须"召募"，说明他们已不再是部曲。南朝部曲是国家的军队，析之如下。

刘宋时所见部曲。《南齐书·李安民传》说："宋泰始以来，内外频有

---

① [清]邓之诚：《中华二千年史》卷二，商务印书馆，1935年，第354页。

贼寇，将帅已下，各募部曲，屯聚京师。"这种"内外多虞"时期，由将领招募而来，屯聚京师，以备非常的部曲，实际上是国家的军队。这种部曲虽为将帅招募而来，但将帅不能据为己有，否则，要被视为犯罪。《宋书·沈演之传》记载宋明帝下诏宣布沈勃的罪状，其中有一条是："又辄听募将，委役还私，托注病、叛，遂有数百。"把国家允许他招募来的部曲的一部分，为他私人充役，被宋明帝视为犯罪。将帅死了，或者不当将帅了，不能像孙吴那样，由子弟世袭领兵。鲍照在《东武吟》中写道："将军既下世，部曲亦罕存。"我们可用《南齐书·萧景先传》来笺证这两句诗。萧景先率军镇压雍、司二州蛮人，军未还都，萧景先病死，死前遗言：他的"部曲还都，理应分张"，而不能由他的儿子世袭领兵。如果需要一些"久旧劳勤"的人来料理家事，可以"随宜启闻乞恩"。即要上奏皇帝，乞恩批准。宋前废帝时，太尉沈庆之深虑危祸，居娄湖园舍，闭门谢客。在他的娄湖园舍中，没有部曲。他的"诸旧部曲，布在宫省"[①]。将帅离职，部曲也不能带走。由此可见刘宋时的所谓部曲，全是国家的士兵，而非庄主的私兵；是国家所有，而非私人所有。

齐时所见部曲。建元元年，齐高帝下令："自今以后，可断众募。"断募的原因，齐高帝说得很明白，"设募取将，悬赏购士"，本来是事"出权宜，非曰恒制"，而自宋时允许将帅各募部曲以来，"浸以成俗，且长逋逸，开罪山湖"[②]，有很多流弊。断募显然是在防止将帅利用招募部曲的机会，假公济私，损害朝廷的利益。断募，表明部曲在齐时，性质也是国兵，非私兵。

梁时所见部曲。梁时允许将帅各募部曲，《南史·循吏传·郭祖琛传》说：梁"朝廷擢用勋旧，……而此勋人投化之始，但有一身，及被任用，皆募部曲。"何之元《梁典总论》说：梁时"大半之人，并为部曲，不耕而食，不蚕而衣。"把这两条材料综合起来看，可以了解：勋旧未被朝廷擢用之前，是没有部曲的。而所谓勋旧，多为庄主。此种部曲人数虽众，

①［梁］沈约：《宋书》卷五十七《蔡兴宗传》，中华书局，1974年，第1580页。
②［梁］萧子显：《南齐书》卷二《高帝纪》，中华书局，1972年，第33页。

但都是"不耕而食，不蚕而衣"，即由国家负担其衣食。这仍旧是国兵，与宋齐时的部曲性质相同，与汉魏田庄中的部曲迥异。《梁书·处士传·张孝秀传》有张孝秀"去职归山，居于东林寺，有田数十顷，部曲数百人，率以力田，尽供山众"之说。须知其一，张孝秀去职之前，他的部曲是"不耕而食"的国兵；去职之后，虽然据有部曲数百人，但不是据为私兵，而是据为"力田"的劳动人手。而一经变成劳动人手，性质也就不再是部曲，而是佃客，只不过仍然名为"部曲"罢了。其二，宋明帝允许沈勃召募部曲，沈勃"托注病、叛，委役还私"；萧景先遗言需要一些久旧劳勤的部曲料理家事，可"随宜启闻乞恩"，情况与张孝秀类似。

陈时所见部曲。《陈书·蔡徵传》说：陈后主"有敕，遣徵收募兵士，自为部曲"。后来，蔡徵"有怨言，事闻后主，后主大怒，收夺人马"，蔡徵的部曲又告丧失。说明陈时将帅要募部曲，仍然须得国家允许。募来之后，也有可能随时被国家收夺。这仍旧是国兵，而非私兵。

家兵的国兵化，是历史发展的必然趋势。这种趋势，在南朝比北朝来得要早，转折点便是南方宗族部曲组织，随着大家族制度的消亡、宗族共有制解体而解散。客户不再充当部曲，不仅意味着客户的义务和人身束缚的减轻，而且意味着皇权的加强。

南朝田庄经营方式的变化 南朝田庄不是地主阶级宗族的田庄，而是地主阶级个体家庭的庄园。它实行多种经营，并开始使用雇佣劳动。

南朝的庄园含山带水，经济作物和加工产品较多，并非单种粮食。庄主几乎无不需要"燋熸种养竹木杂果为林芿"，无不需要加工修作"陂湖江海鱼梁鳅鲎场"[①]。因此，"山作及水役、采拾诸事"，成了庄园中的重要劳动。谢灵运在《山居赋》中所写的他的山居之幽美，竹园、果园之繁茂，便是使用他的奴僮和义故门生从事"山作及水役"得来。赋中写东窗近田"阡陌纵横，塍埒交经，导渠引流，脉散沟并"，西馆崖下"密竹蒙径，从北直南，悉是竹园"，北山二园，南山三苑"百果备列，乍近乍远，

---

① ［梁］沈约：《宋书》卷五十四《羊希传》，中华书局，1974年，第1537页。

罗行布株，迎早候晚"，收获"品收不一，其灰其炭，咸各有律"，六月采蜜八月扑栗，各随其月，加工造纸"剥芨岩椒"，"采以为纸"。……可见经营的广泛性和山作、水役的重要性。

或说南朝庄园完全自给自足，这与实际不符。南朝庄园主不仅经营农业、手工业，而且经营商业。还在东晋的时候，城市商业即有发展，以山阴为例，王彪之在《初学记·整市教》中说："或店、肆错乱，或商估没漏，假冒豪强之名，拥护贸易之利。……属城承宽，亦皆如之"。可见山阴及其属城店、肆很多，而开设这种店、肆的，就是在会稽"封略山湖"的豪强或"豪族富室"，也就是会稽的庄园主人。谢灵运《山居赋》有"亦桑贸衣"一语，也反映了庄园与外界的贸易来往。

在剥削方式上，直到东晋初年，庄主剥削佃客的方式仍然是"其佃谷，皆与大家量分"[1]。可是，到了南朝初期，在新的庄园中，出现了一种新的剥削客户的方式。谢灵运的《山居赋》说他在会稽修营别业"山作水役，不以一牧，资待各徒，随即竞逐"。

这十六个字，反映了一个重要的变化。在南朝之初，在会稽始宁谢灵运的山庄中，实行的是一种剥削雇佣劳动的方式——"资待各徒"，而非"其佃谷，皆与大家量分"。谢灵运山庄中的"徒"（门徒义附或客户），已非汉魏田庄中的徒附，而是受"资待"的具有雇佣性质的农民了。"随即竞逐"四字，还表明了"资待"的出现，提高了客户的劳动积极性。

这是不是个别现象呢？非也。《宋书·孔季恭传》附《孔灵符传》记载：太宰刘义恭反对把会稽山阴县的"无赀之家"，迁到余姚等三县去开垦湖田。理由之一是"寻山阴豪族富室，顷亩不少，贫者肆力，非为无处"。作为太宰的刘义恭，不可能说贫民可以去替豪族富室当隐户或"附隶"，因为这是非法的，所谓"贫者肆力[2]，非为无处"，只能释为贫民出卖劳动力，非为无处。刘义恭的话，反映了佣耕方式已被刘宋庄园主采用。又《南齐书·顾宪之传》记税役之害："蚕事弛而农业废，贱取庸而

---

① [唐]魏徵、令狐德棻：《隋书》卷二十四《食货志》，中华书局，1973年，第674页。

② 范文澜在《中国通史简编》第二编中，将"贫者肆力"，解释为"贫民佣耕"。

贵举责。"所谓"贱取庸",也就是去替庄主当雇佣农民,力役入于私门。梁武帝在大同七年十一月的一道诏令中还说道:"自今公田悉不得假与豪家,已假者特听不追。其若富室给贫民种粮共营作者,不在禁例。"①所谓"给贫民种粮共营作",即雇贫民耕种。梁武帝说,佣耕的虽是公田,也不在禁例。这表明佣耕在梁已经相当盛行,并得到了保护。

须知南朝的庄园尚处在开创阶段,山作、水役、采拾、农耕,百事待举,非单营农业,更非单营粮食作物。旧的宗族已经解散,庄主需要新的劳动力。用旧的剥削本宗佃客的办法,是不能招徕失去土地的异姓农民的。把庄园开创出来,必须改变剥削方式。何况由于商业、商品经济的发展,庄主已经有了改变剥削方式,采用佣耕,"资待各徒"的条件。

当时雇佣劳动的情况,从《宋书》和《南史》孝义传所载,可以得知一二。《吴达之传》说他曾"自卖为十夫客"以葬嫂。《郭原平传》说他曾"自卖十夫以供众费。……诣所买主执役无懈"。此传有所谓"夫日",《吴逵传》有"夫直",《王彭传》又有"夫力"。综合起来看,"夫力""夫直"以日计(夫日),十夫客即相当于十个夫力的劳动力。此所谓客,为佣工,非原始意义的佃客。

佣耕之外,根据梁武帝的诏令,豪家富室尚有把所假公田"贵价傮(租赁)税,以与贫民"的。即把所占公田出租给贫民,收取很高的租税。这是一种剥削租佃农民的方法。

从上所说,雇佃和租佃都已在南朝出现了。这是一种进步。我们现在说的江南的开发,与南朝庄园经济的发生、发展,与雇佃、租佃的出现,有不可分的关系。

最后需要解说一下被人们引用得最多的沈庆之的话:"治国譬如治家,耕当问奴,织当访婢。"②这话常被用作南朝庄主使用奴隶劳动的证据。可就是这个沈庆之,在《宋书·蔡兴宗传》中,被称作"公门徒义附,并三吴勇士,宅内奴僮,人有数百"。在他的庄园中,劳动人手是和谢灵运庄

---

① [唐]姚思廉:《梁书》卷三《武帝纪下》,中华书局,1973年,第86页。

② [梁]沈约:《宋书》卷七十七《沈庆之传》,中华书局,1974年,第1999页。

园中的"义故门生"一样的门徒义附，而奴僮蔡兴宗明言为"宅内奴僮"。陶潜在《归去来兮辞》中说"僮仆欢迎，稚子候门"，"农人告余以春及，将有事于西畴"。西畴即他的《庚戌岁九月中于西田获早稻》诗中的西田，同他一起耕种的是"农人"，非"僮仆"。

由此可见"耕当问奴，织当访婢"，主要意思正如沈庆之说的那样，是通过他们去"治家"，去过问沈府耕织之事。这种情况在《红楼梦》中也是可以看到的。

第二节　南朝经济政策的变化与江南的开发

占山格的颁布和"壬辰诏书"的废止　江南山湖川泽甚多，占夺山湖川泽，是南方权门兼并的一个特点，其目的在创辟庄园。虽然早在东晋咸康二年王导当政时，颁布了"壬辰诏书"，晋末刘裕又曾重申此一诏书，严禁占山护泽，可是禁止不了。贵势豪家常用营立"屯邸"的办法来占山泽，屯禁范围甚至达到数百里之遥。在屯禁范围内，小民薪采渔钓皆责税直，甚至禁止采钓[①]。如果任其发展，不仅将激化阶级矛盾，且庄主如无力经营，山泽就将变成无人区。如果完全禁断，事实上又不可能。于是产生了宋孝武帝大明初年的占山格。起因是：扬州刺史西阳王刘子尚要求"更申恒制（壬辰诏书）"，尚书左丞羊希以为"壬辰之制，其禁严刻，事既难遵，理与时违"，建议易禁断为限制，"立制五条"：一、"凡是山泽先常燴爈种养竹木杂果为林芿，及陂湖江海鱼梁鳅䲡场，常加功修作者，听不追夺。"即庄主已占并正在加工经营的山泽，听归庄主所有，以保证生产照常进行。未加工经营的山泽是要追夺的。二、"官品第一、第二，听占山三顷；第三、第四品，二顷五十亩；第五、第六品，二顷；第七、第八品，一顷五十亩；第九品及百姓，一顷。"三、"若先已占山，不得更

---

①《南史》卷四《齐本纪上》云：建元元年，"诏二宫诸王悉不得营立屯邸，封略山湖"。卷三十五《顾宪之传》又云："时司徒竟陵王于宣城、临城、定陵三县界立屯，封山泽数百里，禁人樵采。"屯禁范围即封略范围。

占，先占阙少，依限占足。"先占的山，指正在加工经营的山，超过第二条规定的，不追夺，但也不得更占。先占少于第二条的规定，可以依限占足，过限则不可。这便是限制。四、"皆依定格，条上赀簿。"这是说要按税制规定完纳赀税。五、"若非前条旧业，一不得禁。有犯者，水土一尺以上，并计赃，依常盗律论。"①所谓"若非前条旧业"，指一、二、三条规定的可不追夺的旧业及少占阙少，依限占足的"新业"。"一不得禁"，指不得禁人樵采渔钓。"有犯者"指超过前条旧业多占、禁人樵采渔钓者，无论水、土，一尺以上都要计赃，按常盗律论处。

此即"占山格"，精神在兼顾山泽的开发和樵采渔钓的进行，比禁断现实。此格为孝武帝所接受，颁行，"壬辰之科"至此终止。

以"三调"为形式的财产税（赀税）的出现　《宋书·周朗传》记载宋孝武帝时，周朗曾经上言："取税之法，宜计人为输，不应以赀。云何使富者不尽，贫者不蠲，乃令桑长一尺，围以为价，田进一亩，度以为钱，屋不得瓦，皆责赀实。民以此，树不敢种，土畏妄垦，栋焚榱露，不敢加泥。……今宜家宽其役，户减其税。"周朗所谓"取税之法，宜计人为输，不应为赀"，说明当时行的是赀税。周朗所谓今宜"户减其税"，说明当时赀税的征收，以户为单位。周朗所谓树长一尺，田进一亩，屋加片瓦，税也跟着增加，说明当时的赀税，完全根据各户财产的多少，非分九品。《宋书·王玄谟传》所谓"令九品以上租，使贫富相通"的税制改变了。《宋书·羊希传》所载官吏及百姓占山，"皆依定格，条上赀簿"，正是因为当时行的是赀税，而山也是赀，所以自当条上赀簿。一体纳税。

《南齐书·竟陵文宣王子良传》载萧子良《陈时政启》云："而守宰相继，务在裒剋，围桑品屋，以准赀课。致令斩树发瓦，以充重赋，破民财产，要利一时。"所谓"围桑品屋，以准赀课"，即周朗说的"桑长一尺，围以为价"，"屋不得瓦，皆责赀实"。说明齐时税制一同于宋。萧子良还说到宋孝武帝大明之时"始遣台使"催责税收，可知自大明一直沿袭到

_____

① ［梁］沈约：《宋书》卷五十四《羊希传》，中华书局，1974年，第1537页。

齐。"围桑度田"①，是南朝的故事。

宋时又出现了所谓"三调"。《南史·孝义传上·会稽永兴吴翼之母丁氏传》，记宋元徽末年，"有三调不登者"，丁氏曾"代为输送"。三调，据《资治通鉴》齐武帝永明十一年七月注，为"调粟、调帛与杂调"，又名"三课"。征收方法，据《宋书·隐逸传·刘凝传》所说"一年三输公调"，似为一年三次分别征收。南朝史籍中所见租税，即调粟。齐武帝永明五年七月戊申诏说道："所逋田租，……其非中赀者，可悉原停"②。说明三调按赀征收。

三调是与不计品的赀税同时产生的，它是南朝赀税的征收形式。所谓调粟、调帛与杂调，并不就是调实物。从周朗说的桑长一尺，围以为价，田进一亩，度以为钱来看，从萧子良说的斩树伐瓦，卖钱以充重赋来看，从齐明帝建武四年十一月丁亥，诏"所在结课屋宅田桑，可详减旧价"③来看，三调主要是调钱。南朝有所谓"折课市取"④，课即三课或三调，折为折收钱币，市取是政府用折收来的钱币，从民间购买军国所需的物资，将折课市取与周朗、萧子良的话互相参证，便可明了南朝的三调是调钱。南朝史料中关于市取的材料颇多。《宋书·武帝纪下》永初元年秋七月记有："台府所须，皆别遣主帅与民和市，即时裨直，不复责租民求办。"租已折钱，故军国物资不能再责成租民办理。《宋书·后废帝纪》元徽四年记有："敕令给赐，悉仰交市。"之所以要悉仰交市，是因为粟、帛、杂物均已折钱，敕令给赐，必须购买。《南齐书·武帝纪》记有："可现直和市"，"其和价以优黔首"。此令是针对往常的强买而发。这种交市、和市或市取，唐朝称之为"和买"，与"折课"是不可分的。不收粟、帛、杂物而收钱，从赋税发展史来说，与财产税的出现一样，也是一个进步。

《南史·齐废帝郁林王纪》隆昌五年，记齐武帝"聚钱上库五亿万，

---

① [唐]李延寿：《南史》卷五十五《罗研传》，中华书局，1975年，第1369页。

② [梁]萧子显：《南齐书》卷三《武帝纪》，中华书局，1972年，第53页。

③ [梁]萧子显：《南齐书》卷六《明帝纪》，中华书局，1972年，第90页。

④ [唐]魏徵、令狐德棻：《隋书》卷二十四《食货志》，中华书局，1973年，第674页。

斋库亦出三亿万",如果知道南朝的三调是折课,就可明白齐武帝的钱主要从何而来了。折课之所以可能,与南朝庄园的经营方式,工商业的发展,有密切的关系。

南朝士人可以免除赀税,但官吏不能都免。复与不复,以士庶分,非以官民分。《宋书·王弘传》有所谓"复士",这种复士,包括"无奴之室"的、无官爵的士人在内。从羊希说的官吏和百姓占山,一律"条上赀簿"来看,庶族出身的官吏,是不能免除赀税或三调的。士人到底有多少?《通典》卷十六引梁时沈约之言曾说:"且当今士子繁多,略以万计。"这近万士人,是可以享受免税免役特权的阶级。

以三调为形式的财产税,在梁陈时期,基本上维持下来。梁天监初,一度改调帛为"计丁为布"①,但后来又有"三调"②。

财产税的出现,与南朝大家族制度的破坏,各家升沉贫富的不同,庄园制的发展,有难分的关系。这种税制是唐两税法(财产税)的先声。

"却籍"户的斗争和"雇借"的出现 南朝庶民终年最为害怕的,是徭役而不是赋税。这是因为财产税的出现,对无财产或少财产的人说来,减轻了负担。齐时富阳人唐寓之起义,从"三吴却籍者奔之,众至三万"③来看,是庶族的一次反徭役的斗争。齐时白籍问题已经过去④,要逃避徭役,只能在黄籍上想办法。虞玩之、沈约都曾说到庶人"改注籍状(黄籍籍状),诈入士流",与规避徭役的关系。只要在黄籍上"窃注爵

---

① [唐]姚思廉:《梁书》卷五十三《良吏传》,中华书局,1973年,第765页。

② [唐]姚思廉:《梁书》卷三《武帝纪下》,中华书局,1973年,第71页。

③ [唐]李延寿:《南史》卷七十七《恩幸·茹法亮传》,中华书局,1975年,第1928页。

④ 按齐时曾大力进行土断,罢除侨邦。《南齐书·柳世隆传》记齐高帝"欲土断江北,又敕世隆曰:'吕安国近在西,土断郢、司二境上杂民,大佳民殆无惊恐。近又令垣豫州(垣崇祖)断其州内,商得崇祖启事,已行竟,近无云云,殊称前代旧意。卿视兖部中可行此事不?若无所扰,春便就手也。'"吕安国土断郢、司二州,垣崇祖土断豫州,柳世隆土断兖州,把所有杂居流寓的人(杂民)都包括在土断范围内。即不问是否南来的北人,不问是否白籍在手,一律土断,重新发给黄籍,交税服役。白籍至此丧失了作用。《南齐书·州郡志上》所载柳世隆永明元年奏,还有"尚书符下土断条格,并省侨郡县"之言。柳世隆要求连"荒邑"一齐省掉,彻底解决杂居流寓现象。冒充侨民避赋役的道路已被堵死。

位"，而这种爵位不一定要父、祖、曾（曾祖）的爵位，可以是远祖的爵位，他就可以变成士族①，就可以"百役不及，高卧私门"②，"昔为人役者，今反役人"③。齐时东堂校籍，引起了怨望。唐寓之起兵，"却籍者"（籍被却者）都站到唐寓之一边。这次起义虽然被镇压下去，但齐武帝不得不下令"自宋升明以前，皆听复注"④。即允许重新注上祖先爵位，不服徭役。此后徭役制度发生了变化。

齐明帝建武元年十一月丁亥下诏："细作中署、材官、车府，凡诸工，可悉开番假，递令休息。"⑤官府工匠可以轮番休假，自建武元年开始。

梁时，"凡所营造，不关材官，及以国匠，皆资雇借，以成其事"⑥。雇借，唐称"和雇"。营造工人"皆资雇借"，而不再是征发而来，是役法上的一个重大的进步，这对农业和民间手工业的发展，大有好处。

陈太建二年，宣帝又下诏："巧手于役死亡及与老疾，不劳订补。"⑦官府仍然拥有的"国匠"，从此只减不增，雇借势将成为唯一的办法。

江南的开发　江南，到南朝晚期，傍海、沿江和某些腹地，基本上都已开发出来。促进江南普遍获得开发的重大因素，是南朝田庄制度的变革，经济政策的变化，生产关系的改造。

我们知道，在魏晋时期，江南真正得到开发的，只有吴郡。江左时期不同了，三吴中的会稽、吴兴，傍江地区的晋陵、丹阳乃至南川、湘川流域，大踏步跟了上来。宋时会稽已被称为"带海傍湖，良畴亦数十万顷，

---

① 沈约在《奏弹王源》中说：吴郡满璋之自云是三国、西晋时期名臣满宠、满奋之后，为"高平旧族"。如果属实，他便是士族。可知士族不一定就是父、祖、曾有爵位。要不，很难冒充。另一个原因是大家族制度的破坏，士族有了分化，士庶界限已不显著。要不，也很难冒充。

② ［清］严可均：《全梁文》卷二十七沈约《上言宜校勘谱籍》，中华书局影印黄冈王氏本，1958年，第3110页。

③ ［梁］萧子显：《南齐书》卷三十四《虞玩之传》，中华书局，1972年，第609页。

④ ［梁］萧子显：《南齐书》卷三十四《虞玩之传》，中华书局，1972年，第610页。

⑤ ［梁］萧子显：《南齐书》卷六《明帝纪》，中华书局，1972年，第86页。

⑥ ［唐］姚思廉：《梁书》卷三十八《贺琛传》，中华书局，1973年，第548页。

⑦ ［唐］姚思廉：《陈书》卷五《宣帝纪》，中华书局，1972年，第79页。

膏腴上地，亩值一金"①。这一带出现了许多庄园，著名的有谢灵运的始宁山庄，孔灵符的永兴别墅。使会稽郡的经济获得长足发展的主力军，正是受到"资待"的庄客。自由农也起到了他们的作用。宋孝武帝大明初年，会稽太守孔灵符上书，请迁山阴县的"无赀之家于余姚（属吴兴郡）、鄞、鄮（均属会稽郡）三县界，垦起湖田，……并成良业"②。吴兴，宋时刘濬说：此郡"衿带重山，地多污泽，……彼邦奥区，地沃民阜，一岁称稔，则穰被京城；时或水潦，则数郡为灾"③。所谓"地沃民阜"，表明此郡至刘宋时期，开发已经可观。年成好，粮食可以支援建业。但因衿带重山，地多污泽，仍怕水潦。最好的地方是郡治所在的乌程县。此地在东晋时，已筑有狄塘，"溉田千顷"，宋末又筑吴兴塘，"灌田二千余顷"，可以旱涝保收。

三吴经济的发展，影响到了它的东、西、南三面。南朝晚期，原会稽东部都尉所在地的临海郡，原会稽西部都尉所在地的东阳郡，以及会稽南边的建安、晋安二郡，都有所开发。临海郡的开发，在宋时已经开始。谢灵运"尝自始宁南山伐木开径，直至临海"④。据《太平寰宇记》载，梁时在临海郡的乐安县，"堰谷为六陂以灌田"。到梁、陈之际，临海出现了"土豪刘璸者，资财巨万"⑤。东阳郡在梁、陈之际，农业生产也有了发展。陈文帝平定会稽，东阳有留异者，"世为郡著姓"，为陈文帝"转输粮馈"⑥。此人"雄擅一郡"，调东阳粮食支援陈倩，说明东阳的农业生产，有一定的发展。据《资治通鉴》载，建安郡本会稽南部都尉，晋初分建安立晋安郡，"东晋南渡，衣冠士族，多萃此地（晋安）"。梁末侯景之乱，又有不少"遭乱移在建安、晋安、义安郡者"⑦。梁、陈时候，有所谓

---

① ［梁］沈约：《宋书》卷五十四《沈昙庆传》，中华书局，1974年，第1540页。
② ［梁］沈约：《宋书》卷五十四《孔灵符传》，中华书局，1974年，第1533页。
③ ［梁］沈约：《宋书》卷九十九《始兴王濬传》，中华书局，1974年，第2435页。
④ ［梁］沈约：《宋书》卷六十七《谢灵运传》，中华书局，1974年，第1775页。
⑤ ［唐］姚思廉：《陈书》卷三十三《王元规传》，中华书局，1972年，第448页。
⑥ ［唐］姚思廉：《陈书》卷三十五《留异传》，中华书局，1972年，第477页。
⑦ ［唐］姚思廉：《陈书》卷三《世祖纪》，中华书局，1972年，第58页。

"闽中四姓"。东境一次饥馑，"而晋安独丰沃"。侯官有陈宝应者，"载米粟"自海道至临安、永嘉、会稽、余姚、诸暨等地，"与之贸易"①。说明由于流民的迁入，闽中的建安、晋安等郡的经济，也在梁、陈之际，获得了发展。

晋陵郡在东晋以前，尚是"地广人稀，且少陂渠，田多恶秽"②。东晋初，张闿出补晋陵内史，在曲阿"立曲阿新丰塘，溉田八百余顷，每岁丰稔"③，经济始有起色。但发展还要到南朝时候。据《宋书·徐耕传》记载：元嘉二十一年大旱，晋陵延陵县人徐耕到县陈辞："此郡虽弊，犹有富室，承陂之家，处处而是，并皆保熟，所失盖微，陈积之谷，皆有巨万。"他以千斛"助官账贷"。《陈书·孔奂传》又说："晋陵自宋、齐以来，旧为大郡，虽经寇扰，犹为全实。"这说明晋陵到南朝初期，已经得到了全面开发。此郡是北方流民的集中地区，流民对此郡的开发，起了重要的作用。

丹阳郡是六朝的政治中心。齐初萧子良说过：此郡"萦原抱隰，其处甚多，旧遏古塘，非唯一所"。他所谓旧遏古塘，由来甚早，但有的已经荒芜。他曾派殷弥、刘僧瑗到丹阳郡的丹阳、溧阳、永世等县作调查，耆老"辞列，堪垦之田，合计荒熟有八千五百五十四顷。修治塘遏，可用十一万八千余夫，一春就功，便可成立"④。荒熟可以调查，修治可以计功，说明丹阳郡在宋齐之时，已经不是开发的问题，而是怎样发展生产的问题了。到南朝后期，这一带的生产水平，经过当地人民与北方流民的努力，有了显著的提高。例如，原属丹阳郡于湖县的当涂，《陈书·宣帝纪》太建四年闰四月诏说到此地"良畴美柘，畦畎相望，连宇高甍，阡陌如绣。自梁末兵灾，凋残略尽"，这个地方至少在梁时，已成鱼米之乡。

晋陵、丹阳生产的发展，向南影响到了皖、浙山区。如宣城郡，齐时

---

① [唐]姚思廉：《陈书》卷三十五《陈宝应传》，中华书局，1972年，第486页。

② [唐]李吉甫撰，贺次君点校：《元和郡县图志》卷二十五"润州丹阳县"条，中华书局，1983年，第592页。

③ [唐]房玄龄：《晋书》卷七十六《张闿传》，中华书局，1974年，第2018页。

④ [梁]萧子显：《南齐书》卷四十《竟陵文宣王子良传》，中华书局，1972年，第694页。

谢朓任宣城太守，写过这样的诗句："连阴盛农节，笞笠聚东菑"（《在郡卧病呈沈尚书》）；"切切阴风暮，桑柘起寒烟"（《郡内登望》）；"暖暖江村见，离离海树出"（《高斋视事》）。再南，万山丛林中的新安郡，在东晋时，与外界已有贸易来往。"新安人歌舞离别之辞"[1]之所以在东晋时产生，便是因为新安人经营四方，长年不归。到南朝，生产事业逐渐获得了发展，《陈书·程灵洗传》记载海宁人程灵洗，"性好播植，躬勤耕稼，至于水陆所宜，刈获早晚，虽老农不能及也。伎妾无游手，并督之纺绩"。可见新安至梁、陈之际，耕稼纺织都有起色。

南川流域在魏晋以前，生产是不发达的。如豫章郡，立郡虽早，可到汉末仍旧是"素少谷"。据《太平御览》载，到东晋孙盛为南昌令，"先婚配境内，然后督其农桑"，生产才有所发展。南朝时期不同了。据《资治通鉴》宋孝武帝孝建元年春正月臧质"擅用溢口、钩圻米"注："溢口米，荆、湘、郢三州之运所积也。钩圻米，南江之运所积也。"《水经注》云：赣水自南昌"径郴丘城下"，"又历钩圻坻阁下"，而后至彭泽。则刘宋时，豫章一带已发展成江东政权的经济基地之一。而寻阳则是江、荆等州米的积存地、转运口。《太平御览·豫章记》载，南朝晚期，豫章"稻米之精者，如玉映彻于器中"，"一年蚕四五熟"[2]，生产已相当发达。

再看临川郡。此郡本豫章东部都尉，为抚河所经。梁陈之时，生产也发展起来了。《陈书·周迪传》说道："初，侯景之乱也，百姓皆弃本业，聚群为盗，唯迪（临川南城人）所部独不侵扰，并分给田畴，督其耕作。民下肆业，各有赢储。政教严明，征敛必至。余郡乏绝者，皆仰取给。"周迪尚曾"大出粮饷"资助陈将周文育讨萧勃。这说明梁时临川农业生产已经走上了轨道。平时民勤本业，只是因为侯景乱梁，才一度造成民弃本业的现象。而周迪所部地方耕作之有赢储，之能支援他郡，也就是因为临川开发的程度，在梁时已经较深。

---

① [唐]房玄龄：《晋书》卷二十八《五行志中》，中华书局，1974年，第836页。

② [唐]魏徵、令狐德棻：《隋书》卷三十一《地理志下》，中华书局，1973年，第887页。

湘川在南齐之时，仍被称为"民丰土闲"①。《通典》记载，齐武帝永明二年立常平仓，"市积为储"，湘州出钱二百万，不及江州（五百万）的一半，是最少的一个州。这个时候的湘川流域，开发落在南川后头。但到梁、陈时，有所不同。梁元帝曾派谘议周弘直至湘州刺史河东王萧誉处，"督其粮众"②。陈时华皎为湘州刺史，"善营产业，湘川地多所出，所得并入朝廷，粮运、竹木委输甚众。至于油、蜜、脯、菜之属，莫不营办。"陈文帝尝因"湘州出杉木舟，使皎营造大舰金翅等二百余艘，并诸水战之具，欲以入汉及峡"③。说明南朝晚期，湘川流域的农业和手工业，都有发展。《陈书·欧阳頠传》记载，梁、陈之交的长沙临湘人欧阳頠，"家产累积"，为郡豪族，他的家产便是在湘川流域生产发展的基础上累积起来的。

由上可知南朝时代，江东带海傍湖和沿江之地，乃至江南腹地即南川、湘川的某些地区，基本上都已开发。"暮春三月，江南草长，杂花生树，群莺乱飞"的景象，已经展现在人们眼前。弄清南朝时期江南开发的情况是重要的，不然，就很难理解隋朝大运河的开凿，很难理解唐朝后期经济重心的开始南移。

第三节　论南朝寒门的兴起

寒门的兴起，是南朝政治史上的一件大事。影响隋唐历史至巨，但罕见论述。本节探讨其原因与表征。

南朝封建专制的特殊性（寒门兴起的政治原因）　南朝封建专制制度，有它的特殊性，这就是"拟周之分陕"，以进行统治。陕本指弘农郡陕县，《公羊传》载：自陕以东，周公主之；自陕以西，邵公主之。谓之"分陕"。江左称荆州为"陕西"或"西陕"，但东晋尚未用宗室出镇荆州。

①［梁］萧子显：《南齐书》卷十五《州郡下》，中华书局，1972年，第287页。
②［唐］姚思廉：《梁书》卷五十五《河东王誉传》，中华书局，1973年，第829页。
③［唐］姚思廉：《陈书》卷二十《华皎传》，中华书局，1972年，第271页。

宋武帝以为荆州重镇，"遗诏诸子次第居之"①。文帝遵而行之，以彭城王刘义康为荆州刺史。而"总录百揆，兼牧畿甸"，却由王弘。平陆令河南成粲写信给王弘，以为"势之所处，非亲不居。是以周之宗盟，异姓为后。权轴之要，任归二南，斯前代之明谟，当今之显辙"。刘义康"宜入秉朝政，翊赞皇猷"。竟陵王刘诞、衡阳王刘义季"春秋已长，又宜出据列蕃，齐光鲁、卫"②。王弘遂固请退位。文帝以刘义康为司徒"总录百揆"。王弘死后，又以之领扬州刺史。自刘义康入相，荆州则由江夏王刘义恭、临川王刘义庆、衡阳王刘义季、南郡王刘义宣次第出镇。这就开分陕之端。《太平御览·荆州记》云："元嘉中，以京师根本之所寄，荆楚为重镇，上流之所总，拟周之分陕。"说的正是这个情况。

除陈时荆州为后梁所据外，历宋、齐、梁三朝，分陕基本不变。其他各州也每以诸王出镇。

南朝为什么要"拟周之分陕"呢？从刘裕、萧道成的话，以得知其原因。刘裕称帝后，尝因宴集，谓群公曰："我布衣，始望不至此。"③萧道成称帝后，尝"召司徒褚渊、左仆射王俭诏曰：'吾本布衣素族，念不到此，因藉时来，遂隆大业。'"④刘裕、萧道成以布衣而为皇帝，与两晋皇帝之为士族有异。在阶级上，他们与王弘、王俭、褚渊等人是有距离的。分陕是他们的要求，王弘让给刘义康，原因便在这里。

分陕，标志皇室人物掌握了畿甸与诸州。封建专制是不是从此安如磐石呢？非也。元嘉三十年，发生了太子刘劭弑逆事件，以"元嘉之治"著称于历史的宋文帝，竟死于其亲生子之手。孝武帝以江州刺史平刘劭，是弟平兄。在孝武之时，先后发生过荆州刺史南郡王刘义宣（帝叔）之叛，南兖州刺史竟陵王刘诞（帝弟）之叛。孝武此人"为性猜忌，兄弟粗有令名者，无不因事鸩毒"⑤，刘彧以庸常得免。可就是这个刘彧，杀死了孝

---

① [梁]沈约：《宋书》卷六十八《南郡王义宣传》，中华书局，1974年，第1798页。
② [梁]沈约：《宋书》卷四十二《王弘传》，中华书局，1974年，第1315—1316页。
③ [梁]沈约：《宋书》卷四十二《王弘传》，中华书局，1974年，第1313页。
④ [梁]萧子显：《南齐书》卷二《高帝纪下》，中华书局，1972年，第38页。
⑤ [唐]姚思廉：《梁书》卷三十五《萧子恪传》，中华书局，1973年，第508页。

武之子前废帝刘子业，夺得帝位。接着，爆发了一场以孝武之子、江州刺史晋安王刘子勋为首的、反对刘彧的"普天图逆"①。孝武二十八子，刘彧杀其十六，后废帝刘昱杀其十二。这种诛杀，只有联系以"分陕之计"为特征的南朝封建专制制度，才可以看清楚。

齐初，萧道成因刘瓛进言："陛下诚前轨之失，加之以宽厚，虽危可安；若循其覆辙，虽安必危矣"②，要好一些。但到齐明帝萧鸾以支庶（萧道成次兄始安贞王萧道生之子）连杀武帝子郁林王萧昭业、海陵王萧昭文夺得皇帝宝座，就更厉害了。《南齐书·临贺王子岳传》，说齐明杀人，"辄先烧香火，呜咽涕泣，众以此辄知其夜当相杀戮也"。同书卷七《东昏侯纪》，说齐明临死，嘱咐其子东昏侯萧宝卷："作事不可在人后"。故萧宝卷为帝，"委任群小，诛诸宰臣，无不如意"。

这种杀戮，到梁武帝时期暂停。梁武帝看到了"江左以来，代谢必相诛戮，此是伤于和气，所以国祚例不灵长"③。他转而"留心俎豆，忘情干戚，溺于释教，弛于刑典"，欲借儒、释两教来扭转宋、齐二朝诛戮酿成的祸害。然而分陕的制度未变，到头来，依旧是"帝纪不立，悖逆萌生，反噬弯弧，皆自子弟"④。临贺王萧正德为作天子，密引侯景过江，包围台城。荆州刺史湘东王萧绎援台，"拥众逡巡，内怀觖望，坐观国变，以为身幸。不急莽、卓之诛，先行昆弟之戮"⑤。侯景未平，他派兵去打湘州刺史河东王萧誉。雍州刺史岳阳王萧詧因而举兵攻打江陵，来救萧誉。侯景既平，他派朱买臣将侯景所立的萧栋及其二弟沉之于水，且和益州刺史武陵王萧纪打了起来。他虽然胜利了，可是西魏与萧詧合兵攻下了江陵，最后不免身死。

在这种以分陕为特点的封建专制制度下，皇帝与诸王之间，矛盾重重。皇帝为了保住自己的皇位，对于诸王，一方面厉行诛杀，一方面利用

① [梁]沈约：《宋书》卷五十七《蔡兴宗传》，中华书局，1974年，第1581页。
② [梁]萧子显：《南齐书》卷三十九《刘瓛传》，中华书局，1972年，第678页。
③ [唐]姚思廉：《梁书》卷三十五《萧子恪传》，中华书局，1973年，第508页。
④ [唐]李延寿：《南史》卷七《梁本纪中》，中华书局，1975年，第226页。
⑤ [唐]李延寿：《南史》卷八《梁本纪下》，中华书局，1975年，第252页。

左右亲近，进行控制。从刘宋起，我们就可以看到一种特殊现象，原来位居九品的舍人之官和位居七职的典签之官，被提到了实际上宰相和元帅的地位。而做舍人和典签的，莫非皇帝左右亲近。按东晋"省通事，中书差侍郎一人直西省，又掌诏命"。宋初置"通事舍人，而侍郎之任轻"①。舍人直阁内，其下有主事。孝武帝时，舍人犹"士庶杂选"，至明帝刘彧时，"胡母颢、阮佃夫之徒，专为佞幸"。他们的权力大得很，当时已有"禾绢（明帝）闭眼诺，胡母大张橐"②之谚。齐初，"关谶表启，发署诏敕"，乃至起草诏文，专用舍人为之，侍郎之局完全被侵夺。齐明帝建武之时，"诏命始不关中书，专出舍人"，舍人掌握了中书省。不仅如此，舍人四人所直四省，谓之"四户"，当时，天下文簿板籍均须"入副其省"。这四省或四户，"万机严秘，有如尚书外司"③。尚书省之权，亦被舍人夺走。舍人成了实际上的宰相。发展到东昏侯的时候，"左右应敕捉刀之徒并专国命，人间谓之刀敕，权夺人主"④。

刘宋晚期，"多以幼少皇子为方镇，时主皆以亲近左右领典签"，权寄弥隆。典签代表皇帝，刺史不得专其任。一年之内，典签"递互还都"，皇帝"访以方事。刺史行事之美恶，系于典签之口"。刺史莫不折节推奉典签，典签"威行州郡，权重蕃君"⑤。齐明帝"诛异己者，诸王见害，悉典签所杀，竟无一人相抗"⑥。

"分陕"，变成了舍人"总录百揆"，典签出据诸蕃。而舍人、典签均出自寒门。

如果以为南朝寒门的兴起，只表现在皇帝重用舍人、典签上，那就错了。舍人实际掌握了选举权。宋孝武帝时，"凡选授迁转诛赏大处分"，孝

---

① ［梁］沈约：《宋书》卷四十《百官志下》，中华书局，1974年，第1245—1246页。

② ［唐］李延寿：《南史》卷三《宋本纪下》，中华书局，1975年，第84页。

③ ［唐］李延寿：《南史》卷七十七《恩幸传》，中华书局，1975年，第1914页。

④ ［唐］李延寿：《南史》卷七十七《茹法珍传》，中华书局，1975年，第1933页。

⑤ ［唐］李延寿：《南史》卷七十七《吕文显传》，中华书局，1975年，第1933页。

⑥ ［唐］李延寿：《南史》卷四十四《齐武帝诸子传·巴陵王子伦传》，中华书局，1975年，第1116页。

武皆与戴法兴、巢尚之"参怀"①。宋明帝时，阮佃夫、杨运长、王道隆"皆擅威权，言为诏敕"，奏无不可。"郡守令长一缺十除，内外混然，官以贿命"②。齐东昏侯时，都下有"欲求贵职依刀敕，须得富豪事御刀"③之语。寒门通过舍人、刀敕，做官的多得很。

《梁书·陈伯之传》记河南褚绲：齐明帝"建武以后，草泽底下，悉化成贵人"。他的话，反映了寒门的兴起，在宋、齐已成为一种趋势。而这种趋势的出现，与南朝封建专制的特殊性有不可分的关系。

南朝士族的没落与士庶的同流（寒门兴起的社会原因）　第一节说过，宗族共有制到南朝，已变为家庭私有制，各家升沉、贫富不同。《宋书·王弘传》记载王弘等人讨论同伍犯法，士人应坐与否的问题，左丞江奥说道："如其无奴，则不应坐。"右丞孔默之说道："无奴之室，宜令输赎。"殿中郎谢元说道："无奴之士，使之输赎，于事非谬。"吏部郎何尚之说道："有奴罪奴，无奴输赎。"王弘最后说道：士人"无奴、客，可令输赎。"④士无奴客，不是笑话，而是史实。它说明了大家族制度的破坏所造成的士族分化程度之深。士族的分化，在南朝，是不断进行的。士族在经济政治上失势，便被称为"寒士"。据《南史·谢超宗传》载，谢灵运之孙谢超宗，被褚渊斥为"寒士"，是因为谢灵运徙岭南，在广州被杀，他一家变成了寒门。

在这种情况下，所谓"士庶之际，实自天隔"，"士庶缅绝，不相参知"，发生了变化。梁时沈约在《奏弹王源》中说道："自宋氏失御，礼教凋衰，衣冠之族，日失其序，姻娅沦杂，罔计厮庶，贩鬻祖、曾，以为贾道，明目腆颜，曾无愧畏。……自宸历御寓（指萧梁代兴），弘革典宪，虽除旧布新，而斯风未殄。"这话表明自刘宋起，士庶联姻，问财不问门第，便已成为一种社会风气。二者在婚姻上沟通了。沈约奏弹的王源，嫁

①［唐］李延寿：《南史》卷七十七《戴法兴传》，中华书局，1975年，第1915页。

②［唐］李延寿：《南史》卷三《宋本纪下》，中华书局，1975年，第84页。

③［唐］李延寿：《南史》卷七十七《茹法珍、梅虫儿传》，中华书局，1975年，第1933页。

④［梁］沈约：《宋书》卷四十二《王弘传》，中华书局，1974年，第1321页。

女与富阳满氏，满氏下钱五万以为聘礼，只是一例。像王源那样"日失其序"的士族，在南朝是越来越多。再，士族的分化，使庶族（属于寒门）有了冒充士族的可能性。自刘宋起，庶族通过贿赂，在黄籍上"窃注爵位"，冒充士族的越来越多。萧齐"却籍改书"并未解决问题。由士族地位的降低，到士庶联姻，再到庶族冒充士族，士庶莫辨，表现了南朝时代一种倾向——士庶同流。

梁朝是士族彻底没落的时代。《颜氏家训·勉学篇》说到当时贵游子弟"无不熏衣剃面，傅粉施朱，驾长檐车，跟高齿屐，坐棋子方褥，凭斑丝隐囊，列器玩于左右，从容出入，望若神仙"。《颜氏家训·涉务篇》说，士大夫"皆尚褒衣博带，大冠高履，出则车舆，入则扶持，……肤脆骨柔，不堪行步，体羸气弱，不耐寒暑"。《颜氏家训·勉学篇》还说到士族"笔则才记姓名，……或因家世余绪，得一阶半级，便是为足，全忘修学"。士族绝少功臣，南朝功臣几乎都是积有勋阶的庶族人物。庶族两三代有官职，可以上升为寒士，如宋邓琬、徐勉、朱异，与高门下降为寒士者会合。这又表现了士庶的同流。

在两晋时期，士族还有所作为，还操持一切。在士族这座屏障面前，庶族的兴起是困难的。南朝大家族制度的破坏，士族的分化与没落，士庶的同流，说明这座阻碍庶族兴起的最大的屏障倒塌了。南朝草泽下族，之所以能"悉化成贵人"，与这座屏障的倒塌密切相关。

南朝选举制度的变革（寒门兴起的制度保证）　宋、齐以来，舍人、刀敕操纵选举，已经表明九品中正制发生了动摇。但此制尚在，士族仍可"依流平进"。梁时选举，从制度上发生了变化。这就是九品中正制的刊革，科举制的产生。

《文献通考·选举一》说："梁初无中正制，年二十五方得入仕。天监中（四年），又制九流常选，年未三十，不通一经者，不得为官。若有才同甘、颜，勿限年次。至七年，州置州重（州望），郡置郡崇（郡宗），乡置乡豪各一人，专典搜荐，无复膏粱、寒素之隔。"九品中正制至梁初废除了，代之而起的是天监四年制定的"九流常选"。选举再无膏粱、寒素之隔，不通一经，不得为官。

梁武帝是反对九品中正制下的"乡举里选"的。他在齐中兴二年二月上表萧宝融谈道："良由乡举里选，不师古始，称肉度骨，遗之管库。加以山河梁毕，阙舆徵之恩；金、张、史、许，忘旧业之替。吁，可伤哉！且夫谱牒讹误，诈伪多绪，人物雅俗，莫肯留心，是以冒袭良家，即成冠族；妄修边幅，便为雅士；负俗深累，遽遭宠擢；墓木已拱，方被徽荣。"①在这段话里，梁武帝称九品中正制下的乡举里选是"称肉度骨"。那些士族"旧业已替"，更何况冒充士族的人很多，"谱牒讹误"，谁要再根据谱牒上所谓"世胄"选举，那就要成为天大的笑料。梁武帝在表中又说："且闻……甲族（尚书、领、护以上为甲姓，亦曰甲族）以二十登仕，后门（寒门）以过立试吏，求之愚怀，抑有未达。何者？设官分职，惟才是务。若八元立年，居皂隶而见抑，四凶弱冠，处鼎族而宜甄。是则世禄之家，无意为善；布衣之士，肆心为恶。岂所以弘奖风流，希向后进？此实巨蠹，尤宜刊革。"②他提出了"惟才是务"，在他当皇帝的时候，制九流常选，不再设中正掌握，而以州望、郡宗、乡豪代之，选举无复膏粱、寒素之隔，便是刊革。梁武帝并未到此为止，天监八年五月壬午，他又下了一道诏令："朕思阐治纲，每敦儒术，轼间辟馆，造次以之。故负秩成风，甲科间出。方当置诸周行，饰以青紫。其有能通一经、始末无倦者，策实之后，选可量加叙录。虽复牛监羊肆，寒品后门，并随才试吏，勿有遗隔。"③这道诏令牵涉到了梁代的学校制度，按天监四年，与制九流常选同时，梁武帝"诏开五馆，建立国学，总以五经教授，置五经博士各一人"，以明山宾、陆琏等五人补博士，"各主一馆，馆有数百生"④。五馆

---

① ［唐］姚思廉：《梁书》卷一《武帝纪上》，中华书局，1973年，第22—23页。
② ［唐］姚思廉：《梁书》卷一《武帝纪上》，中华书局，1973年，第23页。
③ ［唐］姚思廉：《梁书》卷二《武帝纪中》，中华书局，1973年，第49页。
④ ［唐］李延寿：《南史》卷七十一《儒林传》，中华书局，1975年，第1730页。

生的成分，据《隋书·百官志上》说："旧国子学生限以贵贱①，帝欲招来后进，五馆生皆引寒门俊才，不限人数。"所谓"皆引"，表明梁时五馆生都是寒门俊才，且不受人数限制。五馆（国学）诸生在学有考试，"甲科间出"，考得好的颇为不少。按汉有甲、乙、丙科之名，甲科非梁武帝首创，然而，在九品中正制下，选举专称阀阅，而重视考试，不问是否牛监、羊肆、寒品、后门，得中甲科，都可随才试吏，却在梁时。考试是试经，这与梁武帝置五经博士，各立一馆，是相关的。试经看是否"明经"。汉代茂材取"明经"，明经亦非梁武帝首创。然而，在九品中正制下，明经的意义变了。据《六臣注文选》齐武帝永明九年《策秀才文》"高第明经"注："谓德行高远，明于经国之道，第一者也。"这不是明经书，而看是否明于经国之道，首先又是看德行是否高远。实际上是计官资以定品格，这种"秀才"，多半不学无术。梁时所谓"明经"，却真正是明经书。明不明经书，完全通过考试。《南史·梁简文诸子传》记南海王萧大临，"后入国学，明经射策甲科，拜中书侍郎。"这样的"明经"，和唐代科举制下"明经"一科，并无多少区别。从天监八年的壬午选法中，我们可以见到唐代科举制的影子。科举制实际开始于梁朝。

又隋时李谔上书说道："江左齐、梁，其弊弥甚，贵贱贤愚，唯务吟咏。……世俗以此相高，朝廷据兹擢士。"②后面他又说"及大隋受命"，才"屏黜轻浮，遏止华伪"③。则诗赋取士，梁时也开其端了。

《梁书》中仍有中正之官，《南史》中一律削除。按《梁书·敬帝纪》太平二年春正月壬寅，记敬帝"诏诸州各置中正，依旧访事"。太平二年（557年）是梁朝灭亡之年，这条记载可说明整个梁朝五十六年（502—557年）无九品中正之制。或谓梁班制"以选事而设"，目的在方便士族做官。《文献通考·职官考》解释得很好：说这种话的人，是不了解梁班制"初

① 晋初于太学之外，立国子学。《南齐书》卷九《礼志上》载曹思文之言云："太学之与国学，斯是晋世殊其士庶，异其贵贱耳。"始立之初，五品以上官吏子弟才能入国学。沿袭至齐，国学虽时废时立，学生成分未见变化。

② ［唐］魏徵、令狐德棻：《隋书》卷六十六《李谔传》，中华书局，1973年，第1544页。

③ ［唐］魏徵、令狐德棻：《隋书》卷六十六《李谔传》，中华书局，1973年，第1545页。

不关选法""莫知其徒为礼秩之别"。班不同于品，设班非方便士族做官。

陈朝"依梁制，年未满三十者，不得入仕。唯经学生策试得第"①，说明陈朝继承了梁朝的明经之科。

选举制度的变革，科举制的出现，从制度上保证了寒门的兴起。

寒门的兴起，是历史发展的必然趋势，之所以在南朝化为现实，是因为南朝的"分陕之计"、士庶的同流、选举的变革，为寒门兴起创造了政治的、社会的乃至制度上的条件。随着江南的开发，我们还可看到侯景乱梁之时，南州郡邑岩穴之长，村屯坞壁之豪，纷纷登上政治舞台。南川豪帅被"随例除游骑将军"②。"南州守宰多乡里酋豪"③。如果说宋、齐、梁三朝寒门的兴起，草泽下族的化为贵人，是一个前浪，这便是一个后浪，而后浪是由前浪引起的，侯景乱梁只是一个契机而已。寒门兴起的浪潮是隋唐统治者很难忽视的历史现实。

第四节　南朝文学的重大发展

论陶潜　刘勰在《文心雕龙·明诗第六》中说道："江左（东晋）篇制，溺乎玄风。"钟嵘在《诗品》中说道："爰及江表"，玄风"微波尚传，孙绰、许询、桓、庾诸公，诗皆平典似道德论，建安风力尽矣。"古体诗歌到东晋走上了绝路。陶潜在文学上的重大功绩，是以他的崭新风貌，崛起于晋末宋初的诗坛，振起了一代诗风。

自钟嵘评陶诗为"古今隐逸诗人之宗"以来，历代都把陶潜当作田园诗或隐逸诗的开创人，近人且谓陶潜代表中小地主。按南宋初年的胡仔，在《渔隐诗评丛话》卷三中，驳斥过钟嵘的话，以为"陋哉斯言，岂足以尽之"。胡仔很赞赏萧统的话："吾观其（陶潜）意不在酒，亦寄酒为迹者

① ［唐］魏徵、令狐德棻：《隋书》卷二十六《百官志上》，中华书局，1973年，第748页。

② ［唐］姚思廉：《陈书》卷三十五《熊朗传》，中华书局，1972年，第478页。

③ ［唐］姚思廉：《陈书》卷二十《华皎传》，中华书局，1972年，第271页。

也。……语时事则指而可想，论怀抱则旷而且真。"[1]陶诗寓怀抱于时事，根本不是什么"田园诗"。

我们要了解陶诗，先要明白他的思想。他的思想集中地表现在《桃花源诗并序》中。应该如何看待《桃花源诗并序》？论者纷纷，中肯者有几希？只有王安石的《桃源行》点出了陶潜所痛恨的，是"望夷宫中鹿为马，秦人半死长城下"；所追求的，是"虽有父子无君臣"。我感到《桃花源诗并序》表现的陶潜的思想，可用一言以概之——反对君主专制主义及其所维护的封建制度。从《桃花源记》全文可以看出，陶潜心目中的"桃花源"，是一种保留家庭组织、私有财产，但人人劳动，无君、无司、无地主的农民的乌托邦。它既不是保留国家组织的老子"小国寡民"的世界，也不是中小地主的世界，而是鲍敬言无君、无司世界的具体描述。

这就可以说明，他在记中说的"避秦时乱"，在诗中说的"嬴氏乱天纪，贤者避其世"，避的是封建制度和维护这种制度的封建专制政治。在诗中，他还说道："淳薄既异源，旋复还幽蔽。……愿言蹑清风，高举寻吾契。"淳薄异源，也就是封建的世界和农民的乌托邦桃花源异源。"高举寻吾契"，则表白了他向往的是农民的乌托邦，而不是封建地主的专制之邦。

陶潜的这种思想，在其他诗文中，也是可以看到的。《五柳先生传》写他向往做无怀氏、葛天氏之民。《感士不遇赋》写道："自真风告退，大伪斯兴。"《饮酒》中又有"道丧向千载，人人惜其情"之语。他所谓真风、道，也就是无怀氏、葛天氏之风、之道。他所谓"大伪"，也就是封建专制及其所维护的封建制度。道丧伪兴，是他叹恨不已的。而无怀氏、葛天氏之道，也就是《桃花源记》中表现出来的农民的乌托邦之道，则是他向往不已的。

陶诗中有一首《咏荆轲》，评价很不一致。须知陶潜赞美荆轲刺秦始皇，与他的"嬴氏乱天纪"思想一致。诗中意义不能单从个人去看，而应

---

① [晋]陶渊明著，[梁]萧统编，逯钦立校注：《陶渊明集》，中华书局，1979年，第10页。

从制度去看。只要联系《桃花源诗并序》，就可知道他赞美荆轲，是因为荆轲第一个对以秦始皇为代表的封建专制制度，投出了匕首。

陶潜在《劝农》诗中还写道："舜既躬耕，禹亦稼穑。"他说："相彼贤达，犹勤陇亩"，"矧（况）兹众庶"，何能"曳裾拱手"？站在封建专制的对立面，主张人人劳动，在这首诗中，又得到了证明。

只有了解并承认陶潜厌恶现实的封建世界，向往无君、无司、人人劳动的"桃花源"，而不是厌恶哪个人，不是向往中小地主的世界，也才可以了解陶诗中，为什么能有这样的诗句："秉耒欢时务，解颜劝农人"（《癸卯岁始春怀古田舍》）；"农务各自归，闲暇辄相思。相思则披衣，言笑无厌时"（《移居》）。这是"此中人语"，是"往来耕作"诗，不是田园诗人的闲情诗、隐逸诗，更不是什么中小地主的诗。

人们论陶潜和陶诗，往往把东晋政治说得一团漆黑。殊不知陶潜既看到了当代，又看到了秦汉、远古和未来；既看到了现象王国，又看到了本质王国；既向往无君、无司、人人劳动的世界，又提出了具体的设想。他的诗文极其丰富多采地展现了他的民主思想，与东晋平典似道论的诗风，形成了鲜明的对照。他之所以能振起一代诗风，把古体诗推进到一个新的发展阶段，原因也在这里。

元嘉三大家和古体诗的完全成熟　世有所谓"元嘉体"，其实元嘉诗人成就各有不同，不是一个体裁。他们的共同功绩是把古体诗推进到了完全成熟阶段，并且注意了声律和对偶的运用，近体诗在孕育之中。

元嘉时期的谢灵运，开创了山水诗派。这是人们所了解的。至于山水诗何以能在这时兴起，谢灵运何以能成为山水诗的开创者，则罕见论述。我想指出的是：一、山水诗的兴起与江南的开发密切相关。当时不仅兴起了山水诗，而且兴起了山水画。东晋顾恺之的《雪霁望五峰图》，开山水画的先声。刘宋宗炳是一个山水画家。二、谢灵运是一个庄园的主人，而庄园经济在南朝初年，尚处在发生发展阶段。谢诗就不仅是纯粹的山水诗，诗中反映了江南庄园经济的发展。如《于南山往北经湖中瞻眺》写的是他自己的山居。在此诗中，他以秀逸的笔锋，写出了"俯视乔木杪，仰聆大壑淙。石横水分流，林密溪绝踪。解作（天地解而雷雨作）竟何感，升长皆丰容”之句。要分别这是写江南山水还是写他自己的江南山居，是很困难的。

还要看到谢灵运不仅开创了山水诗，而且把山水诗和"新声"结合在一起。钟嵘在《诗品》卷上《宋临川太守谢灵运诗》中说谢诗"名章迥句，处处间起，丽典新声，络绎奔会"。他的山水诗就不仅为古体诗别开生面之作，而且孕育着近体诗的萌芽。"俯视乔木杪，仰聆大壑淙。石横水分流，林密溪绝踪"之句，已经很像律诗了。

同时代的颜延之，则进一步着意于古体诗中用对偶。颜诗与近体诗更加接近。

钟嵘在《诗品》卷中《宋光禄大夫颜延之诗》说颜诗"尚巧似，体裁绮密，情喻渊深，动无虚散，一句一字，皆致意焉。又喜用古事，弥见拘束，虽乖秀逸，是经纶文雅才"。如《应诏观北湖田收》，从开头"周御穷辙迹，夏载历山川"。到结尾"疲弱谢凌遽（捷速），取累非缠牵（马鞻）"，几全用对偶和古事。一字一句，无不推敲。虽然弥见拘束，但却为以后的律体诗文，开拓了一条道路。

稍后又有鲍照。钟嵘在《诗品》卷中《宋参军鲍照诗》中说鲍照"驱迈疾于颜延"，又说："嗟其才秀人微，故取湮当代。然贵尚巧似，不避危仄，颇伤清雅之调。故言俭俗者，多以附照。"鲍诗的"驱迈""危仄"，来自他的"才秀人微"，而这却使他的诗歌别具一格。

鲍诗的一个显著特点，是运用乐府、咏史、拟古的形式，来写社会现实。这是颜、谢所不能及的。例如乐府《代白头吟》，其实不是写"申黜褒女进，班去赵姬升"，而是写"食苗实硕鼠，玷白信苍蝇"。社会意义跃然纸上。《拟古》："岁暮井赋讫，程课相追寻。……笞击官有罚，呵辱吏见侵"（第六首），用的是井赋，写的是当时横税虐人。

我们要注意五言古风到鲍照时完全成熟了。而在鲍照诗中，对偶句也颇不少。申黜、班去，食苗、玷白，官有罚、吏见侵，都用对偶。鲍诗对声律也很注意，他开创了"危仄"一派诗风，他的诗是唐朝孟郊、韩愈一派诗风的滥觞。

钟嵘《诗品》卷上对五言古诗的发展，作过一个总结。"陈思为建安之杰，公干（刘桢）、仲宣（王粲）为辅。陆机为太康之英，安仁（潘岳）、景阳（张协）为辅。谢客（谢灵运）为元嘉之雄，颜延年（颜延之）为辅。斯皆五言之冠冕，文词之命世也。"五言古诗经建安、太康、元嘉三个时期的发展，达到了它的巅峰。接下去便是诗歌与声韵学的结合，近体诗应期而生了。七言，经鲍照采用隔句用韵和自由换韵（如《行路难》），也在发展中。

诗歌与声韵学的结合——谈"永明体"　《南齐书·文学·陆厥传》说："永明末，盛为文章，吴兴沈约、陈郡谢朓、琅邪王融以气类相推毂。汝南周颙善识声韵。约等文皆用宫商，以平、上、去、入为四声，以此制韵，不可增减，世呼为永明体。"这是一段很重要的文字，它表明我国文学到齐武帝永明时期，有一个重要的发展，即与声韵学结合起来。

我国早有反语（切音），《颜氏家训·音辞篇》说："孙叔言（孙炎）创《尔雅》音义，是汉末人独知反语。"反语的进一步发展为正五音。《魏书·江式传》记述晋时吕忱之弟吕静，"别放（仿）故左校令李登声类之法，作《韵集》五卷。宫、商、角、徵、羽各为一篇"。五音早已被运用到了文学上。陆厥说"前英已早识宫徵，但未屈曲指的"[1]而已。"大旨钧使'宫羽相变，低昂舛节，若前有浮声，则后须切响。一简之内。音韵尽殊，两句之中，轻重悉异。'"[2]到了南朝宋、齐时代，善识声韵的周颙，"始著《四声切韵》行于时"[3]。从正五音发展到辨四声，周颙是第一人。稍后，沈约又撰《四声谱》。所谓"永明体"，指的就是五音和四声在诗文上的应用。

四声何以能在这个时候分辨出来并运用到诗文上去？这要看到鸠摩罗什翻译佛经的方法对我国声韵学和文学的影响。鸠摩罗什在《全晋文·为

---

① [梁]萧子显：《南齐书》卷五十二《文学·陆厥传》，中华书局，1972年，第899页。

② [梁]萧子显：《南齐书》卷五十二《文学·陆厥传》，中华书局，1972年，第898页。

③ [唐]李延寿：《南史》卷三十四《周颙传》，中华书局，1975年，第895页。

僧睿论西方辞体》中说道："天竺国俗，甚重文藻，其宫、商体韵，以入弦为善。凡觐国王，必有赞德，见佛之仪，以歌叹为尊。经中偈颂，皆其式也。但改梵为秦，失其藻蔚，虽得大意，殊隔文体，有似嚼饭与人，非徒失味，乃令呕秽也。"僧叡在《全晋文·大品经序》说鸠摩罗什译经，"梵音失者，正之以天竺；秦言谬者，定之以字义；不可变者，即而书之。是以异名斌然，梵音殆半。斯实匠者之公谨，笔受之重慎也"①。鸠摩罗什译经，尽可能保持了"宫商体韵，以入弦为善"，尽可能保持了梵文切音与切韵之法。

《南齐书·竟陵文宣王子良传》，又说萧子良移居鸡笼山邸，"招致名僧，讲语佛法，造经呗新声"。呗者"短偈以流颂"。所谓"造经呗新声"，即在梵文辞体上，运用中国声韵学的成就，使佛经偈颂更能入谱。

周颙、沈约都通佛经。《南齐书·周颙传》说周颙"涉百家，长于佛理，著《三宗论》"。他所立空假名、不空假名、假名空，西凉州智林道人说："关中高胜（鸠摩罗什、僧叡都是关中高胜）乃旧有此义。"可知周颙对鸠摩罗什及鸠译佛经，对天竺辞体，都有研究。他著《四声切韵》，与他通晓中印声韵显然都有关系。

周颙创四声切韵，虽早于沈约，但把四声用到诗文创作上去，则首推沈约。沈约的《郊居赋》有"雌霓连蜷"之句，王筠读霓为五激反（仄声中的入声），沈约"抚掌欣抃"，说他曾恐人读霓为五鸡反（平声），认为王筠"知音"。此事可以反映沈约是怎样把四声和文章结合起来的。

关于四声应用于文学，顾炎武在《音论》中有一段话："江左之文，自梁天监以前，多以去入二声同用，以后则若有界限，绝不相通。是知四声之论，起于永明而定于梁陈之间也。"这是我国文学发展史上的又一个里程碑。

至于永明体的内容，可用钟嵘在《诗品》卷中《梁左光禄沈约诗》中所说"工丽"二字概括，这与永明诗人对声韵的要求是一致的。永明诗人

① ［清］严可均：《全晋文》卷一百六十僧睿《大品经序》，中华书局影印黄冈王氏本，1958年，第2385页。

写山水清丽绝俗，如沈约的《早发定山》："标峰彩虹外，置岭白云间。倾壁忽斜竖，绝顶复孤圆。归海流漫漫，出浦水溅溅。野棠开未落，山樱发欲然"；《新安江水至清浅深见底贻京邑游好》："洞彻随清浅，皎镜无冬春。千仞写乔树，百丈见游鳞"。用采笔、淡墨第一次把新安江一带美丽的风光，推到了人们眼前。同时代的谢朓，写山水诗与谢灵运齐名。从他的山水诗中，不仅可以看到江南山水的秀丽，而且可以看到江南生产的发展。例如在宣城之作"寒城一以眺，平楚正苍然。山积陵阳阻，溪流春谷泉。威纡距遥甸，巉岩带远天。切切阴风暮，桑柘起寒烟"（《宣城郡内登望》）给人描绘了一幅自宣城到春谷桑柘一片，流水潺潺的图画。谢朓诗奇章秀句，往往而有。"天际识归舟，云中辨江树"（《之宣城郡出新林浦向板桥》），既是写景，又是写人。"余霞散成绮，澄江静如练"（《晚登三山还望京邑》），写景入于肌理，最为李白所称赏。这些诗句既肖疏淡远，如"天际识归舟"，又五彩缤纷，如"余霞散成绮"。水光山色，经他一描，更加如碧似玉。

永明体也有清怨之作，像沈约的《咏桃》："风来吹叶动，风去畏花伤。红英已照灼，况复含日光。歌童暗理曲，游女夜缝裳。讵减当春泪，能断思人肠。"谢朓的《玉阶怨》"夕殿下珠帘，流萤飞复息。长夜缝罗衣，思君此何极！"这些诗既给人以情的激荡，又给人以美的感受。在《玉阶怨》中，情与美浑然融为一体，人物呼之欲出，艺术手法是高超的。如果放到诗歌发展史上去考察，就可知已开梁陈"徐庾体""宫体"的先声。

把诗歌与声韵学结合起来的永明体，是由古体诗通向近体诗的桥梁。不能因为它有清怨之作而否定它的历史地位。

百花盛开的梁陈文苑 历来对梁陈文学贬多褒少，这是因为太着重宫体诗的缘故。其实梁陈文苑是百花齐放，作品具有总结前代诗文，向隋唐文学过渡的性质。

"徐庾体"与"宫体"。人们往往把"宫体"和"徐庾体"混为一谈，实际二者并不相同。按《梁书·徐摛传》称徐摛"属文好为新变，不拘旧体"。后来做了萧纲的"家令，兼掌管记，寻带领直"。徐摛"文体既别，春坊尽学之，宫体之号，自斯而起"。这里只说徐摛为文"好为新变"，并未说徐摛创宫体，只说宫体名称的由来，是因为春坊学徐摛的新变，并未说学他的内容。《梁书·简文帝纪》说萧纲"雅好题诗，其序云：'余七岁有诗癖，长而不倦。'然伤于轻艳，当时号曰宫体"。如果取《隋书·经籍志四》的话："梁简文之在东宫，亦好篇什，清辞巧制，止乎衽席之间，雕琢蔓藻，思极闺闱之内，后生好事，递相放（仿）习，朝野纷纷，号为宫体"，来印证《梁书·简文帝纪》的话，就可知创宫体诗的实为简文帝。所以被称为宫体，主要在内容。

"徐庾体"一名，见于《周书·庾信传》。《庾信传》中说："东海徐摛为左卫率，摛子陵及信并为抄撰学士，父子在东宫，出入禁闼，恩礼莫与比隆。既有盛才，文并绮艳，故世号为徐庾体。"如果单从"绮艳"二字看问题，似乎徐庾体就是宫体了。但宫体和徐庾体两个名词，在当时就是分开的，没有人把它们等同起来。《周书》用"绮艳"二字概括徐庾体，并不正确。据《玉台新咏》宋陈玉父《后叙》载："若其他变风化雅，谓岂无膏沐，谁适为容，终朝采绿，不盈一掬之类，以此集撰之，语意未大异也。……其措词托兴高古，要非后世乐府所能及。"《玉台新咏》为徐陵所编，他编选的诗歌与徐庾体的风格是一致的，完全可以反映徐、庾父子诗歌的风貌。陈玉父说得好，《玉台新咏》和《诗经》比较，"变风化雅"语意未大异；和后世乐府比较，"托兴高古，要非后世乐府所能及"。我们不妨来看看保存在《玉台新咏》中的庾信早期的《七夕》一诗："牵牛遥映水，织女正登车。星桥通汉使，机石逐仙槎。隔河相望近，经秋离别赊。愁将今夕恨，复著明年花。"这与宫体诗有何相同之处呢？这不是变风化雅吗？

再看徐陵的《关山月》："关山三五月，客子忆秦川。思妇高楼上，当窗夜未眠。星旗映疏勒，云阵上祁连。战气今如此，从军复几年？"托兴高古，已经近乎唐诗了。

由此可见徐庾体虽被称为"绮艳"，继承的却是三百篇以来我国诗歌变风化雅的优良传统；是永明体以来，诗歌与声韵学相结合，“好为新变，不拘旧体”的最新成就。

这就可以了解张溥在《庾子山集题解》中，为什么说“夫唐人文章，去徐、庾最近，穷形写态，模范是出”了，如果不是变风化雅，托兴高古，好为新变，不拘旧体，徐庾便不能成为到唐诗的过渡人物。前人很推崇庾信，但往往从他“身堕殊方”立论。殊不知徐庾体根本不是宫体，庾信根本不是宫体诗人。如果他本是宫体诗人，即使身堕殊方，也难望有什么成就。

吴均体。吴均体往往不见于文学史的著作，其实它是梁陈文学重要体裁之一，价值远远超过宫体。《梁书·文学传上·吴均传》说吴均“文体清拔有古气，好事者或学之，谓为吴均体”。《玉台新咏》所收吴均诗，达二十六首之多。吴均诗源自古风与乐府，但能出之以新意，风格颇高。像“妾本倡家女，出入魏王宫。……独言不得意，流涕忆辽东”，是从古诗《青青河畔草》：“昔为倡家女，今为荡子妇。荡子行不归，空床难独守”，脱颖而出。吴均笔下的倡家女，虽然出入于魏王之宫，但并不得意，一心想念辽东征人，比古诗中“空床难独守”的倡家女，情操、形象高多了。又像“燕姬及赵女，挟瑟夜经过。纤腰曳广袖，半额画长蛾。客本倦游者，箕帚在江沱。故人不可弃，新知空复何?”（《与柳恽相赠答》之二），是古诗“上山采蘼芜，下山逢故夫。长跪问故夫，新人复如何”的翻新。燕姬赵女不能夺客子怀故之心，比之古诗“长跪问故夫，新人复如何”，风格又高多了。正是由于吴均学诗不是仿旧，而是创新，写诗立意颇高，他的诗才能自成一体，与当时的徐庾体、宫体相拮抗。

“阴、何体”。胡应麟《诗薮外编》说：“阴（铿）何（逊）并称旧矣，何摅写情素，冲淡处往往颜、谢遗韵。阴惟解作丽语，当时以并仲言（何逊），后世以方太白，亦太过。然近体之合，实阴兆端。”评语基本正确。阴、何二人的诗，更加接近唐诗。例如：何逊的《临行与故游夜别》：“历稔共追随，一旦辞群匹。复如东注水，未有西归日。夜雨滴空阶，晓灯暗离室。相悲各罢酒，何时同促膝?”风格清新，不仅有颜、谢遗韵，而且后四句很容易使人联想起李义山的名诗："君问归期未有期，巴山夜雨涨秋池。何当共剪西窗烛，却话巴山夜雨时？"中间四句用对偶，是五律的写法。再如阴铿的《江津送刘光禄不及》："依然临送渚，长望倚河津。鼓声随听绝，帆势与云邻。泊处空余鸟，离亭已散人。林寒正下叶，钓晚欲收纶。如何相背远，江汉与城闉？"风格清丽，"帆势与云邻"之句，很容易使人联想起李白的名句"孤帆远影碧空尽，惟见长江天际流"。

杜甫说他"颇学阴、何苦用心"（《解闷》）。又说："李侯有佳句，往往似阴铿。"（《赠李白》）杜甫是懂得阴、何的。这二人的诗，上承颜、谢遗韵，下启唐人风格，是南朝末年诗坛的两朵奇葩。

《文心雕龙》和《诗品》。刘勰的《文心雕龙》和钟嵘的《诗品》，反映的是梁陈时代的文艺思想，不只是他二人的文艺观。

《文心雕龙·序志第五十》说："夫文心者，言为文之用心也。"所谓文心也就是文艺思想。他的文艺思想是当时进步文艺观的总结。《文心雕龙·体性第二十七》说："夫情动而言形，理发而文见，盖沿隐以至显，因内而符外者也。然才有庸俊，气有刚柔，学有浅深，习有雅郑，并情性所铄，陶染所凝，是以笔区云谲，文苑波诡者矣。"《文心雕龙·定势第三十》又说："夫情致异区，文变殊术，莫不因情立体，即体成势也。"他所谓情，也就是见之于文章内容的思想感情。在内容和形式的关系上，他认为情（内容）是主要的，根本的。"情动而言形"，"因情"以立体，即体而成势。形（形式）服从于情（内容），而非情服从于形。这是与形式主义对立的论点。

但刘勰并不否定形式。他在《文心雕龙·情采第三十一》中说："故立文之道，其理有三：一曰形文，五色是也；二曰声文，五音是也；三曰情文，五性是也。五色杂而成黼黻，五音比而成韶夏，五情发而为辞章，……故情者文之经，辞者理之纬。经正而后纬成，理定而后辞畅。此立文之本源也。"在《文心雕龙·定势第三十》中又说："然渊乎文者，并总群势，奇正虽反，必兼解以俱通，刚柔虽殊，必随时而适用。若爱典而恶华，则兼通之理偏。"由此可知他虽然认为内容是主要的，但决不能忽视形式。内容（情）是经，形式是纬。好的内容要求有好的表达形式，"情文"与"形文""声文"应当并茂。一篇文章应是内容充实，感情充沛，辞采缤纷，声律铿锵。不然，便非"兼通"。

我们再来回顾一下徐庾体。徐、庾在内容上主张变风化雅，托兴高古；在形式上主张"新变，不拘旧体"，正与刘勰的文艺思想相符合。这说明刘勰对"文心"的要求，正是梁陈文苑的共同要求，刘勰的文艺思想，正是梁陈文艺思想的集中反映。

《诗品》品评了汉魏以来至于梁朝几乎所有的诗家，我们从《诗品》三卷序文中，可以看到钟嵘反对的是什么，赞成的是什么。

钟嵘在《诗品》卷上中高度评价了建安文学的成就，认为"东京二百载中，惟有班固《咏史》，质木无文。降及建安，……彬彬之盛，大备于时"。他特别推崇建安的"风力"。对于两晋诗歌中如同"道德论"一样的诗风，对于大明、泰始中，文章的"殆同书抄"，进行了抨击。他慨叹："建安风力尽矣！"他主张的是"直寻"。在《诗品》卷中序文里，他说："'思君如流水'，既是即目；'高台多悲风'，亦唯所见；'清晨登陇首'，羌无故实；'明月照积雪'，讵出经史？观古今胜语，多非补假，皆由直寻。"他的"直寻论"，与刘勰的重"情文"，反对形式主义，有相通之处。在当时，也是一种进步的文学观。

曹丕的《典论·论文》，陆机的《文赋》，发文艺批评之端。刘勰《文心雕龙》和钟嵘《诗品》的出现，则是文艺批评史上的一个飞跃。梁时各种文体基本上都已具备，到了需要总结的时候了。这两部代表梁陈文艺思想、反对形式主义而又不轻视形式的论文、论诗的专著的产生，并非偶然。

南朝的乐府民歌　关于南朝乐府，论者已多，这里只想说三个问题：一是梁朝在南朝乐府发展中的地位，二是南朝乐府产生的地点，三是南朝乐府民歌的成就。

南朝乐府歌曲中的多数，梁前早已有之。但梁朝有它的贡献，主要在更造新声方面。例如《吴歌》，《乐府诗集》卷四十四《吴声歌曲》说：

"吴声十曲，一曰《子夜》，二曰《上柱》，三曰《凤将雏》，四曰《上声》，五曰《欢闻》，六曰《欢闻变》，七曰《前溪》，八曰《阿子》，九曰《丁督护》，十曰《团扇郎》，并梁所用曲。《凤将雏》已上三曲，古有歌，自汉至梁不改，今不传。《上声》已下七曲，内人包明月制《舞前溪》一曲，余并王金珠所制也。"说得很明白，吴声十曲中，有七曲为梁人包明月、王金珠所制。

再如《西曲歌》中的《襄阳白铜蹄》（一作《襄阳蹋铜蹄》），《隋书·音乐志上》说：梁武帝为雍州刺史，"有童谣云：'襄阳白铜蹄，反缚扬州儿。'识者言白铜马也。白，金色也。及义师之兴，实以铁骑，扬州之士，皆面缚，果如谣言。故即位之后，更造新声，帝自为之词，三曲。又令沈约为三曲，以被弦管"。说得也很明白，《襄阳白铜蹄》为梁武帝、沈约所造。

梁武帝在音乐上是有功绩的。他创制了很多新歌。《隋书·音乐志上》说：梁武帝"既素善钟律，详悉旧事，遂自制定礼乐"。如"鼓吹，宋、齐并用汉曲，又充庭用十六曲"，梁武帝"乃去四曲，留其十二，合四时也。更制新歌，以述功德"。梁武帝还造了不少颂扬佛教的歌曲，如"制《善哉》《大乐》《大欢》《天道》《仙道》《神王》《龙王》《灭过恶》《除爱水》《断苦轮》等十篇，名为正乐，皆述佛法"。他是很知音乐可为政治服务的人。

乐府歌曲究竟产生于何地？郭茂倩说：《吴声歌曲》起于建业，《西曲歌》"出于荆、郢、樊、邓之间"，未免局限死了。按沈约《宋书·乐志一》说："吴歌杂曲，并出江东。"所以称为吴歌，也正是因为它产生在江东之地。《晋书·乐志下》且说："吴歌杂曲，并出江南。"那范围就比江东更广。两书《乐志》都提到《子夜歌》，说是女子子夜所造。又说晋孝武帝太元中，琅邪王轲之家"有鬼歌子夜"，豫章侨人庾僧度家也"有鬼歌子夜"。而豫章不在江东，更不在建业，而在江南。《西曲歌》应是相对于江东的吴歌杂曲而言，产生于江西之地。

《吴歌》《西曲歌》的成就在哪里？就形式来说，《吴歌》《西曲歌》多为五言四句，这对后来五言绝句的发展，产生过影响。就内容来说，并非单纯地写男女相悦、相思之情，而是织情入景，用比喻的方法，形象地反映出劳动人民的情操。

例如《吴歌》："渊冰厚三尺，素雪覆千里。我心如松柏，君心复何似?"（《冬歌》）《西曲歌》："春蚕不应老，昼夜常怀丝。何惜微躯尽，缠绵自有时。"（《作蚕丝》）《玉台新咏》把此诗列入《近代杂歌》中，题名《蚕丝歌》，写得多么清新、生动、真挚!《冬歌》以素雪、松柏，反映了作诗人的情操。《作蚕丝》以蚕丝比喻情思，富于表现力。

那时候的封建统治者，极力想把民歌这块阵地夺走，仿作了许多乐府民歌。而他们的仿作，如梁武帝的《欢闻歌》："艳艳金楼女，心如玉池莲。持底报郎恩，俱期游梵天。"是无生命力的东西。南朝的乐府民歌以它的清新、活泼、富有生命力的内容而广泛地流传着，形式主义者最感头痛，但进步诗人却从中吸取着养料。

第十二章　北魏时期北方各族的进步

第一节　鲜卑拓跋氏的兴起和北魏初期北方人户的
复杂化

今大兴安岭北段的东麓，嫩江西岸支流甘河的上源，为鲜卑拓跋氏的发祥地①。这里要说的是拓跋氏社会的发展与北魏统一之初，北方人户复杂化的问题。

拓跋氏社会发展的三个时期　首先是南迁时期。《魏书·序纪》提到两个"皇帝"南迁，一为宣皇帝推寅，二为献皇帝邻，亦号"推寅"。宣皇帝推寅"南迁大泽，方千余里，厥土昏冥沮洳，谋更南徙，未行而崩"。大泽即来湖，此地扎来诺尔古墓群，即自宣皇帝推寅以后八代留下的遗迹。第八代即献皇帝邻，年老以位授子洁汾，洁汾受父献皇帝邻之命，复自大泽南移。《魏书·序纪》记洁汾南移，"山高谷深，九难八阻，……历年乃出，始居匈奴之故地"。因为洁汾南移是受献皇帝之命，在《魏书·序纪》中，仍归功于献皇帝，且号之为"推寅"。这个推寅即鱼豢《魏书》

---

① 米文平等同志在嫩江西北嘎仙洞内西侧石壁上，发现了北魏太武帝派李敞告祭祖宗石庙时所刊的祝文。这一发现，解决了拓跋氏的发源地问题。见《光明日报》1980年11月25日。

中所记制属于檀石槐的鲜卑东、中、西三部中西部大人之一的"推演"①。拓跋氏自洁汾的继承者拓跋力微起，一直处在向上的发展当中。一个重要的原因，就是自迁居到匈奴故地之后，与魏、晋接触频繁，而拓跋力微及其继承者，都能和魏、晋友好相处。《魏书·序纪》说拓跋力微与魏和亲，"聘问交市，往来不绝"。《魏书·蠕蠕传》说，力微之末，"掠骑得一奴"。由此可以判断拓跋力微时，不仅与魏交市有发展，而且出现了"零星的奴隶制"。禄官时，"与晋和好，百姓乂安，财畜富实，控弦骑士四十余万"②。禄官死，猗卢被晋愍帝封为代王，"置官属"，"明刑峻法"③。虽不能说国家组织已出现，但至少可以反映鲜卑拓跋氏的社会已到了转折关头，阶级社会已经到临。到代王什翼犍时不同了，《魏书·序纪》说什翼犍征刘卫辰，"俘获生口及马、牛、羊数十万头"。《魏书·许谦传》说许谦从征刘卫辰，"以功赐僮隶三十户"。这是奴隶社会到临的反映。《魏书·序纪》说什翼犍二年春"始置百官，分掌众职"。这是国家组织出现的反映。拓跋氏社会在向前发展。

第二是前秦时期。苻坚派苻洛灭代，《魏书·序纪》记什翼犍"至云中，旬有二日，帝崩，时年五十七"。考《宋书·索虏传》，代亡，什翼犍（犍）被"执还长安，后听北归"④。《南齐书·魏虏传》："苻洛伐犍，破龙庭，禽犍还长安，为立宅，教犍书学。分其部党居云中等四郡，诸部主

---

① 胡三省于《资治通鉴》魏元帝景元二年注中说："推演盖即推寅也。……越死，推寅立。"则胡三省以为鱼豢说的鲜卑西部大人推演，为继安皇帝越而立的宣皇帝推寅。这有误。从时间上说，自宣皇帝推寅到献皇帝邻（亦号推寅）已有八代，到力微是十代。力微生活在曹魏之时。而鱼豢明言推演为檀石槐时期西部大人之一，檀石槐生活在东汉桓、灵二帝之时，推演既与檀石槐同时，那就绝不可能是宣帝推寅，而只能是拓跋力微的祖父、第二个推寅献帝邻。从地点来说，洁汾（力微父）迁到匈奴故地（西部），邻尚未死，所以才被称为西部大人之一。而宣帝所居大泽则非西部，不能称为西部大人。

② ［北齐］魏收：《魏书》卷一《序纪》，中华书局，1974年，第6页。

③ ［北齐］魏收：《魏书》卷一《序纪》，中华书局，1974年，第9页。

④ 标点本《宋书·索虏传》校勘记第二条说："按据《魏书·序纪》，什翼犍为苻坚将苻洛所破后，旋为其庶长子实君所杀，本尝执还长安。"这条校勘有误，《序纪》根本没有"旋为其庶长子实君所杀"的记载。

帅岁终入朝，并得见犍，差税诸部以给之。"《晋书·苻坚载记上》云："坚既平凉州，又遣其安北将军幽州刺史苻洛为北讨大都督，率幽州兵十万，讨代王涉（什）翼犍，……翼犍战败，遁于弱水，苻洛逐之，势窘迫，退还阴山。其子翼圭缚父请降。……坚以翼犍荒俗，未参仁义，令入太学习礼。以翼圭执父不孝，迁之于蜀。散其部落于汉鄂边故地。"苻坚曾至太学，召问什翼犍，从"中国以学养性而人寿考，漠北噉牛羊而人不寿何也"，问到他"好学否？"什翼犍说："若不好学，陛下用教臣何为？"苻坚"善其答"。三史记载相同，什翼犍曾被执送长安，是无可怀疑的。《魏书》讳言什翼犍被擒，所述不足为信。什翼犍被执送长安，入太学学书，后听北归，这也是拓跋氏发展史上的一件大事。

再说拓跋珪，《魏书》记拓跋珪为献明皇帝之子，什翼犍之孙，献明在拓跋珪出生前二月死，生平事迹无记述。考《宋书·索虏传》："犍死，子开，字涉圭，代立。"《南齐书·魏虏传》，什翼犍"子珪，字涉圭，随舅慕容垂据中山，还领其部，后稍强盛"。据此可知拓跋珪是什翼犍之子，慕容垂之甥，曾随慕容垂据中山，后从中山还领其部。按《晋书·苻坚载记上》说什翼犍子"翼圭缚父请降"，则涉圭（拓跋珪）亦为什翼犍之子，当无疑问。《魏书·序纪》记什翼犍建国四年，"皇后慕容氏崩"。七年"春二月，遣大人长孙秩迎后慕容氏元真（慕容皝的女儿）于境，夏六月，皇后至自和龙"。十九年冬，"慕容俊来请婚，许之"。二十三年夏六月，"皇后慕容氏崩"。二十五年十一月，"慕容暐荐女备后宫"。《资治通鉴》晋康帝建元二年亦记代"长孙秩迎妇于燕"；晋哀帝隆和元年（昭成二十五年）又记"代王什翼犍纳女于燕，燕人亦以女妻之"。然则，什翼犍与慕容皝、慕容俊、慕容暐三代都有交婚关系，慕容垂（慕容皝第五子）当为拓跋珪之舅。《宋书·索虏传》又说："开（拓跋珪）颇有学问，晓天文。"这里要问拓跋珪的学问在哪里学来？如果联系《南齐书·魏虏传》之言，就不难明白，拓跋珪曾同什翼犍、翼圭一起，被送往长安。慕容垂时在长安，拓跋珪来到长安以后，随从慕容垂。他的学问正是在长安学来。淝水之战后，慕容垂建立后燕，都中山，拓跋珪亦在其中。后来还部，尚曾因为内难，"征兵于慕容垂"①。

这段历史，关系到拓跋珪的进步和理解拓跋珪后来的改革。拓跋氏社会的发展与前秦有十分重要的关系。因为拓跋氏视这段历史为奇耻大辱，所以《魏书》讳言。

第三是拓跋珪复国后的整顿时期。拓跋珪复国之时，进入中原的各族都已走上封建化和汉化的道路，拓跋族要想生存和发展，必须追赶中原各族。尝过灭国苦味的拓跋珪是看到了这一点的。他建立魏国后，积极进行了整顿或调整。

其一，辨姓族（宗党），立宗主都护，代替已被苻坚解散的部落组织。

《晋书·苻坚载记上》说：什翼犍被执，苻坚"散其部落于汉鄣边故地"，解散之后，"立尉、监行事官寮领押，课之治业营生，三五取丁，优复三年，无税租。其渠帅岁终令朝献，出入行来为之制限"。《南齐书·魏虏传》也说：什翼犍被擒还长安，苻坚"分其部党居云中等四郡"，即汉鄣边故地。苻坚解散了拓跋部落组织②。当时代替拓跋族部落的社会组织是姓族或宗党。《魏书·序纪》记载，拓跋氏在成帝毛时，"统国（部落）三十六，大姓九十九"。《魏书·官氏志》说："初安帝统国，诸部有九十九姓。……自后兼并他国，各有本部，部中别族为内姓焉。"《魏书·官氏志》具体记述了一百二十姓③，其中有献帝邻时便有的帝室十姓，拓跋力微时"余部诸姓内入者"七十五姓，"四方"三十五姓，凡此一百二十姓，即一百二十个族或姓族、宗党。这一百二十个姓族，对拓跋氏来说，都是"良家"，但贵贱不同，有的"勋著当世"，有的默默无闻。拓跋珪一是大选朝臣，立大师、小师之官，"令辨其宗党"④，分出贵贱，以品举人才。二是建立宗主督护之制，以代替部落统领旧制。他还自中山，有了"学问"，当然不会去触动或恢复已被解散的部落组织。宗主督护是行之于魏

---

① ［北齐］魏收：《魏书》卷十五《昭成子孙传·窟咄传》，中华书局，1974年，第385页。

② 《魏书·官氏志》所说："登国初，太祖散诸部落，始同编户。"实际上解散拓跋部落组织的是苻坚，不是拓跋珪。

③ 姚薇元《北朝胡姓考》认为是一百一十八姓，其中贺、单二姓重。

④ ［北齐］魏收：《魏书》卷一百一十三《官氏志》，中华书局，1974年，第2974页。

初拓跋氏治下一百二十个姓氏不同的宗党中的制度，使姓族代替部落成了拓跋族社会基本单位。后来扩大到汉人和其他各族中去。

其二，在苻坚"课之治业营生"的基础上，制定京邑，定居畿内，置八部大夫，劝课农耕。

苻坚离散拓跋族诸部使拓跋族由游牧生活走向农业定居生活[1]，拓跋珪复国之后，"制定京邑，东至代郡，西及善无，南极阴馆，北尽参合，为畿内之田；其外四方四维（《魏书·官氏志》说是皇城四方四维）置八部帅以监之，劝课农耕，量校收入，以为殿最"[2]。这里说的"八部帅"，即"八部大夫"，天兴元年十二月，置于"皇城四方四维面置一人，以拟八座，谓之八国"[3]。《魏书·官氏志》将八国与州郡作了区别，一面说拓跋珪"以八国姓族难分，故国立大师、小师，令辨其宗党，品举人才"，一面又说"自八国以外，郡各自立师，职分如八国"，"宗室立宗师，亦如州郡、八国之制"。可知"八国"指的是宗室居住的"皇城"以外、其他各族居住的州郡以内之地，即《食货志》说的"畿内"之地。八国直辖于八部大夫（八部帅），所以有"八国"之名。《魏书》传记所见"代人"，即定居在畿内（代都之内）的"八国良家"，亦即拓跋氏治下一百二十个"八国姓族"。他们同在八国大夫的管领、监督、劝课下，进行农耕，缴纳赋税。

八国姓族或良家在畿内的土地由何而来？或云赏赐得来。赏赐的事情是有的，如自谓弘农人的杨珍，在拓跋珪时入魏，后代杨椿说过："我家入魏之始，即为上客，给田宅、赐奴婢、马牛羊，遂成富室。"[4]但更多的是各个姓族本来就有土地。北魏畿内东至代郡，西及善无，南极阴馆，北尽参合。《资治通鉴》"晋安帝隆安二年十二月"条注："魏之代郡，唐为云州云中县之地"；善无，"汉属雁门郡，后汉属定襄郡"；阴馆，"《班

---

[1]《晋书·苻坚载记上》记载的"立尉、监行事官察领押，课之治业营生，三五取丁，优复三年，无税租"，是拓跋族分土定居的开始。

[2]［北齐］魏收：《魏书》卷一百一十《食货志》，中华书局，1974年，第2850页。

[3]［北齐］魏收：《魏书》卷一百一十三《官氏志》，中华书局，1974年，第2972页。

[4]［北齐］魏收：《魏书》卷五十八《杨椿传》，中华书局，1974年，第1289页。

志》，阴馆县属雁门郡"。参合，据《魏书·地形志二上》，"前汉属代"，而前汉代郡治桑乾。这个范围相当于《南齐书·魏虏传》所说，苻坚"分其部党居云中等四郡"之地，《晋书·苻坚载记上》所说，苻坚"散其部落于汉鄣边故地"之地。拓跋氏治下的各个姓族早已在这一带分土定居了。拓跋珪是承认既成事实，至多加以调整而已。

八部大夫对八国良家如何"量校收入"？按《魏书·食货志》说道："先是，天下户以九品混通，户调帛二匹，絮二斤，丝一斤，粟二十石"，所谓"先是"，即魏初以来。须知八部大夫具有八国首领和"以拟八座"即尚书"八座"的双重身份，管到了"天下"所有的编户。《魏书·官氏志》说天兴二年三月，"分尚书三十六曹及诸外署，凡三百六十曹，令大夫主之"。《资治通鉴》"晋安帝隆安三年二月"条谓"令八部大夫主之"。《资治通鉴》加"八部"二字是对的，八部或八国大夫实为全国的行政长官。而八国姓族既是直隶于八部大夫的住在畿内的特殊成员，又是如同州郡居民一样受八部大夫管辖的普通编户①。《魏书·官氏志》说过八国良家"同为编民"，《魏书·贺讷传》还说"其君长大人皆同编户"。既然同为编户，而北魏施行的又是以九品混通为特点的户税，这种税法，无疑适用于八国良家。《魏书·食货志》所说"天下户"，包括了八国良家在内。所说"量校收入"，也就是量校九个户等的收入，按九品混通原则收税。这是晋法，经历过长安与中山两个时期的拓跋珪，学到了西晋这种收税之法。八国良家中除了当兵的可以享受复除特权之外，未见其他复除规定。

在前秦苻坚"散其部落"，"课之治业营生"的基础上，在北魏之初，拓跋珪下立宗主督护，上设八部大夫，劝课农耕，按西晋税法量校收入的促进下，拓跋氏治下各族是封建化了。从《魏书》看来，八国良家所依靠的劳力，主要是"同籍丁口"，不是"生口"。《魏书·武卫将军谓传》写

①《魏书·食货志》说"其外四方四维，置八部帅以监之"。对"其外"二字有两种解释。一说为皇城外的四方四维，即畿内之地，一说为畿外的四方四维，即州郡之地。前一种说法是不明白八部大夫尚具有尚书八座的身份，"总理万机"（《魏书·官氏志》），后一种说法是不明白八部大夫为八国的首脑。无论畿内、畿外，作为总理万机的八部大夫是都要管的。监督与劝课农耕，量校收入，也只是八部大夫的一项职责而已，不是全部。

道：东阳王拓跋丕，深得孝文帝赏识，"传示子孙，犯至百，听责数恕之，放其同籍丁口，杂使役调"。这种国家可以杂使役调的同籍丁口，与汉族地主田庄中的同姓徒附并无多少差别。我们还可从《魏书·食货志》及《魏书·李冲传》所记，得知八国良家用"隐户"劳动。《魏书·食货志》说天兴以前（登国、皇始之时），"禁网疏阔，民多逃隐"，依豪强为荫附，"荫附者皆无官役，豪强征敛倍于公赋"。隐户受的剥削是封建性质的。这种隐户的存在，可以反证八国良家对同籍的丁口，实行封建剥削。

奴婢在八国良家中是存在的，但有两点要注意。一是数量并不多。《魏书》有赏赐生口、奴婢的记载，拓跋珪赏给开国功臣王建的奴婢为"数十户"，后又赐给他"僮隶五千户"①，算是多的了。赏给赫连文成父子的，则只有"奴婢数十口"②。二是奴婢主要用在家务劳动上。《魏书·列女传·姚氏妇杨氏传》记述了一则故事，杨氏"家贫无产业"，可她是阉人符承祖的祖母。符承祖"为文明太后所贵宠，亲姻皆求利润，唯杨独不欲"。其姊"与之奴婢，则云：'我家无食，不能供给。'"，这就说明北魏奴婢主要是用在家内役使上，不是用在生产上。文明太后以前即是如此。否则，杨氏就不会说"我家无食，不能供给"的话，不会拒绝接受奴婢。

由此可以断定：魏初八国良家都是封建性的宗族或大家族。不过，奴隶制的残余仍重，离汉化距离尚远。

魏初北方人户的复杂化　北魏所进行的夺取北方之战，自道武帝拓跋珪开始，到献文帝平齐才完成。后来北魏所面临的强大对手，只有北方的柔然和南方的后燕。拓跋珪采取的策略是北防南攻，把主要力量用在对后燕的作战上，他在汉人张衮的帮助下，在395年的燕魏战争中，采取"羸形以骄之"的计策，大破燕军八万于代郡参合陂。此后，北魏对内继续

---

① ［北齐］魏收：《魏书》卷三十《王建传》，中华书局，1974年，第709页。
② ［北齐］魏收：《魏书》卷三十《宿石传》，中华书局，1974年，第724页。

"隆基固本"①，对外把主要力量转移到了对柔然②作战上。太武帝拓跋焘时期，对柔然发动了大规模的进攻。当柔然的威胁基本解除时，南方各族建立的政权在互相角斗中，已经所剩无几。北魏挥师南进，不费吹灰之力，便消灭了南边剩下的夏、北燕、北凉寥寥几个政权。献文帝拓跋弘皇兴年间，又从南朝刘宋手上，夺得了三齐之地。北方至此完全纳入了拓跋氏治下。

在逐鹿之战中，北魏对北方各族的基本政策是："以五方之民各有其性，故修其教不改其俗，齐其政不易其宜，纳其方贡以充仓廪，收其货物以实库藏。"③这个基本政策，保留了各地各族人民的社会制度和风俗习惯，减少了北魏进军道路上的阻力。但鲜卑拓跋氏比起早已进入中原的匈奴、羯、鲜卑慕容氏、氐、羌等族，还是一个落后的种族。所以在拓跋氏的征服过程中，北方人户复杂化了。

在北魏，我们可以看到出现了以下各种人户。

第一种："新民"。对新民不改其俗，不易其宜，纳其方贡，收其赋税。

大规模地迁徙各族人民内充京师等地，以为新民，计口授田，量校收入，在拓跋珪时期开始。《魏书·太祖纪》"天兴元年春正月"条记载：拓跋珪"徙山东六州民吏及徒何、高丽杂夷三十六万、百工伎巧十万余口（《魏书·食货志》作'十万余家'）以充京师"。二月，"诏给内徙新民

---

① ［北齐］魏收：《魏书》卷三《太宗纪》，中华书局，1974年，第64页。

② 柔然，《南齐书·芮芮虏传》作"塞外杂胡"。按《北史·蠕蠕传》说：猗卢时，有木骨闾者"坐后期当斩，亡匿广漠溪谷间，收合逋逃得百余人，依纯突邻部（《资治通鉴》'太元十六年冬十月'条注作'纥突邻部'）"。子鹿会"始有部众，自号柔然"。木骨闾，据其后代阿那瓌所说："臣先世源由出于大魏。"《魏书·蠕蠕传》所说："东胡之苗裔也。"可知本出于东胡中的鲜卑族。他所收合的逋逃，据《魏书·序纪》所说猗卢时"诸部民多以违命得罪"，可知也是鲜卑族人。所依的纥突邻部，见《魏书·高车传》，"与纥奚世同部落"。而《魏书·蠕蠕传》中，又有"遣使纥奚勿六跋朝献"的话，则车鹿会组成的柔然部众中，必有高车纥突邻、纥奚部人加入。柔然原为"塞外杂胡"，自无疑问。到社崙时，柔然离魏独立。社崙自称豆代可汗，《北史》云：豆代"犹魏言驾驭开张也"。社崙开张了"柔然国"。

③ ［北齐］魏收：《魏书》卷一百一十《食货志》，中华书局，1974年，第2850页。

耕牛，计口受田"。十二月，又"徙六州二十二郡守宰、豪杰、吏民二千家于代都"①。所谓"京师""代都"，即畿内之地。内徙的新民与八国良家同处于一个地区，受田的与八国良家同纳户税。

明元帝拓跋嗣继承了拓跋珪这项政策，不过所徙人员与地点有变化。永兴五年，"奚斤等破越勤倍泥部落于跋那山西，获马五万匹，牛二十万头，徙二万余家于大宁，计口受田"。八月，奚斤等班师，拓跋嗣"临白登，观降民，数军实"，"赐征还将士牛、马、奴婢各有差。置新民于大宁川，给农器，计口受田"②。此处所谓新民，指的是越勤倍泥部落的成员，他们被徙于大宁川。这个部落成员得到了农具，按人口受田，过上了农业生活。既计口授田，定居于大宁川，他们原有的部落组织也就不复存在，而成为编户，由宗主来督护了。

按"越勤"本部落名，道武帝天兴五年十二月，越勤莫弗曾"率其部万余家内属，居五原之北"③，内属部落早已解散，但如倍泥等部落之未附者，仍旧存在。这时倍泥部落也解散了，部落成员成为编户，这就说明各族封建化的浪潮在继续扩展中。

太武帝拓跋焘继续徙民，被徙对象和地点又有变化。神䴥二年，拓跋焘在刚刚打败柔然之后，曾派安原率骑万余去打东部高车，《魏书·蠕蠕传》称"降者数十万"。十月，安原"振旅凯旋于京师"④。《魏书·世祖纪上》紧接此事，记载了拓跋焘"列置新民于漠南，东至濡源，西暨五原、阴山，竟三千里。诏司徒平阳王长孙翰、尚书令刘洁、左仆射安原、侍中古弼镇抚之"。此所谓"新民"显然是指高车。拓跋焘这种处置办法，含有用高车之民戍守北边，防御柔然之意。"高车以类粗犷，不任使役，故得别为部落"⑤，对高车新民不计口授田。

新民的社会制度、风俗习惯得到维持。如对山东六州各族新民的计口

① [北齐]魏收：《魏书》卷二《太祖纪》，中华书局，1974年，第32、34页。
② [北齐]魏收：《魏书》卷三《太宗纪》，中华书局，1974年，第53页。
③ [北齐]魏收：《魏书》卷二《太祖纪》，中华书局，1974年，第40页。
④ [北齐]魏收：《魏书》卷四《太武帝纪》，中华书局，1974年，第75页。
⑤ [北齐]魏收：《魏书》卷一百三《高车传》，中华书局，1974年，第2309页。

授田，高车的别为部落，都是一种维持。有的如越勤倍泥部落，因为计口授田，社会反而进步。

第二种："杂户"。杂户在魏初出现，是导致北方人户复杂化的主要原因。杂户处于被奴役的地位，与新民所受待遇完全不同。在北魏，作为某一种杂户（如细茧罗縠户），以后可能不存在；但作为杂户，则始终存在。杂户分布很广，北魏各州各郡都有。杂户与编户的分别，在于一不隶于郡县，一隶于郡县。

细茧罗縠户。《魏书·食货志》说："先是，禁网疏阔，民多逃隐。天兴中，诏采诸漏户，令输纶绵。自后诸逃户占为细茧罗縠户者甚众，于是杂、营户帅遍于天下，不隶守宰。"《文献通考·户口考一》说道："按人户之以输财别为户计，不隶郡县，其事始此。"则所谓"杂、营户帅"及其所管辖下的人户（如细茧罗縠户），是在郡县宗主督护之外，另一套征税起役系统。像细茧罗縠户，便不由郡县而由杂、营户帅代表国家向之征收纶绵。它是杂户的一种，隶属于杂户帅。

隶户。隶户魏初即已有之，可以用来赏人。拓跋珪曾赐给安同"隶户三十"[1]，拓跋嗣曾赐给姚黄眉"隶户二百"[2]。《隋书·刑法志》说："魏虏西凉之人，没入名为隶户，……后齐因之，仍供厮役。"这是拓跋焘所做的事。所谓"隶户"，即"杂役之徒"。此种人"独异常宪，一从罪配，百世不免"[3]。用在杂役上且百世不免的隶户，虽可用来赏人，但与"生口"有别，是杂户的一种。

城民。这是杂户中最重要也是问题出得最多的一种人户。据《魏书·刘昞传》："世祖平凉州，士民东迁。"名儒刘昞之子刘字仲、刘贰归、刘归仁"并迁代京，后分属诸州为城民。归仁有二子，长买奴，次显宗"，也是城民。什么叫"城民"呢？崔光说：刘昞"维祖逮孙，相去未远，而

---

① [北齐]魏收：《魏书》卷三十《安同传》，中华书局，1974年，第712页。

② [北齐]魏收：《魏书》卷八十三上《外戚传上·姚黄眉传》，中华书局，1974年，第1814页。

③ [唐]令狐德棻等：《周书》卷六《武帝纪》，中华书局，1974年，第103页。

令久沦皂隶，不获收异，儒学之士，所为窃叹"。他要求"敕尚书推检所属，甄免碎役，用广圣朝旌善继绝"。据此可知：一、城民是随着战争的发展，北魏统治地区的扩大，在各州普遍设立起来的；二、城民的来源是被征服、被迁徙的各族人民；三、城民的身份如同皂隶，做的是"碎役"，城民的子孙还是城民。然则，这种城民和隶户（杂役之徒）无多大差别，也是由封建国家掌握的杂户的一种。这是一方面。另一方面，据《魏书·肃宗纪》正光五年八月丙申诏："太祖道武皇帝应期拨乱，大造区夏；世祖太武皇帝纂戎丕绪，光阐王业，躬率六师，扫清逋秽。诸州、镇城人，本充爪牙，服勤征旅，契阔行间，备尝劳剧。"可知城人或城民尚不止于用来供劳役，当兵打仗也是他们的职责。他们都有"兵贯"（亦见诏文）。在这方面，城民又与府户、营户无异。《魏书·自序》还说到魏子建分东益州城民"父兄子弟外居郡戍（外戍诸郡）"，这个记载又表明城民全家都在兵籍，父子相袭为兵。城民民族复杂，分布地区广大。《魏书·肃宗纪》记524年，"秦州城人莫折大提据城反，自称秦王"。《通志·氏族略五·关西复姓》说"莫折氏本羌姓，代居渭州襄城"。莫折大提的响应者"南秦州城人孙掩、张长命、韩祖香"，则是汉人。《魏书·自序》又说二秦起兵时，东益州刺史魏子建聚将佐谋议，"佥以州城之人莫不劲勇，同类悉反"。所谓"同类"，不是同族而是同为城民。东益本氐人杨氏的武兴国，506年，魏灭武兴，置东益州。由此可知城人中又有氐人。莫折大提等起兵后，《魏书·明帝纪》中所见城民，尚有城人卜朝，凉州城民赵天安，营州城人刘安定、就德兴、王恶儿，朔州城人鲜于阿胡（鲜于氏出于丁零，丁零即高车、敕勒），库狄丰乐（《魏书·官氏志》："次南库狄氏后改为狄氏。"《魏书·高车传》中有"狄氏"），岐州城人，秦州城民杜粲，南秦州城民辛琛，雍州城人侯终德，东徐州城民吕文欣、王赦，齐州城人赵洛周，荆州城民，南兖州城民王乞德。……可见西至凉州，北至朔州，东至兖、徐，南至荆州，无不有城人。城人民族复杂，阶级也复杂，但有一个共同点，即世代同为北魏统治者服役当兵。

军户、府户、兵户。《魏书·释老志》中，有沙门统昙曜奏请以"凉州军户赵苟子等二百家为僧祇户"的记载。《魏书·高聪传》说高聪"与蒋少游为云中兵户，窘困无所不至"。《北齐书·魏兰根传》又说六镇高门子弟兵被"有司乖实"，号之为"府户，役同厮养"。军户即府户，亦即兵户。北魏有两种兵，一种由八国良家提供，一种由各族人民充当。《宋书·臧质传》记拓跋焘南侵，给宋盱眙守将臧质写过一封信，内称："吾今所遣斗兵，尽非我国人，城东北是丁零与胡，南是三秦氐、羌。设使丁零死者，正可减常山、赵郡贼；胡死，正减并州贼，氐、羌死，正减关中贼。卿若杀丁零胡，无不利。"所谓"尽非我国人"，即尽非八国良家兵。八国良家兵另有用场，《文献通考·兵考三》云："拓跋氏起自云朔，据有中原，兵戎乃其所以为国也。羽林、虎贲则宿卫之兵，六镇将卒则御侮之兵，往往皆代北部落之苗裔（亦即八国良家子弟），其初藉之以横行中国者。"两种兵的性质不同，地位不同，用场也不同。八国良家当兵的不叫府户或军户。除此以外，凡当兵的都叫府户或军户。他们被役同厮养，打仗常在头阵。他们与城民的区别，仅在于作为"军户"而存在于边境地区。

平齐户。《魏书·术艺传·蒋少游传》记载，"慕容白曜之平东阳，见俘入于平城，充平齐户，后配云中为兵"。这就是平齐户，高聪去了云中，蒋少游"留寄平城，以佣写书为业，而名犹在镇"。北魏平齐是在献文帝的时候。《魏书·慕容白曜传》记皇兴之初，慕容白曜打下了宋无盐城，"获其男女数千口"。皇兴二年，宋冀州刺史崔道固，梁邹戍主、平原太守刘休宾向慕容白曜投降，慕容白曜"徙二城民望于下馆，朝廷置平齐郡怀宁、归安二县以居之。自余悉为奴婢，分赐百官"。接着，慕容白曜又打下了东阳，擒宋青州刺史沈文秀，获"口四万一千，吴蛮户三百余"，蒋少游即于此时在东阳被俘。从蒋少游、高聪被配云中为兵来看，平齐户的地位相当于城民。

僧祇户。《魏书·释老志》记载文成帝时昙曜请求"平齐户及诸民有能岁输谷六十斛入僧曹者，即为僧祇户，粟为僧祇粟，至于俭岁，赈给饥民。又请民犯重罪及官奴以为佛图户，以供诸寺扫洒，岁兼营田输粟"。

于是"僧祇户、粟及寺户遍于州镇矣"。《魏书·释老志》记此事在文成帝时，证之以《魏书·慕容白曜传》，应在献文之时。僧祇户不限于平齐户，昙曜的请求中，便包含了"诸民"。后来，他还曾奏请以凉州军户赵苟子等二百家为僧祇户。因为包括了"诸民"，所以僧祇户、粟遂得"遍于州镇"。加上佛图户（寺户），其严重意义是人为地造就了一个新的剥削阶级——僧侣大地主。

平齐户、军户、僧祇户地位相等，都可以视为隶户。拓跋焘平凉，虏西凉人为隶户，与拓跋弘平齐，虏齐人为平齐户，性质正同。

百工、伎巧。天兴元年拓跋珪所徙的数十万以充京师的人当中，有"百工伎巧十万余口"[①]，拓跋焘亦曾"徙长安城工巧二千家于京师"[②]。这些被徙的掌握在北魏官家手上的百工、伎巧，是工奴还是杂户？从《魏书·高宗纪》和平四年十二月壬寅下的诏令"今制皇族、师傅、王公侯伯及士民之家，不得与百工、伎巧、卑姓为婚，犯者加罪"来看，百工、伎巧与卑姓同类，当属于杂户，不是工奴。

第三种：生口、奴婢。赏赐文武官吏以生口、奴婢的事，一直都在进行。《魏书·世祖纪上》记始光四年正月，"赐留台文武生口、缯帛、马牛各有差"。《魏书·世祖纪下》记太平真君十一年四月，拓跋焘南征悬瓠归来，"赐从者及留台郎吏已上生口各有差"。正平元年三月，南征归来，又"赐留台文武所获军资、生口各有差"。拓跋弘皇兴二年慕容白曜所获齐民，除了被处于所置平齐郡的人户以外，其余一概被当作奴婢，分赐百官。由此可知北魏国家和官吏所拥有的生口（奴婢）在增加中。正是由于国家及官吏的奴婢在增加，昙曜才得奏请以犯重罪者及官奴为佛图户，僧侣大地主才不仅拥有以僧祇户为名的佃户，而且拥有以佛图户、寺户为名的奴婢。奴隶制残余在北魏，就是这样顽固地保留着。

压迫各族人民为杂户甚至为奴婢，无助于社会的进步与拓跋氏统治的稳定。随着民族斗争日趋沉寂，阶级斗争激化起来。445年发生的安定杏

---

① ［北齐］魏收：《魏书》卷二《太祖纪》，中华书局，1974年，第32页。

② ［北齐］魏收：《魏书》卷四《世祖纪下》，中华书局，1974年，第100页。

城卢水胡人（羯人）盖吴的起义，从盖吴上书刘宋，斥责鲜卑"侵暴中国，……纵毒生民，虐流兆庶，士女能言，莫不叹愤"来看，从他要求刘宋出兵，"使中都有鸣銮之响，荒余怀来苏之德"①来看，民族意义仍然大过阶级意义。从盖吴失败的后一年（太平真君八年）高阳县民起义起，我们就可以看到郡县人民的斗争，此伏彼起。开始是一郡一县，后来遍及全国各郡各县。斗争之所以以各个郡县的人民起义为特征，之所以有如繁星，就在人户的复杂化。

第二节　论北魏的均田制和地主土地所有制

论太和均田　《魏书·高宗纪》所记太安元年夏六月癸酉发布的诏文说："今遣尚书穆伏真等三十人，巡行州郡，观察风俗。入其境，农不垦殖，田亩多荒，则徭役不时，废于力也；耆老饭蔬食，少壮无衣褐，则聚敛烦数，匮于财也；闾里空虚，民多流散，则绥导无方，疏于恩也；盗贼公行，劫夺不息，则威禁不设，失于刑也。"说明了北魏农业的凋敝，民户的困苦与减耗，经济上危机四伏，郡县农民在起义，北魏的统治在摇撼中。然而癸酉诏文没有一字提到人户复杂化的问题，也没有看到农业凋敝、"盗贼"公行的根本原因，而却认为盗贼的公行在于"威禁不设"，失之于刑。因此太和均田主要考虑的是闾里空虚，民多流散，农不垦殖，田亩多荒，带来的经济危机。故没有给杂户授田，解决人户复杂化的问题。不给杂户授田，是太和均田制局限性。

至于太和均田之所以可能，有两个原因。一是所谓均田并非把全国土地拿来重新分配，而是把荒闲无主的田拿来均给；二是均给之田，包括了人户世业及从便买卖以合均给之数的土地。马端临说过："然观其立法，……意桑田必是人户世业，是以栽植桑、榆其上，而露田不栽树，则似所种者皆荒闲无主之田，必诸远流配谪无子孙及户绝者，墟宅桑榆，尽

---

① ［梁］沈约：《宋书》卷九十五《索虏传》，中华书局，1974年，第2340页。

为公田，以供授受。则固非尽夺富者之田，以予贫人也。又……是令其从便买卖以合均给之数，则又非强夺之以为公田而授无田之人。"①马端临所说基本上是对的。建议均田的李安世说过争田的问题，他主张"所争之田，宜限年断，事久难明，悉属今主"②。他没有想过夺有余以予不足。《魏书·食货志》又说："晋末，天下大乱，生民道尽，或死于干戈，或毙于饥馑，其幸而自存者，盖十五焉。"前燕留下的户口数是户二百四十五万八千九百六十九，口九百九十八万七千九百三十五；申绍说："今之见户，不过汉之一大郡。"③淝水之战后北方又战乱频繁，北魏是有荒闲无主的土地拿来供授受的。

以往论均田，或追源于魏晋时期的屯田、占田、课田。按太和元年三月，由于牛疫，曾下令："在所督课田农，有牛者加勤于常岁，无牛者倍庸于余年。一夫制治田四十亩，中男二十亩。无令人有余力，地有遗利。"④此法差可追源于西晋的课田法。然而，太和九年的均田法，许多东西都是李安世和北魏首创，体现了当时人的经济思想。其间虽有借鉴于历史之处，更多的却是自己的东西。均田前，李安世所提的主张，基本内容有二：一是不触动当前的土地占有情况，即所谓"所争之田，……悉属今主"。二是把无主土地均给无田、少田人，即所谓"宜更均量，审其经术，令分艺有准，力业相称"。使"土不旷功，民罔游力，雄擅之家，不独膏腴之美，单陋之夫，亦有顷亩之分"⑤。前者是肯定封建地主的土地占有形态，后者是在"宜更均量"也就是在均田的形式下，恢复和发展小农经济形态。这两点是北魏均田制的基本含义。太和九年"下诏均给天下民田"，原则上根据李安世的建议，然而具体的做法又有发展。授田对象包括地主、农民（游民、尚在土地上的农民、隐户）、奴婢和牛。授田种类包括露田、桑田、麻田，而这三种田又有倍田或不倍田、还受和世业的不

① ［元］马端临：《文献通考》卷二《田赋考二》，中华书局，1986年，第37页。
② ［北齐］魏收：《魏书》卷五十三《李安世传》，中华书局，1974年，第1176页。
③ ［唐］房玄龄：《晋书》卷一百十一《慕容暐载记》，中华书局，1974年，第2855页。
④ ［北齐］魏收：《魏书》卷七上《高祖纪》，中华书局，1974年，第144页。
⑤ ［北齐］魏收：《魏书》卷五十三《李安世传》，中华书局，1974年，第1176页。

同，加上历来争论激烈的是私有还是国有，新东西很多。下据《魏书·食货志》均田法令，逐一细析。

露田与麻田。《魏书·食货志》说："诸男夫十五以上，受露田四十亩，妇人二十亩。奴婢依良。丁牛一头受田三十亩，限四牛。所受之田率倍之，三易之田再倍之，以供耕作及还受之盈缩。诸民年及课则受田，老免及身没则还田。奴婢、牛随有无以还受。……诸还受民田恒从正月。"这是露田。另外，若在"麻布之土，男夫及课，别给麻田十亩，妇人五亩。奴婢依良，皆从还受之法"。

一、露田、麻田是国有性质还是私有性质？人们普遍认为露田为国有性质。可是，《魏书·食货志》说，授田"恒从见口，有盈者无受无还，不足者受种如法。盈者得卖其盈，不足者得买所不足。不得卖其分，亦不得买过所足"。这里说"有盈者无受无还，不足者受种如法"包括露田在内，因为只有露田才有还受的问题。接下去便是"盈者得卖其盈，不足者得买所不足，不得卖其分，亦不得买过所足"，买卖就包括露田了。这中间并没有插上桑田二字，非单指桑田而言。可是迄今为止，所有的解释都说："盈者得卖其盈，……"专指桑田而言。一讹再讹，莫此为甚。这段话首先是承认土地占有现状。"有盈者无受无还"，是说现有的土地如果超过均田法令规定的数字，便不再授给露田与桑田了。其次是允许土地可以在一定范围内自由买卖。即马端临所说："是令其从便买卖以合均给之数。"包括露田和桑田二者。承认现在私人占有的土地，国家的授给，加上从便买卖，是北魏均田三法。正是因为有这三个方法，均田也才易合均给之数。否则很难办到，特别是在人口稠密之处。算在均给之数中的原来便占有的土地和新买来的土地，虽然不能表明"完全的、自由的土地私有权"[①]，但无疑具有私有的性质。私人原来占有的土地，"盈者无受无还"，"不足者"和买来者虽然算在均给之数中，自然也无受无还，要还的是国家授给的或补足的土地。因此，把露田完全说成是一种国有性质的土地，

_____

① 《马克思恩格斯全集》第21卷载："完全的、自由的土地私有权，不仅意味着毫无阻碍地和毫无限制地占有土地的可能性，而且也意味着把它出让的可能性。"

是缺乏分析的。说这种话的，没有看到露田实际包含了原占、买来、国授三种土地在内。

二、为什么要给奴婢和牛授田，而牛限四头？这是为了适应大、中、小地主和富裕农民的土地要求。从前引《魏书·列女·姚氏妇杨氏传》所说：杨氏所以不要其姊送的奴婢，原因在"我家无食，不能供给"。我们既可知奴婢不用于生产，又可知要使奴婢投入生产，便需要解决土地问题。依良授田给奴婢，就把奴婢这种无用之口，转变成了地主的佃客。《魏书·食货志》有"奴任耕，婢任绩者"的话，可见至少有一部分奴婢在受田后，投入了生产中。这是满足拥有奴婢的大地主的土地要求，是在"盈者无受无还"之外，另辟蹊径，使大地主也有土地可得。但这种办法，无疑有利于奴婢地位的提高。给牛授田并限四牛，则是照顾小地主和富裕农民。大地主牛多，限四牛便得不到多少土地，他们得田主要是通过奴婢依良的规定；小地主和富裕的农民没有几个奴婢几头牛，有四头牛可以得田，对他们来说，无疑是额外加恩。

桑田。《魏书·食货志》又说："诸桑田不在还受之限，但通入倍田分。……诸初授田者，男夫一人给田二十亩，课莳余，种桑五十树，枣五株，榆三根。非桑之土，夫给一亩，依法课莳榆、枣。奴各依良。……诸桑田皆为世业，身终不还。"桑田和露田不同之处是，所授露田，为"终身之业"，桑田则为世业。因此人们认为桑田为私有性质的土地。我们可以看到，无论露田、桑田，买卖都有限制，即"不得卖其分，亦不得买过所足"。可以看到桑田所种桑、榆、枣由国家规定；株数也由国家规定。买卖、种植并非只服从个人的意志，只由个人支配。因此，又不能说桑田完全是私有。

在讨论这个问题的时候，我们始终不能忘记：一、北魏均田根本不是从国有、私有出发，而是着眼于生产。露田有授有还，正是为了保证"土不旷功"；桑田上种植桑、榆、枣，非一朝一夕所能成长，年老及身没不还，正是为了保证桑、榆、枣的成长。而规定种桑达五十树之多，又正是为了保证穿衣问题（所谓"少壮无衣褐"），能获得解决。二、封建社会的土地占有形态，总是以地主的土地占有形态为主要形态。事实上均田制不仅丝毫没有触动原来私人占有的土地，而且通过奴婢受田的办法，发展了地主的土地所有制。均田制不过是一种辅助形态而已。

关于三长制和民调。太和十年因李冲上言，立邻、里、党三长，"其民调，一夫一妇（一床非一户）帛一匹（对桑田而言），粟二石（对露田而言）。民年十五以上未娶者（包括在一户中），四人出一夫一妇之调；奴任耕，婢任绩者（包括在一户中），八口当未娶者四；耕牛（包括在一户中）二十头当奴婢八。……民年八十已上，听一子不从役"①。这包含了两个变革。

一、三长制立而宗主督护制废。《魏书·李冲传》明言民之所以多隐冒，五十、三十家方为一户，是因为"旧无三长，唯立宗主督护"。人户短缺何由均田？现在立三长，废宗主督护，正是为了变地主的苞荫之户为国家的均田户。事实上立三长后，北魏的户口是增加了。《魏书·地形志二上》说正光以前，户口之数，"比夫晋太康倍而已矣"，太康极盛时期有户二百四十五万九千八百，"倍而已矣"，"则户有至五百余万"②。这与立三长，使"课有常准，赋有恒分，苞荫之户可出，侥幸之人可止"③，是有关系的。还要看到宗主督护一宗或者说五十、三十家方为一户的大户，而三长所管，却是苞荫之户分出后单门独户的人户，这导致了社会基本组织的改变。这个意义更大，后面再论。

二、按籍而征之税立，而九品差调废。马端临在《文献通考·田赋考二》中说：在均田法下，国家对受田农民"按籍而征之，令其与豪富兼并者一例出赋"。这个看法是对的。初行三长与民调新法，傅思益表示反对，说："九品差调，为日已久，一旦改法，恐成扰乱。"④事实上未成扰乱，因为九品差调要计算包括土地在内的户赀，而新的民调是与均田制相辅而

①［北齐］魏收：《魏书》卷一百一十《食货志》，中华书局，1974年，第2855页。
②［元］马端临：《文献通考》卷十《户口考一》，中华书局，1986年，第106页。
③［北齐］魏收：《魏书》卷五十三《李冲传》，中华书局，1974年，第1180页。
④［北齐］魏收：《魏书》卷五十三《李冲传》，中华书局，1974年，第1180页。

行的。此法有三利：其一，均田法令给人一个假象，似乎各户男女土地数字相等，只要按籍对他们征收同等的民调就可以了。实际却是"有盈者无受无还"，超过均田法令土地数字的大地主甚多，而他们却只需与农民"一例出赋"。再他们的奴婢依良受田，而调数只有农民的八分之一。因此对大地主有利。其二，封建国家通过均田与征收民调，改变了赋税原元常准、恒分，"聚敛烦数"而国仍"匮于财"的状况，财政问题得到解决。其三，民间因为赋有恒分，比起聚敛烦数之时，日子也要好过一些。所以傅思益的担忧未成事实。

均田制是否实行？按《魏书·韩麒麟传》记载：太和十一年，京都大饥，韩麒麟表陈时务说道："今京师民庶，不田者多，游食之口，三分居二"，他要求"制天下男女，计口授田"。因此人们怀疑均田制是否实行了。但这只能说明：因为一次旱灾，很多受田农民又被抛离了土地，韩麒麟要求计口授田，是重新均田，不能说明太和九年均田未曾实行。

十二年，孝文帝"诏群臣求安民之术"[①]。办法有二：一是"析州郡常调九分之二，京都度支岁用之余，各立官司，丰年籴贮于仓，时俭则加私之一（《李彪传》作'二'），籴之于民。如此，民必力田以买绢，积财以取粟"[②]。这个办法在于维持均田制。二是"别立农官，取州郡户十分之一，以为屯民。相水陆之宜，断顷亩之数，以赃赎杂物市牛科给，令其肆力。一夫之田，岁责六十斛，甄（《李彪传》作"蠲"）其正课并征戍杂役"[③]。这是在均田之外，另立一种屯田（民屯）制度。各州郡的编户从此分为均田户和屯田户两种，十分之九是均田户，隶属于郡县三长，十分之一是屯田户，隶属于别立的农官。这两个办法同在太和十二年施行。《魏书·食货志》说："自此公私丰赡，虽时有水旱，不为灾也。"均田制是维持下来了。

贾思勰的《齐民要术》提到过轮种和桑、榆、枣的种植，可以反证均

①［北齐］魏收：《魏书》卷一百一十《食货志》，中华书局，1974年，第2856页。
②［北齐］魏收：《魏书》卷一百一十《食货志》，中华书局，1974年，第2856—2857页。
③［北齐］魏收：《魏书》卷一百一十《食货志》，中华书局，1974年，第2857页。

田制的实行与维持。均田制作了二倍、三倍授露田以供轮种的规定,《齐民要术·耕田》说道:"田,二岁不起稼,则一岁休之。"且说到用绿豆、小豆、胡麻"美田"美得好的话,"为春谷田,则亩收十石。其美与蚕矢、熟粪同";《齐民要术·种谷》说道:"谷田必须岁易,㔉子,则莠多而收薄矣。"从贾思勰所记北方谷田的轮种可知均田后,在北方确实实行了轮种。

均田制规定桑田须种桑五十树,枣五株,榆三根。《齐民要术》用了很大的篇幅写林木的种植,而着重写的正是桑、枣、榆。例如:卷四《栽树》,先说了"凡栽树,正月为上时","二月为中时,三月为下时"。然后专门提出枣、槐、桑、榆的栽法:"然枣,鸡口;槐,兔目,桑,虾蟆眼;榆,负瘤散。"又说:"树,大率种类既多,不可一一备举。凡不见者,栽莳之法,皆之求此条。"贾思勰为什么偏偏要举枣、槐、桑、榆的栽法,并说其他"皆求之此条"呢?只有一个解释,那就是自均田制实行以来,桑、枣、榆在桑田上得到了广泛的栽植,取得了较多的经验。再看卷五《伐木》,这篇是专讲砍伐木材的,而具体提到的又是榆、桑。他说:"榆荚下,桑椹落,亦其时也。"可以想见均田以后的北方,桑、枣、榆的生长是很茂盛的。

以此,我们可以说均田制确实实行了。不仅实行,而且取得了成效。

论北朝地主土地所有制的变化 汉魏田庄制度到北朝究竟有无变化,是一个尚在探索的问题。近来,我深感南北朝的田庄制度都在起变革,只是北不及南显著。

一、北朝社会基本组织的变化。第七章说到自永嘉之乱以后,北方坞堡组织有很大的发展。坞堡不限于一宗,庾衮的禹山坞纠合了同族和庶姓。坞中的土地不是坞主一家所有,也不是坞主一宗所有,坞主对于坞只有"督护"之责,宗主对于本宗重要的也是督护之责。庾衮后来携他的妻子到河内林虑山,与林虑人田于大头山下,便表明禹山坞、大头坞非庾衮一宗或一家所有。但这个时候北方各族的社会组织宗族仍以宗主督护形式存在,共有制也仍以坞壁屯田、不分财分灶以表孝义形式存在,故魏初能够建成"宗主督护"之制。

北朝的时候，宗族组织发生了变化，同居共财的不多了。《魏书·杨播传》附《杨元让传》说道："一家之内，男女百口，缌服同爨，庭无间言，魏世以来，唯有卢渊兄弟及播昆季，当世莫逮焉。""唯有"二字，表明大家族到魏世已寥寥无几。宗族瓦解为一个个独立的家庭，有历史的必然性，这是内因。但要有外因，而到成熟的时候，外因可以多种多样。《魏书·崔挺传》说博陵安平旧族崔挺，"三世同居，门有礼让，于后频值饥年，家始分析，挺与弟振推让田宅旧资，惟守墓田而已，家徒壁立，兄弟怡然手不释卷"。这是因为连年饥荒，大家族不得不分析的，《魏书·崔逞传》又说清河东武城崔逞"遭乱孤贫，躬耕于野，而讲诵不废"。这是因乱而跌落到孤贫、躬耕境地的。与崔逞同籍的崔亮，在慕容白曜平齐时，"内徙桑乾为平齐民"，常依季父崔幼孙，"居家贫，佣书为业"[①]。被迫离开本乡本族，充当杂户的"小家庭"，在魏时，广泛地存在于北方。大家族制度无疑在解体。

太和十年，废宗主督护制，立三长制，准古五家立一邻长，五邻立一里长，五里立一党长。一党也就是一百二十五家。所谓"家"，已不是大家族，而是小家庭。《魏书·高祐传》说高祐镇滑台，"乃县立讲学，党立小学。又令一家之中，自立一碓；五家（邻）之外，共造一井，以供行客"。传中所谓家，显然都是家庭而非家族。废宗主督护而立三长，所以可能，也就是因为家庭已经代替宗族成了社会组织的基本单位。这和南方是一致的。

二、地主土地所有制的变化。大家族既然分析，宗族共有制必然跟着起变化，这在王公、官吏、庶民中都是如此。

《魏书·甄琛传》说道："京邑（洛阳）诸坊，大者或千户（家）、五百户（家），其中皆王公卿尹，贵势姻戚"。《洛阳伽蓝记·城西》"法云寺"条说这些王公卿尹，贵势姻戚"争修园宅，互相夸竞。……高台芳

---

① ［北齐］魏收：《魏书》卷六十六《崔亮传》，中华书局，1974年，第1476页。

榭，家家而筑，花林曲池，园园而有"。从"家家而筑"，可知洛阳名园，都是住在诸坊中的各个王公卿尹、贵势姻戚的家庭所有。这种家园不是单为消遣而筑，据《北史·献文六王传·广陵王羽传》附《子欣传》："欣好营产业，多所树艺，京师名果，皆出其园。"可知元欣的家园垄断了名果的生产。咸阳王禧有"洪池别墅"，用来进行"田牧"①。这样的家园具有庄园性质。

又《河北石征》所载《北齐标异乡义慈惠石柱颂》记载的严氏的"合宗"施地，是分开的。"施主"严僧安"重施义南课田八十亩，东至城门，西至旧官道中"；严承"重施义东城壕、城南两段廿亩地"；严光璨等"共施武郭垭（庄）四顷"；严道业"为福舍地"；严惠仙、长子阿怀、第二兰怀、天保等，"各施地廿亩"②。可见严僧安、严承、严光璨、严道业、严惠仙各有自己的土地。尤其是严惠仙一家，颂文记述的是严惠仙、长子阿怀、第二兰怀、天保等"各施地廿亩"，"各施"，表明这一家父子兄弟的土地所有权也是分开的。《北史·李元忠传》还有记李宗侃与族人李孝衡"争地相毁"之事。据此，我们可以说：到北朝，北方土地的宗族共有制形式，已经转到地主个体家庭所有，是无可怀疑的了。

然则，宋孝王《关东风俗传》所谓"至若瀛、冀诸刘，清河张、宋……濮阳侯族，诸如此辈，一宗近将万室，烟火连接，比屋而居"，又应作何解释呢？"烟火连接"，已可表明同宗而异炊了。一宗住在一起，不能说明土地以及其他资财为宗族共有，上引颂文中的严氏特别是严惠仙一家，也是住在一起的，但土地所有权已经分开。

三、地主庄园中劳动力的变化。北朝地主庄园中使用的劳动力有两种，一为部曲和客女。《周书·武帝纪下》记建德六年，释放北魏孝武帝永熙三年以来东土被抄略的奴婢与平江陵后被没为奴婢的良人，有这样的话："若旧主人犹须共居，听留为部曲及客女。"这是因为旧主人本来就使

① [北齐]魏收：《魏书》卷二十一《咸阳王禧传》，中华书局，1974年，第538页。
② 转引自唐长孺：《北齐〈标异乡义慈惠石柱颂〉所见的课田与庄田》，《武汉大学学报》1980年第4期。

用部曲及客女劳动，要留奴婢就应当将奴婢上升为部曲及客女。《隋书·食货志》记隋炀帝即位之初，"除妇人及奴婢、部曲之课"，说明部曲一直是北朝地主庄园中的劳动力。部曲与客女连称，这种部曲也就是庄客、附隶。我们再回过头去看北魏授田给奴婢，"奴任耕，婢任绩"的，实际也就成了庄客和客女。

北方地主的部曲除了具有庄客的身份外，尚具有"私军"的身份，这与南朝的部曲性质不同。可部曲大都由"乡人"充当，乡人与宗人有分别，我们不能在宗族共有制时代或大家族时代的宗族部曲与宗族解散了的北朝时代部曲之间划等号。《北齐书·高乾传》附《弟昂传》，记高昂随高欢讨尔朱兆于韩陵，"昂自领乡人部曲王桃汤、东方老、呼延族等三千人"。虽称乡人部曲，但王、东方、呼延都不与高昂同姓。呼延氏出自匈奴族。东方老，据《北齐书·高乾弟昂弟季式传》附《东方老传》，"老，字安德隔人，家世寒微，……少粗犷无赖，结轻险之徒共为贼盗，乡里患之。魏末兵起，遂与昂为部曲"。安德郡属冀州，高昂的籍贯渤海郡蓚县亦属冀州，据此可知《高昂传》所谓"乡人部曲"东方老，不过是因为与高昂同州而已，何"宗兵"之有哉？这种部曲在《高季式传》中，被称为"私军"。同卷《封隆之传》附《子子绘传》说的"仍听收集部曲一千人"，含义同此。

二为临时雇工。贾思勰的《齐民要术》总结了北方地主经营庄园经济的经验，所占比重，远远超过均田户经营小块土地的经验，性质上是一部反映庄园经济面貌的书。所谓"夫治生之道，不仕则农"，这种与仕连在一起的农，自非农民而为庄主。此书卷五《种榆、白杨》讲到了当时的庄主是怎样雇工经营林木的。其言云："其岁岁科简剥治之功，指柴雇人，十束雇一人。无业之人，争来就作。"又云："能种一顷，岁收千匹。唯须一人守护、指挥、处分。既无牛犁、种子、人功之费，不虑水、旱、风、虫之灾，比之谷田，劳逸万倍。"农民不可能"指柴雇人"，能"指柴雇人"的是庄主，而"无业之人，争来就作"，就变成了庄主的临时雇佣劳动力。这是在北朝庄园经济中出现的新现象，只是不及南朝庄园雇佣劳动普遍，不是"资待"，与部曲及客女比较，仍处于很次要的地位。但既然出现，就有发展前途，因为是新事物。

这一切，表明南北朝的土地制度，发展是趋于一致的。这种一致性，是它们的进步而非停滞。只是南快北慢。

最后需要解说一个问题，颜之推说他："常以为二十口家，奴婢盛多，不可出二十人，良田十顷，堂室才蔽风雨。"①人们往往据此认为北朝晚期奴婢仍被当作主要劳动力。然十顷良田二十个奴婢，一个奴婢要耕种半顷地，怎么耕得过来？在这段话中，二十个奴婢并非与十顷良田联系，而是与二十家口联系。一个奴婢服待一个家口，征之以《红楼梦》，也嫌过少。至于《周书·萧大圜传》所说"侍儿五三，可充衽织；家僮数四，足代耕耘"，也不能望文生义，以为是使用奴婢劳动。萧大圜理想的庄园有"果园""蔬圃""二顷以供饘粥，十亩以给丝麻"的田，还有沽酪、牧羊、畜鸡、种黍等活。侍儿三五。家僮数四，人手不是太少了吗？

第三节　论北魏的汉化政策

在迁都问题上表现出来的汉化和反汉化的斗争　均田制和三长制为拓跋族进入民族融合之林，打下了一个基础。但此二制没有解决拓跋族汉化的任务。历史的经验表明，与汉族融合，是稳定少数民族所建政权的必需的东西，而要同汉族融合，地区关系很大。北魏统一以前各族的汉化与融合，都是进入中原以后，同先进的汉族频繁接触的结果。于是而有孝文帝的"光宅中原"。

《魏书·任城王云传》附《子澄传》记述了孝文帝与拓跋澄的一段对话："今日之行，诚知不易。但国家兴自北土，徙居平城，虽富有四海，文轨未一。此间用武之地，非可文治，移风易俗，信为甚难。崤函帝宅，河洛王里，因兹大举，光宅中原，任城意以为何如？澄曰：伊洛中区，均

---

①［北齐］颜之推：《颜氏家训》卷五《止足第十三》，民国十七年刻本。

天下所据，陛下制御华夏，辑平九服，苍生闻此，应当大庆。"这段对话说明孝文帝看到了风俗不同，文轨未一，不利于"制御华夏，辑平九服"。而要移风易俗，混一文轨，在平城这个"用武之地"，是很难办到的。《北齐书·神武纪上》说高欢的祖父高谧"仕魏至侍御史，坐法徙居怀朔镇"，到高欢不过三代在北，竟"习其俗"，使这个出身于渤海蓨县高氏的高欢，"遂同鲜卑"。在北边不仅鲜卑人不能汉化，而且汉人反而鲜卑化。要移风易俗，出路只有一条：南迁洛阳。须知孝文帝的南迁，是拓跋族历史上的第三次南迁。宣、献二帝（两个推寅）的南迁，使拓跋族走上了封建化的轨道，孝文帝的南迁，使拓跋族走上了汉化的轨道。

　　孝文帝的南迁很困难，他自己说过"诚知不易"的话。其一，八国良家定居在平城畿内之地，有了家业，谁也不想迁动；其二，由北边鲜卑化的用武之地向南边汉族文化中心河洛王里迁移，风土、人情乃至气候都大不相同，要适应，不容易；其三，鲜卑人"用武"用惯了，忽然要迁都进行"文治"，对武人来说，意味着他们的利益行将丧失。因而反对者大有人在，斗争很激烈。

　　太和十七年（493年），孝文帝假称南伐，率群臣自平城到洛阳，逢霖雨不止，群臣劝阻南伐，孝文帝借题发挥说：不南伐，"即当移都于此"。并宣告："欲迁者左，不欲者右。"自安定王拓跋休以下"相率如右"，几乎都站到了右边，表示"不欲"。拓跋桢见此光景，便说："成大功者不谋于众，非常之人乃能建非常之事。"他声言同意"光宅中原，辍彼南伐"[①]。一场风波才暂时止息。

　　魏文帝派穆亮、李冲和将作大匠董爵经营洛都，又派他的最有力的支持者拓跋澄回平城，告诉留在平城的官吏迁都大事。众人"莫不惊骇，澄援引今古，徐以晓之，众乃开伏"[②]。但是还有顽固分子，据《北史·穆崇传》载，恒州刺史穆泰"不愿迁都，潜图叛，乃与定州刺史陆叡及安乐侯元隆等谋推朔州刺史阳平王（元）颐为主"，元颐密表其事，孝文帝派

---

①［北齐］魏收：《魏书》卷五十三《李冲传》，中华书局，1974年，第1183页。

②［北齐］魏收：《魏书》卷十九中《任城王云传》，中华书局，1974年，第465页。

拓跋澄发并、肆兵进讨，穆泰失败。出乎孝文意料的，是南迁之后，他的太子元恂"不好书学，体貌肥大，深忌河洛暑热，意每追乐北方"，乘孝文去嵩岳，"谋，欲召牧马轻骑奔代"[1]，手刃曾经劝过他不要追思北方的中庶子高道悦。孝文不得不把他废为庶人，他又想谋反，最后被赐死。

单是施加政治军事压力，晓以今古，是不能解决问题的。迁都之所以最后成为定局，是因为孝文帝仿照平城畿内旧制，使"代迁户"得以在洛阳建立家业。《北史·常山王遵传》附《晖传》说到宣武帝时，谣传"还北"，元晖因之"牓卖"洛阳田宅，可证代迁户在洛阳畿内都获得了土地房产。代迁户咸称"河南洛阳人"，这与他们未迁之时咸称"代人"一致，都是京都地主。《洛阳伽蓝记》所说帝族、王侯、外戚、公主"高台芳树家家而筑，花林曲池，园园而有"，虽是后来的发展，但这种发展，基于原先在洛已有土地。

汉化政策的重大成就　汉化政策的重大成就是孝文帝把迁到洛阳的所有鲜卑人，从本质上和形式上，都改造成了汉人，从而形成魏晋南北朝时期继"五胡"汉化之后的第二次民族大融合。成就的取得，是由于汉化政策，符合当时文明程度较低的少数民族，向文明程度较高的汉族自然同化的规律。

形式上的改革，如《魏书·高祖纪》中所说"革衣服之制"；"迁洛之民死葬河南，不得还北，于是代人南迁者，悉为河南洛阳人"，是必要的。如果仍以鲜卑人形象出现于河南洛阳，汉化就要大打折扣。但更重要的是本质上的改革，这包括"断诸北语，一从正音"和"定姓族"两项。前者是把鲜卑人最终改造为汉人，后者是区别阶级。

关于"断诸北语，一从正音"，前人谈得过少。殊不知汉语在"五胡"中已经通行，如果不学汉语，势难与汉族融合。这项政策推行最困难，但却取得了最大的成绩，不仅使鲜卑人成了一个身穿汉族衣冠，而又能口说汉语的汉人，而且发展了汉族和鲜卑族的文化事业。这里着重阐述。

---

① [北齐]魏收：《魏书》卷二十二《废太子恂传》，中华书局，1974年，第588页。

一、声韵学的研究展开了。《洛阳伽蓝记》卷五"城北凝园寺"条记有："洛阳城东北有上高景，殷之顽民所居处也，高祖（孝文）名闻义里。……唯冠军将军郭文远游憩其中，堂宇园林，匹于邦君。时陇西李元谦乐双声，常经文远宅前过，见其门阀华美，乃曰：'是谁第宅过佳?'婢春风曰：'郭冠军家。'元谦曰：'凡婢双声。'春风曰：'伫奴慢骂。'元谦服婢之能，于是京邑翕然传之。"这则记载说明了洛阳连一个将军的丫鬟也懂得双声。这正是"断诸北语，一从正音"的结果。语言不是一下子可以学会的，需要研究。而这种研究甚至影响到了婢女当中，可见其深度、广度达到何种程度。

北朝末年，在鲜卑陆氏（步六孤氏）中，产生了我国一个著名的声韵学家陆法言。陆法言是《切韵》的作者，今之《广韵》原于《切韵》。《广韵》有陆法言的序文，序中说他"取诸家音韵，古今字书，以前所记者，定之为《切韵》五卷，剖析毫厘，分别黍累"。如果没有孝文帝的"断诸北语，一从正音"，鲜卑族中何能产生陆法言？而陆法言对音韵的精深研究，又可表明孝文帝的"断诸北语，一从正音"的政策成果之大。

二、鲜卑语的民歌翻译过来了。北朝乐府民歌原多是少数民族鲜卑语歌辞。《乐府诗集·企喻歌辞》说："《古今乐录》曰：……企喻本北歌。《唐书·乐志》曰：北狄乐其可知者鲜卑、吐谷浑、部落稽三国，皆马上乐也。后魏乐府始有北歌，……此歌是燕、魏之际鲜卑歌也。"又如《敕勒歌》，《乐府诗集·杂歌谣辞》引《乐府广题》说："其歌本鲜卑语，易为齐言，故其句长短不齐。"如果联系孝文帝"断诸北语，一从正音"来看，便可知收集在《乐府诗集》中的一大部分北朝汉语民歌，是在孝文帝断诸北语以后译成的歌辞。

三、帝族和代迁户的汉文化水平大大提高了。《魏书·高祖纪下》说孝文帝"才藻富瞻，好为文章，诗赋铭颂，任兴而作"。《北史·彭城王勰传》记元勰与孝文帝一起去代都，经过上党铜鞮山，路旁有十几棵大松树，孝文帝"遂住而赋诗"，叫元勰也作一首。孝文帝说："吾作诗虽不七步，亦不言远，汝可作之，比至吾间，令就也。"元勰去孝文帝十步，"遂且行且作，未至帝所而就"。诗云："问松林，松林经几冬？山川何如者，风云与古同。"真是又快又好。如果不是"断诸北语，一从正音"，便不会有拓跋氏汉文化水平的迅速提高，更不消说七步成诗。

由此可知断诸北语，一从正音，推行之力，成果之大。这项政策取得成功，孝文帝所要求的移风易俗，便基本实现。

定姓族。拓跋珪曾令"国"（指八国）立大师、小师，以辨宗党，品举人才。大师、小师比大、小中正。可是拓跋珪没有定姓、族，所以孝文帝在太和十九年"制定姓族"的诏文中说："代人诸胄，先无姓族，虽功贤之胤，混然未分。"[1]定姓、族是拓跋贵族的长期要求，孝文帝定姓、族正是适应他们的要求。

孝文帝"令司空公穆亮、领军将军元俨、中护军广阳王嘉、尚书陆琇等详定北人姓，务令平均。随所了者，三月一列簿帐，送门下以闻。于是升降区别矣"[2]。所谓"详定北人姓，务令平均"，是说"升降区别"务必符合皇始以来代人功劳的大小。而这种区别，是为了品举人才。一姓本来就是一族，在定姓族中，孝文帝虽然将姓与族分开，根据皇始以来代人官品高下，规定何者为姓，何者为族，但实际上只是"详定北人姓"的高下区别。而所谓北人姓，即《魏书·官氏志》中所载一百二十姓。改姓在定姓族的次年（太和二十年）。

以勋臣八姓穆（丘穆陵）、陆（步六孤）、贺（贺赖、贺兰）、刘（独孤）、楼（贺楼）、于（勿忸于、万忸于）、嵇（纥奚）、尉（尉迟）为例，《魏书·官氏志》载孝文帝说此八姓"皆太祖已降，勋著当世，位尽王公，灼然可知者，且下司州吏部，勿充猥官，一同四姓"。唐时柳芳说过："尚书、领、护而上者为'甲姓'，九卿若方伯者为'乙姓'，散骑常侍、太中大夫者为'丙姓'，吏部正员郎为'丁姓'。凡得人者，谓之'四姓'。"[3]

---

① ［北齐］魏收：《魏书》卷一百一十三《官氏志》，中华书局，1974年，第3014页。

② ［北齐］魏收：《魏书》卷一百一十三《官氏志》，中华书局，1974年，第3015页。

③ ［宋］欧阳修、宋祁：《新唐书》卷一百九十九《柳冲传》，中华书局，1975年，第5678页。

孝文帝所谓此八姓致仕,"勿充猥官,一同四姓",即应做吏部正员郎以上的官吏①。定出姓族,"班镜九流,清一朝轨",以免"清浊同流,混齐一等"②,这就是孝文帝的目的。

与定姓族,改姓氏同时,孝文帝曾下令:为六弟聘室。长弟咸阳王禧可聘故颍川太守陇西李辅女,次弟河南王干可聘中散代郡穆明乐女,次弟广陵王羽可聘骠骑谘议参军荥阳郑平城女,次弟颍川王雍可聘故中书博士范阳卢神宝女,次弟始平王勰可聘廷尉陇西李冲女,季弟北海王详可聘吏部郎中荥阳郑懿女。之所以下这个命令,是因为"于时,王国舍人应取八族(即勋臣八姓)及清修之门",而元禧却"取任城王隶户为之"③。

韩显宗云:"朝廷每选举人士,则校其一婚一宦,以为升降,何其密也。"④这话表明孝文帝完成了拓跋族在婚、宦两个方面的变革。韩显宗不识北方人物,因此不懂得孝文帝举士,校其一婚一宦的意义。倒是祖李真"多识北方人物",他看到公孙叡、公孙邃同堂兄弟二人,"叡……封氏之生(甥),崔氏之婿,邃母雁门李氏,地望悬隔",每每说"士大夫当须好婚亲,二公孙同堂兄弟耳,吉凶会集,便有士庶之异"⑤。元禧与隶户为婚,把自己降同北方人物看不起的庶人了。孝文帝为拓跋贵族制定婚、宦原则,举士较其一婚一宦,正是要使拓跋贵族同北方汉族人士,在阶级上结合起来。一旦汉化成功,这些贵族也就转化成了北方新的第一流的士族。音韵学家陆法言不就是这种人物么?

下引《洛阳伽蓝记》卷二"城东景宁寺"条,中原士族杨元慎和梁朝名将陈庆之的话,作为孝文帝光宅中原,移风易俗成果的总括。

杨元慎说:"我魏膺箓受图,定鼎嵩洛,……移风易俗之典,与五帝

---

①《资治通鉴》齐明帝建武三年胡注,说"四姓"指"卢、崔、郑、王",今人概从之。胡注实误。柳芳云:"山东则为郡姓,王、崔、卢、李、郑为大。"卢、崔、郑、王是郡姓,非"四姓"。且山东郡姓之大者有五,胡注为符合四姓之数,把赵郡李氏去掉,牵强尤为明显。

②[北齐]魏收:《魏书》卷五十九《刘昶传》,中华书局,1974年,第1310页。

③[北齐]魏收:《魏书》卷二十一上《咸阳王禧传》,中华书局,1974年,第534页。

④[北齐]魏收:《魏书》卷六十《韩麒麟传》,中华书局,1974年,第1341页。

⑤[北齐]魏收:《魏书》卷三十三《公孙表传》,中华书局,1974年,第786—787页。

而并迹，礼乐宪章之盛，凌百王而独高。岂卿鱼鳖之徒，慕义来朝，饮我池水，啄我稻粱，……"

陈庆之说："自晋宋之来，号洛阳为荒土，此中谓长江以北，尽是夷狄。昨至洛阳，始知衣冠士族，并在中原，礼仪富盛，人物殷阜，目所不识，口不能传。……北人安可不重？"

《木兰诗》产生的时代　《木兰诗》产生于何时，是文学史上一个没有解决的问题。据我的考察，此诗当产生于北魏迁都洛阳之后，经济有发展，汉化在深入之时，可以说是汉化成果之一，故附之于此。

先看此诗说的打仗的地点和时间，仗和谁打。诗中说："旦辞黄河去，暮至黑山头，不闻爷娘唤女声，但闻燕山胡骑声啾啾。""将军百战死，壮士十年归。""同行十二年，不知木兰是女郎。"这些话表明木兰是在黑山、燕山打仗，仗打了十年、十二年。黑山在今河北省昌平县，燕山即燕山山脉，自蓟北逶迤至辽西之地。"燕山胡骑"则是木兰的作战对象。或说燕山胡骑指契丹，不对；或说指柔然，不对；或说指唐朝的突厥，更不对。考《北史·契丹国传》："契丹国在库莫奚东。"在契丹和北魏之间，夹了一个库莫奚[1]。库莫奚适当燕山之地，契丹则否。至于柔然、突厥，那在大漠南北。

又《北史·契丹国传》和《北史·奚传》记载道武帝登国中，这二族都曾遭到拓跋珪的进攻，但此后契丹要到北齐文宣帝"天保四年九月"才再犯塞。库莫奚则不同，《北史·奚传》说奚人于孝文帝太和"二十年（496年，即迁都洛阳后二年）入寇安州，时营、燕、幽三州兵数千人击走之"[2]。孝文帝死后，继位的宣武帝又在一道诏令中，说到奚人"至（太和）二十二年叛逆以来，遂尔远窜"。现在虽然款附，但"犹在塞表，每

---

①《北史·契丹传》说契丹"与库莫奚异种同类"。《北史·室韦传》说室韦"盖契丹之类"，"语与库莫奚、契丹、豆莫娄同"。《魏书·豆莫娄传》说豆莫娄为"旧北夫余"。则契丹、库莫奚、室韦、豆莫娄都是旧夫余境内操夫余语的部族。《北史·奚传》说北魏"开辽海，置戍和龙"，与奚、契丹贸易，"交市之日，州遣士监之"。库莫奚得到了发展，"种类渐多"，分成辱纥主、莫贺弗、契个、木昆、室得五部，五部由阿会氏统一率领。

②［唐］李延寿：《北史》卷九十四《奚传》，中华书局，1974年，第3126页。

请入塞与百姓交易"。如果"抑而不许，乖其归向之心，信而不虑，或有万一之惊"。出于这种考虑，宣武帝允许与奚人互市。奚人"自此之后，岁尝朝献"。

这说明太和二十年，北魏和库莫奚就发生过战争，太和二十二年以后，那就连年都在打（所谓"二十二年叛逆以来"）。直到宣武帝答应和奚人交市，奚人来"朝献"，两族才由战争转为友好相处。问题在转为友好是哪一年？

细检《魏书·世宗纪》，库莫奚最早的一次"朝献"，在正始四年（507年）八月。原话是："庚子，库莫奚、宕昌、吐谷浑诸国遣使朝献。"此后，永平元年、三年、延昌二年、三年，奚人都曾"遣使朝献"，故《奚传》遂有"岁尝朝献"之言。正始四年（507年）奚人的第一次朝献，实为两族由战争转为友好相处的标志。

自孝文帝太和二十年（496年）到宣武正始四年（507年），首尾十二年，自太和二十二年到正始四年，首尾十年。这十年、十二年是北魏和地当燕山的库莫奚打仗的时间。这与《木兰诗》中记载的木兰和"燕山胡骑"打仗的时间正合。由此可知燕山胡骑实指库莫奚。

至于和柔然打仗，从北魏初年打起，一直打到北周；和突厥打仗，贞观四年一仗便把突厥打垮了。从时间来算都不是十年、十二年。

再看《木兰诗》所反映的社会经济情况。此诗开头写"唧唧复唧唧，木兰当户织。不闻机杼声，唯闻女叹息"。中间写"东市买骏马，西市买鞍鞯，南市买辔头，北市买长鞭"。后面写"爷娘闻女来，出郭相扶将；阿姊闻妹来，当户理红妆；小弟闻姊来，磨刀霍霍向猪羊"。这些话反映了木兰出征与归来之日，是内地经济已有发展，人民生活比较安定的时代。而孝文帝均田和迁都以后正是北方农、林、畜牧和工商业发展时期。北魏和库莫奚打仗，自太和二十年到正始四年，正当北魏迁都后，这又可肯定诗中说的燕山胡骑是库莫奚了。

《洛阳伽蓝记》记洛阳有"洛阳大市"，大市之外，东、南、西、北四面又有市。《木兰诗》中所说东、南、西、北市（可以是指一个市场的四个方向），在孝文帝迁都洛阳之后，已经在黄河流域出现，并非等到唐朝才有，更何况东、西、南、北市是诗的语言。

论《木兰诗》产生的时间，决不能回避木兰作战的具体对象，具体地点（黑山、燕山），具体时间（十年、十二年），出征时经济繁荣，回来时经济仍然繁荣，这些具体的问题。如果有一个具体问题不合，便不能轻下结论。而上面的解释，诗与史完全符合。故断定它产生于孝文帝迁都洛阳以后经济繁荣之时，就有充足的理由了。

上下限何在？《魏书·京兆王黎传》附《继子叉传》记元树说道：魏至正光年间，"岁时灾厉，年年水旱，牛马殪踣，桑柘焦枯，饥馑相仍，菜色满道"。再也看不到当户织的情景，听不到磨刀霍霍向猪羊的声音了。然则，又可判断《木兰诗》当产生于正始四年后，与奚人友好相处，木兰归来社会经济还较繁荣，汉化已经深入开展的年代里。具体说，它当产生于宣武帝正始四年（507年）以后，明帝正光元年（520年）以前的十三年中。而不会晚到正光以后。

正始四年是梁武帝天监六年。梁朝共有五十五年（502—557年），说《木兰诗》产生于正始四年以后的十三年中，也就是说它产生于梁初。这和《木兰诗》作为梁鼓角横吹曲辞被收入乐府中，时间也能吻合。

或说这个时候的北方文化落后，产生不了《木兰诗》这样的名作。按《北史·文苑传序》说道：北朝自太和迁都以来，"锐情文学，固以颉颃汉彻，跨躐曹丕，气韵高远，艳藻独构"。《木兰诗》不正是"气韵高远，艳藻独构"吗？迁都以后的北魏，"锐情文学"，欲以追纵汉魏，这个时期产生《木兰诗》，是丝毫也不奇怪的。

结论是，也只能是，《木兰诗》作为汉语五言长诗，是太和均田和迁都推行汉化政策之后，研究正音，锐情文学，所产生的一朵异卉。

汉化政策遗留的问题　孝文帝迁都洛阳，推行汉化，既把鲜卑高门、强族（八国良家）劈成了两半，又把文武官吏劈成了两半，影响以后历史至巨。

按北魏自拓跋珪皇始以来，便"以移防为重，盛简亲贤，拥麾作镇

（缘边诸镇），配以高门（八国良家）子弟，以死防遏"①。这些人没有被孝文帝带到洛阳去，而被抛在汉化圈子之外。同一个高门，有人留防北镇，有人迁往洛阳，形成元深所谓"往世（迁都时候）房分"的析地而居的状况。下举二例，以证"往世房分"，鲜卑高门被劈为两半。

《魏书·侯渊传》称侯渊为神武尖山人。魏神武郡属朔州，可知侯渊为北镇之一怀朔镇人。《魏书·侯刚传》称侯刚为河南洛阳人，其先代人，可知他是代迁户。《魏书·官氏志》说"胡古口引氏后改为侯氏"。一姓而有二籍，即因往世房分，一以高门子弟戍防北镇，一以代迁户迁往洛阳。

又魏有叱干麒麟，是高平镇人。按《魏书·官氏志》四方诸姓中，有"西方叱干氏，后改为薛氏"。《北齐书·薛琡传》称薛琡为"河南人，其先代人，本姓叱干氏"。像薛琡，本应叫作叱干琡，因为其先居洛阳，故改姓薛氏，并叫河南人。而叱干麒麟所属一支，则因为往世房分，戍守高平，故称镇人，且保留本姓。

房分以后，迁到洛阳的汉化了，可"得上品通官"；留在缘边诸镇的，保持了鲜卑习俗，"便为清途所隔"，"少年不得从师，长者不得游宦"，"一生推迁，不过军主"。以往的"不但不废仕宦，至乃偏得复除"②的权利丧失了。这就在洛阳汉化集团和北镇鲜卑化集团之间，造成了尖锐的矛盾，为六镇兵变埋下了种子。

问题还不止于此。孝文帝认为平城为"用武之地，非可文治"，他在迁都洛阳之后，移风易俗，大力推行文治。在举士、举官上，反对"清浊同流，混齐一等"③，不仅戍守边镇的高门子弟（武人）为"清途所隔"，不得游宦，而且带到洛阳的武人也受到歧视。人们不乐意为武官，明亮为勇武将军，他对宣武帝说："臣本官常侍，是第三清。今授臣勇武，其号

---

① ［唐］李延寿：《北史》卷十六《广阳王建传》附《子深传》，中华书局，1974年，第617页。

② ［唐］李延寿：《北史》卷十六《广阳王建传》附《子深传》，中华书局，1974年，第617页。

③ ［北齐］魏收：《魏书》卷五十九《刘昶传》，中华书局，1974年，第1310页。

至浊，且文武又殊，请更改授。"①他的话表现了武官在人们心目中地位之低。明帝时，张仲瑀"上封事，求铨别选格"，竟"排抑武人，不使预在清品"②，由此引起了羽林、虎贲几将千人的暴动。张家被火焚，张仲瑀伤重走免，其父张彝被捶辱，兄张始均被投入烟火中烧死。这就在洛阳文武官吏的关系上，罩上了一层浓厚的阴影，为后来宿卫军首领费穆向尔朱荣进计制造"河阴事件"，埋下了种子。

---

① [北齐]魏收：《魏书》卷八十八《良吏传》，中华书局，1974年，第1904页。
② [北齐]魏收：《魏书》卷六十四《张彝传》，中华书局，1974年，第1432页。

第十三章　北朝晚期鲜卑化和汉化两种力量的斗争

第一节　六镇起兵的性质问题

六镇镇人的阶级性和民族性　　六镇泛指"缘边诸镇"。认清魏末六镇起兵的性质，对于认识北朝晚期历史的演变很重要。六镇是道武帝皇始年间开始设置的，这里先探讨一下六镇镇人的出身。

道武帝鉴于沿边诸镇控摄长远，"或征发中原强宗子弟，或国之肺腑，寄以爪牙"[①]。《魏书·肃宗纪》正光五年八月丙申诏中谈道："逮显祖献文皇帝自北被南，淮海思义，便差割强族，分卫方镇。高祖孝文皇帝远遵盘庚，将迁嵩洛，规遏北疆，荡辟南境，选良家酋腹，增戍朔垂。戎捍所寄，实惟斯等。"直到献文帝、孝文帝，仍选强族、良家酋腹戍卫北镇，依靠他们保卫北边。可是后来迁洛和汉化使高门子弟兵的政治地位逐渐下降，特权（仕宦与复除）丧失，被视同府户，为镇将用作苦工，对他们"穷其力，薄其衣，用其工，节其食"[②]。于是这些高门子弟"地隔宦流，处世无入朝之期，在生绝冠冕之望"[③]了。这是六镇镇人的一种。除了高门子弟，六镇中还有铁勒人。《魏书·世祖纪上》神䴥二年冬十月，记拓

---

①［唐］李百药：《北齐书》卷二十三《魏兰根传》，中华书局，1972年，第329页。
②［北齐］魏收：《魏书》卷六十九《袁翻传》，中华书局，1974年，第1539页。
③［北齐］魏收：《魏书》卷九十四《抱嶷传》，中华书局，1974年，第2023页。

跋焘"列置新民于漠南，东至濡源，西暨五原阴山，竟三千里"，约当西起五原东至蔚州的六镇一线。新民主要就是铁勒人。据《魏书·高祖纪上》延兴元年冬十月丁亥记载："沃野、统万二镇敕勒叛。"延兴三年十二月壬子记载："蠕蠕犯塞，柔玄镇二部敕勒叛应之。"《魏书·高车传》记载穷奇为嚈哒所杀之后，其部敕勒分散，奔附北魏的，被"置之高平镇"。亦可以说明六镇镇兵中存在不少铁勒人。胡琛即高平敕勒的酋帅。当时北魏对降附的铁勒人是采取两种处置办法，一使之耕牧而收其贡献，二作为镇人，助防边镇，但保持了他们的部落组织。又据《魏书·源贺传》记载，文成帝以来，"宥诸死刑，徙充北蕃诸戍，自尔至今，一岁所活，殊为不少"。《魏书·高祖纪下》太和十二年十月记载："梁州刺史临淮王提，坐贪纵徙配北镇。"[1]《北齐书·神武纪上》还记载高谧也是因"坐法徙居怀朔镇"。配边罪犯这是六镇中第三种人。这些良家、酋胕，铁勒部人，配边罪犯，均称为镇人、镇民，"籍贯兵伍"[2]，均带眷属，戍边累世。除良家酋胕外，均可统称为府户。良家则分为两类，多数是被有司乖实号为府户的镇兵，只有少数有官职，属于边镇上层人物。配边奸吏也属于上层人物。分析六镇起兵性质时，必须分析镇人中的阶级性。

在民族性上，整个北镇镇人集团，是一个鲜卑化的集团。从孝文帝迁都洛阳推行汉化后，鲜卑人和汉人，并非根据民族来分，而是根据汉化还是鲜卑化来分。例如：《北齐书·高阿那肱传》记载："尚书郎中源师尝谘肱云：'龙见，当雩。'"高阿那肱斥源师为"汉儿强知星宿"。而源氏本河西秃发氏之裔，拓跋焘谓源贺："卿与朕源同，因事分姓，今可为源氏。"[3]又《魏书·琅邪王俨传》记和士开为高俨所杀，斛律光谓："天子弟杀一汉，何所苦？"而《魏书·和士开传》说"其先西域商胡，本姓素和氏"。所以被称为"一汉"，因为和士开曾"被选为国子学生"，已经汉化了。反之，在边镇的，即使是汉人，因为"累世北边"，习染其俗，"遂

---

① [北齐]魏收：《魏书》卷七上《高祖纪》，中华书局，1974年，第164页。

② [北齐]魏收：《魏书》卷九十四《抱嶷传》，中华书局，1974年，第2023页。

③ [北齐]魏收：《魏书》卷四十一《源贺传》，中华书局，1974年，第919页。

同鲜卑"。坐法徙居怀朔镇的侍御史渤海蓨人高谧，到子高树，孙高欢，三代一直住在怀朔镇，自己也认为自己是鲜卑人了。

鲜卑化不仅只是习染鲜卑的习俗，而且保持鲜卑的语言。《北齐书·高昂传》说高欢"每申令三军，常鲜卑语，昂若在列，则为华言"。又如《北齐书·神武纪下》尚记高欢曾"使斛律金敕勒歌，神武自和之，哀感流涕"。而敕勒歌"本鲜卑语"，斛律金为朔州敕勒部人，他唱鲜卑语歌，说明鲜卑语在北镇是普遍通行的。铁勒人就民族来说是铁勒民族，就"化"来说，已同鲜卑人。因此，可以说六镇镇人集团，包括汉人、铁勒人在内，具有鲜明的鲜卑化性质，与洛阳汉化集团适成对照。

辨明六镇镇人的阶级性和民族性才能谈六镇起兵的性质。

六镇起兵的两重性及其转化　沃野镇高阙[①]戍主"率下失和"，523年，镇民破六韩拔陵[②]杀了他，燃起了六镇起兵的大火。破六韩拔陵属于镇兵中的良家酋附一类。他起兵后，"六镇俱叛，二部高车亦同恶党"[③]，底下的兵多到"二十万人"。也就是说，六镇中地位降低了的高门子弟、铁勒人、配边罪犯大都参加了起兵。

对破六韩拔陵的起兵，既应看到它是由地位降低了的镇民发动的，且有铁勒人参加，有起义的意义；又应看到北镇军人已成为一个与洛阳汉化集团对立的鲜卑化集团，斗争又有反对汉化的意义。不然，就很难理解后来历史的逆转。525年，破六韩拔陵失败，所部六镇镇人二十万全部投降北魏，北魏把他们移到冀、定、瀛三州就食。之所以全部投降，之所以被移往三州就食，只能有一个解释，即他们原是北魏的军队。526年，被处于定州的六镇降人再起。《魏书·甄琛传》附《琛长子侃传》谓"鲜于修礼、毛普贤等率北镇流民（降人）反于州西北之左人城，屠村掠野，引向

① 《水经注》卷一称河水"东径沃野城南"，又北迤西经朔方郡治，又"东径高阙南"。高阙为塞名，塞在山上，山下有长城。沃野、高阙均在黄河北岸。今释在内蒙乌拉特旗黄河南岸，误。沃野镇偏北是怀朔，偏南是高平。

② 破六韩为匈奴姓。《北齐书·破六韩常传》称匈奴"右谷蠡王潘六奚没于魏，其子孙以潘六奚为氏，后人讹误以为破六韩"。

③ ［唐］李延寿：《北史》卷十六《元深传》，中华书局，1974年，第618页。

州城"。这就很难说还是起义了。这次再起，并非由鲜于修礼一人作主，除鲜于修礼外，尚有毛普贤、葛荣、元洪业等人。鲜于修礼是"怀朔镇兵"[①]，毛普贤是朔州人，亦即怀朔镇人，曾为元深的"统军"，葛荣曾充当过怀朔镇的镇将[②]，元洪业，《魏书·元叉传》说他是元叉从弟，元叉派他"率六镇降户反于定州"。果尔，则全非起义。《魏书·元深传》说鲜于修礼"常与葛荣谋"，后又信毛普贤，"葛荣衔之"，"遂杀普贤、修礼而自立"。《魏书·肃宗纪》又说"贼帅元洪业斩鲜于修礼，请降，为贼党葛荣所杀"[③]。且不论鲜于修礼为谁所杀，上层斗争的激烈，可以想见。葛荣非汉人，《魏书·官氏志》内入诸姓中有贺葛氏，后改为葛氏。葛荣既曾出任镇将，必出自贺葛氏无疑。

从葛荣、毛普贤、鲜于修礼都出自怀朔来看，被处于定州的降人显然主要是怀朔镇人。葛荣夺取到的降人，很大一部分便是他过去管辖过的怀朔镇兵。自从他夺取到手那时起，他就是率领原来的部属与北魏作战，即前镇将率领镇兵与北魏作战。这与破六韩拔陵以镇兵身份发动起义显然已经不同。

从《北齐书》来看，葛荣部下将领概非镇兵（包括由良家充当的地位降低的镇兵），而全是北镇上层人物。

潘乐：《北齐书·潘乐传》称他为"广宁石门人"，广宁属朔州，即怀朔镇人。又称他"本广宗大族，魏世分镇北边，因家焉。父永，有技艺，袭爵广宗男。乐……初归葛荣，授京兆王，时年十九"。可见潘乐之父潘永有爵位，非镇兵。潘乐也根本没有当过兵。

任延敬：《北齐书·任延敬传》称他为广宁人，"伯父桃，太和初为云中军将，延敬随之，因家焉。……初从葛荣为贼，荣署为王，甚见委任"。可见任延敬为云中军将之侄，非镇兵。

---

① [唐]姚思廉：《梁书》卷五十六《侯景传》，中华书局，1973年，第833页。
② [唐]姚思廉：《梁书》卷五十六《侯景传》，中华书局，1973年，第833页。
③ 《资治通鉴》不取《元深传》之言，而取《肃宗纪》之言，谓鲜于修礼为元洪业所杀。按《周书·文帝纪上》亦说"葛荣杀修礼"，当以《元深传》之言为可信。实际情况是元洪业煽动起兵，葛荣夺取领导权。

张保洛：《北齐书·张保洛传》称他为"代人"，即非镇人。"自云本出南阳西鄂，家世好宾客，尚气侠，颇为北土所知。……孝昌中，北镇扰乱，保洛亦随众南下。葛荣潜逆，以保洛为领左右。"此人与六镇镇民挂不上边。

张琼：《北齐书·张琼传》称他也是"代人"，"魏世自荡寇将军为朔州征虏府外兵参军，随葛荣为乱"。此人不仅非镇兵，且为将军、参军。

卢勇：《北齐书·卢勇传》说"葛荣作乱，又以勇为燕王"。卢文伟为范阳涿人，"北州冠族"。卢勇之父卢璧为魏下邳太守。卢勇与镇兵也挂不上边。

王基：《北齐书·王纮传》称他是太安狄那人（太安属朔州），子王纮为"小部酋帅"。王基"颇读书，有智略。初从葛荣反，荣授基济北王、宁州刺史"。可知此人亦非镇兵。

可朱浑元：《北齐书·可朱浑元传》称他"自云辽东人，世为渠帅，魏时拥众内附，曾祖护野肱终怀朔镇将，遂家焉。……北边扰乱，遂将家属赴定州。值鲜于修礼作乱，元拥众属焉。葛荣并修礼，复以元为梁王"。可见可朱浑元出自镇将家庭，他"拥众"归鲜于修礼，表明亦非镇兵。

由此可知葛荣底下的诸王、刺史、左右，或是北镇镇将之后，男爵之子，酋帅之父；或根本就不是镇人，而为云中军将之子、籍隶代郡的将军或世家之后，甚至还有北州寇族卢勇。这些人没有一个是镇兵。

葛荣部队的状况是：统率为前怀朔镇将，诸王、将军为北镇主要是怀朔镇的上层人物，兵主要是地位降低了的高门子弟。这样一支军队很难再名之为起义军。这是从整个构成来看。

我们不妨再来看一下葛荣的矛头所指。《北齐书·神武纪上》记高欢接管六镇军人后，宣布军令："今以吾为主，当与前异，不得欺汉儿，不得犯军令。"所谓"欺汉儿"，表明六镇军人转入葛荣手上之后，反汉化的性质显露了，由反汉化而连带反对汉人，包括已经汉化的各族人民。《魏书·肃宗纪》孝昌三年十一月己丑，记葛荣攻陷冀州，"逐出居民，冻死者十六七"；武泰元年三月癸未记葛荣攻陷沧州，"居民死者十八九"，这就不是什么农民起义军的纪律问题，而纯粹是北镇鲜卑化军人集团反汉化，"欺汉儿"的表现。正是由于葛荣执行这样一种政策，所以"瀛冀诸州人多避乱南向"[①]，人数达到十几万，而不是像人们说的那样，都参加葛荣的"起义"。这十多万人后在青、徐一带起来斗争。葛荣部众是号称"百万"，其实从后来转到尔朱荣手上来看，仍旧是六镇镇人二十万。

由此可以认定：六镇降户自转到葛荣手上，斗争性质便转化成为统治阶级内部的斗争，转化成为北镇鲜卑化军人集团反对洛阳汉化集团的斗争，转化成为鲜卑化和汉化乃至鲜卑人和汉人的斗争。了解这个转化对我们了解北齐的鲜卑化（反汉化），非常重要。

葛荣并没有完成反对洛阳汉化集团的任务，这个任务被他的镇压者尔朱荣完成了。尔朱荣趁明帝之死，起兵向洛，《魏书·费穆传》说灵太后命前将军、武卫将军费穆率禁军屯于小平以拒尔朱荣，费穆反而向尔朱荣进计"大行诛罚，更树亲党"。尔朱荣遂将洛阳百官弄到行宫西北，假称"祭天"，等到"朝士既集，列骑围绕"，"纵兵乱害，王公卿士皆敛手就戮，死者千三百人"[②]，包括灵太后。这就是所谓"河阴事件"。这个事件是继羽林、虎贲火焚张彝第宅事件之后，洛阳宿卫集团和文官集团之间矛盾的又一次爆发。洛阳宿卫之士和六镇镇人同为代北部落之苗裔，他们的斗争和葛荣领导下的六镇集团的斗争，有某种一致性，即同是洛阳汉化集团的反对者。而尔朱荣对洛阳朝士的大开刀，则不过是宿卫集团代替六镇集团，假手于尔朱荣而已。到洛阳汉化集团被剪除，尔朱荣并兼了葛荣所部，鲜卑化的逆流，战胜了汉化的主流，在北齐泛滥起来。

第二节 怀朔集团统治下的北齐

北齐政权的支柱——六镇镇人与怀朔集团 六镇镇人经过三次转手，即由破六韩拔陵转到葛荣，由葛荣转到尔朱荣，再由尔朱荣转到高欢。高

---

① ［北齐］魏收：《魏书》卷十四《上党王天穆传》，中华书局，1974年，第355页。

② ［北齐］魏收：《魏书》卷七十四《尔朱荣传》，中华书局，1974年，第1648页。

欢"因之，以成大业"[①]。

《魏书·尔朱荣传》说："葛荣余众悉降，……乃普告勒，各从所乐，亲属相随，任所居止。"等到出了百里之外，"乃始分道押领，随便安置，咸得其宜。擢其渠帅，量力授用，新附者咸安。时人服其处分机速"。尔朱荣派人将六镇镇人"分道押领"到尔朱荣的发迹之地并、肆二州去了。据《北齐书·神武纪上》记载："葛荣众流入并、肆者二十余万。"而破六韩拔陵所部就是"二十万人"，可知全部落入了尔朱荣之手。尔朱荣把这二十万六镇镇人交给了在晋阳的尔朱兆管辖。后来葛荣之众"为契胡（羯胡，尔朱荣是羯人）陵暴，皆不聊生，大小二十六反"[②]，尔朱兆感到头痛，乃问计于高欢。高欢说："六镇反残，不可尽杀，宜选王素腹心者私使统焉。若有犯者，直罪其帅，则所罪者寡。"尔朱兆说："善，谁可行也？"当时贺拔允在座，说高欢可以。高欢拳击贺拔允，折其一齿，骂道："生平天柱（尔朱荣）时，奴辈伏处分如鹰犬，今日天下安置在王，而阿鞠泥（贺拔允）敢诬下罔上，请杀之。"尔朱兆见状，以为高欢诚实，"遂以委焉"。高欢受委，乘尔朱兆酒醉，立出"宣言受委统州镇兵，可集汾东受令。乃建牙阳曲川，陈部分"。未几，又"请令就食山东"[③]，把六镇镇人带往冀州。这一转手，成了高欢起家的张本。

从葛荣到高欢，在六镇军人中，逐渐形成了一个"怀朔集团"。了解这个集团的性质，可以帮助我们了解高欢与宇文泰的对立，东、西魏的对立，乃至齐、周政治的差别。

上节说到，葛荣曾委任一大批六镇上层人物为王为将，其中如潘乐、任延敬、王基、可朱浑元、张琼，都是怀朔镇人。由于葛荣本人曾是怀朔镇将，怀朔镇上层人物的地位在六镇军人中逐渐重要起来。六镇军人转入高欢之手后，这些人也都成了高欢的部将。

高欢本人也是怀朔镇人，他在怀朔做过队主、函使，"与怀朔省事云

---

① [唐]魏徵、令狐德棻：《隋书》卷二十四《食货志》，中华书局，1973年，第675页。
② [唐]李百药：《北齐书》卷一《神武纪上》，中华书局，1972年，第4页。
③ [唐]李百药：《北齐书》卷一《神武纪上》，中华书局，1972年，第5页。

中司马子如"及"怀朔户曹史孙腾、外兵史侯景"相友结。曾从葛荣，又亡归尔朱荣。他在受委统六镇兵后，对六镇兵将说过"尔乡里难制"[①]的话。所谓"尔乡里"，对六镇兵来说，指同出于边镇；对将领来说，指同出于怀朔。自高欢接管六镇兵起，怀朔镇人的地位在六镇兵中更加重要起来。他们组成了一个以高欢为首的怀朔集团。这可从《北齐书》得到证明。

见于《北齐书》列传的怀朔镇人，几乎俯仰皆是，除上面提到的潘乐、司马子如等人外，如段荣，"家于五原郡"，五原即怀朔。窦泰，为朔州（怀朔镇改）太安郡捍殊人。韩轨、尉长命、莫多娄贷文（莫多娄氏即莫那娄氏）、步大汗萨（步大汗即破六韩）、赵猛，为朔州太安郡狄那县人。贺拔允，为朔州神武郡尖山县人。韩贤、徐远，为朔州广陵郡石门县人。万俟普，为朔州太平郡太平县人。破六韩常，为朔州附化郡附化县人。其他为朔州人或家于怀朔的，尚有斛律金、斛律羌举（高车有斛律氏）、傅伏、库狄盛（《魏书·官氏志》有库狄氏）、暴显、鲜于世荣等。怀朔镇人如此之多，且都是将领、大臣，表明一个以高欢为首的上层统治集团——怀朔集团已经形成。

《北齐书·侯莫陈相传》云："高祖（高欢）世居云代，以英雄见知。后遇尔朱，武功渐振。乡邑（怀朔）故人，弥相推重。"又赞云："帝乡（怀朔）之亲，世有其人。降灵云朔，载挺良臣。"李百药的话，也可以证明怀朔集团的存在。

六镇镇人以怀朔集团为纽带，形成了一股强大的鲜卑化势力。而高欢底下汉族地主的力量则很小，这不能不影响到东魏、北齐的政治。

北齐政权的鲜卑化特征 北齐的政治有一个显著的特征，即鲜卑化风气极盛，与魏孝文帝推行汉化，形成鲜明对照。六镇起兵的反汉化性质于此得到了最充分的表现。

最高统治集团的"欺汉儿"。继承葛荣，北齐最高统治集团（怀朔集

---

① [唐]李百药:《北齐书》卷一《神武纪上》,中华书局,1972年,第7页。

团）采取了打击"汉儿"的政策。最能说明鲜卑与汉人严重对立的是杨愔事件。《北齐书·杨愔传》记载：废帝时候，作为太皇太后的高欢之妻娄氏，曾咒骂得到杨愔支持的高洋之妻李祖娥为"汉老妪"。李祖娥为赵郡李希宗之女。这表明连高欢的妻子直到暮年，心目中还存在鲜卑和汉人的界限。杨愔是华阴人，父杨津，"魏时累为司空侍中"[1]。杨愔在高洋（文宣帝）时，曾"居端揆，权综机衡"[2]。高洋死后，他鉴于高洋以来爵赏多滥，"诸叨窃恩荣者皆从黜免"。这影响到了鲜卑贵族的利益，常山王（昭帝）、长广王（武成帝）、高归彦、贺拔仁、斛律金互相勾结起来，拥杨愔到太皇太后、废帝面前，通过太皇太后和废帝杀了杨愔。杨愔死时，废帝曾谓："岂敢惜此汉辈？"杨愔之死，显示了以高氏为首的怀朔鲜卑化集团，打击"中华朝士"不遗余力。

这种情况直至北齐末年未见改变。齐后主高纬时，有一个恩幸韩凤，此人是昌黎人，父韩永兴，做过青州刺史。韩凤自己做过禁军都督，是一个鲜卑化的汉人。对于朝士，动不动就骂"狗汉大不可耐，唯须杀却"[3]。后主要到晋阳去，崔季舒"与从驾文官连名进谏"，韩凤竟借此上奏："汉儿文官连名总署，声云谏止向并，其实未必不反，宜加诛戮。"后主立"即召已署表官人集含章殿，以季舒、张雕、刘逖、封孝琰、裴泽、郭遵等为首，并斩之殿庭"。韩凤"令弃其尸于漳水"[4]。汉族士大夫简直是朝不保夕。

反对汉儿文官，是对魏孝文帝汉化政策的反动。最高统治集团以此作为国策，其下可想而知。

鲜卑语言与胡书的流行。"断诸北语，一从正音"，是孝文帝汉化政策的一项最重要的内容。这项政策不仅把鲜卑人最后改变成了汉人，而且发展了文化事业。北齐不同了，最高统治集团大力提倡鲜卑语与胡书。《北

---

① [唐]李百药：《北齐书》卷十九《侯莫陈相传》，中华书局，1972年，第453页。

② [唐]李百药：《北齐书》卷三十四《杨愔传》，中华书局，1972年，第457页。

③ [唐]李百药：《北齐书》卷五十《恩幸传》，中华书局，1972年，第693页。

④ [唐]李百药：《北齐书》卷三十九《崔季舒传》，中华书局，1972年，第513页。

齐书·孙搴传》记载孙搴"又能通鲜卑语，兼宣传号令，当烦剧之任"，大为高欢所赏识，"赐妻韦氏"，"寻除左光禄大夫，常领主簿"。此人居然以通鲜卑语得妻加官。《北齐书·祖珽传》记祖珽因"解鲜卑语"，高欢免其罪，复参相府。语言既重鲜卑，书写亦贵胡书。庾信《哀江南赋》写道："新野有生祠之庙，河南有胡书之碣。"河南属于北齐，侯景专制河南颇久。庾信只看到河南有胡书之碣，殊不知胡书与鲜卑语一样，在北齐各地流行。颜之推《颜氏家训·省事篇》说到北齐可称为"朗悟士"的，在于"天文、画绘、棋博、鲜卑语、胡书、煎胡桃油、炼锡为银，如此之类，略得梗概"。鲜卑语与胡书是北齐统治集团最欣赏的，不通鲜卑语与胡书的汉人，不得称为"朗悟士"。

这又是对孝文帝汉化政策的反动。

社会风气的鲜卑化。《颜氏家训·教子篇》写道："齐朝有一士大夫，尝谓吾曰：'我有一儿，年已十七，颇晓书疏，教其鲜卑语及弹琵琶，稍欲通解，以此伏事公卿，无不宠爱，亦要事也。'"这不仅写出了在鲜卑公卿的优势下，汉族士大夫的一副可怜相，而且写出了当时社会，已为一股鲜卑化风气所笼罩。《隋书·音乐志中》"杂乐"条写道："然吹笛、弹琵琶、五弦及歌舞之伎，自文襄（高澄）以来，皆所爱好，至河清以后，传习尤盛。"《北齐书·恩幸·和士开传》写和士开以"能弹胡琵琶"，为长广王（武成）所"亲狎"。后主高纬"盛为无愁之曲"，"自弹胡琵琶而唱之，侍和之者以百数"，因而获得了"无愁天子"的"美名"。上行下效，当然士大夫要教子学鲜卑语及弹琵琶了。孝文帝大刮汉化之风，北齐统治者反过来大刮鲜卑化之风，又是对孝文帝汉化政策的反动。

这种反动，是不能单用北齐统治者的出身和所好来解释的。北齐是靠六镇镇人建立起来的，北齐对孝文帝汉化政策的反动，正是六镇鲜卑化集团斗争的目的与要求。

维护鲜卑贵族利益的北齐政治经济政策 鲜卑贵族是政治上的暴发户。他们反对汉化，是因为洛阳汉化集团获得高官厚禄，而他们却因为"房分"沦于府户的地位而发起。等到他们跻身于最高统治阶层，就必然要攫取经济利益，而北齐政权则是他们攫取经济利益的靠山。抓住了这一点，就可以了解北齐政治经济上的问题了。

吏政方面：《北齐书·杜弼传》记载杜弼曾"以文武在位，罕有廉洁"的话，言之于高欢。可高欢以为"天下浊乱，习俗已久，今督将家属多在关西，黑獭（宇文泰）常相招诱，人情去留未定。江东复有一吴儿老翁萧衍者，专事衣冠礼乐，中原士大夫望之，以为正朔所在"。如果"急作法网，不相饶借，恐督将尽投黑獭，士子悉奔萧衍，则人物流散，何以为国？"因此，他不想采取措施，改变文武在位罕有廉洁的恶劣之风。他对杜弼说过："尔宜少待，吾不忘之。"似乎不久的将来，他要想办法澄清吏治。后来杜弼又请"先除内贼，却讨外寇"。高欢问内贼是谁，杜弼说："诸勋贵掠夺万民者皆是"。这刺中了鲜卑勋贵的要害，高欢居然"令军人皆张弓挟矢，举刀按槊以夹道，使弼冒出其间"。杜弼"战栗汗流"，高欢因说："箭虽注，不射；……尔犹顿丧魂胆，诸勋人身触锋刃，百死一生，纵其贪鄙，所取处大，不可同之循常例也。"[1]还有一例，司徒孙腾为寻找他因乱离散的女儿，曾经放免"奴婢诉良者"千人，"冀得其女"。高欢听说，居然"大怒，解其司徒"[2]。高欢是既无澄清吏治的壮志，也无放免奴婢的气魄。

高欢既然对杜弼所指的掠夺万民的内贼，采取宽容和保护政策，就必然要使掠夺的妖风到处吹起。高欢的重臣孙腾、高岳、高隆之、司马子如"号为四贵，非法专恣"，而孙腾尤甚。他"求纳财贿，不知纪极，生官死赠，非货不行，看藏银器，盗为家物，亲狎小人，专为聚敛"[3]。《颜氏家训·治家篇》记载，邺下有一个领军将军，"贪积已甚，家童八百，誓满一千。……麻鞋一屋，弊衣数库，其余财宝，不可胜言"。地方官如王则，在荆州刺史任内，"取受非法，旧京（洛阳）取像，毁以铸钱，于时世号

---

① ［唐］李百药：《北齐书》卷二十四《杜弼传》，中华书局，1972年，第348页。
② ［唐］李百药：《北齐书》卷十八《孙腾传》，中华书局，1972年，第234页。
③ ［唐］李百药：《北齐书》卷十八《孙腾传》，中华书局，1972年，第235页。

为河阳钱，皆出其家"①。吏政，官风，坏到了极点。

经济政策方面：北齐的经济政策，曾被称述的无过于武成帝河清三年的均田了。可是，《北齐书·幼主纪》却有这样的话："爰自邺都及诸州郡，所在征税，百端俱起。凡此诸役，皆渐于武成，至帝（后主）而增广焉。"尤其是魏徵在《北齐书》帝纪总论中，明白指出了"齐自河清之后，逮于（后主）武平之末，土木之功不息，嫔嫱之选无已，征税尽，人力殚，物产无以给其求，江海不能赡其欲，所谓火既炽矣，更负薪以足之，数既穷矣，又为恶以促之，欲求大厦不燔，延期过历，不亦难乎！"李百药认为北齐所在征税，百端俱起，"皆渐于"实行均田的武成帝。魏徵进一步把北齐灭亡的原因，归之于"河清之后"的"征税尽，人力殚"，而河清正是均田之年。由此可知唐人李、魏之辈，在论到齐政时，之所以一字不提河清均田，是因为河清均好比负薪以足火，为恶以促亡。

据《隋书·食货志》，河清三年，在土地政策上，制定了三个圈。第一圈，"京城（邺城）四面诸坊之外三十里内（内畿郡）为公田，受公田者，三县代迁户执事官一品已下，隶于羽林、武贲（从第六品下）各有差"。这是把京城附近的土地当作公田，赐给代迁新旧贵族。按《关东风俗传》称"迁邺之始，滥职众多，所得公田，悉从货易"，代迁贵族依北魏畿内旧制，在邺城早已建家立业，本不待河清。河清法令的本意，一是鉴于鲜卑新旧贵族前所得公田悉从货易，需要重新授予，以满足他们对土地的要求；二是肯定邺城三十里内的土地为虎贲以上鲜卑贵族所专有，他人不得染指。第二圈，所谓"外畿郡"，授给"华人官第一品已下，羽林、武贲已上各有差"。本意在区分鲜卑与汉族官吏，汉官只能在外畿郡获得土地。这从土地制度上反映了鲜卑与汉人界限之严。第三圈，"其方百里外及州"，"人一夫受露田八十亩，妇人四十亩。……又每丁给永业二十亩为桑田"。受到称赞的是这一圈。但要注意：一、《隋书·食货志》说到河清三年均田前本有"旧制"，"未娶者输半床租调"。《通典·田制下》说到

---

① ［唐］李百药：《北齐书》卷二十《王则传》，中华书局，1972年，第272页。

北齐"给授田令"的旧制，是"仍依魏朝"。河清均田在某些方面虽然有所变动，但变动不大，它不过是重申前制而已。二、河清法令中规定："职事及百姓请垦田者，名为永田。"何谓"请"？《关东风俗传》云："又河渚山泽，有司耕垦，肥饶之处，悉是豪势，或借或请。编户之人，不得一垄。"就是根据"职事（有司）及百姓（豪势）请垦田者，名为永田"这一条而来。叫作"永田"，也就是请垦一经批准，即永远归请垦者所有，这就影响到了均田法的实行，"编户之人，不得一垄"。通过河清所谓"均田"，编户不是得了土地，而是连原来在"旧制"下所受的土地也丧失了。可是赋役却规定下来了，"率人一床调绢一匹，绵八两。凡十斤绵中折一斤作丝，垦租二石，义租五斗"。这一个也不能少。"二十充兵，六十免力役。"不到六十岁，无人可以免役。由此可以了解魏徵为什么说齐自河清之后，"征税尽，人力殚"。

北齐的出现，无疑是孝文帝汉化以来，历史的一个逆转。但是也要看到北齐不可能事事逆历史潮流而动，像上层建筑领域官品百司和举士之制，仍然多沿后魏。关东是汉族经济文化最发达的地区，汉化的定局很难回扭，历史将带着新进入关东地区的六镇鲜卑与最顽固的上层人物怀朔集团，同归于民族融合的海洋。

第三节　以汉族为中心的民族融合的最后胜利
（论北周的改革）

北周改革的动力——以关陇城人为主体的各族人民起义　破六韩拔陵起兵后的第二年六月，秦州城人莫折大提据秦州城起义，自称秦王，杀刺史李彦，掀起了自魏初以来，被压在底层的、由非鲜卑人充当的杂户大起义。这是魏末最重要的起义，它将为解决魏初以来，北方人户复杂化的问题，铺平道路；它将促成民族界限的最后消失，民族大融合的最后完成。

秦州莫折大提既起，南秦州城人孙掩、张长命、韩祖香据南秦州城响应，杀刺史崔游。《魏书·肃宗纪》因此呼为"秦贼"。但非只有二秦城人起义，据《魏书》肃宗等纪，继起的城人遍布于各州，特按年代顺序述之如下，以见其范围、规模之广。

正光五年冬十月，"营州城人刘安定、就德兴据城反，执刺史李仲遵"。就德兴自号燕王。十二月，"莫折念生遣兵攻凉州，城人赵天安复执刺史以应之"①。营州在东，凉州在西，遥相呼应。

孝昌二年夏四月，北方"朔州城人鲜于阿胡、库狄丰乐据城反"。这年，在营州起义的就德兴"攻陷平州，杀刺史王买奴"②。

孝昌三年，"高平虏贼逼岐州，城人执刺史魏兰根，以城应之"③。城人与高平镇人联合起来了。

武泰元年春正月，"雍州城人侯终德相率攻宝夤"。萧宝夤当时已叛魏独立，"自号曰齐，年称隆绪"。侯终德起兵不是助魏，而是打萧宝夤这个魏臣、军阀。萧宝夤被迫"携南阳公主及子，与百余骑渡渭而走"④。

武泰三年春正月，"东徐州城民吕文欣、王赦等杀刺史元太宾，据城反"⑤。十二月，"齐州城人赵洛周"⑥又据齐州西城反。

由此可知，城民起义的烽火遍布于北中国。

我们从《魏书》肃宗和孝庄帝纪中，还可发现齐州民起义非常频繁，这显然与众多的齐州民曾被迫充当"平齐户"有关。

孝昌元年二月，有"齐州魏郡民房伯和聚众反"；三月，有"齐州清河民崔畜杀太守董遵，广川民傅堆执太守刘莽反"。孝昌二年六月，曾"曲赦齐州"，而冬十一月，又有"齐州平原民刘树、刘苍生聚众反"。三年三月，齐州"清河民房须自署大都督，屯据昌国城"。到孝庄帝武泰元年五月，又有"齐州郡民贾皓聚众反，夜袭州城，会明退走"。三年十二月，齐州城人赵洛周据西城反，《魏书·孝庄帝纪》说是"应尔朱兆"，其

---

① [北齐]魏收：《魏书》卷九《肃宗纪》，中华书局，1974年，第238页。
② [北齐]魏收：《魏书》卷九《肃宗纪》，中华书局，1974年，第245页。
③ [北齐]魏收：《魏书》卷九《肃宗纪》，中华书局，1974年，第246页。
④ [北齐]魏收：《魏书》卷九《肃宗纪》，中华书局，1974年，第248页。
⑤ [北齐]魏收：《魏书》卷十《孝庄帝纪》，中华书局，1974年，第264页。
⑥ [北齐]魏收：《魏书》卷十《孝庄帝纪》，中华书局，1974年，第268页。

实是应齐州民。城民与郡县人民是互相支持的。他们的目的很明显，就是要改变自己的低贱地位，改变被压迫、被剥削的命运。

城人莫折大提之子莫折念生，曾经建立天建政权，控制了东到黑水（陇口），西到凉州的大片地区①。莫折念生虽然失败，但后起者大有人在。《周书·李贤传》记西魏文帝大统之初，"莫折后炽连结贼党，所在寇掠"。且说莫折后炽之党，"聚结岁久，徒众甚多，数州之人皆为其用"。斗争如此持久，范围如此广阔，澄清北方人户，解决北朝人户复杂化的问题，已成为继魏而兴的北周、北齐面临的紧迫问题。而能解决这个问题的，却只有北周。

北周改革的方针——"六条诏书"　出身为武川镇人的宇文泰，由于六镇镇人尽入高欢之手，不得不向关西汉人求助。他起用了"累世二千石"的武功人苏绰和"累世儒学"的范阳涿人卢辩，助他理政。苏绰提出了"六条诏书，奏施行之"。宇文泰对六条诏书非常重视，"常置诸座右，又令百习习诵之。其牧守令长，非通六条及计账者，不得居官"②。苏绰的六条诏书是西魏、北周的治国方针，一系列改革的总根据。它关系到北朝政治经济制度的变化，甚不可忽视。下面据《周书·苏绰传》详析之。

"先治心"。这是根本。所谓"治心"，照苏绰的解释，是"清心"与"修身"。而所谓"清心"，是要求达到"凡所思念无不皆得至公之理，率至公之理以临其民"。只有清心而后才能修身。他特别指出"为人君者，必心如清水，形如白玉"③，即要求人君以身作则，首先治心，所思所念绝不能偏离至公之理，临民必须以至公之理当先。他抓住了关键。

要了解这一条，必须联系北朝的历史。北朝有两件大事被人们认为不公。一是孝文帝采用魏晋以来世族地主的门选制度，被认为不公。李冲

---

①《资治通鉴》梁武帝大通元年把克潼关归入"秦贼"即莫折念生名下，今人从之。考《魏书·肃宗纪》孝昌三年正月，明书"虏贼据潼关"。虏贼即"高平虏贼"万俟丑奴。《资治通鉴》谓"秦贼据魏潼关"有误，莫折念生控制区未达潼关。

②［唐］令狐德棻:《周书》卷二十三《苏绰传》,中华书局,1974年,第391页。

③［唐］令狐德棻:《周书》卷二十三《苏绰传》,中华书局,1974年,第383页。

说："若欲为治，陛下今日何为专崇门品，不有拔才之诏？"①李彪说："陛下若专以门地，不审鲁之三卿，孰若四科？"②韩显宗说："陛下以物不可类，不应以贵承贵，以贱袭贱。"③二是北齐大力推行鲜卑化政策，鲜卑与汉界限极严，"汉辈""汉儿""狗汉""汉老妪"随便骂，一切施政均以鲜卑勋贵的利益为前提，被认为大大不公。前者是阶级上的不公，后者是民族上的不公。按照苏绰的"先治心"，首先就不能区分士与庶、鲜卑与汉人。这是苏绰的意图所在。而宇文泰置六条于座右，表明他采纳了苏绰这条总方针。

奴婢、杂户的存在是最大的不公，苏绰是不是考虑到了？从西魏不给奴婢授田来看，是考虑到了的。以至公之心临民的原则方针既然确定下来，奴婢、杂户的解放就不是遥遥无期的了。

"择贤良"。这条既是至公之心的表现，又是把公字作为最高政治准则的保证。苏绰说："自昔以来，州郡大吏，但取门资，多不择贤良。……夫门资者乃先世之爵禄，无妨子孙之愚瞽。"可见他反对门选。他主张"今之选举者当不限资荫，唯在得人。苟得其人，自可起厮养而为卿相"。他批驳了那些认为"邦国无贤"，不限资荫，就"莫知所举"的人的荒谬论点。他说：用人总是"常引一世之人，治一世之务，故殷、周不待稷、契之臣，魏、晋无假萧、曹之佐"，哪有"万家之都，而云无士"的道理？"但求之不勤，择之不审，或用之不得其所，任之不尽其材，故云无耳"④。根据这条诏书，西魏改革了选举法。《文献通考·选举考九》说得明白："初霸府时，苏绰为六条诏书，其四曰擢贤良。绰深思本始，惩魏、齐之失，罢门资之制，其所察举，颇加精谨。"所谓"罢门资之制"，也就是废除九品中正制。终北周之时，举士权一直归于州、郡、县，在北周六官中，是没有中正官的地位的。选举不问清浊。它与梁朝"无复膏粱寒素

---

① [北齐]魏收：《魏书》卷六十《韩麒麟传》，中华书局，1974年，第1343页。

② [北齐]魏收：《魏书》卷六十《韩麒麟传》，中华书局，1974年，第1343页。

③ [北齐]魏收：《魏书》卷六十《韩麒麟传》，中华书局，1974年，第1343页。

④ [唐]令狐德棻：《周书》卷二十三《苏绰传》，中华书局，1974年，第386—387页。

之隔"的选举法，同是在南北朝晚期出现的新事物。只是北周的新的选举法，仍由乡举里选，不及梁朝改革的彻底。它的意义在于破除了魏齐选举上士庶、民族之隔。

"尽地利""均赋役"。上面两条目的在整顿封建政治，而整顿封建政治，目的又在发展封建经济，于是而有"尽地利""均赋役"两条。

苏绰说："衣食所以足者，在于地利尽，地利所以尽者，由于劝课有方。"[1]他把衣食摆到了"命"也就是根本的地位。但如果劝课无方，"舍豪强而征贫弱"，"纵奸巧而固愚拙"，就不能尽地利，足衣食。因此尽地利与均赋役必须并举，不能偏废。北周在均田与赋役上的改革，本之于此。"均赋役"表现了一个公字，这条诏书的提出，正是为了消除北齐"征税尽，人力殚"的不公现象。至于"尽地利"，北周也没有像北齐那样划出土地专门授给鲜卑勋贵与汉官，没有像北齐那样职事和豪势可以"请垦"河堵山泽、肥饶之处，算作"永田"的规定，且废除了官吏、地主的奴婢可以"依良"受田的政策。这也体现了一个公字。

"敦教化"。在敦教化上，苏绰的可贵之处，是他看到了如果"饥寒切体，而欲使民兴行礼让者，此犹逆坂走丸，势不可得也"。必须"先足其衣食，然后教化随之"。而"衣食所以足者，在于地利尽"[2]，他把尽地利放在敦教化的前头。这种思想与汉代唯物主义者王充的"礼义之行，在谷足也"的思想，一脉相通。另外还要注意"敦教化"中，包含了汉化的意义。在北齐鲜卑化之风狂吹的时候，提出这一条，而又把它摆到尽地利，足衣食之后，是卓越的。

"恤狱讼"。恤狱讼是要求"赏罚得中"，"轻重皆当"，无令"巧诈者虽事彰而获免，辞弱者乃无罪而被罚"。在封建时代，能不能恤狱讼，常被认为是有无至公之心的标志。如果冤案累累，所谓尽地利、均赋役、敦教化，便都是空谈。只有赏罚得中，轻重皆当，才能使"恶止为善劝"，

---

①［唐］令狐德棻：《周书》卷二十三《苏绰传》，中华书局，1974年，第384页。

②［唐］令狐德棻：《周书》卷二十三《苏绰传》，中华书局，1974年，第384页。

"阴阳调适，四时顺序，万物阜安"[①]。这一条体现了苏绰的法治精神和以至公之心以临狱的法治思想。

这六条是互相联系的。在这六条中，最重要的两条是"先治心"，"择贤良"。上自人君下到各级官吏，如果都是苏绰所要求的贤良，都能秉至公之心、至公之理以临民，那尽地利，均赋役，敦教化，恤狱讼，就都能办到，办好。而先治心、择贤良两条，又以先治心为重要，因为无至公之心、至公之理，贤良也就不可择。即使改革了选举法，也难任人唯贤。但先治心，又不能脱离后五条而独立存在。至公表现在择贤良，尽地利，均赋役，敦教化，恤狱讼中。只有把后五条做好，也才能逐渐树立起公风。

北周的各项改革，都是在这六条诏书的指导下进行的，因此获得了成效。

北周在社会经济方面的改革 北周的改革，牵涉面很广。时间开始于西魏文帝大统之时，大规模改革则在恭帝三年"六官"建成之后，最后完成在周武帝年间。从大统元年（535年）起到建德末年（578年）止，历时四十四年。这是北朝在"六条诏书"指导下，又一场深刻而又持久的政治革新，意义超出了北魏孝文帝的改革。

一、均田制的改革。北周的均田制因为是在苏绰的以至公之心、至公之理为核心的六条诏书指导下进行的，所以有很多新的创造，不同于北魏、北齐的均田。

第一，北周不给奴婢和耕牛授田，这并不像是人们想象的那样，是史籍漏记，而是苏绰对北魏均田制的一个重大革新。它预示着北方奴婢众多的现象，即将成为过去。

自北魏以来，北方奴婢很多。北魏、北齐奴婢受田依良的规定，虽有促成奴婢转化为部曲、客女的意义，可不是促成奴婢的解放，而是巩固对奴婢的占有。这从北魏、北齐均田后，社会上奴婢占有成风，即可明白。奴婢的广泛存在，与稳定内部、与"强国富民之道"（宇文泰所求）、与

---

① ［唐］令狐德棻：《周书》卷二十三《苏绰传》，中华书局，1974年，第389页。

"六条诏书"所强调的至公之心，至公之理，是严重相冲突的。解决奴婢问题，在苏绰看来，刻不容缓。奴婢不授田，表明地主阶级企图通过所占有的众多的奴婢，获得大量土地的道路被堵死了。这将起到限制贵族地主蓄奴占田的作用。国家要把奴婢放免为自由民，再授给他们以土地，以尽地利，也比较容易见效。苏绰所定均田制不给奴婢授田，意义正在于此。

第二，根据均赋役以尽地利的方针，在赋法上，北周规定了"丰年则全赋，中年半之，下年三之，皆以时征"；"若艰凶札则不征其赋"。人们往往纠缠于北周有室者之赋与魏、齐比较，孰轻孰重？其实北周赋法精神的所在，是区分丰、中、下与凶年，全征、半征、三分取一与不征。这种赋法，为魏、齐均田制所无，目的在使赋税比较均平。《隋书·苏威传》尚说："初苏威父绰在西魏，以国用不足，为征税之法，颇称为重，既而叹曰：'今所为者，正如张弓，非平世法也。后之君子，谁能弛乎？'威闻其言，每以为己任。"这表明北周所定赋税负担，有权宜的性质，非如魏齐为永定之式。

在役法上，北周规定了"凡人自十八以至五十有九，皆任于役，丰年不过三旬，中年则二旬，下年则一旬。凡起徒役，无过家一人"。此外尚有"年八十者，一子不从役；百年者，家不从役；……若凶札，又无力征"[1]的规定。放到历史上去考察，北魏只有年八十，一子不从役的规定；北齐则只要是十八岁到五十九岁的农民，都得充役。再从北魏上升到晋朝与五胡十六国时代去看，三五征丁几为通行的办法。不分丰、中、下，凶年，不问服役时间，不计服役人数。北周则不仅分出上、中、下，凶年服役的天数，而且制定"凡起徒役无过家一人"。这是历史上役法的一次大调整。它不仅延长了均田制的寿命，而且在紧追梁朝的以雇借代替起役，成为唐时役法变革的又一个渊源。《隋书·食货志》还写道：隋初"仍依周制，役丁为十二番，匠则六番。"所谓"匠则六番"，是北周对工匠服役制度的改革。从此，在北方，民间工匠一年也有十个月的合法时间，从事

---

① [唐]魏徵、令狐德棻：《隋书》卷二十四《食货志》，中华书局，1973年，第679页。

手工业活动。

二、北方人户的澄清。周武帝时,把宇文泰、苏绰的社会经济改革向前发展了一步,这就是大规模释放奴婢与官府控制的所有的杂户;对于僧侣地主控制的僧祇户、寺户、沙门,则通过禁断佛道二教来解决。北方人户由此得到了澄清,北魏初年以来人户复杂化的问题,由此得到了解决。它具有重大的社会的历史的意义。

周武帝的改革,是与苏绰的六条诏书和所制定的均田法令联系在一起的。放免奴婢、杂户和寺院的僧祇户、寺户,正是至公之心的表现。而北周的均田法不授田给奴婢,又为周武帝大规模释放奴婢乃至杂户,创造了先决条件。

《周书·武帝纪》详细记载了周武帝放免奴婢与杂户的经过。在保定五年宇文护尚在当政的时候,便下过一次释放奴婢的命令。"其公私奴婢有年七十以外者,所在官司,宜赎为庶人"。虽云所在、官私,但有年龄的限制。到杀了宇文护之后,放免便大规模地展开,或者说真正开始。从建德元年(572年)到宣政元年(578年)周武帝死前,历次所下的诏令中,我们可以看到周武帝释放奴婢、杂户的几个特点。一、凡官口一律放免。如建德元年冬十月庚午下令:"江陵所获俘虏充官口者,悉免为民。"[①]二、私家奴婢的放免,阻力较大,为减少阻力,分步骤进行,并规定主人欲留,听留为部曲及客女。如建德六年(577年)二月癸未,下令:"自伪(齐)武平三年以来,河南诸州之民,伪齐被掠为奴婢者,不问官私,并宜放免。"[②]这尚限于572—577年,并限于河南诸州。同年十一月又下令:"自(北魏孝武帝)永熙三年七月已来,去年十月(出兵平齐)已前,东土之民,被抄略在化内为奴婢者,及平江陵之后,良人没为奴婢者,并宜放免,所在附籍,一同民伍。若旧主人犹须共居,听留为部曲及客女。"[③]这就把时间伸到了北魏灭亡之年。自永熙三年到建德五年是四十

①[唐]令狐德棻:《周书》卷五《武帝纪上》,中华书局,1974年,第81页。
②[唐]令狐德棻:《周书》卷六《武帝纪下》,中华书局,1974年,第101页。
③[唐]令狐德棻:《周书》卷六《武帝纪下》,中华书局,1974年,第104页。

三年，即使是永熙三年出生的奴婢也有四十三岁了。范围包括东土与尚未释放的被没为私家奴婢的江陵良人。这等于释放北方全部官、私奴婢。如果旧主人想留，也不能留作奴婢，而应留作佃客。这种有步骤的大规模的释放，表明周武很有政治眼光与魄力。宣政元年，周武帝又下令："柱国故豆卢宁征江南武陵、南平等郡，所有民庶为人奴婢者，悉依江陵放免。"①这是把奴婢的放免，扩大到凡军事力量所及之地。三、与大规模放免奴婢的同时，放免杂户。这是放免奴婢的必然发展。杂户都由官府控制，放免好办。但僧祇户、寺户、沙门由僧侣大地主控制，放免不好办，于是而有周武帝的废佛与废道。周武断佛、道二教，主要意义在此。早在建德三年五月丙子，周武帝便曾下令"初断佛、道二教，经像悉毁，罢沙门、道士，并令还民"②。这是释放杂户的先声。到了建德六年平齐之后，周武帝一方面下令释放官府控制的杂户，一方面把断佛、道二教，推广到北齐境内，北齐的杂户就大规模放免为民。此年八月，他下令"以刑止刑，世轻世重，罪不及嗣，皆有定科，杂役之徒，独异常宪，一从罪配，百世不免。罚既无穷，刑何以措。道有沿革，宜从宽典。凡诸杂户，悉放为民，配杂之科，因之永削"③。很明白，此令说的是"凡诸杂户"，包括隶户、平齐户、城民、府户，等等，都放免为民，并禁止以后再搞"配杂之科"。这是魏末以关陇城民为主体的人民起义所获得的一个丰硕的成果，是魏初以来人户复杂化的一次大澄清。按《隋书·刑法志》谓魏太武帝"虏西凉之人，没入名为隶户。魏武入关，隶户皆在东魏，后齐因之，仍供厮役"。接着又说周武帝平齐后，"欲施轻典于新国，乃诏凡诸杂户，悉放为百姓，自是无复杂户"④。此话易给人一种错觉，以为周武帝放免的只是魏初虏自西凉的隶户。其实放免的不限于隶户，亦不限于后齐。"自是无复杂户"说明了北朝近二百年来出现的各种杂户，到建德六年，基本

---

① ［唐］令狐德棻：《周书》卷六《武帝纪下》，中华书局，1974年，第106页。
② ［唐］令狐德棻：《周书》卷五《武帝纪上》，中华书局，1974年，第85页。
③ ［唐］令狐德棻：《周书》卷六《武帝纪下》，中华书局，1974年，第103页。
④ ［唐］魏徵、令狐德棻：《隋书》卷二十五《刑法志》，中华书局，1973年，第709页。

上都被一扫而光。《广弘明集》卷十又记周武帝在平齐之后，把废佛之举，推及东土。"尔时魏、齐东川，佛法崇盛，见成寺庙，出四十千，并赐王公，充为第宅。五众释门，减三百万，皆复军民，还归编户。融刮佛像，焚烧经教，三宝福财，簿录入官，登即赏赐分散荡尽。"周武帝灭佛相当彻底，被称为"破前代关东、西数百年来官私佛法，扫地并尽"[①]。而所谓"扫地并尽"，重要的尚不是官私佛法，而是僧祇户、寺户、沙门。僧祇户、寺户、沙门的问题不解决，所谓"凡诸杂户，悉放为民（自由民）"，所谓释放奴婢，便要大打折扣。

在周武帝释放奴婢、杂户和断佛、道二教的法令中，有"所在附籍，一同民伍""还归编户"之言，既然附籍，同于编户，自应按均田法授田。

总体来看，经过宇文泰、苏绰和周武帝的改革，北方社会取得了很大的进步，其突出的表现，便是无数奴婢、杂户变成了均田户，北方人户到此得到了澄清。这对以汉族为中心的民族大融合的最后胜利，有极为重要的意义。

北周在兵制方面的改革　对于以汉族为中心的民族大融合的最后胜利来说，社会经济上的改革是重要的，兵制上的改革也是重要的。自北魏到北齐，鲜卑与其他各族人民的界限，在兵制上，总是顽固地存在着，很难改变。北魏兵分两种，代北部落之苗裔一种，其他各族兵（非国人）一种。前者高贵，后者低贱。北齐兵也分两种，"百保鲜卑"一种，由华人充当的"勇夫"一种。这严重阻碍了民族之间的融合。北周创府兵制度，其重大意义不仅在关陇集团的形成，而且消除了北魏以来兵制上的民族界限。这个顽固堡垒的打破，是北朝民族融合最后胜利的标志。

对于北周的府兵制度，陈寅恪先师、谷霁光先生等前辈，已有精辟的论述。这里只讲与民族融合有关的内容。

按《周书·文帝纪上》曾经说到，宇文泰底下"军士多是关西人"，可见他一开始就向关西各族人民求助。这是因为六镇军人尽归高欢造成。

---

① [唐]释道宣：《续高僧传》卷二十三《释静蔼传》，大正新修大藏经本。

《周书·刘亮传》说到北魏孝武帝西奔之前，宇文泰已"置十二军"。大统八年，宇文泰用苏绰之言，仿照周典，设置"六军"，合为百府，府兵组织于是形成。要注意府兵军士多是关西人，且柱国中的辽东襄平人李弼、天水南安人赵贵，大将军中的弘农华阴人杨忠、出自太原王氏的王雄，均为汉人。李弼与王雄均未镇过武川。这说明府兵制一开始形成的便不是一个鲜卑化集团，而是民族混合的一个缩影。

更有进者，在府兵制建立之后，宇文泰曾"广募关、陇豪右，以增军旅"[①]。所谓广募关陇豪右，是募关陇地主携带乡兵，加入府兵。办法是给带乡兵来投的豪右，加上都督、帅都督以至大都督的官衔，从而纳入府兵系统。例如韦瑱，《周书·韦瑱传》称他"世为三辅著姓"，大统八年初建六军，他"以望族兼领乡兵，加帅都督（正七命）"，被纳入府兵系统。郭彦，《周书·郭彦传》称"其先从宦关右，遂居冯翊"。大统十二年，"初选当州首望，统领乡兵"，郭彦被选，"除帅都督"，被纳入府兵系统。苏椿，为苏绰之弟，《周书·苏绰传》附传称大统十四年，"置当州乡帅，自非乡望允当众心者，不得预焉，乃令驿追椿领乡兵。其年，破槃头氐有功，除散骑常侍，加大都督（八命）"，被纳入府兵系统。广募关陇豪右的意义有三：一、要注意"关陇"二字，它为关陇集团的形成奠定了基础；二、把乡兵转化为府兵，也就是把掌握在豪右手上的武装，变成为国家的军队；三、扩大了府兵中汉民族的成分，有助于以汉族为中心的民族大融合在军队中的实现。

大统十六年，又由"广募关陇豪右以增军旅"，转到"籍民之有材力者为府兵"[②]。募豪右是有限的，募而不来，宇文泰也没有办法，于是而有籍。

《文献通考·兵考三》说："周太祖辅西魏时，用苏绰言，始仿周典置六军。籍六等之民，择魁健材力之士以为之首。尽蠲租调，而刺史以农隙教之。合为百府，每府一郎将主之，分属二十四军，开府各领一军。"《文

---

① ［唐］李延寿：《北史》卷九《周本纪上》，中华书局，1974年，第324页。

② ［宋］王应麟：《玉海》卷一百三十七《兵制》引《后魏纪》，清乾隆文渊阁四库全书本。

献通考》讲得很笼统，在这段话中，置六军是大统八年的事，而籍民之有材力者为府兵，是大统十六年的事。《文献通考》与《后魏纪》不同的，是说在六等（中下户以上六个户等）之民中籍兵，选择魁健材力之士以为之首，带领其他被籍者从军。户既在中下等以上，为之首的又是有材力之士，这种"士"便仍然具有"豪右"性质。这和豪右带领乡兵从军，并无多大差别。有差别的是籍不是募，籍可以有两种解释，一是假或借；二是据籍而择。无论哪种解释都多少带有强制性。要说是募，也是一种强募。

募豪右带乡兵从军或者籍六等之民，择有材力之士以为之首，带领人们投军，都限制了府兵的来源。于是而有周武帝建德二年的"改军士为侍官，募百姓充之，除其县籍"。《隋书·食货志》说："是后夏人半为兵矣。"

府兵本来就具有禁卫军的性质，每年有一个月的时间，轮流到京城来宿卫；本来就"不编户贯"[1]，自相督率。周武帝的改革，重要的是"募百姓充之"，即不再通过募豪右带乡兵参军（不是绝对的），不再计材力，而由国家直接广募均田农民充当府兵。《周书·武帝纪上》建德三年十二月记载：武帝曾下诏"荆、襄、安、延、夏五州总管内，有能率其从军者，授官各有差。其贫下户给复三年。"说明贫下户从此也可以当府兵了。《周书·武帝纪下》记载建德四年伐齐，出动的军队人数竟达十七万之多，大大超过了府兵制度建立之初，"众不满五万人"[2]之数。府兵的来源至此大为扩大。

这里用得上《文献通考·田赋考二》说的"蠲其租调，刺史以农隙教之"的话。被募为府兵的农民虽然县籍已除，但在军府中，在不"番上"的时候，仍然要生产。农隙，本州刺史有"教之"的责任。虽然不是"兵农合一"，但表现了府兵制与均田制结合的趋向。

由于广募均田农民充当府兵，由于"夏人半为兵矣"，一支统一的汉化的军队在北朝出现了，民族界限在北朝顽固的堡垒兵制中消失。凭借这

---

① [唐] 李延寿：《北史》卷六十《传论》，中华书局，1974年，第2155页。

② [元] 马端临：《文献通考》卷一百五十一《兵考三》，中华书局，1986年，第1318页。

样一支军队，周武帝灭了北齐，扭转了东土鲜卑化的逆流。

综观魏晋南北朝时期的民族融合，大体有三个阶段。第一阶段为五胡十六国时期，进入中原的所谓"五胡"，都与汉族自然同化。第二阶段为魏孝文帝迁都洛阳、推行汉化时期，代迁户都与汉族自然同化。第三阶段自六镇起兵起到北周末年止，进入中原的北镇鲜卑化镇人，初期虽然反汉化，最终却不能不接受汉化，走上与汉族自然同化之途。转折点是北周的统一北方。这个阶段的民族融合，因为是在北方人户大澄清基础上的融合，所以北方各族融合的历史进程到此基本完结。接着而来的便是南北方的统一了。

第十四章　南北其他民族问题

除五胡外，魏晋南北朝时期还有很多重要的民族，在源流、分布地区、社会状况等方面还存在不少问题有待探讨。

第一节　槃瓠蛮与俚族的分布地区及社会状况

魏晋南北朝时期有三大蛮族：板楯蛮、廪君蛮、槃瓠蛮。前两个蛮族已在论李特、张昌起义时说过。存在的问题是对廪君、槃瓠二种，人们往往不加区别，混为一谈。旧籍也有相混之处。像《宋书·荆雍州蛮传》把荆、雍二州蛮统统说成是"槃瓠之后也，分建种落，布在诸郡县"。此传提到了五溪蛮，宜都、天门、巴东、建平、江北诸郡蛮，沔中蛮，天门溇中蛮，南郡临沮当阳蛮，缘沔诸蛮，龙山雉水蛮，澧水诸蛮，沔北诸蛮，桂阳蛮，临贺蛮等。其中只有五溪蛮、天门蛮、桂阳蛮、临贺蛮是槃瓠蛮，别的都是廪君蛮。廪君蛮以白虎为图腾，槃瓠蛮以狗为图腾，不是一种蛮。因此，分布地区必须澄清。

本书在论张昌起义时说到廪君蛮本为巴郡、南郡蛮，迁徙方向是向东到达江汉一带，分布区北接淮水、汝水，南极江汉。而巴东为分巴郡立，宜都为分南郡立，建平又是分宜都立，雉县（雉水所经）属南阳，澧水出南阳，可见《宋书·荆雍州蛮传》所谓巴东蛮本巴郡廪君蛮，宜都建平蛮本南郡廪君蛮。雉水蛮、澧水蛮地当沔水（汉水）上源，他们也都是廪君蛮。槃瓠蛮的分布区就不同了，槃瓠蛮的发祥地是辰州，《后汉书·南蛮西南夷传》李贤注："今辰州卢溪县西有武山，黄闵《武陵记》曰：山高可万仞，山半有槃瓠石室，可容数万人，中有石床，槃瓠行迹。""其后滋蔓"。《后汉书》记后来有武陵蛮、长沙蛮、澧中蛮、零阳蛮、溇中蛮、充中蛮、五里蛮、六亭蛮等，都属槃瓠蛮。而天门为分武陵立，则《宋书·荆雍州蛮传》所谓"天门蛮""天门溇中蛮"，自非廪君蛮，而为槃瓠蛮。桂阳、临贺（分苍梧立）在长沙以南，《宋书》所谓桂阳、临贺蛮，更不可能是廪君蛮，而必为槃瓠蛮。

又《后汉书·南蛮西南夷传》还曾引干宝《晋纪》，说道："武陵、长沙、庐江郡夷，槃瓠之后也，杂处五溪之内。"引《荆州记》又说道："沅陵县居酉（溪）口，有上就、武阳二乡，唯此是槃瓠子孙，狗种也。二乡在武溪之北。"可见《宋书》提到的"五溪蛮"，又非廪君蛮，而为槃瓠蛮。沅陵属辰州，五溪为亦即槃瓠蛮的发祥地，故槃瓠蛮人又有"溪人""溪子"之称。溪或写作傒，但不能写作奚，奚（库莫奚）是东北民族之一。

从李贤注所说的"狗种"、从槃瓠蛮又名溪人、溪子，我们又可推知槃瓠蛮不仅分布在沅水、湘水一带，而且"滋蔓"到了豫章郡、始兴郡。

考《南史·胡谐之传》："胡谐之，豫章南昌人也。……（齐高帝）建元二年，为给事中、骁骑将军。上方欲奖以贵族盛姻，以谐之家人语傒（溪）音不正，乃遣宫内四五人往谐之家，教子女语。"又说胡谐之"既居权要，多所征求，就梁州刺史范柏年求佳马，柏年患之，谓使曰：'马非狗子，那可得为应无极之求。'接使人薄，使人致恨归，谓谐之曰：'柏年云：胡谐是何傒狗，无厌之求。'谐之切齿致忿。"[①]说明胡谐之为槃瓠蛮人（溪人）。豫章郡有槃瓠蛮人，槃瓠蛮人自湘江迁到了南川（赣江）。

又考《资治通鉴》晋安帝义熙六年记何无忌参军殷阐说到卢循所将之众，有"始兴溪子，拳捷善斗"。胡三省注云："始兴溪子，谓徐道复所统

---

① ［唐］李延寿：《南史》卷四十七《胡谐之传》，中华书局，1975年，第1177页。

始兴兵也。"人们不明白"溪子"何指，实际是指槃瓠蛮人。槃瓠蛮人自湘、赣二水南下，到达了始兴。

至于长江北岸，则只有李贤注引《荆州记》说的"庐江郡夷"为槃瓠蛮人。

概括起来说，在南北朝时期，沅水、湘水、南川流域及庐江郡是槃瓠蛮人的分布地区。南边到达始兴、临贺。

江南蛮人往往被说得很落后，其实，槃瓠蛮人的发祥地沅水下游，在汉时即已得到开发。《水经注》卷三十七"沅水东过无阳县"条说武陵的序溪，"最为沃壤，良田数百顷，特宜稻，修作无废"。《南齐书·刘悛传》又说到武陵郡南有"古江堤"，此堤当为汉时所修，因为荒芜，刘悛曾予修复。槃瓠蛮后来由沅水流域向湘江流域迁徙，于是而有长沙、零陵、桂阳等蛮。湘沅地区，在东汉时，有大批汉人迁入。东西汉比较，据《汉书·地理志》和《后汉书·郡国志四》载，武陵户由三万七千余，增到四万六千余，口由八万五千余，增到二十五万（约三倍）；长沙户由四万三千余，增到二十五万五千余（约六倍），口由二十三万五千余，增到一百零五万（四倍多）。可见槃瓠人早已与汉人杂处。这就不能不受到汉人经济、文化的影响。《后汉书·南蛮西南夷传》说到长沙、武陵蛮人"田作贾贩"。湘沅长沙、武陵等地的开发，武陵之有良田沃壤，长沙之有"好米"，实为槃瓠蛮人和汉人的共同功绩。

槃瓠蛮在东汉时便是汉姓了。《后汉书》有武陵蛮"精夫"（渠帅）相单程、武陵蛮詹山、武陵澧中蛮陈从、溇中沣中蛮潭戎、溇中蛮覃儿健、零陵蛮羊孙、陈汤等。到南北朝时，在槃瓠蛮中，出现了封建官僚世家。前面提到的胡谐之，他的祖父胡廉之做过"书侍御史"，父胡翼之"州辟不就"。胡谐之本人又仕于宋、齐。进至南朝后期，槃瓠蛮人和汉人的界限变得不清楚了，或者说在消失中。像新吴洞主余孝顷、南川豪帅黄法氍等人，虽无蛮名，但都有槃瓠蛮的嫌疑。这些人都已汉化。

俚本称"里"。《后汉书·南蛮西南夷传》李贤注"九真徼外蛮里张游"云："里，蛮之别号，今呼为俚人。"俚人分布的地区究竟有多广？

《后汉书》提及的，有珠崖、儋耳、交趾、九真、日南、合浦"蛮里"，日南、象林"蛮夷"，九真徼外夜郎"蛮夷"，苍梧"蛮夷"，郁林、合浦"蛮汉"，交趾、合浦、乌浒"蛮"等。这里所谓"蛮夷"均为俚人。日南蛮夷即日南蛮里，合浦蛮即合浦蛮里，交趾蛮即交趾蛮里。"里"，其时被当作蛮的别号，故人们往往称为蛮或蛮夷。

据《后汉书·郡国志五》，交州共有南海、郁林、苍梧、合浦、交趾、九真、日南七郡。除南海郡外，其余六郡，《后汉书·南蛮西南夷传》均提到蛮里。南海郡有无蛮里呢？按汉代交州地跨整个五岭以南地区，吴孙休永安七年，始分交州立广州，治原交州南海郡番禺县。刘宋时期的广州包有南海、苍梧、晋康、新宁、永平、郁林、桂林、高凉、新会、东官、义安、宋康、绥建、海昌、宋熙、宁浦、晋兴、乐昌等十八郡，均原交州之地。《宋书·夷蛮林邑国传》说道："广州诸山并俚、僚，种类繁炽。"可知从交州分出的广州十八郡，全为俚人的分布区，特别是在山间。《北史》《隋书》提到的著名的爱国者高凉谯国夫人冼氏即俚人。广州高凉郡为孙吴分交州合浦郡立，冼夫人是高凉俚人，也即是合浦俚人。有些书上把冼夫人说成是"越族"，其实越本地名，在南朝史料中也从未看到"越族"二字。

据《宋书·州郡志四》记载，夜郎，汉武帝建元六年，开夜郎国，立犍为郡，属于益州。其后从犍为郡分出了朱提郡，又从朱提郡分出了南广郡。还有夜郎、平夷二郡，为晋怀帝时，分朱提、牂柯、建宁三郡立。朱提、南广、夜郎、平夷均属宁州，而宁州为晋武帝泰始七年分益州的南中四郡立。夜郎在汉有蛮俚，说明益、宁二州也有俚人。这二州是俚、僚二族接境之处。

俚族分布区并不限于交、广、宁、益四州，《宋书·良吏·徐豁传》说到元嘉之初，徐豁为始兴太守，表陈三事，第一件说始兴剥削太重，"年及应输，便自逃逸，既遇接蛮、俚，去就益易"。这里说的"蛮"，即樊瓠蛮，亦即"始兴溪子"。这里说的"俚"，指俚人。第三件又说"中宿县俚民课银"，而中宿不出银，对"山俚"危害甚大。始兴郡为吴孙皓甘露元年分桂阳南部都尉立，宋明帝改为广兴郡，属湘州。这个记载说明了湘州始兴也有俚人。

综合起来看，廪君蛮之南是槃瓠蛮人，槃瓠蛮之南是俚人。俚人分布地区，南自海南，北到五岭和贵州南部。海南诸岛和日南、九德二郡，是当时我国少数民族俚人的南部边境。日南、九德之外，是林邑国。

俚族居住地区早有汉人迁入，经济文化也早就和汉族成为一个系统。这在《后汉书·南蛮西南夷传》中说得很明白："交阯所统虽置郡县，而言语各异，重译乃通。……后颇徙中国罪人使杂居其间，乃稍知言语，渐见礼化。光武中兴，锡光为交阯，任延守九真，于是教其耕稼，制为冠履，初设媒聘，始知姻娶，建立学校，导之礼义。"这与林邑国俗"人皆裸露"，"贵女贱男"，"群从相姻通，妇先遣聘求婿"①，明显不同。

岭南俚族社会情况，从《北史·谯国夫人冼氏传》可以得知一二。冼氏"世为南越首领，部落十余万家"。虽称部落，但又有"本宗"，冼夫人曾"诫约本宗，使从百姓礼"。各宗又自有"家"。从冼夫人诫约、"每劝宗族为善"来看，俚人社会基本组织为宗族。

俚族早知"耕稼"，不仅知道耕稼，而且善于造船。《陈书·高祖纪上》说交州土人（俚人）李贲曾"于屈獠（屈俚）界立砦，大造船舰，充塞湖中"。又《南齐书·王琨传》说"南土沃实，在任者常致巨富，世云广州刺史但经城门一过，便得三千万也"，表明钱币在俚族地区早已通行。

汉族和俚族的关系，较之和其他族的关系，尤见融洽。冼夫人与高凉太守冯宝结为夫妇，是俚汉融洽的结晶。冼夫人说她历事梁、陈、隋三朝，"唯用一好心"，天子、朝代可换，爱国心则一。这并不是她个人的心，而是俚族人民共有的心。俚汉二族的亲密无间，历史证明不仅有利于国，而且有利于俚族本身社会的进步。

《隋书·南蛮传序》云："南蛮杂类，与华人错居，……皆列为郡县，同之齐人，不复详载。……其事迹多湮灭而无闻，今所存录，四国（林

---

① ［梁］萧子显：《南齐书》卷五十八《林邑国传》，中华书局，1972年，第1013—1014页。

邑、赤土、真腊、婆利）而已。"《隋书》的话，表明蛮、俚等族到隋朝时期，基本上已同汉族融合或自然同化于汉族。

第二节 关于东北各族、高车和西域

东北各族源流考 东北民族虽多，不少民族却同出一源。基本可分为两大类。

夫余语族：《魏书·豆莫娄传》称豆莫娄为"旧北扶余"，"于东夷之域最为平敞，地宜五谷，不生五果"；"君长皆以六畜名官，邑落有豪帅"；"用刑严急，杀人者死，没其家人为奴婢"。考《三国志·东夷·夫余传》，称夫余"于东夷之域最平敞，土地宜五谷，不生五果"；"其民土著，有宫室、仓库、牢狱"；"国有君王，皆以六畜名官"；"邑落有豪民，名下户皆为奴仆"；"用刑严急，杀人者死，没其家人为奴婢"，与豆莫娄正同。故知豆莫娄即夫余[①]，只是活动地区不及旧夫余之广。

由此可以推断库莫奚、契丹、失（室）韦之所从出。

《魏书·失韦传》说：失韦"语与库莫奚、契丹、豆莫娄同"。豆莫娄既即夫余，失韦、库莫奚、契丹语与豆莫娄同，亦即与夫余同。他们为同操夫余语言的民族。《魏书·失韦传》尚说失韦"在勿吉北千里，去洛六千里"[②]，而豆莫娄恰好也是"在勿吉北千里，去洛六千里"。失韦的语言、所在地区既都与豆莫娄同，它也就是"北扶余"了。失韦与豆莫娄的不同点在于：豆莫娄"其人土著，有宫室仓库"，而失韦"夏则城居，冬逐水草"；豆莫娄"用刑严急"，而失韦则"盗一征三，杀人者马三百匹"。失韦族社会的发展落后于豆莫娄。故知虽然语言、地区同于豆莫娄，但与豆莫娄非一族。

---

① 夫余之地本属汉玄菟郡。"汉末公孙度雄张海东，威服外夷，夫余王尉仇台更属辽东"（《三国志·夫余传》）。与辽东关系甚密。晋武帝太康六年，夫余为慕容廆所破，晋武帝曾助夫余后王依罗复国。《魏书》记东北各族不载夫余，原因在夫余已为豆莫娄所代。

② ［北齐］魏收：《魏书》卷一百《失韦传》，中华书局，1974年，第2221页。

《北史·室韦传》又说："室或为失，盖契丹之类，其南者为契丹，在北者号为失韦。"《北史·契丹传》又说：契丹"在库莫奚东，与库莫奚异种同类"。则同操夫余语的失韦、契丹、库莫奚实为一族，只是不同种而已。

由此可以明白，夫余为一大国，豆莫娄是夫余的直接继承者，故其俗一同夫余，社会制度为奴隶制。而失韦、契丹、库莫奚则为原夫余范围内尚处在原始社会阶段的部族，或者说夫余的别种。

由此也可以明白，《魏书·库莫奚传》说的库莫奚为"东部宇文之别种"错了。按宇文氏为汉末檀石槐时期鲜卑东部大人之一，本匈奴族。《魏书》有"匈奴宇文莫槐"，本传称"其先南单于之远属也，世为东部大人"[1]。从种族、语言各方面来看，库莫奚都不会是东部宇文之别种，而只能是夫余之别种。

勿吉语族：《北史·勿吉传》称：勿吉，"一曰靺鞨邑落，各自有长，不相总一。其人劲悍，于东夷中最强。言语独异"。所谓"言语独异"，表明勿吉有其自己的语言，不同于夫余语族。又说"其部类凡有七种"：粟末部、伯咄部、安车骨部、拂涅部、室部、黑水部、白山部。这七种都为说勿吉语的部族。

《北史·勿吉传》载，勿吉粟末部"与高丽接"，而拂涅部以东为古肃慎氏。按魏晋时期的夫余，南与高丽接，肃慎则在夫余东北千余里，濒临大海，可知勿吉部类所据之地，不仅包有肃慎（挹娄），而且包有夫余的一部分，相当于今东北东境直抵太平洋之地。

《北史·勿吉传》又说勿吉邑落渠帅"曰大莫弗瞒咄"。按《北史·室韦传》南室韦二十五部，"每部有余莫弗瞒咄，犹酋长也"，称号与勿吉"大莫弗瞒咄"相同。勿吉与南室韦的"瞒咄"，实为"满住""满洲"的最初来源，治清史者不可不注意。勿吉与南室韦酋长称号既同，则勿吉语与夫余语、勿吉语族与夫余语族，又非绝然分开。至于"莫弗"，在东北

---

① ［北齐］魏收：《魏书》卷一百三《匈奴传》，中华书局，1974年，第2304页。

各族中所见尤多。契丹有"率莫贺弗",库莫奚有"莫贺弗部",北室韦"部落渠帅号'乞引莫贺咄',每部又有莫何弗三人以贰之"。地处鲜卑拓跋氏发源地的乌洛侯也有"莫弗",可知莫弗、莫贺弗、莫何弗为东北各部部落酋帅的通号。这也表明了夫余语族与勿吉语族语言有相通之处。

勿吉邑落不相总一,社会比较落后。其人"相与偶耕,土多粟、麦、穄,菜则有葵"①,不过主要的还是"以射猎为业"。

魏晋南北朝时期,虽然战争很多,政治势力依旧达到东北广大地区。北魏"开辽海,置戍和龙"②,契丹等各族"皆得交市于和龙、密云之间"③,贸易、使臣交往,十分频繁,主流是友好,不是战争。这已为历史的记录所证明。

高车的分属问题　高车本是匈奴北部的一个重要民族,在南北朝时期登上历史舞台。

高车"初号为狄历,北方以为敕勒,诸夏以为高车、丁零④"⑤。敕勒又"讹为铁勒"⑥。高车人传说匈奴单于生二女,被处之"国北无人之地",为筑高台,有老狼来守之,妹"下为狼妻而产子,后遂滋繁成国"⑦。这说明高车本为我国极北以狼为图腾的种族。北边凡以狼为图腾的种族包括突厥,均与高车有关,或出自高车,或即高车族。据《魏书·高车传》载,高车有狄氏、袁纥氏、斛律氏、解批氏、护骨氏、异奇斤氏诸种,又有泣伏利氏、吐卢氏、乙旃氏、大连氏、窟贺氏、达薄干氏、阿

---

① [唐]李延寿:《北史》卷九十四《室韦传》,中华书局,1974年,第3124页。

② [唐]李延寿:《北史》卷九十四《库莫奚传》,中华书局,1974年,第3126页。

③ [北齐]魏收:《魏书》卷一百《契丹传》,中华书局,1974年,第2223页。

④ 此丁零为匈奴以北的北丁零,即高车。《三国志》卷三十《魏书》注引《魏略·西戎传》又有"丁令国,在康居北"。《魏略》说:"或以为此丁令即匈奴北丁令也,而此丁令在乌孙西,似其别种也。"又说匈奴北有丁令国,"明北海之南,自复有丁令,非此乌孙之西丁令也"。

⑤ [北齐]魏收:《魏书》卷一百三《高车传》,中华书局,1974年,第2307页。

⑥ [宋]欧阳修、宋祁:《新唐书》卷二百一十七上《回鹘传》,中华书局,1975年,第6111页。

⑦ [北齐]魏收:《魏书》卷一百三《高车传》,中华书局,1974年,第2307页。

仑氏、莫允氏、俟分氏、副伏罗氏、乞袁氏、右叔沛氏十二姓。这些种、姓，可以帮助我们了解高车人分属于三个不同的世界：中原、北魏与北魏缘边诸镇、柔然。

内迁中原的高车族：

《晋书·慕容垂载记》中记有叫翟斌的人，他曾"遣使推垂为盟主"，又记"潜讽丁零及西人请斌为尚书令"。翟即狄，翟斌出于丁零即高车"狄氏"。后来翟斌为慕容垂所杀，其子翟真与慕容垂为敌，成为后燕"心腹之患"。翟真司马丁零鲜于乞（亦高车人），杀翟真自立为赵王，营人又攻杀鲜于乞立翟真的从弟翟成为主。翟真之子翟辽走据黎阳，于是出现两个高车政治势力。一翟成，二翟辽。翟成长史鲜于得杀翟成投降后燕。慕容垂进攻翟辽，翟辽部众"皆燕赵人"，相率归附慕容垂，翟辽惧而请降，慕容垂仍处之于黎阳。翟辽死，其子翟钊又起，慕容垂不得不又来打翟钊。翟钊走长子，降于西燕。翟钊所统计"七郡，户三万八千"。而这主要是汉族人户。我们从高车翟氏（狄氏）与鲜卑慕容氏的竞争中，可以看到内迁高车人曾经成为部分地区的封建统治者。

附于北魏的高车族：

附于北魏的高车族，实有两类，一类早已和鲜卑拓跋氏结合到了一起，成为鲜卑拓跋氏辖下一百二十个姓族中的组成部分。例如北魏宗族十姓中有"乙旃氏，后改为叔孙氏"；拓跋力微时期内入诸姓中有"解枇氏，后改为解氏"；"奇斤氏，后改为奇氏"。而高车十二姓中有乙旃氏，诸种中有解枇氏、异奇斤氏。可知北魏一百二十个姓族中的乙旃氏、解枇氏、奇斤氏均出自高车。乙旃氏且成为北魏宗室十姓之一。他们随着鲜卑拓跋氏社会发展而发展。另一类为新被北魏征服的高车族人，被处于"东至濡源，西至五原、阴山"三千里之间，受北魏剥削，为北魏守边。社会组织上与内入的乙旃等氏不同，部落未解散；经济生活上也与内入的乙旃等氏不同，初则"乘高车，逐水草"，从事畜牧，后来虽然"渐知粒食"，但仍以畜牧为主。各部每年要向北魏贡献大批牲畜，北魏"马及牛、羊遂至于贱，毡皮委积"①。他们的汉化在六镇起兵之后。

附于柔然的高车族：

柔然直到魏末，仍然没有脱出奴隶制阶段。《北史·突厥传》记载魏太武帝时，阿史那以五百家奔柔然，为柔然的"锻奴"。《魏书·蠕蠕传》记载明帝时，阿那瓌入塞寇抄，犹"驱掠良口二千"。附于柔然的高车族，为柔然"所役属"，处境悲惨。孝文帝太和十一年，被柔然役属的高车副伏罗部（副伏罗为高车十二姓之一）的阿伏至罗，率部众西走"自立为王"，与其弟穷奇"分部而立"②。这是柔然衰亡的标志。柔然本来就是"塞外杂胡"，其中很大一部分人是高车人。柔然国本来就是靠高车各部的支持建立起来的，副伏罗部一独立，柔然"国土大乱，姓姓别住"③。高车诸姓都起来造反了，柔然因而一蹶不振。不能把柔然的灭亡，说成是北魏的攻打。

穷奇、阿伏至罗独立出来以后，遭到了西边兴起的嚈哒的攻击，先后灭亡。阿伏至罗部众奔魏的，被"置之高平镇"④。这是高平敕勒的来源。但这只能表明阿伏罗部建立高车国家的失败，并不表明高车部落在北境不存在了。《新唐书·回鹘传》说："回纥……元魏时亦号高车部，或曰敕勒，讹为铁勒。其部落曰袁纥、薛延陀、契苾羽、都播、骨利干、多览葛、仆骨、拔野古、同罗、浑、思结、斛薛、奚结、阿跌、白霫，凡十有五种，皆散处碛北。"袁纥部落即《魏书·高车传》中的袁纥氏。这十五种都是高车族。突厥是否出于高车？前辈意见并不一致。按《北史·突厥传》说到突厥有两个传说都与"狼"有关，尤其是第二个传说，谓"突厥之先，出于索国，在匈奴之北，其部落大人曰阿谤步，兄弟七十人，其一曰伊质泥师都，狼所生也"，伊质泥师都"娶二妻，云是夏神、冬神之女，一孕而生四男"。其一"号为突厥"。而《北史》又说突厥"盖匈奴之别种

---

① ［唐］李延寿：《北史》卷九十八《高车传》，中华书局，1974年，第3273页。
② ［北齐］魏收：《魏书》卷一百三《高车传》，中华书局，1974年，第2310页。
③ ［北齐］魏收：《魏书》卷一百三《蠕蠕传》，中华书局，1974年，第2301页。
④ ［北齐］魏收：《魏书》卷一百三《高车传》，中华书局，1974年，第2310页。

也"。如果取《魏书·高车传》高车人的传说来印证,就知道二说正同。高车人传说匈奴单于生二女,被处于国北无人之地,妹为狼妻而产子,繁衍成为高车,这也就是《北史·突厥传》说的其先"盖匈奴之别种",处于匈奴之北,为狼之所生。突厥既为匈奴的别种,所谓"二妻",也就是《魏书·高车传》中的匈奴单于二女。种同(匈奴别种),地区同(匈奴国北),图腾同(狼),突厥之为高车明矣。

西域历史的重要发展 西域各族在魏晋南北朝时期与内地关系如何?本身历史有无发展,是一个常被忽略的问题。其实,汉唐之间的魏晋南北朝,虽是一个分裂的时期,可与西域的关系并未中断,而且有很大的发展。西域各族本身也在这个时期,在经济文化上,取得了很大的进步。其间值得密切注意的是车师与鄯善,龟兹与于阗。

这一时代西域的一个最重要的事件,是高昌郡的设置和鄯善的比之于郡县,郡县制度被推到了玉门关外。关于高昌设郡,《晋书·张轨传》附《寔子骏传》所说:"初,戊己校尉赵贞不附于骏,至是骏击擒之,以其地为高昌郡。"已成为人们的主要依据。其事在东晋成帝咸和年间。可是,《北史·高昌传》却说:"高昌者,车师前王之故地,汉之前部地也。……汉西域长史及戊己校尉并居于此,晋以其地为高昌郡,张轨、吕光、沮渠蒙逊据河西,皆置太守以统之。"则高昌郡的建立应在张轨(张骏的祖父)之前,即应在西晋之初。按张寔(张骏之父)之时,有"贼曹佐高昌隗瑾"。汉时车师前部只有"高昌垒",垒非郡、县,隗瑾之被称为"高昌隗瑾",自非高昌垒人隗瑾(中国无此称法),而必为高昌郡人隗瑾。故《资治通鉴》"晋愍帝建兴四年夏四月"条,胡三省在"贼曹佐高昌隗瑾"下面注道:"《前汉书·西域传》,车师国有高昌壁。……观此,则河西张氏固尝于高昌之地置郡县。"胡三省所谓河西张氏,亦非指张骏,而为指张寔乃至张轨。由此看来,高昌郡绝非张骏所设。此郡的出现,只能视为西晋统一的向西伸展。

高昌郡的设立,与此地汉化程度之深,密切相关。《北史·高昌国》记载,高昌"国(指后来的高昌国)有八域,皆有华人",可知汉人之多。

郡既建立，与西域各族特别是与邻近高昌郡的车师前部和鄯善的关系，大有改善。《晋书·苻坚载记上》记载苻坚之时，"鄯善王（休密驮）、车师前部王（弥寘）来朝"。《晋书·苻坚载记下》又记弥寘等请于苻坚："大宛诸国虽通贡献，然诚节未纯，请乞依汉置都护故事。若王师出关，请为乡导。"苻坚于是派吕光讨定西域，"加鄯善王休密驮使持节、散骑常侍、都督西域诸军事、宁西将军，车师前部王弥寘使持节、平西将军、西域都护，率其国兵为光乡导"①。吕光讨定西域，与鄯善、车师的支持、协助有不可分的关系。这个史实说明鄯善和车师已经和内地紧密连在一起。

进至北魏，太武帝派万度归发凉州兵去打鄯善，鄯善王真达出降。太武派韩拔为"假节、征西将军、领护西戎校尉、鄯善王以镇之，赋役其人，比之郡县"②。韩拔是太武帝派出的，虽以王为名，等于鄯善太守。鄯善的比之于郡县，又是北魏统一的向西伸展。这时在玉门关外有了两个地方行政单位，一为高昌郡，二为比之于郡的鄯善。

对于北魏文成帝和平元年出现的高昌国，应当看到所谓王的阚伯周、张孟明、马儒、曲嘉都是汉人。这样的国，是在建郡以后出现的国，最多只能视为地方割据势力，何况马儒、麴嘉都曾请求内徙，关系与内地仍旧甚密。历史发展到了这一步，要扭转是困难的，我们不能把北魏时期出现的"高昌国"和汉时的车师相提并论。

魏晋时期的"丝路"，已经有了三条：自高昌转西；与中道合龟兹，为北新道；自鄯善向于阗为南道。中道的龟兹和南道的于阗，在这一时期，发展成了西域的经济文化中心。这又是西域历史上的大事。

《水经注》卷二《河水》"北河又东径姑墨国南"注："《释氏西域记》云：屈茨（龟兹）北二百里，有山，夜则火光，昼日但烟，人取此山石炭，冶此山铁，恒充三十六国用。故郭义恭《广志》：龟兹能铸冶。"据此可知南北朝时期的龟兹，已成为西域的煤铁业中心。《北史·龟兹国传》

---

① ［唐］房玄龄：《晋书》卷一百十四《苻坚载记下》，中华书局，1974年，第2914—2915页。

② ［唐］李延寿：《北史》卷九十七《鄯善国传》，中华书局，1974年，第3208页。

尚谓龟兹"置女市，收男子铁（《魏书》作钱）以入官"。以铁市女，可知私家铁器之多。除煤铁外，尚产铜、铅、麖皮、氍毹、细毡、良马、牦牛、胡粉、安息香，等等，经济相当发达。在此基础上出现的龟兹的"准地征租，无田者则税银钱"，毫无疑问是封建剥削。龟兹的佛教文化，发展则较晚。《北史》《魏书》均不记龟兹信佛。唯《晋书·鸠摩罗什传》称鸠摩罗什在龟兹"以大乘为化，诸学者皆共师焉"。

《北史·于阗传》谓于阗"土宜五谷并桑麻，山多美玉，有好马、驼骡。……自外风俗物产与龟兹略同"。可知社会发展与龟兹相当。这个地方发达的是佛教文化。如果说龟兹是西域的经济中心，则于阗在魏晋南北朝时期是西域的佛教文化中心。《北史·于阗传》说于阗"俗重佛法，寺塔僧尼甚众，王尤信尚"。《法显传》更谓："其国丰乐，人民殷盛，尽皆奉法，以法乐相娱。众僧乃数万人，多大乘学，皆有众食。彼国人民家家门前皆起小塔，最小者可高二丈许。作四方僧房，供给客僧及余所须。"成了佛教的圣地。内地名僧多从于阗取得经书。

由此可知魏晋南北朝时期，是西域在经济文化和与内地关系上，取得重大发展的时期。这段历史搞清楚了，唐朝时和西域关系的开展就容易理解了。

第十五章　论佛教在南北朝时期的传播

佛教在汉哀帝时，已经传入中国，但地位的确立，却要晚到东晋南北朝时期。而南朝与北朝的佛教，又判然自别，北朝且有外道异端兴起，影响深远。本章分为两节论述这些问题。

第一节　论佛教地位在我国的确立

佛教传入我国虽早，但发展却要到东汉大月氏"贵霜翎侯丘就却攻灭四翎侯，自立为王（贵霜王）"之后。贵霜王"侵安息，取高附地。又灭濮达、罽宾，悉有其国"。至子阎膏珍，"复灭天竺"①。其后又有王寄多罗勇武，"南侵北天竺。自乾陀罗以北五国，尽役属之。（魏）太武时，其国人商贩京师"②。魏晋时代，是大月氏势力最盛的时代。

被大月氏控制的乾陀罗，位于印度河西岸，是佛教大乘的中心。贵霜王接受了佛教的洗礼，大乘佛教凭借贵霜王的政治力量，开始向四方广泛传播。佛教徒多由乾陀罗经罽宾（伽湿弥罗、喀什米尔）把大乘佛典《般若》《华严》等经带到于阗、龟兹，再向中土传播。而魏晋时期是个关键时期。

---

① ［南朝宋］范晔撰，［唐］李贤等注：《后汉书》卷八十八《西域传·大月氏国传》，中华书局，1973年，第2921页。

② ［唐］李延寿：《北史》卷九十七《西域·大月氏国传》，中华书局，1974年，第3226页。

于阗的佛教，据《大唐西域记》卷十二，为毗卢折那（毗卢旃，唐言遍照）自迦湿弥罗传来，时间当在贵霜王时代。《后汉书·西域传》不记于阗信佛，于阗佛教发展起来当在魏晋之时。朱士行至于阗得《放光般若经》梵本，即在曹魏末年。晋宋之际竺法领又从于阗得到《华严经》梵本三万六千偈。

晋时，龟兹有两个著名的僧人来到东土。一为佛图澄。释道安曾从佛图澄学佛。《晋书·艺术传》说佛图澄是天竺人，又说他"本姓帛氏"。《高僧传》卷九《竺佛图澄传》则说他本姓帛氏，从师姓竺氏。按龟兹王室姓白，白一作帛，帛佛图澄也就是白佛图澄，他实为龟兹人，且出自王家。二为鸠摩罗什《晋书·艺术传》说天竺国相鸠摩罗炎出家，"东度葱岭，龟兹王闻其名，郊迎之，请为国师"，并妻之以妹，生下了鸠摩罗什。后来母子均出家，"从师受经，日诵千偈"。鸠摩罗什"专以大乘为化，诸学者皆共师焉"。龟兹大乘之学到鸠摩罗什时（晋末）多少有所发展。他的母亲后往天竺，临行特别嘱咐鸠摩罗什说："方等深教[1]，不可思议，传之东土，惟尔之力。"[2]鸠摩罗什回答说："必使大化流传，虽苦而无恨。"[3]鸠摩罗什后随吕光自龟兹东来，成了一个把大乘经典带到东土，并从事翻译，使大乘得以流行东土的极重要的人物。

译经与传授，并不一定就能使方等深教流传东土。东土以儒学为宗，人分士庶，要使"大化"流播，必须把佛教与儒学结合起来，以取得士族的信仰；还必须对佛教某些经典理论，作出修改，以符合士庶各阶层的实际情况与需要。这个任务落到了晋末释慧远和刘宋竺道生身上。

东晋之时，释道安（姓卫，常山扶柳人，家世英儒）与弟子释慧远等四百余人，在襄阳宣传佛法。据《高僧传·释道安传》载，道安"在樊沔十五载，每岁常再讲《放光般若》（朱士行在于阗所得，由无义罗、竺淑

---

① 王僧孺《慧印三昧及济方等学二经序赞》："方等者大乘之通名，究竟之弘旨。"（《全梁文》卷五十一）

② [唐]房玄龄：《晋书》卷九十五《艺术传》，中华书局，1974年，第2499页。

③ [唐]房玄龄：《晋书》卷九十五《艺术传》，中华书局，1974年，第2499页。

兰译出），未尝废阙"。后来道安为苻坚所得，入长安。《高僧传·释慧远传》载，慧远（姓贾，雁门楼烦人，博综六经，尤善庄老）与弟子数十人南奔，在荆州上明寺住过一个时期，又到浔阳，居庐山龙泉精舍（龙泉寺），"率众行道，昏晓不绝"。当时有一些士大夫如彭城刘遗民，豫章雷次宗、雁门周续之、新蔡毕颖之、南阳宗炳、张莱民、张季硕等，"并弃世遗荣，依远游止"。谢灵运"负才傲俗，少所推崇"，但一见慧远，便"肃然心服"①。慧远与他们的结合，既是"佛"的结合，又是"儒"的结合。

道安、慧远都奉《般若经》，讲"般若波罗蜜"。"般若"是智慧的意思，"波罗蜜"是到彼岸（常、乐、我、净）的意思。道安、慧远独出心裁的，是用"本无"二字去解释《般若经》，被称为"本无宗"。这与两晋玄学立论以无为本相通，因而影响较大。昙济《六家七宗论》以为"无在元化之先，空为众形之始，故谓之本无。……夫崇本可以息末者，盖此之谓也。"在本末或空形关系上，他把本、空放在第一位。所谓本无、崇本可以息末，释道安在《合放光讚略解序》中说，就是要通过崇无、崇空，息去一切争竞，以"成无上真正道之根"，这就叫"般若波罗蜜"。慧远在《沙门不敬王者论》认为："返本求宗者，不以生累其神；超落尘封者，不以情累其生。不以情累其生，则生可灭；不以生累其神，则神可冥。冥神绝境，故谓之泥洹。"泥洹即"涅槃"，即"无上真正道之根"，即无，亦即"波罗蜜"（到彼岸），是佛教大乘所追求的最高的精神境界。照慧远看来，最高的智慧（般若）就是懂得泥洹的可贵，就是返本（无）求宗，以达泥洹（冥神绝境），以到彼岸。这种说法，与玄学所讲的"圣人体无"，几乎无差别，因而能为士大夫所接受。但是单讲本无，讲泥洹，而不把本无、泥洹与儒学结合起来，还是与士大夫的心理有距离。道安没有把佛儒结合起来，青出于蓝而胜于蓝的慧远，解决了这个棘手问题。

佛教经旨"大抵言生生之类，皆因行业而起。有过去、当今、未来，

① ［梁］释慧皎撰,汤用彤校注:《高僧传》卷六《释慧远传》,中华书局,1992年,第221页。

历三世，识神常不灭。凡为善恶，必有报应。渐积胜业，陶冶粗鄙，经无数形，澡练神明，乃致无生（泥洹）而得佛道"[1]。慧远说泥洹不变，泥洹（涅槃）也就是永恒存在的精神实体，由此演化出了他的神不灭论和因果报应之说。

慧远在《沙门不敬王者论》中说："夫神者何邪？精极而为灵者也。""神也者，图应无生，妙尽无名，感物而动，假数而行，感物而非物，故物化而神不灭，假数而非数，故数尽神而不穷。"既然物化而神不灭（亦即泥洹不变），数尽而神不穷，天堂地狱因果报应之说，也就跟着成立了。佛经说："杀生罪重，地狱斯罚，冥科幽司，应若影响。"慧远在《明报应论》中解释说："失得相推，祸福相袭，恶极而天殃自至，罪成则地狱斯罚。此乃必然之数，无所容疑。"慧远在《三报论》中又说有"三报"，"一曰见（现）报，二曰生报，三曰后报。见报者善恶始于此身，即此身受；生报者，来生便受；后报者，或经二生、三生、百生、千生，然后乃受。"所谓生报、后报，便是建立在物化神不灭，数尽神不尽，泥洹永远不变的基础之上的。祸福相袭，报应乃至二生、三生、百生、千生，人们怎敢不去恶从善呢？

善恶是有标准的，最基本的是五戒、十善有犯者不仅不能到彼岸，而且要堕地狱，受报应。这对儒教有利。刘宋的何尚之很懂得慧远的神不灭论、报应论的含义。《弘明集·何令尚之答宋文皇帝赞佛教事》载，他对宋文帝说，慧远讲过："释氏之化，无所不可。适道固自教源，济俗亦为要务。世主若能窍其讹伪，奖其验实，与皇之政，并行四海，幽、显协力，共敦黎庶，何成、康、文、景独可奇哉？使周、汉之初，复兼此化，颂作刑清，倍当速耳。"他认为慧远此言"有契理奥"。为什么呢？因为人

---

① ［北齐］魏收：《魏书》卷一百一十四《释老志》，中华书局，1974年，第3026页。

们如果懂得神不灭，知道因果报应的存在，便都会去持五戒，修十善①。"百家之乡，十人持五戒，则十人淳谨矣；千室之邑，百人修十善，则百人和厚矣。传此风训，以遍寓内，编户千万"，则儒家所要求的"仁人百万矣"。这说的不是五戒十善全都具备的人。即使"持一戒一善"，也能"去一恶"。"一恶既去，则息一刑。一刑息于家，则万刑息于国。四百之狱，何足难错？雅颂之兴，理宜倍速。即陛下所谓坐致太平者也"。

这也就是说，佛教能帮儒教的忙，能使封建统治者坐致太平。何尚之的结论是："神道助教，有自来矣！"宋文帝很称赞何尚之的话，对他说："释门有卿，亦犹孔氏之有季路。"

但"助"非合，要使佛教完全得到统治阶级的信任，还必须从理论上把佛、儒两教拉到一起。在这方面，慧远也作了阐述。

慧远的《答桓玄书》，提出了"佛经所明"，便有"二科"之说。"一者处俗弘教，二者出家修道"，并非一科，并非专讲出家修道。他说："处俗则奉上之礼，尊亲之敬，忠孝之义，表于经文；在三之训，彰于圣典。斯与王制同命，有若符契。"这是说，奉上、尊亲、忠孝，本来就是佛经所明的东西，表于经文，彰于佛典，与儒教王制不谋而合（有若符契）。又说出家这一科，虽然"内乖天属之重，而不违其孝；外阙奉主之恭，而不失其敬。……如今一夫全德（五戒、十善以至泥洹），则道洽六亲，泽流天下，虽不处王侯之位，固已协契皇极，大庇生民矣"。这是说，出家与处俗并不矛盾，出家奉佛，正是为了使人们更能奉上，尊亲。所谓"一夫全德，则道洽六亲，泽流天下"者也。二科最终变成了一科：奉上，尊亲。

---

① 《广弘明集》卷十三郗超《奉法要》：五戒，一者不杀，不得教人杀，常当坚持，尽形寿；二者不盗，不得教人盗，常当坚持，尽形寿；三者不淫，不得教人淫，尽形寿；四者不欺，不得教人欺，尽形寿；五者不饮酒，不得以酒为惠施，常当坚持，尽形寿。若以酒为药，当推其轻重，要于不可致醉，醉有三十六失，经教以为深戒。不杀则长寿，不盗则常泰，不淫则清净，不欺则人常敬信，不醉则神理明治。佛教戒律随事增数，在于防心、摄身、正口。心去贪、恚、痴，身除杀、淫、盗，口断忘杂诸非正言，总谓之十善道。能具此谓之"三业清净"。

由此，在佛教与儒学关系问题上，慧远得出了"内外之道（佛与儒），可合而明矣"的明确结论。他在《沙门不敬王者论》中说："常以为道法之与名教，如来之与尧、孔，发致虽殊，潜相影响，出处诚异，终期则同。"他向封建统治阶级明白宣布：佛教，"所以重资生，助王化于治道也"，与儒学的作用是完全相同的。

晋末有一篇《正诬论》，阙名。此论说："夫尹文子即老子弟子也，老子即佛弟子也。……佛故文子之祖宗，众圣之元始也。"又说："佛与周、孔，但共明忠孝信顺，从之者吉，背之者凶。"这直言不讳地把老、庄、周、孔（众圣）说成是佛之所出，佛是万事万物的元始、本源了。佛与周、孔共明忠孝信顺，是说儒学是佛法的体现，儒与佛正合而为一。此论在说到儒与佛的一致性时，还说："今所以得佛者，改恶从善故也。若长恶不悛，迷而后遂往，则长夜受苦，轮转五道，而无解脱之由矣。今以其能掘众恶之栽，灭三毒之烬，修五戒之善，尽十德之美，行之累劫，倦而不已，晓了本际，畅三世空，故能解生死之虚，外无为之场耳。"说得很明白，违反"忠孝信顺"，长恶不悛，就要受到轮回报应。改恶从善，遵守忠孝信顺、五戒、十善，修之无已，行之累劫，懂得空、无，达到泥洹之境，就可以得佛或成佛了。这篇《正诬论》既是帮慧远讲话，又是阐明慧远的理论——"内外之道，可合而明"。

《宋书·夷蛮传·天竺迦毗黎国传》载宋明帝修复佛寺诏云："妙训渊谟，有扶名教。"慧远成功了，他的解释得到了最高统治者的响应了。佛教在南朝之所以能够兴盛起来，根本的原因便在慧远把"般若波罗蜜"即到彼岸，与周、孔之教结合到了一起。

佛与儒可合而明的问题解决了，还有一个成佛难不难的问题。如果太难，就将影响人们的信仰。原传《泥洹经》有"一阐提者（断善根者）……病，即请佛世尊所不能治"之谓。而法显于中天竺所得《泥洹经》，又谓"一切众生悉成平等如来法身"；释慧睿《喻疑》中说："泥洹不灭，佛有真我，一切众生，皆有佛性。皆有佛性，学得成佛。"再者，《楞枷》亦谓："舍一切善根一阐提者，复以如来神力故，或时善根生。所以者何？谓如来不舍一切众生故。"即一阐提者还是可治、可成佛的。讲一阐提者不能成佛或难于成佛，不合封建统治阶级的要求，于是又有竺道生的一阐提人皆得成佛和顿悟义的产生。

竺道生在《法华疏》中明言："一切众生（包括一阐提人）莫不是佛，亦皆泥洹。"且成佛的道路也不难走。《高僧传》卷七《竺道生传》说：竺道生"校阅真俗，研思因果，乃言善不受报，顿悟成佛"。《宋书·夷蛮传·天竺迦毗黎国传》说：竺道生"立顿悟义，时人推服之"。善不受报，等于否定了因果报应。顿悟成佛，给一阐提人放下屠刀，皈依纲常，立地成佛，开辟了一条坦途。竺道生理论的麻痹作用，比慧远大，为儒学服务的色彩也比慧远浓。当他提出一阐提人皆可顿悟成佛时，虽然遭到佛教正统派的打击，但后来他的说法，毕竟为南方僧俗所普遍接受。

慧远、道生的理论，到梁朝，在梁武帝身上得到了统一。梁武帝不仅写过《涅槃》《大品》等诸经义记，而且听览余闲，即于重云殿及同泰寺讲说。他反复讲的是《大般若涅槃经》义，《摩诃般若波罗蜜经》义。据他写的《立神明成佛义记》，他以为"妙果（波罗蜜、泥洹、涅槃）体极常住，精神不免无常"，而"神明以不断为精，精神必归妙果。"这是在发挥慧远的神不灭论。又均正《论玄义》谈道："梁武萧天子义：心有不失之性，真神为正因体，已在身内，则异于木石等非心性物。此意因中已有真神性，故能得成佛果。"所谓心性物异于非心性物，因中已有真神性，即凡心性物（人、畜等）都有佛性，都可成佛。这是在发挥道生的理论。至于在佛儒结合上，梁武萧走得就更远了。他"发现了"孔圣也讲神不灭。在《敕答臣下神灭论》中，他说："观三圣（孔、老、释）设教，皆云不灭，其文浩博，难可具载，止举二事，试以为言：《祭义》云：'惟孝子为能飨亲'。《礼运》云：'三日斋，必见所祭。'若谓飨非所飨，见非所见，违经背亲，言语可息。"飨亲，祭祖，就是因为祖宗神不灭，而这，孔圣的经书早已说过了。他还"发现了"老子、周公、孔子等"众圣"，《敕舍道事佛》中说："虽是如来弟子，而为化迹既邪，止是世间之善，不能革凡成圣。"这话很有意思。他不仅肯定了孔圣为佛圣弟子，而且说孔圣把老师的教义搞偏了，"为化既邪，止是世间之善"。即孔圣虽讲神不灭，而却不讲果报，只说在世间、现境要为善，结果反而难使当今人去恶从善。如果把老师如来佛的教义拾起来，加进去，讲"生灭迁变，酬于往因，善恶交谢，生乎现境"①；讲欲离苦果成妙果，必守"十伦"与"三德"②，忠于君，孝于亲，那就可使人们变一世之善为百世不变之善，梁朝也就可以累世坐享太平了。

须知梁武帝弘佛，目的还是为了弘儒。即在宣扬佛法时，梁武帝一刻也未忘弘儒。《梁书·武帝纪下》说他亲自造《制旨孝经义》《中庸讲疏》等凡二百余卷，"并正先儒之迷，开古圣之旨"。梁武帝亲自讲说，朱异、贺循也日日在士林馆替他讲《礼记中庸义》。可见梁武帝对如来佛的弟子孔子并非不热心，而是非常热心。他的声名远播海外，被干陀利等国称为中国的"圣主"，且"是我真佛"③。论佛教地位的确立，不能忽视梁武帝。

在北朝，佛教之所以能在文成帝以后得到恢复和发展，也在佛儒结合。文成帝在兴复佛教的诏令中，说到佛教"助王政之禁律，益仁智之善行"④。这种见解，与何尚之不谋而合。北魏的经学家和沙门是懂得佛儒结合的妙用的。《魏书·儒林·卢景裕传》记卢景裕"所注《易》大行于世，又好释氏，通其大义。天竺古月沙门道悕每论诸经论，辄托景裕为之序"。道悕与卢景裕的结合，是佛儒结合的反映。再看《孙惠蔚传》，孙惠蔚"先单名蔚"，宣武帝正始中，他"侍讲禁内"，夜则"论佛经，有惬帝旨，诏使加惠，号惠蔚法师"⑤。孙惠蔚日讲儒经（侍讲禁内），夜论佛经，以儒学大师（做过国子祭酒）兼号惠蔚法师，堪称佛儒结合的典型。他深得宣武帝赞赏，原因也在这里。不过，他侍讲禁内，日论儒，夜论

---

① [清]严可均：《全梁文》卷六武帝《立神明成佛义记》，中华书局影印黄冈王氏本，1958年，第2982页。

② [唐]姚思廉：《梁书》卷二《武帝纪中》，中华书局，1973年，第46页。

③ [唐]姚思廉：《梁书》卷五十四《诸夷传》，中华书局，1973年，第797页。

④ [北齐]魏收：《魏书》卷一百一十四《释老志》，中华书局，1974年，第3035页。

⑤ [唐]李延寿：《北史》卷八十一《孙惠蔚传》，中华书局，1974年，第2717页。

佛，表明佛教还只能作为儒教的附属物而存在。

北齐黄门侍郎颜之推在《颜氏家训·归心篇》中，有一段话写佛儒结合，非常精彩透彻。他说："内外两教，本为一体（慧远是说内外两教可合而明），渐积为异，深浅不同。内典初门，设五种禁，外典仁、义、礼、智、信，皆与之符。仁者不杀之禁也，义者不盗之禁也，礼者不邪之禁也，智者不淫之禁也，信者不妄之禁也。……归周孔而背释宗，何其迷也！"他认为佛儒本是一个东西，释氏的五戒就是儒家的五常，归周孔而背释宗是大迷惑，只有归周孔而信佛教，才能使周孔之教发扬光大。须知这是北朝统治者的结论。

然而，北朝没有竺道生的一阐提人皆得成佛和顿悟成佛之说。北朝的佛教是正统的佛教，这到第二节再论。

理论是属于内容的问题，理论（佛儒结合等）问题解决了，还有一个形式问题。作为宗教之一的佛教，所谓形式，便是"象教"，即须建立寺、塔，供奉佛像、舍利，并供养出家僧尼。象教的威力是极大的，它将吸引无数善男信女，对菩萨、罗汉顶礼膜拜。要建立寺院，普行象教，便有一个寺院的制度或内律的问题。当时佛教三藏中的经、论二藏，经过鸠摩罗什、慧远等人的翻译与讲说，已颇盛行，可是律藏则嫌舛阙。这个缺憾得到了法显的填补。

《全晋文》卷一百五十八释道安《比丘大戒序》说道："外国重律，每寺立持律，日月相率说戒，说戒之日，终夜达晓，讽乎切教，以相维摄。犯律必弹，如鹰隼之逐鸟雀也。"可见持律之于立寺，不可或缺。《高僧传》卷三《释法显》说法显"常慨经、律舛阙，誓志寻求，以晋隆安三年，与同学慧景、道整、慧应、慧嵬等，发自长安，西度流沙"，前往天竺，求取经、律。"随有经律之处，学其书语，译而写之"[1]。据僧佑《律来汉地四部序录》，律藏五部除《萨婆多部十诵律》（鸠摩罗什译）、《昙无德四分律》（见僧肇《长阿含经序》）、《迦叶维律》（中国未传）三部律

---

① ［北齐］魏收：《魏书》卷一百一十四《释老志》，中华书局，1974年，第3031页。

外，余二部《婆粗富罗律》（《僧祇律》）、《弥沙塞律》（《五分律》），即法显于天竺和师子国所得。《全梁文》卷七十一释僧佑《弥沙塞律》说："摩诃僧祇者，言大众也。沙门释法显游西域，于摩竭提巴连弗邑、阿育王塔、天王精舍，写得梵本，赍还京师，以晋义熙十二年岁次寿星十一月，共天竺禅师佛驮跋陀于道场寺译出，至十四年二月末，乃讫。"又说：法显于中天竺"复得一部钞律，可七千偈，是萨婆多众律，即此秦地众僧所行者也"。于师子国"更求得弥沙塞部梵本"。这部律未及译出而法显亡。重要的是僧祇律，《魏书·释老志》说：法显"所得律，通译未能尽正，至江南，与天竺禅师跋陀罗辩定之，谓之僧祇律，大备于前，为今沙门所持受"。僧祇律也就是大众律，自法显得之于天竺，译之于道场，为南北寺院沙门所普遍接受，对于寺院制度的完善，内部的巩固，象教的兴盛，有重要的意义。

杜牧《江南春》诗云："千里莺啼绿映红，水村山郭酒旗风。南朝四百八十寺，多少楼台烟雨中。"拓跋澄《奏禁私造僧寺》中云："今之僧寺，无处不有，或比满城邑之中，或连溢屠沽之肆，……昔如来阐教，多依山林，今此僧徒，恋著城邑。"南北立寺，地方有点不同，但我们可以说，佛教至南北朝，在南方与北方都确立了。

第二节　论佛教异端的产生及其斗争

在南北朝的佛教日趋兴盛的时候，佛教异端产生了。要明佛教异端的产生，首先须明佛经对释迦的解说。

释迦不是唯一的佛。《魏书·释老志》谓："释迦前有六佛，释迦继六佛而成道，处今贤劫。又言将来有弥勒佛，方继释迦而降世。"释迦前有哪六佛呢？《法苑珠林·七佛部》说得明白："如《长阿含经》云：过去九十一劫有佛出世，名毗婆尸，人寿八万岁。复过去三十一劫，有佛出世，名尸弃，人寿七万岁。复过去三十一劫，有佛出世，名毗舍浮，人寿六万岁。复过去此贤（今贤）劫中，有佛出世，名拘楼孙，人寿五万岁。又贤劫中有佛出世，名拘那舍，人寿四万岁。又贤劫中有佛出世，名迦叶，人寿二万岁。"此即释迦前的六佛。释迦不过是第七代佛而已。

释迦现在也过去了。《涅槃经》云："佛在拘尸那国、力士生地、阿利罗拔提河边、婆罗双树间，尔时世尊临涅槃（灭度）。"所谓临涅槃，即"以千叠缠裹其身，积众香木，以火焚之"。他谢世了，剩有舍利（佛骨、发、肉、齿）或者说尚"留影迹爪齿"在人间。"弟子收奉，置之宝瓶，竭香花，致敬慕，建宫宇，谓为塔。"一百年后，"有王阿育，以神力分佛舍利，役诸鬼神，造八万四千塔，布于世界，皆同日而就"①。这是世界各地都有佛舍利、有塔的由来。释迦不再在人间。

昙无罗谶说："释迦佛正法住世五百年，像法一千年，末法一万年。"②加起来不过一万一千五百年。而现在是"正法既没，象教陵夷"③，释迦的时代连象教时代也到了日薄西山之时。第八代佛弥勒即将应期出世。

《弥勒成佛经》说："弥勒佛赞言大迦叶比丘，是释迦牟尼佛大弟子。释迦牟尼佛于大众中常所赞叹头陀第一，通达禅定，解脱三昧④。"释道宣《释迦谱下》说："有偷罗国婆罗门名曰迦叶，三十二相，通诸书论，巨富能施。……空天告言，今有佛（释迦）出，便趣竹园，佛往逆之，与共承受说法，悟阿罗汉，有大威德，天人所重，故名大也（大迦叶）。乃至佛灭，住持法化，被于来世六万岁者，此人之力。"弥勒（大迦叶）方继释迦而降世，于经于谱，都有明文。

支遁、沈约都写过《弥勒赞》。支遁《弥勒赞》云："释迦登幽闲"，"弥勒承神第"，是"圣录载灵篇"。你看，弥勒降世了，"乘乾因九五，龙

---

① [北齐]魏收：《魏书》卷一百一十四《释老志》，中华书局，1974年，第3028页。
② [梁]萧统：《六臣注文选》卷五十九《头陀寺碑文》注引，四部丛刊景宋本。
③ [梁]萧统：《六臣注文选》卷五十九《头陀寺碑文》，四部丛刊景宋本。
④ 《全晋文》卷一百六十二慧远《念佛三昧诗序》云："夫称三昧者何：专思寂想之谓也。思专则志一不分，想寂则气虚神朗，气虚则智恬其照，神朗则无幽不彻。斯二者自然之元符，会一而致用也。"通常以禅定释三昧，殊不知三昧既与禅定相通，又高于禅定，并非一个东西。

飞兜率天，法鼓震玄宫，逸响亮三千。……磐纡七七纪，应运莅中幡。"沈约《弥勒赞》云："道有常遵，神无恒器。"弥勒"脱徙王家，来承宝位。慧日晨开，香雨宵坠，藉感必从，凭缘斯至。曰我圣储，仪天作贰"。弥勒（圣储）将应运降世；来承释迦的宝位，是人们心目中一件并不遥远或者说是即将发生的事。

佛寺前殿正中为天冠弥勒佛像，两旁为四天王，这种布置即示弥勒将继释迦莅世。北魏石窟造像，所造者不外释迦、弥勒、弥陀、观音、势至。"释氏谓弥陀为西方教主，观音、势至又能率念佛人归于净土，而释迦先说此经，弥勒则当来次补佛处，故造象（像）率不外此。"①这种"象教"，使得人人皆知"新佛"谓何。

释迦"正法已没，象教陵夷"，弥勒即将或已经降世，这种说法，给下层被压迫的沙门，带来了希望；给异端的产生，造成了空隙。

中国的佛教异端，是在南北朝时期，在北方形成的。高举"新佛出世，除去旧魔"旗帜的法庆起义，揆其实质，即佛教异端的起义。所谓"新佛出世"，即弥勒降世。法庆是佛教异端——"弥勒教"的倡始者，法庆起义是我国农民第一次利用佛教异端号召普通沙门和农民起来斗争的起义。

佛教异端为什么会在北方产生呢？这要了解南北佛学的区别和北方僧侣大地主的形成。

《唐高僧传》卷十七《释慧思传》记释道宣的话说："自江东佛法，宏重义门（理论），至于禅法，盖蔑如也。"北方与南方相反，是重禅法不重义门。《洛阳伽蓝记》卷二"崇真寺"条借阎罗王的话说："今唯试坐禅诵经，不问讲经。"讲经的要被阎罗王送往"黑屋"（地狱）。还说胡太后曾经下令："不听持经象沿路乞索，若私有财物造经象任意。……自此以后，京邑比丘悉皆禅诵，不复以讲经为意。"禅法，据《洛阳伽蓝记》卷一"景林寺"条："中有禅房一所，……静行之僧，绳坐其内，餐风服道，结

---

① [清]王昶：《金石萃编》卷三十九《北朝造像诸碑总论》,清嘉庆十年刻同治钱宝传等补修本。

踋数息。"此即禅法或坐禅。

按释道安《比丘大戒序》云："世尊立教，法有三焉，一者戒律也，二者禅定也，三者智慧也。斯三者至道之由户，泥洹之关要也。"戒律无论南北，都要遵守，而禅定和智慧在南北，着重点不同，北重禅定（定者止也，止一切境界相），南重智慧（慧者观也，分别因缘生灭相）。到隋朝颙创立天台宗，才调和南北，提出定、慧双开，止、观双运的学说。

北朝既重禅法，不以讲经为意，势必死守佛经本义，甚至不懂经义，唯知坐禅诵经。慧远阐述般若波罗蜜义，道生阐述人人皆可顿悟成佛义，如果换了地点，不在南方而在北方，那就要被阎罗王送往地狱。北方没有廉价的天国门票，成佛是很难的，而越难越易招致异端。

难到了何种程度呢？《魏书·释老志》说："诸服其道者，则剃落须发，释累辞家，结师资，遵律度，相与和居，治心修净，行乞以自给，谓之沙门，或曰桑门，亦声相近，总谓之僧。"这里说"沙门行乞以自给"，不然，就不能叫作沙门、桑门或僧。

沙门有"舍妻子，捐弃爱欲"，"勤行趋涅槃"[1]的意思。"其为沙门者，初修十诫，曰沙弥，而终于二百五十（随事增数）"，才可以"成大僧"。妇人入道的（比丘尼）要成大尼就更难了，"其诫至于五百（随事增数）"[2]。竺法汰《比丘尼戒本所出本末序》据说："女人之心弱而多放，佛达其征，防之宜密，是故立戒每倍于男也。"修炼如此之难，想在此生成佛，几乎办不到。他们对释迦渐渐厌倦了，把希望寄托于新佛了。北方很需要一个竺道生，可在"阎罗王"的权威下，就是产生不出道生这种高僧。

再者，修行的方法和结果，因根性不同，又有区别。《魏书·释老志》说："初根人为小乘（下乘），行四谛法（苦、集、灭、道）；中根人为中乘，受十二因缘（无明、行行、识识、名名、色色、六入六入、触触、受

---

① ［梁］萧统：《六臣注文选》卷五十九《头陀寺碑文》注引《瑞应经》及《维摩经注》，四部丛刊景宋本。

② ［北齐］魏收：《魏书》卷一百一十四《释老志》，中华书局，1974年，第3026页。

受、爱爱、取取、有有、生生）；上根人为大乘（上乘），则修六度（布施、持戒、忍辱、精进、禅定、智慧）。"《颜氏家训·归心篇》谓之"六舟（六度）三驾（三乘），运载群生"。

《法华经》对三乘有一个解释："三乘者，一曰声闻乘，二曰缘觉乘，三曰菩萨乘。声闻者，悟四谛而得道也；缘觉者，悟因缘而得道也；菩萨者，行六度而得道也。然则，罗汉得道，全由佛教（教诲），故以声闻为名也；辟支佛得道，或闻因缘而解，或听环佩而得悟，神能独达，故以缘觉为名也；菩萨者大道之人也，方便则上行六度，真教则通修万善，功不为己，志存广济，故以大道为名也。"联系《魏书·释老志》的话来看，便可明白：能修六度成菩萨的，只有上根人。中根悟因缘而得道的，也不容易，只出过一个辟支佛。一般沙门概是初根人，只能由佛教诲，听佛声闻，悟四谛而得道。而所谓得道，也只能成罗汉，不能成佛菩萨。四谛第一谛是苦谛。苦有三相：苦苦相，行苦相，坏苦相。要苦到不堪言的地步，集有（集谛），灭有（灭谛），才能入道谛，成罗汉。

贤首《大乘起信论义记》说："或有小乘根性（初根）定者，则唯见如来从始至终但说小乘。""或有众生此世三乘根性熟者，则唯见如来从始至终但说三乘。""或有众生此世一乘根性（上根）熟者，则唯见如来……说无尽圆满自在法门。"如来也是以固定的眼光看人，根据人的根性的不同，进行不同的说教。初根人是听不到如来的"无尽圆满自在法门"的，只能依如来教导，行四谛法，得成一个罗汉，也就不错了。此之谓"至人应世，观众生根，根力不同，设教亦异。"①

哪些人是初根人（小乘或下乘）？哪些人是中根人（中乘）？哪些人是上根人（大乘或上乘）？没有疑问，普通沙门都是初根人，高级僧尼都是上根人。根性和修行方法的不平等，其实是阶级的区分。这又将造成普通沙门的不满。

---

① ［清］严可均：《全梁文》卷七十一释僧佑《小乘迷学竺法度造异仪记》，中华书局影印黄冈王氏本，1958年，第2374页。

　　大小乘之争，本来是佛教派别之争①，现在变成上根和初根之别。鸠摩罗什翻译大乘经典，专以大乘为化，中国佛教徒都可以说自己是上根人，为大乘，大乘并非高级僧尼所得而专。特别是那些反抗高级僧尼的普通僧尼，认为只有自己才真正是上根人，为大乘，高级僧尼那一套是邪法。

　　如果高级僧尼和普通僧尼的不平等，仅限于教义上，尚不致酿成普通僧尼激烈的反抗。我们还可以看到一种情形：北方自文成帝拓跋濬接受昙曜的建议，在各个州镇立僧祇户、佛图户之后，僧侣大地主在北方形成了。按佛教内律规定："僧祇户不得别属一寺。"②他们和他们所种的土地，概属于他们所属的固定的寺院所有。所谓"岁输谷六十斛入僧曹者，即为僧祇户"③，表明六十斛是僧祇户应输的最低租额。不然就不配作僧祇户。高级僧尼与僧祇户的关系，等同农奴主与农奴的关系。高级僧尼又每将"僧祇粟"贷出去"规取赢息"，这又使他们兼有高利贷者的身份。

　　北方高级僧侣（昭玄统或沙门统、州统、郡和县的维那等），既成为大地主，剥削就不仅限于僧祇户、佛图户。他们还"侵夺细民，广占田宅"。他们的生活腐化得十分惊人，据《洛阳伽蓝记》卷一"城内景乐寺"条记载，此寺"堂庑周环，曲房连接，轻条拂户，花蕊被庭。至于大斋，常设女乐，歌声绕梁，舞袖徐转，丝管寥亮，谐妙入神。以是尼寺，丈夫不得入，得往观者，以为至天堂"。这真是"西方极乐世界"！与普通僧尼"行乞以自给"比较，一个天上，一个地下。

　　明乎此，才可以了解北方佛教异端的出现，僧徒的斗争。下面我们来看北魏晚期（延昌四年）法庆起义的口号、称谓和异端行为。

　　《魏书·景穆十二王传上》附《太兴弟遥传》说："时冀州沙门法庆既为祅幻，遂说勃海人李归伯，归伯合家从之，招率乡人，推法庆为主。法

---

　　① 僧肇云：小乘"以三界炽然，故灭之，以求无为"。"大乘观法，本自不然（无形）。今何以灭，乃真寂灭。"小乘为恒河沿岸的原始佛教，大乘则是印度河沿岸后起的佛教。（僧肇语见王简栖《头陀寺碑文》六臣注）。

　　②［北齐］魏收：《魏书》卷一百一十四《释老志》，中华书局，1974年，第3042页。

　　③［北齐］魏收：《魏书》卷一百一十四《释老志》，中华书局，1974年，第3037页。

庆以归伯为十住菩萨。又合狂药，令人服之，父子兄弟不相知识，唯以杀害为事。……所在屠灭寺舍，斩戮僧尼，焚烧经象，云新佛出世，除去旧魔。诏以遥为使持节，都督北征诸军事，帅步骑十万以讨之。……禽法庆并其妻尼惠晖等。"

法庆所谓"新佛出世"，根据即弥勒佛将继释迦而降世。但法庆所谓新佛，不是本来意义上的佛教，而是一种异端或外道。本来的佛教被他视为"旧魔"，必须一概除掉，所以他毫不留情地"所在屠灭寺舍，斩戮僧尼，焚烧经象"。本来的佛教要求沙门"遵律度，相与和居，治心修净"[①]，特别是戒杀。法庆却以为杀人越多越好，"杀一人者为一住菩萨，杀十人为十住菩萨"。李归伯就叫"十住菩萨"，而这个人从来就不是僧徒。

按《大乘起信论义记》卷四说到十戒法（十善），"如《璎珞本业经》云：是信想菩萨于十千劫行十戒法，当入十信心，入初住位[②]。……《仁王经》云：习种性（十住）有十心（十信心）。""十信位中修习信心成就，发决定心，即入十住[③]。"修十戒，成"十善菩萨"；十戒圆满，入十信位，成"十信菩萨"；十信圆满，入十住位，成"十住菩萨"。所谓"种性"即佛性，进入十住位，佛性也就"决定不退，名正定聚"了。僧人修行，就在"托三宝（佛、法、僧）之胜缘，修入住之正行"，成真正的菩萨。法庆却一反教义，不是由十戒到十信，到十住，而是要当十住菩萨，便得大开杀戒。这是法庆的新佛和佛教旧魔最尖锐的对立。十戒中有淫戒，他和尼惠晖结为夫妇，是破除淫戒。杀戒既破，其他一切戒，都不在话下了。

法庆"自号大乘"，则是把佛教和高级僧尼所谓根业不同的三种人颠

---

① ［北齐］魏收：《魏书》卷一百一十四《释老志》，中华书局，1974年，第3026页。

② 据《大乘起信论疏法数别录》，十信心即一信心、二念心、三精进心、四慧心、五定心、六不退心、七护法心、八迴向心、九戒心、十愿心。十信心全部修习成就，即达初住之位。而十信心又是建立在十戒法的基础之上。

③ 十住说法不同，据《大乘起信论疏法数别录》，十住即一发心住，二治地住，三修行住，四生贵住，五方便具足住，六正心住，七不退住，八童真住，九法王子住，十灌顶住。住也者，佛性住也。十住以后还有十行、十迴向、十地。

倒过来。在法庆看来，只有跟新佛走的人，才配称为大乘、上根人。大乘与新佛联在一起，而非与旧魔联在一起。

法庆起义，李归伯合家从之，疑此人为僧祇户之一，阶级地位与法庆正同。

法庆利用佛教所谓"将来有弥勒佛，方继释迦而降世"，掀起反佛风暴。所反映的是沙门和农民、平民的直接要求，恰如道教的异端太平道所反映的要求那样。可是太平道没有流传下来，弥勒降生，弥勒出世，新佛降世，从法庆起，却往往在农民起义或斗争中表现出来。法庆这个佛教异端的开创者，影响之深远，可以知矣。

附：在佛教影响下道教的革新
（谈寇谦之）

东晋末年，五斗米道遇到了两个危机，一是五斗米道本身造成，孙恩的起兵使五斗米道在人们心目中变得不是很神圣，再要"竭财产，进子女，以求福庆"，人们不干了；二是佛教逐渐兴盛，有取代五斗米道的势头。这时，在北方，产生了一个寇谦之，他把佛教的信条灌注到了道教中，而又保持了道教最基本的东西，从而挽救了道教。他是道教史上的大功臣。

据《魏书·释老志》，寇谦之有两个假托。

其一，假托太上老君授给他天师之位，赐给他《云中音诵新科之诫》二十卷，号曰《并进》，叫他宣新科之诫，"清整道教，除去三张伪法，租米钱税，及男女合气之术"，"专以礼度为首，而加之以服食闭练"[1]。其二，假托老君玄孙"牧土上师李谱文"赐给他《天中三真太文录》六十余卷，号曰《录图真经》，要他去"辅佐北方泰平真君（拓跋焘）"，"但令男女立坛宇，朝夕礼拜，若家有严君，功及上世。其中能修身炼药，学长

---

① ［北齐］魏收：《魏书》卷一百一十四《释老志》，中华书局，1974年，第3051页。

生之术"的，即为"真君种民"①。从他的两个假托、两本书，我们可以看到这样几点：

一、三张伪法租米钱税及男女合气之术，至寇谦之时废除。从此不再有五斗米道之名，只称天师道或道教。这是道教的革命性变革。

按佛教认为贪、忿、痴为"三毒"，要求心去贪、忿、痴，身除杀、盗、淫，口断妄杂诸非正言，谓之"三业清净"。沙门"要行乞以自给"。三张的租米钱税正是"贪"的表现，男女合气正是"淫"的表现，寇谦之把它们革除了。这无疑是受到佛教的影响。在与佛教的竞争中，如再搞租米钱税、男女合气，必然要失败。

二、道教开始有了戒律，这就是寇谦之制造的"新科之诫"亦名"并进"。这种戒律显然来自佛教。寇谦之欲"令男女立坛宇，朝夕礼拜，若家有严君，功及上世"，也就是要令男女信徒朝夕勤修戒律，故名"并进"。"立坛宇"即造道观，立坛宇，勤修戒律，与道安《比丘大戒序》说的，天竺佛徒重律"每寺立持律，日日相率说戒"一致。不立戒律，三张伪法是废除不了的，天师道是巩固不了的。

三、寇谦之戒律的基本内容是"礼度"，亦即通过戒律，使道教与儒教结合。葛洪是通过理论，使道儒结合；寇谦之是通过戒律，使道儒结合。因此，寇谦之的改革道教，比葛洪更带强制性，也就更为彻底。而通过五戒、十善使佛徒信守儒家教条，正是慧远以来佛教的特征。

寇谦之还把佛教六道轮回之说带入了道教中。今《道藏》力帙上、下所收经戒凡九卷，或云有可能是寇谦之《云中音诵新科之诫》二十卷的合编或残留。从道藏力帙所收经戒，我们可以了解寇谦之所谓"礼度"，指的是"臣忠，子孝，夫信，妇贞，兄敬，弟顺，内无二心"，完全是儒家的封建说教。寇谦之认为只要这样做，"便可为善得种民"。如果有谁利用天师道，"诳诈万端，称官设号，蚁聚徒众，坏乱土地"，老君就要"大恚怒"，就要把他们打入地狱之中。寇谦之借老君之口说像"此等之人，尽

---

① ［北齐］魏收：《魏书》卷一百一十四《释老志》，中华书局，1974年，第3052页。

在地狱"中。"若有罪重之者，转生虫畜"，并说如果"轮转精魂虫畜猪羊而生"，那就"偿罪难毕"。不仅来生，而且三生以至千生，都要变成虫畜了。这不由使我们想起慧远的形尽神不灭论和明报应论。

或说轮转与天师道原来的教义是矛盾的。我说与肉体成仙说矛盾，与灵魂成仙（尸解成仙）说不矛盾。肉体成仙意味着形神合一，尸解成仙则意味着形神分离。须知道教的肉体成仙是对上层人物说的，而尸解成仙则是对下层信徒的说教。寇谦之所谓轮转是对下层信徒说的。既然尸解成仙说已经标榜形神离异，则轮转说就很容易为一般信徒所接受。

科诫、礼度、轮转、成仙，被寇谦之巧妙地结合在一起。成仙，肉体成仙或尸解成仙，这在道教是永远不变的，不然，便不成其为道教了。但要炼丹、饵丹成天仙或地仙，要经刀兵水火之解成尸解仙，必从忠、孝、信、贞、敬、顺这种"科诫"做起，必奉之若严君，朝夕礼拜，达到内心无二的程度，而后乃可。"礼度"或者说体现礼度的"科诫"，是成仙的基础。这与佛徒所谓成佛立脚于五戒、五常、十善、十德如出一辙，为道教的继续生存和发展创造了条件。北魏太武帝拓跋焘因寇谦之之说，"崇奉天师，显扬新法，宣布天下"，并为天师的男女信徒，在平城建立起我国第一座道场（坛宇、道观），高达五层。道教在与佛教的竞争中，脚跟站住了。可顺民思想和迷信思想的毒素，也由此广泛散布到了民间。

第十六章　魏晋南北朝时期史学的繁荣

刘知幾《史通》但述《尚书》《春秋》《左传》《国语》《史记》《汉书》六家，以为《汉书》以后，"自尔迄今，无改斯道"。其实，我国史学在魏晋南北朝时期，取得过重大的发展。其主要表现是"体制不经"，"正史"之外，出现了许多新部门，而同一种正史，又著者辈出，观点翻新，体制亦有改创，在史学史上，形成了一种前所未有的繁荣局面。

原因何在？《隋书·经籍志二》史部"杂史"后序说："灵、献之世，天下大乱，史官失其常守，博达之士，愍其废绝，各记闻见，以备遗亡。是后群才景慕，作者甚众。又自后汉已来，学者多钞撮旧史，自为一书，或起自人皇，或断之近代，亦各其志，而体制不经。又有委巷之说，迂怪妄诞，真虚莫测。……"这说明从黄巾起义开始，官府控制史学的局面被打乱了，纪传体、编年体的史学被突破了，繁荣局面因而出现。下分两节论述。

第一节　同一史学领域内著作的繁多

两汉史学著名作家，不过就是司马迁、班固寥寥数人。魏晋南北朝时期不同了，同一个时期的同一历史，著者众多，其中以后汉、三国和两晋历史的写作，最为突出。

后汉史除东汉官修《东观汉记》之外，魏晋南北朝时期出现了多部私人著述。

　　《东观汉记》曾经过几次修撰，起光武记注至灵帝，纪、传、书、志齐全。然到魏晋时期，许多人并不满意《东观汉记》。此书写成不久，孙吴的谢承便写了一部《后汉书》，达一百三十卷，后人尝称之为东汉"第一良史"①。西晋初年，又出现了薛莹的《后汉记》一百卷，华峤的《汉后书》九十七卷，司马彪的《续汉书》八十三卷。关于《汉后书》，《晋书·华表传》附《华峤传》说道：华峤"以《汉纪》烦秽，慨然有改作之意，会为台郎，典官制事，由是得遍观秘籍，遂就其绪。起于光武，终于孝献，一百九十五年，为《帝纪》十二卷，《皇后纪》二卷，《十典》十卷，《传》七十卷，及三谱、序传、目录，凡九十七卷。峤以皇后配天作合，前史作《外戚传》以继末编，非其义也，故易为《皇后纪》，以次帝纪。又改志为典，以有《尧典》故也。而改名《汉后书》"。此书为皇后立纪，提高了皇后的地位，是观点的翻新。至于文笔史实，荀勖、和峤、张华、王济都认为"峤文质事核，有迁、固之规，实录之风"。可惜永嘉之乱，经籍遗没，到唐朝，只存三十余卷。关于《续汉书》，《晋书·司马彪传》说道："汉氏中兴，讫于建安，……而时无良史，记述烦杂。谯周虽已删除，然犹未尽。安、顺以下，亡缺者多。彪乃讨论众书，缀其所闻，起于世祖，终于孝献，编年二百，录世十二，通综上下，旁贯庶事，为纪、志、传凡八十篇，号曰《续汉书》。"《续汉书》的价值不在《汉后书》之下。刘勰《文心雕龙·史传》曾盛称司马彪书的详实，华峤书的准当，二书各有特点。

　　到东晋，又先后出现了谢沈的《后汉书》一百二十二卷，袁宏的《后汉纪》三十卷，袁山松的《后汉书》一百卷。进入南朝，又有刘义庆撰《后汉书》五十八卷②。

————————

　　①［清］姚之骃辑：《后汉书补逸》卷九《谢承后汉书》序，清末徐友兰抄本。
　　②《晋书》卷八十二《谢沈传》说谢沈"才学在虞预之右"，"著《后汉书》百卷及《毛诗》《汉书外传》，所著述及诗赋文论行于世"。《隋书·经籍志二》史部记有谢沈《后汉书》八十五卷，本一百二十二卷。同书《文苑·袁宏传》说袁宏"有逸才，文章绝美。……撰《后汉纪》三十卷"。同书卷八十三《袁山松传》说袁山松"善音乐，……羊昙善唱乐，桓伊能挽歌，及山松行路难继之，时人谓之三绝"。孙恩陷沪渎，被害。

袁宏的《后汉纪》至今犹存。他在自序中说到此书的写作经过："予尝读《后汉书》，烦秽杂乱，睡而不能竟也。聊以暇日，撰集为《后汉纪》，其所掇会汉纪、谢承书、司马彪书、华峤书、谢忱（沉）书、汉山阳公记、汉灵献起居注、汉名臣奏，旁及诸郡耆旧先贤传，凡数百卷。前史阙略，多不叙次，错谬同异，谁使正之？经营八年，疲而不能定，颇有传者。始见张璠所撰书，其言汉末之事差详，故复探而益之。"从文中所举书目，可以看到后汉史研究虽在不断进行，而阙略、错谬、同异仍多，袁宏经营八年，撰成《后汉纪》，然犹疲而不能定。晋人这种治史精神，是远非两汉所能比的。

在三国、两晋和南朝初年多家后汉史著述的基础之上，到宋文帝时期，出现了著名的范晔的《后汉书》。

范晔"删众家后汉书为一家之作"。所谓"一家"，表现在史与论两个方面。范晔是根据自己的观点去取材的。他特为"党锢""独行""逸民""列女"立传，是"体制不经"在正史中的创始，表现了他对这些人物的重视与赞赏。他的传论与传中人物的史实是紧密结合的，史求准当，论立脚于史，而论又是独抒己见，表现出新风。他遇祸入狱后，在给甥、侄的信中写道："吾杂传论，皆有精意深旨，既有裁味，故约其词句。至于《循吏》以下及《六夷》诸序论，笔势纵放，实天下之奇作。其中合者，往往不减《过秦篇》。尝共比方班氏所作，非但不愧之而已。……赞自是吾文之杰思，殆无一字空设，奇变不穷，同合异体，乃自不知所以称之。此书行，故应有赏音者。纪、传例为举其大略耳，诸细意甚多。自古体大而思精，未有此也。"他的《后汉书》比之于班固的《汉书》，确实"非但不愧之而已"。特别是他的杂传论，议论风发，笔势纵放，而又能"中合"，远非班固所能及。例如，在《后汉书·党锢传·序》中，他写道："逮桓、灵之间，主荒政谬，国命委于阉寺，士子羞与为伍，故匹夫抗愤，处士横议，遂乃激扬名声，互相题拂，品核公卿，裁量执政，婞直之风，于斯行矣。"主荒政谬是汉末政治特征的最高概括，非强调三纲的班固所能写出。刘知幾所谓自《汉书》之后，史学"无改斯道"，证之以范晔的

《后汉书》的体例、论说，都非如此。可惜的是《志》未写成，他便遇难①。

范晔以后，梁萧子显著有《后汉书》一百卷，王韶著有《后汉林》二百卷，后汉史的研究与写作仍在继续进行。

三国史和晋史的写作同样如此。

陈寿的《三国志》六十五卷，叙录一卷，是现在传下来的比较完整的一部三国史。此外，当时出现了众多的分国写的三国历史。魏国的有晋王沈《魏书》四十八卷、晋孙盛《魏氏春秋》三十卷、晋阴澹《魏纪》十二卷、晋孔舒元《汉魏春秋》九卷、《魏尚书》八卷、晋梁祚《魏国统》二十卷、魏鱼豢《典略》八十九卷②。吴国的有吴韦昭《吴书》五十五卷、晋环济《吴纪》九卷、梁张勃《吴录》三十卷。蜀国的有蜀王崇的《蜀书》③、谯周的《蜀本纪》（裴松之注《三国志》曾引用过）、晋王隐的《蜀记》（见《旧唐书·经籍志上》杂史类）、习凿齿的《汉晋春秋》（《汉晋阳秋》）。这些著述中，有一个值得注意的现象，即当朝人写当朝史。鱼豢的《典略》是魏人修魏史，韦昭的《吴书》是吴人修吴史，王崇的《蜀书》、谯周的《蜀本纪》是蜀人修蜀史。成书有的可能在晋时，但古人并非在一个朝代灭亡之后，才修这个朝代的历史。

陈寿的《三国志》虽称"实录"，不为时讳，但失于简略，到南朝宋文帝时，出现了裴松之注。他大量引用魏晋时期有关三国历史的著作，为《三国志》作注，或补其阙，或备异闻，或惩其妄，或作论辨。正如他在《上三国志注表》中所说："窃惟缀事以众色成文，蜜蜂以兼采为味，故能

①《文献通考》卷一百九十一《经籍考十八》云："初，晔令谢俨撰志，未成而晔伏诛，俨悉蜡以复东。梁世刘昭得旧本，因补注三十卷。……刘昭所注，乃司马彪《续汉书》之八志尔，序文故云范志今缺，乃借旧志注以补之。"《隋书·经籍志》中提到的"《后汉书》一百二十五卷，范晔本，梁剡令刘昭注"，便是这样来的。

②《隋书》卷三十三《经籍志二》史部"杂史"所记《典略》八十九卷，为《魏略》和《典略》的合本。《旧唐书》卷四十六《经籍志上》乙部史录正史类，记有"《魏略》三十八卷，鱼豢撰"。杂史类记有"《典略》五十卷，鱼豢撰"。

③《华阳国志》卷十一《后贤志》"王化"条云："少弟崇，……著《蜀书》及诗赋之属数十篇，其书与陈寿颇不同。"

使绚素有章，甘逾本质。"①他这种以史证史的方法，在我国是首创。后世以史证文，源之于此。

至于《晋书》，刘知幾谓有"十八家"，实际不止十八家。据《隋书·经籍志二》，晋人撰写的纪传体、编年体晋史，便有九家，包括王隐《晋书》九十三卷、虞预《晋书》四十四卷（迄于明帝）、朱凤《晋书》未成本十四卷（迄于元帝）、陆机《晋纪》四卷、干宝《晋纪》二十三卷（迄于愍帝）、曹嘉之《晋纪》十卷、习凿齿《汉晋春秋》四十七卷（迄于愍帝）、邓粲《晋纪》十一卷（迄于明帝）、孙盛《晋阳秋》三十二卷（迄于哀帝）。又谢沉尚有《晋书》三十余卷（见《晋书》卷八十二本传）。共十种。

晋史在西晋就有人开始撰写。东晋初就出现了王隐、虞预、谢沉的《晋书》，干宝的《晋纪》。王隐是继承父亲王铨之业，王铨在西晋时，已在"私录晋事及功臣行状"②。

晋人写晋史有一个很大的特点：十分重视探讨西晋灭亡的原因，提出自己的观点。虞预"憎疾玄虚，其论阮籍裸袒，比之伊川被发，所以胡虏遍于中国，以为过衰周之时"③。此即所谓"清谈误国"。干宝的《晋纪总论》则认为西晋亡于吏政的腐败，他斥责西晋官场"毁誉乱于善恶之实，情慝奔于货欲之途，选者为人择官，官者为身择利，……悠悠风尘，皆奔竞之士；列官千百，无让贤之举。……"④《晋纪总论》后被萧统选入《文选·史论》中，是封建史学中一篇比较出色的史论。

东晋中叶出现的孙盛的《晋阳秋》，被誉为"词直而理正"。此书写到当时事件，而这，除司马迁外，是以往人们所不敢写的。如写枋头失利，曾引起桓温的大不满。

东晋中叶出现的习凿齿的《汉晋春秋》，"起汉光武，终于晋愍帝，于

---

① [晋]陈寿撰，[南朝宋]裴松之注：《三国志·上三国志注表》，中华书局，1964年，第1471页。

② [唐]房玄龄：《晋书》卷八十二《王隐传》，中华书局，1974年，第2142页。

③ [唐]房玄龄：《晋书》卷八十二《虞预传》，中华书局，1974年，第2147页。

④ [梁]萧统：《六臣注文选》卷四十九干宝《晋纪总论》，四部丛刊景宋本。

三国之时，蜀以宗室为正，魏武虽受汉禅晋，尚为篡逆。至文帝平蜀，乃为汉亡而晋始兴焉"①。这虽然表现了习凿齿的封建正统观，然而，习凿齿毕竟敢抒己见。

晋人写晋史敢于发表自己的见解，敢于揭露晋朝的弊政，很能说明当时史学界的活跃。

南朝宋末齐初，臧荣绪"括东、西晋为一书，纪录志传百一十卷"②。臧荣绪所著《晋书》，是第一部两晋全史。至梁萧子云，又"以晋代竟无全书"③，撰《晋书》一百一十卷。沈约也有《晋书》一百一十卷。南朝人写晋史的非止此三人，只不过他们的著作较为完全。《隋书·经籍志二》所载此一时代写成的关于晋朝的历史，尚有宋何法盛的《晋中兴书》七十八卷、宋谢灵运的《晋书》三十六卷、宋刘谦之的《晋纪》二十三卷、宋徐广的《晋纪》四十五卷、宋郭李产的《续晋纪》五卷、梁萧子显的《晋史草》三十卷、郑忠的《晋书》七卷、庾铣的《东晋新书》七卷等。

由此可见晋史领域局面的繁荣，比之后汉史、三国史领域，有过之而无不及。现在流传的被刘知幾《史通·正史》称之为《新晋书》的唐朝官修《晋书》一百三十卷，便是两晋以来晋史繁荣局面的产物，其蓝本为臧荣绪的两晋全书。可到唐官修《晋书》出现之后，以前所有的晋史著述便全部被销毁。这是晋史领域遭到的一次厄运。

魏晋南北朝时期，写后汉史、三国史、晋史的人如此之多，观点体例较之《汉书》，都有突破，即此一端，已可证这一时期是封建史学的发展时代。

其他的如宋史，还在沈约《宋书》问世之前，已有三部《宋书》面世。第一部是宋徐爰所撰《宋书》六十五卷，第二部是宋大明中所撰《宋书》六十一卷，无作者姓名。第三部是齐孙严所撰《宋书》六十五卷。徐

---

① [唐]房玄龄：《晋书》卷八十二《习凿齿传》，中华书局，1974年，第2154页。

② [唐]李延寿：《南史》卷七十六《臧荣绪传》，中华书局，1975年，第1887页。

③ [唐]姚思廉：《梁书》卷三十五《萧子恪传》附弟《子云传》，中华书局，1973年，第513页。

爱的《宋书》比较有名，据《宋书·徐爰传》，"先是，元嘉中，使著作郎何承天草创国史。世祖初，又使奉朝请山谦之、南台御史苏宝生踵成之。六年，又以爰领著作郎，使终其业。爰虽因前作，而专为一家之书"。可知徐爰的"一家之书"，是在宋世官修国史的基础上写成的。他的书有很多缺点，沈约说过：徐爰"因何、苏所述，勒为一史，起自义熙之初，迄于大明之末，至于臧质、鲁爽、王僧达诸传，又皆孝武所造。自永光以来，至于禅让，十余年内，阙而不续，一代典文，始末未举。且事属当时，多非实录"①。像臧质等是反对孝武帝的人。孝武帝为之作传，内容可想而知。宋史有重新研究、撰述的必要，因而作为有宋一代比较完备的实录——沈约的《宋书》一百卷，应期而生了。

沈约《宋书》问世之后，裴子野"更撰为《宋略》二十卷"，得到了"其叙事、评论多善"的好评。沈约读了裴略，曾经叹道："吾弗逮也"②。

沈书、裴略之外，还有人写《宋书》《宋春秋》。同一时期的历史，研究、撰述者众多，叙事、评论各有所长，这个特色，直到南朝末年，依旧保持。

齐史。《隋书·经籍志二》记梁时同撰南齐历史的，有好几家。吏部尚书萧子显撰《齐书》六十卷，即今《南齐书》。刘陟撰《齐纪》十卷，沈约撰《齐纪》二十卷，江淹撰《齐史》十三卷，吴均撰《齐春秋》三十卷。此外尚有两部《齐典》。曾巩《南齐书·序》云："始江淹已为《十志》，沈约又为《齐纪》，而子显自表武帝别为此书。……子显之于斯文，喜自驰骋，其更改、破析、刻雕、藻缋之变尤多，而其文益下"。曾巩的意思很明白，江志、沈纪早于萧书，优于萧书，萧书不过是更改、破析、刻雕、藻缋江志、沈纪而成。但他的书得到了梁武帝的支持，因而独传。

梁、陈史。在梁时就有中书侍郎谢吴撰《梁书》一百卷，陈时又有许亨的《梁史》五十三卷，何之元的《梁典》三十卷，阴僧仁的《梁撮要》三十卷。姚察也写有《梁书帝纪》七卷。陈史在陈时有陆琼、姚察、顾野

① [梁]沈约：《宋书》卷一百《自序》，中华书局，1974年，第2467页。
② [唐]李延寿：《南史》卷三十三《裴子野传》，中华书局，1975年，第866页。

王、傅縡等人在撰述。陆琼的《陈书》有四十二卷之多。现在流传的唐朝姚思廉的《梁书》和《陈书》，是在梁、陈二代梁、陈史已有的成果上写成的。

魏晋与南朝这种史学"争鸣"之风，到隋唐时期才终止，持续了四百年之久。

至于北朝的史学，则很落后。这与拓跋氏以落后的种族入主北中国，有密切的关系。在北魏统治者看来，历史是可有可无的东西，有也只能颂他们的功绩与荣光。他们仇视直笔，太武帝拓跋焘曾命崔浩"综理史务"，"务以实录"。崔浩"尽述国事，备而不典"。闵湛"劝浩刊所撰国史于石，永垂不朽，欲以彰浩直笔之迹"，由此招来大祸，"自浩已下、僮吏已上百二十八人皆夷五族"①。自崔浩族灭之后，拓跋焘废除了史官，私人著述就更不消说了。北魏一百四十九年，连半部后魏史也没有。崔浩的直笔我疑当即什翼犍、拓跋珪被苻坚所俘的历史。

但这个时代毕竟是一个史学繁荣的时代，一到北齐，魏收便拿出了一部一百三十卷的《魏书》。《北齐书·魏收传》说此书是在邓彦海的《代记》，崔浩的编年体，李彪的纪、表、志、传，邢峦、崔鸿的《孝文起居注》，元晖业的《辨宗录》等基础上勒成。《魏书·自序》又说北齐文宣帝曾经"敕收，曰：'好直笔，我终不作魏太武，诛史官。'"《魏书》的出现，靠了这两个条件。

《魏书》目录序文载，魏收之书，曾被范阳卢斐、顿丘李庶、太原王松年等人并"诸家子孙"骂为"秽史"。按《北齐书·魏收传》，卢斐之父卢同位至仪同，本未立传，卢斐谓"与收无亲，遂不立传"。而博陵崔绰位止本郡功曹，倒立了传。卢斐谓崔绰"是收外亲，乃为传首"。立传是否允当，不能说明书是秽史，何况魏收说了：崔绰虽然"无位，名义可嘉，所以合传"。李庶根据家传，讥议魏收未写其家本梁国蒙人，这更不能说明收书为秽史。攻击者举出的例子尚有《北齐书·尔朱荣传》论中写

---

① ［北齐］魏收：《魏书》卷四十八《高允传》，中华书局，1974年，第1071页。

的"失修德义之风，则彭、韦、尹、霍何足数"之言，说魏收这样写，是因为他"以高氏出自尔朱，且纳荣子金"。其实论中之言是从反面立论，并未颂扬尔朱荣。《魏书》中有不实之处，如攻击者所谓北平太守阳固以贪酷获罪，事载《魏起居注》中，而魏收修《魏书》，因为曾得阳固之子阳休之助，改为"固为北平，甚有惠政，坐公事免官"[①]。失实之处，不能说明全书为"秽史"。我倒感到最大的失实之处，不在阳固事迹，而在讳言魏初什翼犍、拓跋珪的真实历史。崔浩的族灭对他来说，仍然心有余悸。

从全书看来，北齐尚书陆操说的魏收之书，"可谓博物宏才"；杨愔说的"此谓不刊之书，传之万古"[②]，惜嫌枝繁，能中肯綮。以《官氏志》而论，氏族志是史籍体制上的一个创造。魏初统国三十六，大姓九十九，共一百三十五姓，魏收写《官氏志》时，已不能悉知，但他所举的"可知者"，仍达一百二十姓。再，《释老志》的写出，表明他对佛、道二教都有研究，很重视宗教史。以宗教史入正史，魏收也是个开创人。一百三十卷的《魏书》，是当得起"博物宏才"四字的。

总之，此时代史学的一个最大的特点，就是同一时期同一历史，有官修，有私修，而主要是私修。私修又不止一家，而是几家，十几家，几十家。体制上、观点上，不断有新的东西出现。虽然北朝史学落后于南朝，但就整个魏晋南北朝的史学而论，此时代是我国历史上一个特有的史学繁荣的时代。

第二节　新部门、新体制史学著作的涌现

魏晋南北朝时期，在史学领域内，另一个很大的特点，是突破了所谓纪传体"正史"的框框，新部门、新体制的著作纷纷出现。史学的领域扩大了，史书的种类增多了。

---

① [唐]李百药：《北齐书》卷三十七《魏收传》，中华书局，1972年，第488页。
② [唐]李百药：《北齐书》卷三十七《魏收传》，中华书局，1972年，第489页。

《隋书·经籍志二》有所谓"正史""古史""杂史""霸史""起居注""旧事篇""职官篇""仪注篇""刑法篇""杂传""地理书""氏姓之书""簿录学",绝大部分都是这一时代的作品,《隋书》把它们都列入了史部。

从《隋书》所作分类,我们可以看到此时期,从纪传体的正史中,独立出来成为新的史学部门的历史,有:

少数民族史,以往是作为"北狄"等传,附属在正史中,地位最不重要。此时分出来,成为专门的民族史。这就是《隋书》所谓"霸史"。

典章制度史,以往是作为"志"附于正史中,此时专门的典章制度史纷纷产生。这就是《隋书》所谓"旧事篇""职官篇""仪注篇""刑法篇"。

舆地之学,以往是作为"地理志"附属于正史中,此时分出来,成为一门专门的学问。即《隋书》所谓"地理书"。

传记,这本是正史中最重要的组成部分,但正史主要是为后妃、王子、将相立传,此时分出来,成为专门的传记史学。即《隋书》所谓"杂传"。这一分出,大大扩大了传记的范围。

氏姓之学,原来在正史中有所谓"表",但记公卿世系,此时出现了一种专门的学问,即氏姓之学,产生了许多"氏姓之书"。魏收作《官氏志》,显然是受到了当时涌现的氏姓之书的影响。

至于《隋书》所谓"杂史",指的是突破纪、传、表、志体制的史籍。《隋书》认为这种杂史"体制不经",不经即不经典。殊不知打破纪传体的束缚,在某种意义上,是史学的一种"解放"。正是由于纪传、纪年体制被打破,遂在史学领域,增添了许多新的花色品种,蔚为大观。下面分别论述。

一、少数民族史

这一时期少数民族的历史,突破了"夷狄传"的范围,出现了许多有关各族历史的专著。《隋书·经籍志二》所记包含各族历史的专书,有魏崔鸿的《十六国春秋》一百卷,梁萧方等的《三十国春秋》三十一卷

（《旧唐书·经籍志上》作三十卷），李概的《战国春秋》二十卷。另有《诸国记略》二卷。分国分族的专著，计有和苞的《汉赵记》十卷，田融的《赵书》（《二石集》）十卷，王度的《二石传》二卷、《二石伪治时事》二卷，常璩的《汉之书》十卷、《华阳国志》十二卷、《蜀平记》十卷、《蜀汉伪官故事》一卷，范亨的《燕书》二十卷（记慕容儁事），张铨的《南燕录》（唐志作《南燕书》）五卷（记慕容德事），王景晖（唐志作暄）的《南燕录》六卷（亦记慕容德事），游览先生的《南燕书》七卷，何仲熙的《秦书》八卷（记苻健事），裴景仁的《秦记》十一卷，姚和都的《秦记》十卷（记姚苌事），段龟龙的《凉记》十卷（记吕光事），高道让的《凉书》十卷，高谦之的沮渠国史《凉书》十卷，《托跋凉录》十卷，段国《吐谷浑记》二卷，《翟辽书》二卷。大部分都是这一时期五胡、六夷的历史。

如此众多的民族史专著，是此一时代史学上的一项突出的成就。其中最重要的是崔鸿的《十六国春秋》和常璩的《华阳国志》。

《魏书·崔鸿传》记载刘渊、石勒等"并因世故，跨僭一方，各有国书，未有统一"。崔鸿"乃撰为《十六国春秋》，勒成百卷"。崔鸿说他："于吏按之暇，草构此书，区分时事，各系本录，破彼异同，凡为一体，约损繁文，补其不足。"为了写李雄父子据蜀，他寻找常璩所撰李雄父子据蜀时书，为时七年。可知他治史的严谨。崔书是一部详实的"五胡十六国"全史，可惜到北宋已经散亡。后来的一百卷本，是明人取《晋书·载记》等书伪造的。对于伪书，人们总是贬得一钱不值。汤球在《十六国春秋辑补叙例》中说得较好：崔书"惜其不传也久矣。……明乔屠苏本自是伪撰，而采录繁富，知寝馈此书有年"。如此看来，伪书何能一律抛弃？

《宋重刊华阳国志叙》说到《华阳国志》的指归有三："首述巴蜀、汉中、南中之风土，次列公孙述、刘二牧、蜀二主之兴废及太康之混一，以迄于特、雄、寿、势之僭窃，继之以两汉以来先后贤人、梁益宁三州士女总赞、序志终焉。……于一方之人物尤致深意。"此书可谓既是民族史，又是地方志；既是史书，又是地志。价值很高。

二、典章制度史

《隋书》所记旧事、故事、杂记、杂事、起事、伪事、大事、典记、记等，凡二十五部四百零四卷。除《汉武帝故事》二卷、《西京杂记》二卷外。自《汉、魏、吴、蜀旧事》八卷以下，都是此一时期的著作。其中《晋宋旧事》达一百三十五卷，《东宫典记》（宇文恺撰）达七十卷。

《隋书·经籍志二》说："晋初甲令已下至九百余卷，……制度者为令，品式章程者为故事，各还其官府。搢绅之士，撰而录之，遂成篇卷。然亦随代遗失，今据其见存，谓之旧事篇。"可知这种专史的发展，主要在晋以后。

《隋书》所记职官之书，通计亡书，合三十六部四百三十三卷。除《汉官解诂》三篇和《汉官》《汉官仪》《汉官典职仪式选用》共十七卷外，其余都是此一时代的职官专著。其中梁王珪之《齐仪》达四十九卷，《齐职仪》达五十卷，《梁尚书职制仪注》达四十一卷。

《隋书·经籍志二》说："汉末王隆、应劭等以百官表不具，乃作《汉官解诂》《汉官仪》等书。是后相因，正史表志无复百僚在官之名矣。搢绅之徒，或取官曹名品之书，撰而录之，别行于世。宋、齐已后，其书益繁。"可知官制之书，到此一时期，也已成为一种专门的史书而独立存在。宋、齐以后，这门专史发展很大。

至于"仪注""刑法"之书，《隋书》所记仪注篇六十九部三千九百四十卷，刑法篇三十八部七百二十六卷，全是此一时期的著作，各自成为一门专史。

三、传记史学与郡国之书（地方志）

《隋书》所载"杂传"，通计亡书，合二百一十九部一千五百零三卷。除《三辅决录》、刘向《列女传》等寥寥几种为汉人著作外，其余全是这一时期的作品。

从正史中分出的传记史学有两类：一类是正史中已经有的传记，此时独立出来了。如《良吏传》，即正史《循吏传》；《逸士传》《高隐传》，即范晔《后汉书》的《逸民传》（二者实为互相影响）。这一独立，人物范围就广了。一类是正史中没有的，为此时期所独创。如《耆旧传》、《名士传》、《知己传》、《高僧传》①、《尼传》、《美如人传》、《妒记》②、《童子传》、《道学传》、《列异传》、《丹阳尹传》（为一地官吏立传）、《七贤传》（为数人立传）、《道人（善道开）传》（为一人立传）、《内传》、《家传》、《杂传》等，名目繁多，简直是你想怎样立传，便怎样立传；你想为什么人立传，就为什么人立传，包括童子、幼童、美妇、妒妇。有些传反转来影响正史，唐修《梁书·止足传》，即源于南北朝的《止足传》。

这种杂传往往带有地方性，大至一个州，如《益部耆旧传》《兖州先贤传》，小至一个郡，如《豫章列士传》《会稽典录》。它们的涌现，为地方志的产生开了道。

《隋书·经籍志二》说："后汉光武始诏南阳撰作风俗，故沛、三辅有耆旧、节士之序，鲁庐江有名德、先贤之赞。郡国之书，由是而作。"其实这种序、赞还很难说是郡国之书。到三国时期不同，"魏文帝又作《列异》以序鬼物、奇怪之事，嵇康作《高士传》以叙圣贤之风，因其事类相继，而作者甚众，名目甚广"。由此杂传发展起来，郡国之书亦随之兴盛。可以这样说，没有杂传的发展，也就不会有后来的方志，因为方志最初便是由一地的耆旧、列士、先贤、高士、列异、官宦等传组成。

---

① 《高僧传》有三部：一为梁释慧皎的《高僧传》，共十四卷，始自汉明帝永平十年，终于梁天监十八年，凡四百五十三年二百五十七人，又旁出附见者二百余人。分为十类：一曰译经，二曰义解，三曰神异，四曰习禅，五曰明律，六曰遗身，七曰诵经，八曰兴福，九曰经师，十曰唱导。是传中又分传。二为梁释僧佑的《高僧传》，十四卷。三为虞孝敬的《高僧传》，六卷。同一类传记往往不止一人写作。

② 《妒记》一作《妒妇记》，即妒妇人传。《宋书·后妃·孝武文穆王皇后传》云：《宋世诸主莫不严妒，太宗每疾之》，使近臣虞通之撰《妒妇记》。《世说新语》卷五《贤媛》注引有《妒记》一则，记桓温平蜀，以李势女为妾，桓妻《凶妒》，欲杀而未杀李势女的故事。《轻诋》亦引有一则。

四、舆地之学

舆地之学在古代，是历史学的一个重要方面。

司马迁的《史记》但述河渠。班固的《汉书》有《地理志》，在地志方面取得了一个进展。到魏晋以后，出现了很多地理著作。《隋书》经籍志史部列举的"地理书"，通计亡书，合一百四十部一千四百三十四卷。《隋书·经籍志二》指出了班固之后，"载笔之士，管窥末学，不能及远。但记州郡之名而已"。到晋时不同，"晋时挚虞依禹贡、周官作《畿服经》，其州郡及县分野、封略、事业、园邑、山陵、水泉、乡亭、城、道里、土田、民物、风俗、先贤、旧好，靡不具悉，凡一百七十卷"。可惜此书隋时已亡。齐时陆澄又"聚一百六十家之说，依其前后远近，编而为部，谓之《地理书》"。梁时任昉复"增陆澄之书八十四家，谓之《地记》"。陈顾野王又"抄撰众家之言，作《舆地志》"。舆地之书，因而大备。

舆地学或地理学，是此一时代从正史中分出来的一门学问，它与历史有密切的关系。《隋书》把它列入史部是对的。舆地与方志的结合，是在这一时代完成的。方志必有该方地志。这在《华阳国志》中已可见到。

这一时代最有名的地理书是北魏末年郦道元的《水经注》四十卷和杨衒之的《洛阳伽蓝记》五卷。它们也都是历史书，且是价值很高的历史书。

郦道元注《水经》有两个特点：一是搜集的资料极为广泛，二是亲自"访渎搜渠，缉而缀之；经有谬误者，考以附正"。记叙确凿，文字优美，成为地理书中的绝唱。例如：

淮水注。卷十三（永乐大典本）淮水支流淝水注，记他曾亲登八公山，见"庙中图安（淮南王安）及八士（八公）象皆坐床帐如平生"。庙前有碑，为"齐永明十年所建"。还提及《八公记》"都不列其鸡犬升空之事"。

江水注。卷十三记江水注三峡七百里中，"两岸连山，略无阙处，重岩叠嶂，隐天蔽日，自非亭午夜分，不见曦月。……每至晴初霜旦，林寒涧肃，常有高猿长啸，属引凄异，空岫传响，哀转久绝，故渔者歌曰：巴东三峡巫峡长，猿鸣三声泪沾裳"。文字极美，且引用了当地渔者之歌。

《洛阳伽蓝记》记述北魏京城洛阳一地佛寺的兴废。已为别开生面，其中又牵涉到了许多历史问题，如写尔朱荣变乱之事，委曲详尽，可与史传互相参证。更兼文字"秾丽秀逸"，是一部可与《水经注》比美的书。特别值得提出的是，此书在一定程度上暴露了北魏贵族和高级僧尼的奢侈腐朽。例如卷四城西先写"帝族王侯外戚公主擅山海之富，居川林之饶"，接着写元琛的夸富，元融的自叹不如；接着又写"经河阴之役，诸元歼尽，王侯第宅，多题为寺"。含意相当深刻。

此书据《惠生行纪》《道荣传》《宋云家记》，载有宋云、惠生西行求经始末，是重要的中西交通史和佛教史的材料。虽然用的是当时僧徒常用的"合本子注"之法，即以一书为母（正文），他书为子（注文），互相发明之法，裴松之注《三国志》，实际上也是以正文为母，他书为子。裴注已肇其端，非独僧徒。

五、氏姓之书（谱学）

《隋书·经籍志二》说"晋世挚虞作《族姓昭穆记》十卷，齐梁之间，其事转广"，谱学于是发展起来。特点是：一、一个阶级有一个阶级之谱。如过江百家士族谱，《经籍志二》记有王俭的《百家集谱》十卷，王僧孺的《百家谱》三十卷、《百家谱集钞》十五卷，贾执的《百家谱》二十卷，溥昭的《百家谱》十五卷。另外尚有《百家谱世统》《百家谱钞》。二、一个地方有一个地方之谱。如《益州谱》《关东、关北谱》《冀州姓族谱》《新集诸州谱》（梁王司空撰）。梁武帝曾总责境内十八州谱六百九十卷。这就不限于士族。三、一姓有一姓之谱。如《京兆韦氏谱》《北地傅氏谱》《谢氏谱》《杨氏家谱状及墓记》《苏氏谱》。把很多姓合在一起，便变成了《诸姓谱》。专写"英贤"，便变成了《姓氏英贤谱》（贾执撰）。

谱牒封建性严重，但却不失为一种史料，可以补史料的不足。《隋书》将氏姓之书也列入史部，是有道理的。

六、目录学

《隋书·经籍志二》说：刘向作《别录》，刘歆作《七略》，"自是之后，不能辨其流别，但记书名而已。博览之士，疾其浑漫，故王俭作《七志》，阮孝绪作《七录》，并皆别行"。这说明目录之学，虽在汉代出现，但长期未得到发展，真正发展起来，要到南朝时候。

《七志》，《经典志》纪六艺、小学、史纪、杂传，《诸子志》纪今古诸子，《文翰志》纪诗赋，《军书志》纪兵书，《阴阳志》纪阴阳图纬，《术艺志》纪方伎，《图谱志》纪地域及图书。道、佛附见，合为九篇。志中"不述作者之意，但于书名下，每立一传，而又作九篇条例，编乎（于）首卷之中"①。《七录》则分为内外两篇，内篇五录，《经典录》纪六艺，《记传录》纪史传，《子兵录》纪子书、兵书，《文集录》纪诗赋，《术伎录》纪数术。外篇二录一为《佛法录》，一为《仙道录》。这二书分类方法妥当与否，不须评论，要知它们的出现把目录学推到了发展的轨道上来。《隋书》所记目录学之书，除汉代二刘之书外，其余二十八部皆为此一时期的著述。实际不止此数，《隋书·经籍志二》说道："其先代目录，亦多散亡，今总其见存，编为簿录篇。"

目录之学所以在南朝才发展起来，与整个史学的繁荣特别是与氏姓之姓、家传的涌现有关。谱牒是为地主家族编"簿录"，簿录则是为书籍编"谱牒"。但这又是一门新学问。

七、起居注

《隋书·经籍志二》说道："汉武帝有《禁中起居注》，后汉明德马后撰《明帝起居注》，然则汉时起居注似在宫中，为女史之职。然皆零落不可复知，今之存者，有汉献帝及晋代已来起居注，皆近侍之臣所录。"这对两汉及魏晋起居注作了区别。真正的起居注是从《后汉献帝起居注》五

---

① ［唐］魏徵、令狐德棻：《隋书》卷三十二《经籍志一》，中华书局，1973年，第907页。

卷开始的。到刘道会的《晋起居注》，卷数竟达三百二十二卷之多。

魏晋以后的起居注，并非记帝王每日生活琐事，而是记事关帝王的国家大事。譬如《三国志·魏书·武帝纪》建安五年袁绍兵败于官渡，裴松之注引用了《献帝起居注》，说到曹操上言，"袁绍前与冀州牧韩馥立故大司马刘虞，刻作金玺，遣故任长毕瑜诣虞，为说命录之数。……"又如第一节提及的《魏起居注》，写了北平太守阳固以贪酷获罪的事。这种起居注实际上是最详细的编年体历史，是魏晋以后史学的一个重要发展。

八、杂史

《隋书》把正史（纪传体）、古史（编年体）以外的"体制不经"的历史书，都叫作"杂史"，包括"小史""载记""世语""本事""拾遗""录""实录""略"等许多种。《隋书》所记杂史，通计亡数，达七十三部九百三十九卷。

这些体制，对后世史书的编写，影响极大。像唐修《晋书》中的三十篇"载记"，实际始自魏时乐资的《山阳公载记》。山阳公即汉献帝。《晋书》中用载记来写刘元海等人的历史，是给这些少数民族的皇帝以被废的汉献帝的地位。"实录"，始自南朝周兴嗣的《梁皇帝实录》。"本事"，始自毛范的《吕布本事》。各种杂史的出现，是这一时代史学的又一项突出的成就。

宋时刘义庆写了一部《世说新语》，梁刘孝标为此书作了注释，属于《隋书》所说的杂史"世语"一类。可《隋书》所记杂史中，只有郭颁的《魏晋世语》，而把《世说新语》放到小说类去了。这是因为此书文学价值很高。这种分法丝毫也不影响此书的历史价值。相反，倒可使我们了解好的杂史，在史学和文学上都有重要的地位。

此书论者颇多，我以为它分为歌颂和暴露两个部分。《俭啬》等篇属于暴露部分，篇中刻画晋世家大族的"俭啬""汰侈"……十分形象。如《世说新语·俭啬》记"王戎女适裴頠，贷钱数万。女归，戎色不悦，女还钱，乃释然。"寥寥数语，把王戎"守财奴"的性格，生动地展现在我们面前。石崇、王恺恶劣地比赛豪富，在《世说新语·汰侈》中，被暴露无遗。《识鉴》等篇属于歌颂部分。《世说新语·识鉴》记述郗超与谢玄不合，及至谢安起用谢玄为前锋都督以抗苻坚，郗超却极口称赞谢玄的才能，以为得人。人们都说郗超能"不以爱憎匿善"。既歌颂了谢安的任人唯贤，又歌颂了郗超的不因私嫌把善人、才人说成不善、不才。这都是信史。虽然这书也有封建糟粕，但民主性的东西颇为不少，更兼文字优美，是一部难得的文学性很强的历史著作。像这种书，如果不突破纪传体正史的森严壁垒，是产生不出来的。

九、考古与文物

《晋书·武帝纪》咸宁五年十月记载："汲郡人不准掘魏襄王冢，得竹简小篆古书十余万言，藏于秘府。"《晋书·束皙传》记载汲冢书"大凡七十五篇"，武帝"以其书付秘书，校缀次第，寻考指归，而以今文写之"。经过卫恒、束皙、王接、续咸等人的考订整理，眉目甚为清晰。《隋书》记有《纪年》十二卷，注明为"《汲冢书》并《竹书同异》一卷"[①]。汲冢书有《纪年》十三篇，"记夏以来至周幽王为犬戎所灭，以事接之三家分，仍述魏事"[②]。是魏国的史书。《隋书》尚有《周书》十卷，注明为"汲冢书，似仲尼删书之余"；《古文琐语》四卷，注明为"汲冢书"；《穆天子传》六卷，注明为"汲冢书，郭璞注"。这种整理并不容易，其中有争鸣。

《晋书·王接传》说："时秘书卫卫恒考证汲冢书，未讫而遭难。佐著作郎束皙述而成之，事多证异义。时东莱太守陈留王庭坚难之，亦有证据。皙又释难，而庭坚已亡。散骑常侍潘滔谓接曰：'卿才学理义，足解二子之纷，可试论之。'接遂详其得失。挚虞、谢衡皆博物多闻，咸以为允当。"所谓"异义""难之""释难"，就是争鸣。只是经过晋人的争鸣，我们才能看到眉目清晰的《汲冢书》。此书在《晋书·荀勖传》中，被名

---

① [唐]魏徵、令狐德棻：《隋书》卷三十三《经籍志二》，中华书局，1973年，第957页。
② [唐]房玄龄等：《晋书》卷五十一《束皙传》，中华书局，1974年，第1432页。

为《中经》。

又南朝萧梁时期，曾经发现一部《汉书》真本。据《南史·刘之遴传》，"时鄱阳嗣王范得班固所撰《汉书》真本献东宫，皇太子令之遴与张缵、到溉、陆襄等参校异同"。经过他们的参校，发现"古本《汉书》称永平十六年五月二十一日己酉，郎班固上，而今本无上书年、月、日"。《汉书》写成的时间解决了。"今本韩、彭、英、卢、吴述云：'信惟饿隶，布实黥徒，越亦狗盗，芮尹江湖，云起龙骧，化为侯王。'"这是骂人。而"古本述云：'淮阴（韩信）毅毅，仗剑周章；邦之杰子，实惟彭、英，化为侯王，云起龙骧。'"则是褒语。如要研究班固的史识，《南史·刘之遴传》不可不读。

除上述各项成就外，当时尚出现了"通史"之目。《隋书·经籍志二》记有"《通史》四百八十卷，梁武帝撰，起三皇，讫梁"。《梁书·武帝纪下》说梁武帝造通史，"躬制赞序，凡六百卷"。《梁书·文学传上·吴均传》又说梁武帝使吴均撰通史，"起三皇，讫齐代，均草本纪、世家功已毕，唯列传未就"。梁武帝《通史》是用《史记》的体裁，刘知幾已有论述。但《通史》的出现，也反映了此时代史学的活跃。

《陈书·顾野王传》记顾野王有《通史要略》一百卷，当即梁武帝《通史》的缩本。但未完成。

唐朝李延寿的《南史》和《北史》也是通史。李延寿撰南、北二史，与梁武帝撰《通史》是有关联的。梁朝通史起了首创的作用。

由上所述，可知我国封建社会史学部门、史学体裁，在魏晋南北朝时期，几乎全备。这个时代在我国史学史上，占有极重要的地位。各项成就的取得，原因就在汉末农民大起义，打乱了官府史学，使史官"失其常守"。同一历史与不同历史，官可修，私可修，你可修，他可修，且都能刊行。换言之，这一时代的史学之所以能以前所未有的速度向广度与深度发展，是由阶级斗争推动的，这种斗争，削弱了封建专制在史学领域内的统治。

编后记

历时四载，经过大家的辛勤努力，《万绳楠全集》今天与大家见面了！

万绳楠（1923—1996），江西南昌人，安徽师范大学教授，著名历史学家。1942年万绳楠先生考入西南联合大学历史系，受教于翦伯赞、陈寅恪、吴晗等。1946年大学毕业后他考取清华大学历史研究所，师从陈寅恪教授。新中国成立后，先生先后任教于安徽大学、合肥师范学院、安徽师范大学，是安徽师范大学历史系创办者之一。

万绳楠先生在其近50年的治学生涯中，始终潜心育人，笔耕不辍，在魏晋南北朝史、宋史、区域经济社会史等诸多领域都作出了重要学术贡献，而于魏晋南北朝史研究用力最勤。先生著述宏富，发表专业论文近百篇，著有《魏晋南北朝史论稿》《魏晋南北朝文化史》《陈寅恪魏晋南北朝史讲演录》《文天祥传》《中国长江流域开发史》等著作。先生治学不因陈说，锐意创新，持之以恒，晚年生病住院期间，仍坚持写作，带病完成《中国长江流域开发史》等著作。除了在史学研究上的成就外，先生在人才培养方面也做出了杰出贡献，他于20世纪80年代即招收研究生，为史学界培养了许多杰出人才。

安徽师范大学历史学院历来注重学术传承，近年来先后整理了诸如胡澱咸、陈正飞、光仁洪、张海鹏、陈怀荃、王廷元、杨国宜等老一辈的文集十余种。2019年学院又组织专门力量，启动汇编《万绳楠全集》工作，通过整理先生著作，继承先生事业，光大师大史学，并为2023年纪念先生百年诞辰做准备。本次整理先生全集，除了汇编先生已经出版的论著外，我们还通过多方努力征集先生手稿，收集先生文稿，将先生发表在各种报刊、文集中的文章和尚未发表的40余万字成果编入全集中。先生治学功力深厚，著述宏富，因整理者学力不逮而导致的错漏在所难免，请读者批评指正，以俟来日修正。

借此机会，向指导和帮助全集整理和出版工作的汪福宝、卜宪群、陈力、马志冰、庄华峰、于志斌等表示诚挚的感谢！万先生文稿收集和全集编纂的具体工作由安徽师范大学历史学院庄华峰、刘萃峰、张庆路、林生海、康健等老师负责，尤其是刘萃峰老师，在协调和统校方面做了大量工作。参与收集、录入、校对工作的有蒋振泽、谭书龙、马晓琼、丁雨晴、白晓纬、姜文浩、李英睿、庞格格、罗世淇、王吉永、刘春晓、蔡家锋、谷汝梦、黄京京、吴倩、武婷婷、姚芳芳、刘曈玥、张丽雯、高松、张昕妍、宋雨薇、陶雅洁、王宇、郑玖如、冯子曼、程雯裕、包准玮、李静、李金柱、欧阳嘉豪、郭宇琴等师生。在此，对参与全集整理工作的师生们表示衷心感谢！

还要感谢安徽师范大学出版社的张奇才、戴兆国、孙新文、何章艳、蒋璐、李慧芳、翟自成、王贤等同志，他们对文稿的编校至勤至谨，付出很多。安徽师范大学档案馆提供了万先生手迹、照片等珍贵资料，庄华峰为全集书写了题签，在此也一并致以谢忱！

还要特别感谢万先生哲嗣万小青、女儿万小莉的无私授权和大力支持，使我们能够顺利完成全集的整理和出版工作。

2023年是万绳楠先生一百周年华诞，这部《万绳楠全集》的出版，是我们对先生最好的纪念！

安徽师范大学历史学院
2023年10月